왜 세계는
팔레스타인 제노사이드에
침묵하는가?

Christ in the Rubble: Faith, the Bible, and the Genocide in Gaza
by Munther Isaac ⓒ 2025 Wm. B. Eerdmans Publishing Co.
2006 44th Street SE, Grand Rapids, MI 49508, USA.

ⓒ 2025 Munther Isaac
All rights reserved.
Published 2025
Printed in the United States of America

This Korean edition is published by arrangement with Wm. B. Eerdmans Publishing Co. through rMaeng2 Agency Co., Seoul.

이 책의 한국어판 저작권은 알맹2 에이전시를 통해 저작권자와의 독점계약으로 도서출판 동연에 있습니다.
저작권법에 따라 한국 내에서 보호를 받는 저작물이므로 무단 전재 및 복제를 금합니다.

왜 세계는 팔레스타인 제노사이드에 침묵하는가?
— 잔해 속의 그리스도

2025년 10월 27일 처음 펴냄

지은이	문터 아이작
옮긴이	김상기
펴낸이	김영호
펴낸곳	도서출판 동연
등 록	1-1383호(1992. 6. 12)
주 소	서울시 마포구 월드컵로 163-3
전화/팩스	02-335-2630 / 02-335-2640
이메일	yh4321@gmail.com
인스타그램	instagram.com/dongyeon_press

Copyright ⓒ 도서출판 동연(Dong Yeon Press), 2025

이 책은 저작권법에 따라 보호받는 저작물이므로 무단 전재와 복제를 금합니다.
잘못된 책은 바꾸어 드립니다. 책값은 뒤표지에 있습니다.

ISBN 978-89-6447-490-7 03300

왜 세계는 팔레스타인 제노사이드에 침묵하는가?

잔해 속의 그리스도

문터 아이작 지음
김상기 옮김

동연

불의한 상황에서 중립을 지킨다면, 당신은 억압자의 편을 선택한 것이다. 코끼리가 쥐의 꼬리를 밟고 있는데 당신이 중립이라고 말한다면, 쥐는 당신의 중립성을 고마워하지 않을 것이다.

_ 데스몬드 투투 주교

기독교는 폭력과 자기중심성 그리고 권력의 오만에 대한 혁명적 항의와 약자를 위한 변론으로 서거나 무너진다. 나는 기독교가 이런 점들을 너무 빈약하게 만들고 있다고 느끼며, 너무 많이 하고 있다고는 생각하지 않는다. 기독교는 권력 숭배에 너무 쉽게 순응해 왔다. 기독교는 지금 하고 있는 것보다 세상에 훨씬 더 많은 불쾌감과 충격을 주어야 한다. 기독교는 강자의 잠재적 도덕적 권리보다는 약자를 위해 훨씬 더 확실한 태도를 보여야 한다.

_ 디트리히 본회퍼

결국 우리는 적들의 말이 아니라 친구들의 침묵을 기억하게 될 것이다.

_ 마틴 루터 킹 주니어

추천의 글

문터 아이작은 팔레스타인 사람이자 기독교인이다. 기독교 세계가 이 긴급한 순간에 제자도의 부름을 듣지 못하고 있다는 단순한 사실은 심각한 문제다. 이 긴급한 상황은 영국제국이 식민지 논리로 '중동'이라 지정한 지역에 살던 사람들의 땅, 가정, 삶으로 그들의 영역을 확장한 이래로 팔레스타인 사람들과 함께해 왔다. 긴박함은 항상 제자도의 부름을 특징짓는데, 이는 기독교인이라 자처하는 우리가 성령의 움직임을 분별하며 고통받는 육신 안에서 보이고 또한 그 육신에 보이길 원하는 예수의 갈망으로 우리를 이끌 때 더욱 그러하다.

'고통'이란 단어는 매우 광범위한 의미를 담고 있다. 그것은 모든 방향으로 펼쳐진 사막과 같이 광대하고, 살기 힘들며, 끊임없이 확장되고 있다. 이 거친 지형에 발을 들여놓은 사람은 누구나 길을 잃을 큰 위험에 처하며, 특히 폭력을 목격하는 고통 속에서 자신을 잃기 쉽다. 우리는 고통의 사막을 통과하기 위한 지도와 안내자가 필요하다. 예수의 길은 고통을 통과하는 지도다. 이 지도는 우리를 구체적인 고통의 현실 속에서 보고 이해해야 할 장소와 사람들에게로 인도한다. 이 지도는 살아있는 안내자, 바로 그 예수와 항상 연결되어 있으며, 예수는 성령을 통해 우리가 부서진 몸과 고통받는 마음이 우리의 지속적인 관심사가 되어야 할 이들에게 더욱 가까이 다가가도록 이끈다. 우리는 고통의 사막에서 하나님께 살아있는 존재로서 듣고, 배우고, 양보하고, 응답하며, 억압과 고통의 종식을 향해 나아간다.

문터 아이작은 우리 모두가 알아야 할 사실을 알고 있다. 즉, 더 넓은 기독교 세계는 너무 자주 하나님 앞에 민감하게 살지 못하고 지도 위에서 펼쳐지는 팔레스타인의 고통을 보지 못했으며, 팔레스타인 기독교인 형제자매들이 이 불가능한 지형을 가로지를 때 그들과 함께 걷지 못했다. 이러한 실패의 오랜 역사는 가자지구의 번쩍이는 폭탄과 대낮의 파괴 속에서 선명하게 드러나고 있다.

우리는 이 엄청난 실패의 두 가지 근본적인 원인을 파악할 수 있다. 첫 번째 원인은 시온주의로 상징되는 유대교와 기독교의 결합으로, 이는 영토성과 민족주의를 신성한 현실로 여기는 끊임없는 헌신을 통해 땅과 민족에 대한 신학적 전체주의의 비전을 형성한다. 두 번째 원인은 성경의 텍스트를 읽고, 역사를 해석하고, 거주지에 대한 비전을 세우는 왜곡된 유대교와 기독교 관행을 통해 형성된 인종주의적 민족 비전이다. 이 두 원인이 함께 유대인의 물신화와 팔레스타인 사람들의 존재 지우기로 이어졌다. 우리는 이 두 가지 영향을 함께 고려해야 한다. 왜냐하면 이들은 이사야서에 언급되고 복음서에서 예수께서 인용한 신학적 맹목과 귀먹음의 상태를 보여주기 때문이다.

> 그들은 눈을 감았으니, 이는 그들이 눈으로 보지 않고, 귀로 듣지 않으며, 마음으로 이해하지 않고 돌이키지 않게 하려 함이라. 그러나 돌이키면 내가 그들을 고쳐 주리라(마태복음 13:15).

우리가 '보고도 보지 못하고, 듣고도 듣지 못하며, 하나님의 치유 사역을 방해하는' 상태에 이르게 된 데에는 여러 시작점이 있다.

첫째, 유대인을 경멸과 증오의 대상으로 삼고, 이후에는 복음 전도의 대상으로 삼고, 다음으로는 역사의 흐름 속에서 하나님의 행동을 분별하는 표지로 삼았으며, 결국에는 '이스라엘을 축복하는' 모든 나라의 번영을 위한 행운의 부적으로 여긴 대체신학(supersessionism)이 그 시작점이다.

둘째, 팔레스타인 점령을 가능하게 하고, 팔레스타인 사람과 베두인을 그들 자신의 땅과 집에서 이방인 혹은 적대 세력으로 만들어버렸으며, '나크바'[1]의 오랜 폭력을 시작한 제국 건설과 세계 재편이라는 식민주의적 시작이 있다.

셋째, 어떤 민족도 국가로 존재하지 않으면 존재하지 않는 것처럼 만들고, 모든 민족국가는 무기와 폭력을 거래하며 스스로를 지켜야 한다는 생각을 전 세계에 강요한 민족주의적 시작이 있다.

넷째, 분리, 안보, 인구 통제를 하나로 묶는 '백인주의'(whiteness)의 논리를 심어주고, 이것이 결국 대량학살적 군사작전과 다름없는 치안 행위로 이어진 인종주의적 시작이 있다.

다섯째, 이스라엘-팔레스타인 땅과 지형을 계속해서 재구성하여, 유럽의 시골처럼 보이는 '성서적 디즈니랜드'로 만들어 버린 지리적 시작이 있다. 이 모든 시작점이 하나의 끈처럼 엮여 너무 많은 기독교인을 팔레스타인 고통에 대한 변명의 여지없는 무관심과 무행동에 묶어버렸다.

그러나 기독교인의 무관심과 무행동은 팔레스타인, 특히 팔레스타인 기독교인들에게 있어 중심 문제가 아니다. 오히려 중심 문제는

---

1 아랍어로 '재앙' 또는 '대재앙'이라는 뜻으로, 팔레스타인에서는 1948년 이스라엘 건국과 그로 인한 대규모 강제 이주, 학살, 마을 파괴 등 팔레스타인 사람에게 닥친 집단적 비극을 가리키는 용어로 사용된다(역자주).

이스라엘 국가의 군사적, 식민적 작전을 지지하는 신학을 적극적으로, 심지어 열정적으로 펼치는 것이다. 분명히 말하건대, 이것이 바로 이 모든 시작점을 하나로 묶는 신학적 끈이다. 문터 아이작은 이 책에서 그 끈을 끊어낸다. 1인칭 시점의 신학적이면서도 역사적인 자기 고백을 통해, 문터는 이 싸움에 날카로운 칼을 들고 나온다. 이 싸움은 혈육이 아니라 그 끈을 유지하려 애쓰는 권세들과의 싸움이다. 문터는 피를 흘리려는 것이 아니라 기독교인들을 이 포로 상태에서 해방하기 위해 그 끈을 자른다. 이것은 그와 수많은 팔레스타인 동포가 직접 목격한 포로 상태다.

 이스라엘-팔레스타인에서 기독교인으로 살아가며, 매일 군사력이 당신을 범죄자이자 적대 세력으로 간주하는 현실에 처해 있다고 상상해 보라. 당신이 아직 어머니 품에 있을 때조차 말이다. 성장하면서 삶의 모든 측면이 억압과 점령에 의해 규정되고, 그럼에도 불구하고 짙은 연기처럼 늘 깔려 있는 적대감 속에서 살아남고 번성하는 법을 배워야 한다고 상상해 보라. 기독교인으로서, 세계 곳곳에서 온 다른 기독교인들이 끊임없이 찾아와 "행동을 조심하라, 이 땅은 하나님이 하나님의 택한 백성 이스라엘에 약속하신 땅이다"라고 말하는 상황을 상상해 보라. 정부가 집, 정원, 농장을 빼앗아 가면서도 별다른 정당화도 필요 없고, 당신은 그 도둑질에 맞설 방법조차 없는 모습을 지켜보는 상황을 상상해 보라. 이제 당신이 이스라엘의 하나님께 기도하고 예배하며 사랑하고, 유대인 예수의 길을 따르며 원수를 사랑하라는 계명을 실천하려 애쓰는 모습을 상상해 보라. 이것이 바로 '두터운 기독교', 매일매일 위험에 처한 진지한 신앙이다.

 몇 년 전부터 나와 몇몇 아프리카계 미국인 기독교 학자들은 문터 아이작을 포함한 몇몇 팔레스타인 기독교 학자들과 정기적으로 줌 미팅을 해왔다. 잘 알려진 대로, 흑인 디아스포라의 삶과 팔레스타인 사람의 삶 사이에는 놀라울 만큼 유사점이 많고, 아프리카 디아스포라가 기독교인으로 살아가는 일 역시 비슷한 불안정함이 드러난다. 우리가 함께 만날 때마다 언제나 흐르는 가장 깊은 질문은 "우리가 왜 여전히 기독교인인가?"였다. 우리는 함께 고난을 겪는 동료들에게 왜 유대인 예수를 따르는 것이 의미가 있는지 설명하려 애쓰는 무게를 느낀다.

우리 모두는 그 끈의 무게를 함께 느끼며, 모두가 가능한 한 빨리 그 끈을 끊으려 하지만, 그 끈은 다시 스스로 엮이는 것을 보게 된다. 우리는 계속해서 그 끈을 자른다. 하지만 왜 그럴까? 우리는 아직 확실한 답을 찾지 못했다. 지금 이 순간에 우리가 말할 수 있는 유일한 것은, 우리가 누군가의 '끊음' 안에 있다는 것이다. 우리는 육신이 된 하나님께서 그 끈을 붙잡고 "바로 여기서, 잘라라, 계속 잘라라"라고 말씀하시는 손길을 느낀다. 우리는 우리 곁에 계시며 우리를 붙들고 지탱해 주시는 그분의 임재를 본다. 우리는 하나님의 영이 그 끈을 자르고 계심을 감지한다.

내게는 소중한 친구가 있는데, 팔레스타인 사람의 고통에 관한 이야기가 나오면 항상 이렇게 말한다. "중동 상황은 복잡해." 물론 그 말이 사실이긴 하지만, 세상에 복잡하지 않은 일이 어디 있겠는가? 복잡함은 명확함의 적이 아니고, 정의를 추구하는 데 결코 장애물이 될 수 없다. 오늘 우리가 해야 할 정의 추구란 바로 이런 시작점들에서 비롯된 생각과 관행을 하나하나 풀어내고, 각각을 추적하며, 그에 맞서 생각하고 행동하는 것이다. 이런 일은 기독교인들과 그들의 신학자, 성서학자, 목회자 그리고 소셜미디어 논객들까지도 아직 충분한 진지함으로 시작하지 못한 작업이다.

그래서 우리는 문터 아이작과 그가 이 책에서 우리에게 주는 것에 감사해야 한다. 그는 결코 기독교인들이 폭력을 정당화하는 경건함, 땅과 국가, 영토, 재산, 군사행동을 하나님이 정하신 것으로 세례하는 신학 그리고 하나님이 민족들을 체스 말처럼 움직이고 살인이나 집단학살을 하나님의 영광을 위한 거룩한 부수적 피해로 여기는 신앙에 빠지도록 내버려두지 않는다. 지금은 대담한 개입이 필요한 때다. 마치 예수께서 침과 흙을 섞어 사람의 눈에 바르신 것처럼, 다시 볼 수 있도록 하는 그런 개입 말이다. 그러나 우리는 이런 개입에는 언제나 묵시적으로든 명시적으로든 한 가지 질문이 따라온다는 것을 기억해야 한다. 그리고 그 질문이 바로 문터가 이 책에서 던지는 질문이기도 하다. "당신은 정말 보고 싶은가?"

윌리엄 제임스 제닝스
예일대학교 신학대학원 교수

이 책에 쏟아진 찬사

문터 아이작은 한 세대에 한 번 나타날까 말까 하는 깊이 있는 예언자적 목소리입니다. 그의 결론에 모든 사람이 동의하지는 않을 수 있지만, 성지 출신의 기독교 목사이자 지도자로서 아이작이 제공하는 관점은 매우 중요하고 귀중하며, 반드시 주목받아야 하고 무시되어서는 안 됩니다. 전 세계 기독교 공동체는 팔레스타인의 형제자매들이 외치는 절규에 귀를 기울여야 하며, 이러한 절규는 이 책에서 애절하게 표현되고 있습니다. 복음의 증거 자체가 위험에 처해 있습니다.

_ 메이 엘리스 캐넌(중동 평화를 위한 교회들 사무총장)

몇 년 전 한 팔레스타인 목사가 서구의 동료 기독교인들이 팔레스타인의 곤경을 사실상 무시한다며 고통스럽게 한탄하면서 저에게 했던 말을 결코 잊을 수 없습니다. "요람 속의 아기는 울지 않으면 무시당합니다. 아마도 우리 팔레스타인 사람들은 어떻게 울어야 하는지 몰랐던 것 같습니다." 팔레스타인 루터교 목사 문터 아이작은 어떻게 울어야 하는지 알고 있습니다. 이 책은 오늘날과 지난 76년간 팔레스타인 사람들의 고통에 대한 극도로 웅변적인 애가입니다. 요람에서 나오는 이 강력한 울음소리가 마침내 서구 기독교인들을 깨워 이해와 공감 그리고 행동으로 이끌기를 바랍니다!

_ 니콜라스 볼터스토프(예일대학교)

가자의 팔레스타인 사람들에 대한 집단학살이 실시간으로 방송되는 가운데 글을 쓰면서, 문터 아이작은 세계가 윤리적으로 일관성을 가져야 한다고 촉구합니다. 어떤 사람들의 생명과 안전은 걱정하면서 다른 사람들의 생명과 안전은 무시할 수는 없습니다. 기독교 팔레스타인 지도자로서의 관점에서 말하며, 아이작은 묵시적이고 메시아적이며 복수심에 찬 기독교와 유대교 형태의 시온주의를 명확히 설명합니다. 이 모든 것들은 지속되는 나크바를 집단학살적 공격으로 확대하는 형태로 나타난 팔레스타인 인간성에 대한 침해로 이어졌습니다. 이 책은 팔레스타인의 고통과 성경 구절에 대한 선별적 호소가 팔레스타인의 물질적 기반, 역사, 미래의 추방, 파괴, 부정을 정당화해 온 방식에 분노하는 모든 사람이 반드시 읽어야 할 책입니다.

_ 아탈리아 오머(노트르담대학교)

중동 분쟁에 관해서는 전 세계의 외부인들이 해결책이라고 믿는 것들을 지나치게 단순화하는 경향이 있다는 것은 말할 필요도 없습니다. 항상 명확하지 않은 것은 우리가 혼란과 유혈사태를 강화하는 구조에 얽히게 되는 방식들입니다. 문터 아이작은 가자에서 살고, 기도하고, 눈물 흘리며, 평화를 위해 일합니다. 그의 목회자적 마음, 학자적 예리함, 예언자적 열정은 눈을 뜨게 할 뿐만 아니라 영감을 주며, 우리를 종교 간 연대와 정보에 입각한 행동을 향한 구체적인 길로 초대합니다.

_ 존 A. 누네스(캘리포니아 루터교대학교)

문터 아이작은 팔레스타인 사람들을 실망시킨 세계 지도자들, 종교 지도자들 그리고 인류에 대한 가슴 아픈 고발장을 썼습니다. 놀라운 도덕적 명확성으로 아이작은 보편적인 종교적, 인간적 가치에 깊이 호소하는 팔레스타인의 생명과 자유를 옹호하는 열정적인 논증을 제시합니다. 이 책은 SOS이자 행동 촉구서이며, 특히 교회 지도자들과 전 세계 기독교인들을 위한 것입니다. 그들의 기관과 종교 극단주의자들은 팔레스타인 사람들, 유대인들 그리고 전 인류에게 용서할 수 없는 대가를 치르게 하면서 이스라엘 국가에 서구의 복음주의 프로젝트를 지원하기 위해 그들의 막대한 권력을 사용해 왔습니다.

_ 릴리 그린버그 콜(바이든 행정부 내무부 특별보좌관)

이 책은 예리하고, 꿰뚫어 보는 통찰이 있으며, 확신을 줍니다. 문터 아이작은 여기서 교회에서 거의 들어보지 못한 이스라엘의 놀라운 역사의 연대기 작가가 되었습니다. 그러나 그는 또한 이스라엘이 건국 초기부터 사용해 온 충격적인 폭력을 보여주는 예언자적 목소리가 되었습니다. 아이작의 목소리는 우리 시대에 필요한 용기를 가져다줍니다.

_ 게리 M. 버지(휘튼대학)

문터 아이작은 오늘날 세계에서 가장 저명한 기독교 지도자 중 한 명이 되었습니다. 그의 메시지 "잔해 속의 그리스도"는 자유의 찬가가 되었으며, 하나님이 가자의 잔해 아래에 계시고, 폭력과 점령으로 고통받는 모든 사람 가까이에 계신다는 것을 우리 모두에게 상기시켜 줍니다. 이것은 우리 세대의 가장 중요한 책 가운데 하나입니다.

_ 셰인 클레이본(작가, 활동가, 레드 레터 크리스천 공동창립자)

이 책은 여러 면에서 불안하고, 놀랍고, 불편합니다. 무엇보다도 진실합니다. 예언적입니다. 나는 진심으로 교회가 우리의 현재 역사적 순간을 돌아보며 당황하여 물을 것이라고 믿습니다. 우리가 무슨 생각을 하고 있었나, 교회는 어디에 있었나, 왜 침묵했나? 아니면 더 나쁘게는 왜 공모했나? 인생을 바꾸는 각성의 신호를 원한다면, 이 책을 반드시 읽어야 합니다. 이것은 한마디로 우리 세대의 가장 중요한 책입니다.

_ **프레스턴 스프링클**(뉴욕타임스 베스트셀러 작가, 신학 팟캐스트 진행자)

옮긴이의 글

77년 전 '제노사이드' 용어를 만든 라파엘 렘킨, 그가 오늘 자신의 조국 이스라엘을 보면 뭐라 말할까?

"이스라엘-팔레스타인 충돌"이라는 미디어의 헤드라인은 잊을 만하면 접하게 되는 일상의 뉴스거리가 된 지 오래입니다. 이 뉴스는 2천 년 동안 나라 없이 떠돌던 이스라엘 민족이 홀로코스트의 비참을 겪고 시온주의 이데올로기를 앞세워 지금의 팔레스타인 땅으로 점령해 들어온 1948년 이래 이어져 온, 이제는 익숙한 이야기입니다. 점령국 이스라엘은 팔레스타인 땅에서 주민들을 몰아내고자 했고, 피점령국 팔레스타인 사람들은 그들의 땅을 지키기 위해 저항했습니다. 세계 언론은 "이스라엘-팔레스타인 충돌"로 기사화함으로써, 이를 마치 정상적인 두 국가 간의 전쟁 혹은 분쟁 속에 있는 것처럼 표현합니다. 권력론의 관점에서 '충돌'(conflict)이란 동등하고 유사한 힘을 가진 두 주체가 서로 다투는 것을 의미합니다. 76년째 세계 언론은 팔레스타인 문제를 그렇게 다루고 있습니다. "왜 저 두 나라는 툭하면 싸우고 갈등할까?", 이렇게 보아도 괜찮은 걸까요?

이 책은 그러한 시각을 문제 삼는 데서 출발합니다. 두 나라는 동등한 힘의 균형을 가진 관계가 아니라는 것입니다. 한 나라는 점령국이고 다른 나라는 피점령국이라는 것, 한 민족은 폭력의 가해자이고,

다른 민족은 폭력의 피해자라는 것입니다. 한쪽은 미국을 비롯한 강대국과의 국제적 네트워크 속에서 강력한 군사력과 국제 여론으로 몰아치는 제노사이드 가해자이고, 다른 한쪽은 기댈 만한 외교 관계 하나 없이 속절없이 죽어가야 하는 '호모 사케르'(벌거벗은 생명)라고 말입니다. 이를 몰라서든 알고도 모르는 체하는 것이든, 분명한 건 외부 세계가 현실을 기만해 왔다는 사실입니다.

문터 아이작. 그는 팔레스타인 출신의 그리스도인이자 목회자이며, 신학자입니다. 베들레헴 복음주의루터교 크리스마스교회의 담임 목사이자 베들레헴성서대학의 학장입니다. 이 책 첫 장에서 그는 2023년 10월 7일에 일어난 대참사를 언급함으로써 긴 이야기를 시작합니다.

2023년 10월 7일은 팔레스타인 무장단체 하마스가 이스라엘 남부 지역에 대규모 침공을 행하여 민간인을 상대로 수많은 전쟁범죄와 반인도적 범죄를 저지른 날입니다. 홀로코스트 이후 유대인들에게 가장 많은 희생자가 발생한 날이자, 이스라엘의 9.11로 묘사되는 날입니다. 세계 언론은 하마스의 폭력과 잔혹함을 비난하며 이스라엘을 지지했습니다. 이후 네타냐후의 이스라엘은 '눈 하나에 눈 마흔 개'라는 보복 원칙으로 대대적인 집단학살적 대응 전쟁을 지금껏 벌이고 있습니다. 2년 동안 가자지구의 거의 모든 건물이 파괴되었고, 민간인 희생자가 6만 명가량 발생했습니다. 그중 어린아이가 40퍼센트를 넘어섭니다. 네타냐후는 가자지구의 팔레스타인 사람들을 역사에서 지워버리려는 의도를 노골적으로 드러내고 있습니다. 2025년 8월 8일, 그는 가자지구에 대한 전면적 군사 점령 계획을 발표했습니다. 그것은 군사적 해결책으로, 하마스 공격 2주년이 되는 2025년 10월 7일까지 가자시티를 포위하고 100만 명의 팔레스타인 주민을 남부의 일명 '인도주의 구역'으로 이주시킨다는 계획입니다. 이는 사실상의 강제수용소 구상입니다. <알자지라> 방송은 이스라엘의 실제 목표가 "가자지구 팔레스타인에 대한 인종청소"라고 분석했습니다. 그러나 대다수 세계 언론과 국가들 그리고 교회가 이 문제를 보는 관점은 대체로 '하마스의 불법적 공격과 이스라엘의 정당한 대응'이라는 데 머물러 있습니다.

저자 문터 아이작은 2023년 10월 7일의 대참사를 넘어선 더 깊은 역사를 말하고자 합니다. 1948년 이스라엘이 팔레스타인 땅에 들어오면서 시작된 점령과 학살의 76년이라는, 나크바(아랍어로 '재앙')의 역사를 알려 주고 싶어 합니다. 세계는 하마스가 이스라엘 민간인들을 참혹하게 살해한 10월 7일의 폭력에만 주목하고 싶겠지만, 그는 76년 동안 자신들이 당해 온 거대하고 오래된 폭력의 구조적 맥락을 보아야 한다고 주장합니다. 그는 이스라엘에 의한 폭력의 피해 당사자로서 제삼자인 세계인을 향해 호소합니다. 그리스도인으로서 같은 그리스도교회를 향해 답답한 심정으로 외칩니다.

"제발 우리 입장에서 생각해 보라!!"

제가 이 책을 접한 순간 곧바로 번역하기로 마음먹었던 데는 일종의 유사운명적 연대 의식을 느꼈던 것도 있습니다. 저 또한 저자와 같이 그리스도인이고 목사이며, 신학계에서는 드물게 제노사이드를 연구하는 학자로 살고 있어서였을지 모릅니다. 번역하는 내내 글에서 느껴지는 깊은 고통과 외마디 탄식과 외로운 호소에 가슴이 답답하고 괴로웠습니다. 번역을 통해서라도 그의 목소리를 한국 사람들에게 들려줘야 할 것 같았습니다. 그것으로나마 팔레스타인 사람들의 고통과 외로움, 몸부림에 조금이라도 함께 할 수 있을 것 같았습니다.

팔레스타인에 그리스도인이 있다는 사실을 접하고 저의 무지가 부끄러웠던 동시에 자못 놀라웠습니다. 그곳에 문터 아이작 목사와 같은 훌륭한 신학자이자 애국자가 있다는 점은 저에게 더욱 놀라운 사실이었습니다. 문터 아이작 목사는 이 책에서 자신과 그 나라 국민이 70년 넘게 겪고 있는 생지옥의 역사가 어떠했는지를 일인칭 당사자 시점으로 생생하게 묘사하고 있습니다. 그리고 현재 이스라엘이 팔레스타인 사람들에게 가하는 대량학살 속에 숨어 있는 식민주의, 제국신학, 인종주의, 아파르트헤이트, 시온주의를 강력하게 비판합니다. 무엇보다도 이스라엘이 지금 팔레스타인 땅에서 행하는 모든 폭력이 반인도주의 범죄인 '제노사이드'로서, <유엔 총회 제260호 결의안>의 법적 구성요소를 갖추고 있음을 풍부한 객관적 자료들로써 논증합니다.

번역하는 동안 자꾸만 라파엘 렘킨(Raphael Lemkin)이 떠올랐습니다. 유대인 라파엘 렘킨은 제2차 세계 대전 당시 자신의 가족 마흔아홉 명이 히틀러에게 학살당하고 홀로 살아남았습니다. 변호사가 되어 자기 민족이 겪은 어마어마한 폭력을 '제노사이드'라는 용어로 정의하고 치열한 활동을 전개한 결과, 드디어 1948년 유엔 총회에서 집단학살을 금지하는 <집단살해 범죄의 방지 및 처벌에 관한 협약(Convention of the Privention and Punishment of the Crime of Genocide)>, 일명 '제노사이드 협약'이 탄생합니다. 제노사이드 범죄를 국제법적으로 처벌할 수 있는 세상을 만들기 위해 고통 속에 외롭게 투쟁하며 살다 59세의 나이로 떠나간 라파엘 렘킨은 20세기의 위대한 윤리학자이자 법률가요, 예언자였습니다. 이스라엘 사람인 그가 온몸을 바쳐 만든 '제노사이드 법전'을 이제 팔레스타인 출신의 목사 문터 아이작이 들고 이스라엘을 향해 외치고 있습니다. 이 상황을 어떻게 보아야 할까요? 세상을 떠난 지 66년이 지나 자신이 만든 이 용어가 자기 조국을 향해 쓰여야 한다는 사실을 하늘에서 알게 된다면, 라파엘 렘킨은 어떤 심정일까요? 그때의 독일제국이 이스라엘로 바뀌었고, 그때의 히틀러가 네타냐후로 나타났고, 그때의 나치가 이스라엘 극우 시온주의자들이 되어 있는, 역사의 아이러니를 어떻게 이해할까요? 77년 전인 1948년 유엔에서 제노사이드를 외치던 라파엘 렘킨이 어쩌면 2025년 오늘 팔레스타인에서 문터 아이작으로 부활한 건 아닐까요?

그리스도인이자 목사이며 제노사이드 연구가로서, 이 책을 가장 먼저 한국교회 교인들에게 전해드리고 싶습니다. 저자의 아픔과 답답한 심정이 가장 크게 다가왔던 대목이 바로 세계 교회의 침묵과 무관심 그리고 왜곡된 시각이었기 때문입니다. 문터 아이작의 글에서는 세계의 많은 그리스도인들이 성서 속 이스라엘과 현실 속 이스라엘을 구분하지 못하는 데서 오는 고통이 느껴집니다. 팔레스타인은 하나님의 택한 백성 이스라엘에 대항하는 저주받은 성서의 블레셋 족속이고, 지금 그들이 겪는 고통은 모두 하나님의 백성을 대적한 것에 대한 하나님의 징벌이라고 보는 무지와 맹목에 기반한 해석의 폭력 때문입니다. 눈앞에 펼쳐지는 명백한 현실을 직시하지 못하는 그리스도인들을 향해, 눈을 뜨고 깨어나기를 저자는 간절히 호소합니다.

그의 호소를 한국교회 그리스도인들에게 들려드리고 싶습니다. 팔레스타인 당사자의 목소리로 전하는 팔레스타인의 현실에 대한 메시지가 한국의 시민들에게도 가 닿을 수 있기를 바랍니다. 고통받는 팔레스타인 땅과 사람들에게 정의와 평화와 자유와 회복이 이루어질 때까지 인내(수무드)하며 이겨내기를 간절히 바라는 마음을 전합니다. 감사합니다.

2025년 8월

김상기

머리말

왜 한 목사가 끔찍한 현실을 폭로하는 책을 쓰는가? 왜 정치와 전쟁에 대해 공개적으로, 심지어 긴급하고 단호하게 말하는가? 그리고 그 팔레스타인 목사는 어떻게 이런 일에 뛰어들게 되었는가?

나는 정치인이 아니다. 나는 신학을 전공했고 여러 교회를 섬기는 목사이며, 내게 있어 가자지구에 대해 말하는 것은 무엇보다 목회적 소명이다. 나는 목사로서의 부름을, 여러 가지 의미 가운데서도, 내 민족을 대신해 말하고 그들의 도전과 고난 속에서 그들을 지지하는 것이라 여겨왔다. 내 교회 교우들의 가족들은 모든 팔레스타인 사람처럼 식민주의, 점령주의, 아파르트헤이트의 희생자다. 팔레스타인 기독교인들은 모든 팔레스타인 사람처럼 76년 넘게 쫓겨나고 비인간화되어 왔다. 그들의 재산과 땅은 몰수당했고, 귀환할 권리도 박탈당했다. 그들은 감금되고 검문소에서 괴롭힘을 당한다. 그들의 가족들은 흩어지고 떨어져 지낸다. 나는 이러한 현실을 신앙의 관점에서 다루지 않을 수 없다. 팔레스타인에서는 우리가 매일 직면하는 정치적 도전에 대해 말하는 것이 목회적 소명이다.

오늘날 가자에서 기독교인들은 다른 모든 가자 주민처럼 복수심에 찬 전쟁의 희생자다. 그리고 팔레스타인의 교회는 이러한 끔찍한 현실에 목회적으로 대응하는 데 큰 어려움을 겪고 있다. 가자는 요르단강 서안과는 전혀 다른 방식으로 점령되어 있지만, 팔레스타인의 일부이며 그곳 사람들은 우리의 사람들이다. 요르단강 서안에 사는 많은 팔레스타인 사람은 가자에 친구와 가족이 있다. 그래서 나는 가자에서 45마일 떨어진 베들레헴의 목사로서, 가자를 위해 목소리를 내는 데 헌신한다. 지난 1년 동안 나는 가자에서의 휴전을 위해 끊임없이 로비했고, 목사로서의 강단과 플랫폼을 이용해 팔레스타인 사람들의 목소리를 높였다. 나는 정책 입안자들과 교회 지도자들을 만나기 위해 세계 곳곳을 다녔다. 나는 수백 개의 웨비나와 팟캐스트에서 발언했고, 소규모와 대규모 청중 앞에서 직접 연설했다. 나는 진보적이든 보수적이든 주요 뉴스 채널에도 출연했다. 그리고 나는 분명히 기독교적 입장에서 그렇게 해왔다. 많은 서구인은 팔레스타인에 기독교인이 존재한다는 사실에 충격을 받았고, 그중 한 명이 모든 팔레스타인 사람을 대표해 목소리를 내는 모습을 보고 더욱 놀랐다.

어떤 이들은 기독교인은 정치에 관여하지 말아야 한다고 말한다. 이는 어디에서든 순진한 주장이고, 팔레스타인에서는 불가능하다. 더 나아가 이는 얕팍한 영성을 드러낸다. 우리가 그리스도의 사랑과 돌봄의 부름이 삶의 모든 영역에 적용된다고 믿는다면, 교회는 반드시 불의의 문제에 대해 말하고 이에 맞서야 한다. 이를 위해 교회는 부패한 정치인과 통치자들에게 하나님의 이름으로 정의와 평등으로 다스릴 것을 요구해야 한다. 성경은 이렇게 말한다.

> 선행을 배우라, 정의를 구하라, 학대받는 이를 구하라, 고아를 변호하라, 과부를 위해 변론하라(이사야 1:17).

교회가 정치적 불의 앞에서 침묵을 선택할 때, 이는 불의에 동의하는 것이다. 정치적 억압 앞에서 침묵하는 것은 거룩하지 못한 일이며,

정의와 자비의 하나님에 대한 우리의 신앙을 무력화시킨다. 침묵은 우리가 악을 용인하며 하나님께서 불의와 피흘림에 관심이 없으시다는 뜻을 내포한다. 집단학살의 전쟁이 생중계되는 이 순간, 우리가 어떻게 침묵할 수 있겠는가? 이것이 바로 오늘날 우리가 가자에서 목격하는 일이다. 침묵을 통해 전체 공동체가 많은 말을 하고 있다. 학살을 저지르는 자들에게, 피해자들에게 그리고 하나님의 성품에 대해서 말이다. 그들은 피흘림을 묵인하고 있다. 이 책은 이 전쟁에 침묵으로 대응하는 많은 이들에 대한 나의 외침이다. 왜냐하면 침묵은 곧 공모이기 때문이다.

내가 목사로서, 신학자로서 그리고 그리스도인으로서 팔레스타인과 가자에서 일어나는 일에 반드시 목소리를 내야 하는 또 다른 중요한 이유가 있다. 팔레스타인 비극의 한 가지 특별히 부끄러운 특징이 나로 하여금 분노와 격분 속에 말하지 않을 수 없게 한다. 바로 이 일이 하나님의 이름과 성경의 이름으로 정당화되고 있다는 점이다. 불의가 성경과 신학의 이름으로 옹호될 때, 우리는 분명히 선언해야 한다. "우리의 이름으로 하지 마라!", "하나님의 이름으로 하지 마라!" 기독교인들이 인종차별적이고 배타적인 하나님을 주장하며, 이것이 예수 그리스도 안에서 계시된 성경의 하나님이라고 말할 때, 우리는 이것이 기독교의 가르침에 정면으로 반하는 주장임을 분명히 밝혀야 한다. 기독교 지도자들이 공개적으로 집단학살을 촉구할 때, 우리는 분노를 담아 그들을 지적하고 회개를 촉구해야 한다.

나는 팔레스타인 사람이자 기독교인이다

이 책은 가자지구 전쟁에 관한 나의 목소리이며, 팔레스타인 목사로서 내 민족의 고통과 아픔에 대한 절규다. 나는 변명의 여지 없이 팔레스타인 사람으로서 그리고 기독교인으로서 이 글을 썼으며, 우리가 살아온 팔레스타인 사람의 이야기를 강조했다. 이 책은 팔레스타인과 가자 주민들의 목소리가 침묵 당하거나 왜곡되고 심지어 악마화되는 현실 속에서 그들의 목소리를 대변하는 데 목적이 있다.

내가 팔레스타인 기독교인으로 자신을 위치시키는 것은 어떤 편향성을 말하고자 함이 아니다. 오히려 나는 내부자이자 신앙인으로서 나를 위치시키는 것이다. 나는 가자에서 벌어지는 이 비극을 멀리서 바라보며 논하는 제삼자가 아니다. 나는 팔레스타인 사람이고, 팔레스타인은 내가 가진 유일한 고향이다. 수백 년 동안 우리 가족은 목자들이 옛 찬송가를 들었다고 전해지는 '목자들의 들판'이라 불리는 곳에서 살아왔다.

> 지극히 높은 곳에서는 하나님께 영광이요,
> 땅에서는 하나님이 기뻐하시는 사람들 중에 평화로다!
> (누가복음 2:14).

팔레스타인의 현실을 말하고 쓰는 일은 나와 내 가족 그리고 친구들의 일상적 경험과 삶의 여정에 언어를 부여하는 것이다.

더불어 나는 목사이자 신학자 그리고 성서학자다. 성경은 나의 든든한 토대다. 나의 신앙과 삶의 현실은 성경 위에 세워져 있다. 이 책

전반에 걸쳐 나는 고통, 죽음, 희망에 관한 질문과 씨름하면서 성경 위에 나의 논의를 세운다. 절망과 어둠 속에서 희망을 말하려 애쓸 때도, 나는 성경을 토대로 한다.

이 책은 이스라엘, 땅, 팔레스타인 사람들에 대한 서구 기독교의 지배적 신학과 관점을 비판한다. 팔레스타인과 가자에 대한 지배적 서사를 반박하기 위해, 대안적인 역사적·신학적 관점을 제시한다. 나의 이러한 대안적 관점은 많은 독자들을 불편하게 할 것이다. 집단학살이 자행되었다. 불편한 대화가 필요하다.

이 책에서 나는 '제노사이드'(집단학살), '인종청소', '아파르트헤이트'와 같은 용어를 사용한다. 이는 자극을 위한 것이 아니라 이 단어들이 현실을 정확히 지칭하기 때문이다. 현재 가자에서 벌어지는 전쟁에 관해서는 이를 집단학살로 규정한 수많은 전문가의 증언에 의존한다. 이후의 장들에서 이 모든 것이 분명해질 것이다.

또한 나는 팔레스타인 상황을 '갈등'(conflict)이라고 부르는 것이 마치 두 주체가 동등하거나 비슷한 세력이 싸우는 것처럼 보이게 하는 잘못된 인식임을 분명히 인식하면서 이 책을 쓴다. 우리의 현실은 76년에 걸친 체계적인 억압과 지배, 즉 점령자가 피점령자를 지배하는 상황이다. 최근 팔레스타인 역사를 솔직하게 평가하면, 이스라엘 국가는 정착민 식민주의(settler colonialism)의 사례임이 드러난다. 이 현실을 가장 잘 설명하는 어휘는 '억압', '지배', '말살', '아파르트헤이트' 등이다.

마지막으로 이 책은 기독교적 관점, 곧 예수의 윤리에 대한 헌신에서 비롯된 것이다. 이는 사랑, 정의, 평등에 대한 헌신을 의미한다. 나의 기독교 신앙은 진리와 정의에 뿌리내린 비폭력, 평화, 화해에 대한 흔들림 없는 헌신을 요구한다. 더 나아가 평화의 사람이 된다는 것은 희생을 감수하고, 태도를 분명히 밝히며, 권력자에게 진실을 말할 각오를 포함한다.

잔해 속의 그리스도

"만약 그리스도께서 오늘 태어나신다면, 그는 가자의 잔해 속에서 태어나실 것이다."

나는 이 전쟁에서 가장 참혹했던 시기, 2023년 크리스마스에 이 말을 했다. "잔해 속의 그리스도"라는 표현은 우리가 베들레헴 복음 루터교 크리스마스 교회에서 만든 구유 장면을 가리킨다. 이 장면의 사진은 전 세계의 주목을 받았고, 교회 목사인 나에게 세계를 향해 말할 기회를 주었다. 이 표현은 또한 12월 23일에 내가 전한 설교의 제목이기도 하다. 그 설교에서 나는 가자지구에서 벌어지는 집단학살에 대한 세계의 침묵을 지적했다.

이 설교는 전 세계 수천만 명의 청취자들에게 전달되었고, 가자 휴전을 위한 세계 기독교 운동이 생겨나는 데 이바지했다. "잔해 속의 그리스도"는 또한 집단학살이 허용되는 이 세상에 대한 예언적 저항이기도 하다. 신앙 지도자로서, 나는 내 민족의 고통과 절규에 대해 목소리를 내는 것이 나의 사명이라고 믿는다. 팔레스타인 사람들은 주변부로 밀려나고, 비인간화되고, 악마화되어, 1만 6천 명이 넘는 팔레스타인 어린이의 죽음조차 그저 또 하나의 전쟁이 낳은 평범한 결과로 여겨지는 지경에 이르렀다. 이에 대해 나는 잔해 속에서 끌려 나오는 모든 아이 안에서 우리는 예수의 모습을 보아야 한다고 강조했다.

이 책이 다루는 것들

이 책은 신앙, 성경, 가자지구의 집단학살을 다룬다. 나는 가자 전쟁에 대한 역사적·정치적·신학적·목회적 관점을 팔레스타인 목사의 처지에서 바라보는 분명한 시선으로 결합했다.

처음 세 장은 광범위한 역사적·정치적 맥락을 소개한다. 1장은 2023년 10월 7일 공격의 끔찍한 이야기와 그에 대한 집단학살적 대응을 전한다. 이 장은 이스라엘 피해자들이 겪은 고통과 트라우마의 규모를 부각한다. 이후 가자지구에서 전개된 집단학살을 탐구하며, 왜 내가 지난 1년간의 사건을 집단학살로 명명했는지 설명한다.

2장과 3장에서는 구조적 맥락의 중요성을 강조하며, 이 전쟁이 단순히 2023년 10월 7일에 시작된 것이 아님을 상세히 논증한다. 이스라엘 건국 이후 76년간의 광범위한 맥락과 10월 7일 이전 가자 봉쇄의 직접적 맥락을 분석한다. 이 장들은 1948년 시작된 팔레스타인 인종청소인 '나크바'를 설명하고, 이스라엘을 정착민 식민주의 체제이자 아파르트헤이트 체제로 이해해야 할 필요성을 주장한다. 또한 현재 사건을 정확히 이해하기 위한 필수 조건으로 16년 간의 가자 봉쇄를 해석한다.

4장은 이 집단학살과 서구의 지원을 가능케 한 세 가지 요소, 즉 식민주의, 인종주의, 기독교 시온주의 신학을 분석한다.

5장은 유력한 목회자, 기독교 정치인, 신학자, 교회 지도자들의 반응을 검토한다. 이들의 반응은 평화 호소부터 폭력 정당화, 학살 외면까지 다양했다. 일부는 구체적 계획 없는 무력한 평화를 요구했다.

6장은 "잔해 속의 그리스도"라는 제목의 크리스마스 설교를 포함해 팔레스타인 기독교인들의 발언을 강조한다. 이 장은 서구 교회의 침묵을 질타한 사순절 기간의 메시지를 다룬다.

7장에서는 집단학살 기간 중 목회 사역을 공유하며, "잔해 속의 그리스도"의 신학적 배경을 설명한다. 고통 속 인류와 연대하는 하나님의 십자가 의미를 제시한다.

8장은 국제사법재판소에서 인용된 내 설교 문구를 확장해 교회의 행동을 촉구한다. 이 장은 전 세계에서 등장한 연대 움직임을 소개하며, 다양한 신앙 전통이 전쟁 종식을 요구하는 새로운 공동체 형성을 보여준다.

내가 결코 쓰고 싶지 않았던 책

전쟁 한가운데서 목회를 한다는 것은 매우 힘든 일이고, 그런 시기에 책을 쓴다는 것은 여러 순간 불가능하게 느껴지기도 했다. 정서적, 영적, 심리적으로 지난 1년은 매우 고통스러운 시간이었다. 이 책은 매일 전쟁 소식을 지켜보고 읽으면서, 내가 사는 요르단강 서안까지 전쟁이 번질지도 모른다는 두려움 속에서 집필됐다. 실제로 이 책 원고를 마무리할 무렵, 전쟁은 이미 레바논으로 확산하여 수천 명이 목숨을 잃었고, 요르단강 서안에도 집단학살과 인종청소의 씨앗이 뿌려지고 있었다. 또한 내 활동에는 언제나 위험이 따랐다는 점을 부인할 수 없다.

이스라엘을 비판하는 것은 대가를 치르는 일이다. 내 가족과 친구들은 내가 체포될까 늘 두려워하며, 나에게 조심하라고 계속 부탁한다. 전쟁 중에 이동하는 것 자체도 늘 많은 도전과 어려움으로 가득하다. 전쟁이 한창인 상황에서 목소리를 내는 것은 정신적으로 매우 소모적인 일이다. 한 번은 가자에 관해 설교하려고 강단에 오르던 중 가자지구의 한 모스크에서 100명 넘는 이들이 공격으로 사망했다는 속보를 휴대전화로 받았다. 그날 밤, 무력감을 느끼며 잠시라도 쉬고 싶었지만, 나는 계속해서 호소하고 기도해야 했다.

내 공동체 안에서 느껴지는 고통, 좌절, 분노, 무력감, 두려움은 이루 말할 수 없이 컸다. 이 책은 눈물과 분노 속에서 썼다. 전쟁이 시작된 지 열흘 만에 알-아흘리병원 공격으로 수백 명이 죽거나 다친 참혹한 장면을 전 세계와 함께 지켜보며 내가 느꼈던 감정은 말로 다 표현할 수 없다. 그 장면들은 너무나 잔혹하고 충격적이었다. 병원 바깥 마당 곳곳에 시신과 신체 일부, 피가 널려 있었다. 병원 들판과 마당에 피신한 무고한 민간인들이 학살당한 참사였다. 이 끔찍한 공격이 벌어졌을 때, 내 고향 베이트사후르의 교회들은 애도와 분노의 표시로 교회 종을 울리기로 했다. 우리 교회에는 손으로 직접 울리는 오래된 종이 있다.

밤이 깊어 문지기를 깨우고 싶지 않아, 내가 직접 교회로 가서 15분 넘게 온 힘을 다해 종을 울리며 분노와 슬픔을 쏟아냈다. 나는 충격에 휩싸였고, 눈물을 흘렸으며, 하나님께 분노했다.

사실 이 책을 쓰는 행위 자체가 하나의 저항이었다. 대상은 전쟁을 적극적으로 혹은 침묵으로 가능하게 한 이들만이 아니었다. 지난 1년간 정의와 자비가 너무도 부족했던 가자였기에, 바로 그 정의와 자비의 하나님께 대한 저항이기도 했다. 이 책은 부분적으로 나의 저항과 분노 그리고 신앙의 여정에 관한 이야기이기도 하다. 나는 이 여정이 예상치 못한 길이었음을 고백할 수밖에 없다. 애초에 전쟁에서 공적인 인물이 될 계획은 없었다. '잔해 속의 그리스도 구유'를 만든 이후, 나는 재판을 받는 사람처럼 어디로 끌려갈지 모르는 상황에 놓인 기분이었다. 누군가가 이 재판을 주도하며 나를 예상치 못한, 계획하지 않은 곳으로 이끄는 듯한 느낌이 들었다.

　이 여정을 통해 나는 세계 곳곳 다양한 배경을 가진 이들 사이에 신성한 것에 대한 깊은 갈망이 있음을 발견했다. 이 전쟁의 위기는 수많은 영적, 존재론적 질문을 불러일으켰다. 전쟁 중 나는 단순히 전쟁이나 팔레스타인 관점만이 아니라 고통 속에서의 신앙과 하나님에 대해 이야기했다. 많은 이들이 내가 팔레스타인에 대한 정치적 입장만큼이나 인간의 상처와 고통 속에서 함께 아파하시는 하나님을 그렸던 내 신앙적 메시지에 깊이 공감했다. 특히 내가 가자 어린이들을 인간적으로 바라보려 했던 노력에 많은 사람들의 마음이 움직였다. 이는 인간 내면에 깊은 영적 공허가 있음을 그리고 신앙 지도자들이 하나님의 위로의 목소리를 증폭시켜 이 공허를 채워야 할 필요가 있음을 보여준다. 내가 내 설교, 강연, 인터뷰에 달린 수천 개의 댓글을 읽어보면 이런 목소리가 얼마나 필요한지 그리고 우리 세상에 얼마나 결여되어 있는지 절실히 느낀다. 그 댓글들은 또한 종교 지도자들이 분열을 조장하고, 편협하며, 갈등을 해결하기보다 오히려 만들고 있다는 것을 대중이 인식하고 있음을 알게 해 주었다. 이번 전쟁에서 많은 신앙 지도자의 태도는 이런 실패를 여실히 드러냈다.

　우리는 고통과 인간이 만든 비극으로 가득한 세상에 살고 있다. 팔레스타인은 이 세상의 한 장소일 뿐이며, 팔레스타인 사람의 고통이

다른 이들의 고통보다 더 크다고 할 수 없다. 우리는 수단, 우크라이나, 예멘 등 전쟁과 고난의 현장에서 고통받는 이들의 폭력에도 주의를 기울이고 목소리를 내야 한다. 내가 이 책을 마무리할 무렵, 가자에 대한 전쟁은 이미 레바논으로 확산되어 이스라엘의 공격으로 며칠 만에 수천 명이 죽거나 쫓겨났다. 모든 생명은 소중하다. 우리는 전쟁, 집단학살, 강제 이주가 당연시되는 세상을 결코 받아들여서는 안 된다. 그리고 기독교인들이 전쟁을 수용할 뿐만 아니라 오히려 조장하는 현실에 안주해서도 안 된다.

이 책은 애도의 요청이다. 전 세계가 지켜보는 가운데 집단학살이 벌어졌기 때문이다. 이 집단학살은 이를 외면하고 침묵한 이들 그리고 이를 지원하고 힘을 실어준 이들 앞에서 벌어졌다. 이 책은 성경 본문이 어떤 형태로든 폭력을 정당화하는 데 악용되는 현실을 드러내고 반박한다. 이 책은 서구 기독교의 우월주의적 전통과 신학에 대한 고발장이기도 하다. 그러므로 이 책은 회개를 촉구하는 요청이기도 하다.

이 책은 또한 고난 한가운데서의 신앙, 희망 그리고 하나님의 임재에 관한 이야기이기도 하다. 이 책은 대담한 제안을 내놓는다. 이른바 가자의 잔해 속에서 발견되는 고난받는 하나님 그리고 전쟁, 식민주의, 인종주의, 식민 신학의 잔혹함에 시달리는 이들과 연대하는 하나님이라는 개념이다.

이 책은 또한 회복력과 저항에 관한 이야기다. 남아프리카공화국에서 사제 훈련을 받던 1960년대를 회상하며, 데스몬드 투투 대주교는 "참된 기독교적 삶의 중심에는 '참여하는 영성'이 있다"고 배웠던 기억을 떠올린다. 이러한 영성은 주로 관상적 기독교 실천에 뿌리를 두고 있지만, 가장 소외된 공동체를 위한 사회·정치적 참여와 행동으로 나타난다. 오늘날 우리 세상에 이처럼 '참여하는 영성'이 얼마나 절실히 필요한가! 특권층의 이익이 소수자를 희생시켜 보호받고, 안전 신화가 과잉 치안과 군사화로 이어지는 이 현실에서, 우리는 가장 취약한 이들을 위해 목소리를 내야 한다.

그러므로 우리는 1년 넘게 이어진 가자 집단학살의 현실로부터 서구 신앙 공동체를 단절시키는 벽을 허물어야 한다. 우리는 그리스도 안에서 한 형제자매들이 세상의 가혹한 현실과 그 현실을 가능케 한 자기 자신의 역할을 직면하도록 촉구해야 한다. 그렇게 함으로써 우리는 우리 자신뿐 아니라 그들 또한 해방하는 것을 목표로 한다. 나 역시 투투처럼 이러한 해방의 실천이야말로 기독교 신앙의 핵심이라고 믿는다. 신앙 지도자뿐 아니라 평범한 그리스도인 모두가 가난하고, 굶주리고, 학살당하는 이들의 절규에 귀 기울여야 한다. 우리의 신앙은 바로 이런 부름 위에 세워져 있기 때문이다.

감사의 글

저는 베들레헴과 베이트사후르의 두 교회 공동체 그리고 베들레헴성서대학 가족의 변함없는 지지에 깊이 감사드립니다. 여러분의 격려와 조언 그리고 기도는 이 여정 내내 저에게 변함없는 힘의 원천이 되어 주었습니다.

특별히 셀리아와 제니퍼에게 감사의 마음을 전합니다. 두 분의 꼼꼼한 원고 교정은 정말 소중한 도움이었습니다. 헌신과 세심함 덕분에 이 책의 완성도가 크게 높아졌습니다.

또한 에어드만스(Eerdmans)출판사의 편집자 제임스에게 진심으로 감사의 뜻을 전합니다. 그의 통찰력 있는 조언과 지원은 이 책이 세상에 나오기까지 결정적인 역할을 했습니다. 그의 전문성 덕분에 이 책이 완성될 수 있었습니다.

가장 어려운 환경 속에서도 사역을 이어가고 계신 가자지구의 성직자 여러분께도 감사를 전합니다. 비록 직접 만나 뵌 적은 없지만, 여러분의 끈질긴 인내와 헌신은 저에게 큰 영감을 주었습니다. 역경 속에서도 흔들리지 않는 믿음과 봉사에 대한 헌신은 희망과 힘의 등불이 되었습니다.

마지막으로 이 여정의 모든 순간마다 곁을 지켜준 사랑하는 아내 루다이나에게 감사드립니다. 당신의 사랑과 인내 그리고 저를 향한 변함없는 믿음은 제게 가장 큰 영감의 원천이었습니다. 제 든든한 버팀목이 되어 주셔서 감사합니다. 모든 영광을 하나님께 돌립니다.

차 례

추천의 글 | 5
이 책에 쏟아진 찬사 | 11
옮긴이의 글 | 15
머리말 | 21

1장 | 가자지구 집단학살   37
2장 | 10월 7일 이전부터 시작된 전쟁의 역사   73
3장 | 가자지구의 구조적 맥락   119
4장 | 식민주의, 인종주의 그리고 제국신학   159
5장 | 제노사이드 신학   205
6장 | 회개를 향한 촉구   249
7장 | 잔해 속의 그리스도   283
8장 | 세계의 도덕적 나침반   325

에필로그 | 희망과 생존 그리고 수무드   373

부록 | 폭력 메커니즘 이론으로 본 팔레스타인 제노사이드   383

지은이/옮긴이 알림 | 415

1장

가자지구 집단학살

"와서 데려가 주세요. 저를 데려가 줄 수 있나요? 너무 무서워요. 제발 와주세요!"

이것이 가자지구에서 여섯 살 힌드 라잡이 남긴 마지막 말이었다. 소녀는 다섯 명의 가족과 함께 차에 갇혀 있었고, 모두 이미 숨진 상태였다. 이스라엘의 포격으로 인해 그들은 집을 떠나야만 했다. 날씨가 좋지 않아, 고민 끝에 어머니는 딸을 이모, 삼촌, 세 사촌과 함께 차에 태워 보내기로 했다. 나머지 가족은 도보로 피신했다. 그러나 이스라엘군이 그 차를 기습했고, 유일하게 힌드만 살아남았다. 힌드는 가자의 긴급 전화로 연락해 세 시간 넘도록 애타게 구조를 요청했다.

"탱크가 내 옆에 있어요. 움직이고 있어요."
"어둠이 무서워요. 제발 데리러 와주세요."

열이틀 후, 힌드는 가족들과 함께 차 안에서 숨진 채 발견됐다. 몇 미터 떨어진 곳에는 또 다른 차량의 잔해가 있었는데, 완전히 불에 타 엔진 기름이 바닥에 흘러내리고 있었다. 그것은 힌드를 구하러 온 적

신월사 구급차였다. 안타깝게도 구급대원 유수프 알-제이노와 아흐메드 알-마드훈은 이스라엘군의 공격으로 목숨을 잃었다. 유수프와 아흐메드는 힌드를 구하기 위해 목숨을 바쳤다.[1]

힌드의 이야기는 수많은 비슷한 이야기들 가운데 하나에 불과하다. 지난 1년 동안 팔레스타인 사람들과 전 세계 사람들은 집단학살이 눈앞에서 벌어지는 것을 지켜봤다. 이번 학살은 사후에야 그 참상이 밝혀진 그런 학살이 아니었다. 아무도 충격받았다고, 아무도 몰랐다고 주장할 수 없다. 아직도 수천 명이 잔해 밑에 묻혀 있을 것으로 추정되고, 아직 전해지지 않은 수많은 이야기가 있으며, 더 많은 조사가 이루어져야 하기에 그 전모는 아직 밝혀지지 않았다. 하지만 우리가 이미 목격한 것만으로도 아주 끔찍하다. 가자지구에서 전해진 이야기와 영상들은 그 자체로 공포였다.

우리는 수없이 아이들과 온 가족이 잔해 밑에서 끌려 나오는 모습을 목격했다. 우리는 구조대원들이 잔해 속에서 살아있는 사람을 찾으려 애쓰는 모습을 보며 고통스러워했고, 실종된 자녀의 이름을 부르며 살아있기를 바라는 부모의 절규에 함께 울었다. 우리는 병원이나 학교 근처 들판에 제대로 된 장례도 치르지 못한 채 흰 비닐에 싸여 줄지어 누워있는 수많은 시신의 사진 앞에서 슬퍼했다. 우리는 모아진 시신 일부나 팔다리가 없는 아이들, 심지어 머리가 없는 아이들의

---

1 Lucy Williamson, "Hind Rajab, 6, Found Dead in Gaza Days After Phone Calls for Help," *BBC News*, February 10, 2024, https://tinyurl.com/ ye3jrur8; Meg Kelly et al., "Palestinian Paramedics Said Israel Gave Them Safe Passage to Save a 6-Year-Old Girl in Gaza. They Were All Killed," *Washington Post*, April 16, 2024, https://tinyurl.com/ yeyrumk6.

모습 그리고 살아있는 사람들이 불에 타는 영상에 충격을 받았다.

우리는 뼈만 남은 듯한 굶주린 아이들의 모습에 마음이 무너졌고, 발전기 연료가 떨어지면 죽을 위험에 처한 인큐베이터 속 아기들의 사진에 분노했다. 우리는 대피한 병원에서 발견된, 썩은 채 방치된 아기들의 모습에 분노했다. 우리는 병원마다 환자들이 바닥에 누워 기본적인 치료도 받지 못하는 장면을 보았다. 우리는 병원 바닥에 고인 수많은 핏자국을 너무 많이 봤다. 우리는 마취 없이 수술을 받는 이야기, 마취 없이 절단 수술을 받는 아이들의 이야기를 너무 많이 들었다. 우리는 포격으로 부모와 헤어진 아이들이 병원에서 부모를 찾아 이름을 부르는 모습을 보았다. 우리는 가자지구에서만 사용되는 새로운 약어도 알게 되었다. 예를 들어, WCNSF라는 단어다. "Wounded Child, No Surviving Family", 다친 아이, 살아남은 가족 없음. WCNSF는 수천 명에 이른다.[2]

우리는 수백, 수천 가족이 집과 동네를 떠나 도보로 이동하는 모습을 반복해서 보며 충격을 받았고, 이들이 이른바 '지정된 안전지대'에서 또 다른 안전지대로 옮겨 다니는 장면은 1948년 나크바의 기억과 악몽을 떠올리게 했다. 인터뷰 중이던 한 노인이 계속해서 이곳저곳으로 옮기라고 해서 너무 지쳐 남은 짐을 들고 먼 거리를 걸어야 한다며 눈물 흘리는 모습을 보며 우리도 함께 울었다.

수천 명의 난민이 텐트에서 생활하는 모습을 보며 마음이 아팠다. 우리는 그들이 폭격을 피해, 혹은 드물게 나타나는 식량 트럭을 향해

---

[2] Dalia Haidar, "Wounded Child, No Surviving Family: The Pain of Gaza's Orphans," *BBC News*, December 4, 2023, https://tinyurl.com/3xhzr9f6.

절박하게 달려가는 모습을 보며 슬퍼했다. 거리에서 음식을 구걸하거나 빵 한 조각을 위해 음료를 팔도록 강요받는 아이들의 모습에 우리는 분노했다. 가자지구 주민들은 폭탄, 미사일, 전차포, 총탄에 목숨을 잃었다. 어떤 이들은 폭격으로 무너진 지붕에 깔려 숨졌고, 어떤 이들은 불에 타 죽었다. 어떤 이들은 굶주림에, 어떤 이들은 여러 차례 도보 이동을 강요받다 더위에 지쳐 목숨을 잃었다. 어떤 이들은 약이 없어, 어떤 이들은 병원이 파괴되어 목숨을 잃었다. 어떤 이들은 공중에서 투하된 식량 꾸러미에 깔려 숨졌다. 어떤 이들은 총격 위험 때문에 아무도 도울 수 없어 수 시간 동안 피를 흘리다 숨졌다. 어떤 이들은 이스라엘의 감옥과 구금 시설에서 고문당하다 숨졌다. 우리는 이 모든 것을 직접 보거나 들어왔다. 1년 내내 우리는 "이제 그만하라!"고 외쳐왔다.

수천, 수만 명이 중상을 입었고, 수천 명이 신체 일부를 잃었다. 이들은 가자지구의 의료 체계가 완전히 붕괴한 상황에서 평생 장애를 안고 살아가야 한다. 수천 명이 체포되어 재판이나 기소 없이 구금되고, 고문당했으며, 일부는 성폭행까지 당했다.[3]

이 전쟁에서 너무나 많은 아이가 목숨을 잃었다. 예를 들어, 북부 가자지구에서 이른바 안전지대인 데이르 알-발라로 피난 온 팔레스타인 사람 무함마드 아부 알-쿰산을 떠올린다. 무함마드와 그의 아내 주마나는 쌍둥이 아이를 막 얻었다. 아이들은 태어난 지 나흘밖에 되지 않았다. 무함마드는 쌍둥이의 출생증명서를 받으러 갔다. 집으로

---

3 Jonah Valdez, "Video of Sexual Abuse at Israeli Prison Is Just Latest Evidence Sde Teiman Is a Torture Site," *Intercept*, August 9, 2024, https:// tinyurl.com/4nrs8vjw.

돌아왔을 때, 이스라엘의 공습으로 아내와 쌍둥이 아이들이 모두 숨졌다는 사실을 알게 되었다.

무함마드가 두 아이의 출생증명서를 들고 있는 사진은 너무나 가슴 아프다. 아이들의 이름은 아세르와 아이셀이다. 이들은 이번 전쟁에서 숨진 1만 7천 명의 아이 중 일부가 되었다. 이 중에는 2천 명이 넘는 영아도 포함되어 있다. 이름도, 얼굴도 없이 그저 숫자로 남았다. 나는 그들의 이름을 말해주고 싶다. 그들은 신 앞에서는 이름 없는 존재가 아니다. "천국은 이런 이들의 것이다."

2023년 10월 7일 이후 1년 동안 가자지구에서 벌어진 참사는 숫자만으로도 아주 공포스럽다. 2024년 10월 6일까지 가자지구에서는 거의 4만 2천 명이 숨졌고, 이 중 약 1만 7천 명이 어린이였다. 부상자는 약 10만 명에 달했다. 이와 별도로 1만 명 이상이 실종됐다.[4] 900개가 넘는 가족이 완전히 사라져 팔레스타인 주민등록부에서 지워졌다.[5]

가자지구 전역의 파괴는 전면적이다. 유엔 인도주의업무조정국, 세계보건기구, 팔레스타인 정부의 최신 자료에 따르면, 2024년 10월 6일 기준 이스라엘의 공격으로 가자지구 주택의 절반 이상, 상업시설의 80퍼센트, 학교 건물의 87퍼센트, 도로망의 68퍼센트, 농경지의 68

---

[4] Data according to "Occupied Palestinian Territory," United Nations Office for the Coordination of Humanitarian Affairs, accessed November 19, 2024, https://tinyurl.com/y6hde9aa; "Israel-Gaza War in Maps and Charts: Live Tracker," *Al Jazeera*, accessed November 19, 2024, https://tinyurl. com/5fjeyrks. 이 숫자들의 주요 출처는 가자지구 팔레스타인 보건부이다.

[5] Mohammed Hussein, Mohammed Haddad, and Konstantinos Antonopoulos, "Know Their Names. Palestinian Families Killed in Israeli Attacks on Gaza," *Al Jazeera*, October 8, 2024, https://tinyurl.com/y6zz9eps.

퍼센트가 파괴되거나 손상됐다. 의료시설의 경우 36개 병원 중 17곳만이 부분적으로 운영되고 있다.6 가자지구 주민 거의 전체인 190만 명이 집을 잃고 여러 차례 피난을 다녔지만, 어디에도 안전한 곳은 없다.7

이 숫자들만으로도 아주 끔찍하지만, 유엔 사무차장 직무대행이자 긴급구호조정관인 조이스 무수야의 말처럼 "어떤 통계나 말도 신체적, 정신적, 사회적 참상의 규모를 완전히 전달할 수 없다." 정말로 많은 이들이 말했듯, 이곳은 지상에서의 지옥이었다.

그런데도 이스라엘과 그 동맹국들은 이번 전쟁이 팔레스타인 무장단체 하마스를 겨냥한 제한적 전쟁이며, 10월 7일 공격에 대한 자위권 행사라고 주장해 왔다. 우리는 10월 7일을 그냥 넘길 수 없으며, 그 다음으로 그날 무슨 일이 있었는지와 그 영향에 관해 이야기할 것이다. 또한 "가자지구 전쟁을 과연 10월 7일에 대한 대응이라고 볼 수 있는가?"라는 질문도 함께 다루겠다.

2023년 10월 7일 대학살

10월 7일은 이스라엘 사람과 팔레스타인 사람 모두 결코 잊을 수 없는 날이다. 누구나 그날 처음 소식을 들었을 때 어디에 있었는지, 어떤 감정이었는지 기억한다. 그날은 토요일 아침이었다. 나는 평소처럼 베이트사후르 루터교 학교에서 학생들을 위한 아침 기도를 인도하

---

6 "Israel-Gaza War in Maps and Charts."
7 "One Year of Unimaginable Suffering Since the 7 October Attack," United Nations Office for the Coordination of Humanitarian Affairs, October 7, 2024, https://tinyurl.com/29289dws.

고 있었다. 내 휴대전화에는 쉴 새 없이 긴급 뉴스 알림이 쏟아졌다. 한 교사가 하마스 무장대원들이 봉쇄를 뚫고 가자지구 외곽 이스라엘 마을과 키부츠 거리에서 마주치는 모든 이들을 향해 총을 쏘고 있다는 헤드라인과 영상을 계속 보여주었다. 이런 혼란 속에서 기도를 마치기가 힘들었다. 우리는 충격을 받았다. 이스라엘의 삼엄한 경계 속에서 누군가—더구나 다수의 무장대원이— 가자지구 울타리를 뚫고 침투했다는 사실을 믿을 수 없었다.

어떻게든 기도를 마치고 학생들을 교실로 돌려보냈지만, 곧 예루살렘에서 울려 퍼지는 이스라엘 경보 사이렌 소리에 다시 주의가 쏠렸다. 예루살렘은 베들레헴에서 몇 마일밖에 떨어지지 않은 곳이다. 이는 하마스 미사일이 예루살렘을 향해 날아오고 있다는 신호였다. 그 후, 예루살렘 근처에 미사일이 떨어지는 큰 폭발음이 들렸다. 당연히 우리는 공포에 휩싸였다. 곧바로 전쟁이 시작됐음을 직감했다. 이번 일은 이전과는 달랐다.

내 첫 번째 우선순위는 우리 학교 아이들의 안전이었다. 팔레스타인 학교에는 대피소가 없다. 수백 명의 아이들을 한 곳에 모아두는 것은 감수할 수 없는 위험이었다. 우리는 즉시 비상계획을 가동해 학교를 폐쇄하고, 450명 전 학생이 안전하게 집에 돌아갈 수 있도록 조치했다. 이런 혼란 속에서 나는 다른 학교에 다니는 내 아이들을 챙기는 것을 깜빡했다. 다행히 두 아이 모두 이미 집에 있었고, 막내는 전쟁이 일어난다는 소식에 불안해하기 시작했다. 나는 곧장 집으로 가서 아이를 안심시켰다. 이후에는 모든 팔레스타인 사람과 이스라엘 사람들처럼 TV와 휴대전화에 매달려 가자지구와 그 주변에서 무슨 일이 벌어지고 있는지 소식을 찾아 헤맸다.

소셜미디어에는 계속해서 뉴스와 영상이 쏟아졌다. 그 영상들은 충격적이었다. 팔레스타인 사람으로서 우리는 가자지구 봉쇄가 절대 뚫리지 않을 것으로 생각했다. 그런데 누군가, 그것도 그렇게 많은 사람들이 탈출했다는 사실에 놀랐다. 파괴된 이스라엘 전차와 텅 빈 군기지의 모습은 더욱더 충격적이었다. 우리는 이스라엘군이 무적이라고 생각해 왔기 때문이다.

사진들도 충격적이었다. 필터링되지 않은 소셜미디어 이미지에는 이스라엘인들이 옷이 벗겨진 채 가자지구 거리에서 끌려다니는 모습과 인질들이 비인간적으로 다뤄지는 장면이 담겨 있었다. 이 모든 것을 지켜보는 것은 힘들었고, 그날 벌어진 일의 참혹함과 혼돈을 명확히 보여주는 증거였다. 우리는 그날 벌어진 학살의 전체 규모를 곧바로 파악하지 못했지만, 분명히 대규모 공격임을 알 수 있었다. 학살의 전모를 파악하는 데는 며칠, 몇 주가 걸렸다. 그날 1,100명 이상의 이스라엘인과 일부 외국인이 목숨을 잃었다.[8] 하마스는 약 240명을 가자지구 내로, 인질로 끌고 갔다. 납치 1년이 지난 현재, 이스라엘은 97명이 여전히 억류 중이며, 이 중 최소 34명의 시신이 포함되어 있다고 발표했다. 나머지 인질들은 2023년 11월의 교환 협정으로 풀려났거나 전쟁 중 사망했다.[9] 하마스는 그날 전쟁범죄를 저질렀다.[10] 우리는 그 일부를 소셜미디어에 떠도는 영상으로 목격했다.

---

8 "Israel-Gaza War in Maps and Charts."
9 Peter Saidel, Summer Said, and Anat Peled, "Hamas Took More Than 200 Hostages from Israel. Here's What We Know," *Wall Street Journal*, October 7, 2024, https://tinyurl.com/yk4p8wuw.
10 "October 7 Crimes Against Humanity, War Crimes by Hamas-Led Groups," Human Rights Watch, July 17, 2024, https://tinyurl.com/bdeftdys.

이 공격은 수개월에 걸쳐 준비됐다. 충격적인 사실은 이스라엘 정보기관이 이 계획을 사전에 통보받았지만, 심각하게 받아들이지 않았다는 점이다. 「뉴욕타임스」와 주요 이스라엘 언론에 따르면, 이스라엘 당국은 10월 7일 공격 1년 전 하마스의 작전계획을 입수했으나, 이스라엘군과 정보기관은 이 계획이 실현 불가능하다고 보고 무시했다.[11] 심지어 공격 당일에도 무장대원들의 움직임에 대한 경보가 있었지만, 적절한 대응은 없었다.[12] 10월 7일은 이스라엘 정보기관의 중대한 실패로 평가된다.[13] 수백 명의 무장대원이 동시에 여러 지점에서 울타리에 접근했음에도 이스라엘 측에 큰 경보가 울리지 않은 것은 더욱 심각한 실패일 수 있다.

공격은 오전 6시 30분에 시작됐다. 약 1,200명의 하마스 대원이 10개 지점에서 울타리를 공격했다. 동시에 하마스는 이스라엘을 향해 수천 발의 로켓을 발사해 혼란을 유도했다. 무장대원들은 보트를 이용해 해상으로도 공격했고, 패러글라이더를 타고 울타리를 넘어 하늘에서도 침투했다. 간단한 드론으로 감시초소와 레이더를 폭파했다. 군기지가 기습당했고, 이스라엘 군인들은 기습에 당했다. 많은 군인이 침대에서 사망했고, 일부는 인질로 잡혔다. 하마스 대원들이 군기지를 장악한 뒤에는 가자지구 밖으로 나가 마을과 키부츠가 그들의

---

11 Ronen Bergman and Adam Goldman, "Israel Knew Hamas's Attack Plan More Than a Year Ago," *New York Times*, updated December 2, 2023, https://tinyurl.com/3ctntsyh.
12 "More Details Unveiled of IDF Intel on Oct. 7 Plans, Consults Hours Before Hamas Attack," *Times of Israel*, December 5, 2023, https://tinyurl. com/9ctam4mu.
13 Oren Liebermann and Tamar Michaelis, "Calls for Accountability Grow over October 7 Failures, but Israel's Leadership Is Unlikely to Act," *CNN*, June 20, 2024, https://tinyurl.com/3eefnfx9.

손에 넘어갔다. 그러나 자비는 없었다. 슈퍼노바 음악 축제에서 벌어진 학살이 이를 명확히 보여준다.

축제는 가자지구에서 약 5킬로미터 떨어진 야외에서 밤새 열린 행사였다. 4,000명 이상의 이스라엘 및 외국 청년들이 밤새 야외에서 파티를 즐기고 있었다. 무장대원들이 축제의 존재를 미리 알았는지는 알 수 없으나, 공식 이스라엘 보고서에 따르면 음악 축제에 대한 공격은 사전에 계획된 것이 아니었다.[14] 무장대원들이 축제장에 도착하자 혼돈이 시작됐다. 축제장에서 벌어진 일은 끔찍하고 악랄했다. 하마스 대원들은 수백 명을 무자비하게 사살했고, 일부는 처형당하거나 살해당했으며, 많은 이들이 인질로 끌려갔다. 현장에 널린 시신들과 목숨을 걸고 도망치거나 인질로 잡혀가는 참가자들의 모습은 매우 참혹하고 충격적이었다.[15]

비슷한 일들이 가자지구 인근 마을, 도시, 키부츠에서도 벌어졌다. 무장대원들과 무기를 든 가자 주민들이 이 지역 사회에 침입해 차량과 주택, 눈에 보이는 모든 것을 향해 총을 쏘았다. 그들은 집에 들어가 사람들을 쏘고, 아이와 노인을 포함한 많은 이들을 인질로 잡아갔다. 이 모든 것은 영화가 아니라 현실이었고, 무장대원들의 헤드캠(head camera)에 기록됐다. 이 지역에서 일하던 태국인 노동자들조차

---

14 "Hamas Had Not Planned to Attack Music Festival, Israeli Report Says," *Al Jazeera*, November 18, 2023, https://tinyurl.com/3e5ay9zv.

15 For more on the festival slaughter, see Roger Cohen, "Slaughter at a Festival of Peace and Love Leaves Israel Transformed," *New York Times*, updated December 27, 2023, https://tinyurl.com/yc8pwnen; David Browne, Nancy Dillon, and Kory Grow, "They Wanted to Dance in Peace. And They Got Slaughtered," *Rolling Stone*, October 15, 2023, https://tinyurl.com/ mjmw2wvv.

예외가 아니었으며, 많은 이들이 살해당하거나 인질로 잡혀갔다.

　이스라엘군과 경찰이 대응하기까지 몇 시간이 걸렸다. 가자지구에 철조망이 뚫렸다는 소식이 퍼지자, 수백 명, 어쩌면 수천 명의 가자 주민들이 철조망의 뚫린 곳을 찾아 이스라엘 사람들의 거주지로 몰려가, 집을 약탈하고 자동차, 농기계, 심지어 말을 훔쳤다. 이들은 자신들이 마을을 돌아다니는 모습을 촬영했고, 일부는 인질을 납치하거나 인질 운송을 돕기도 했다.

　공격이 시작된 지 약 세 시간이 지나서야 이스라엘군 헬리콥터가 등장했다. 그때쯤 이미 상당한 피해가 발생한 뒤였다. 이스라엘 조종사들은 가자지구로 돌아가는 이들을 향해 여러 차례 공습을 감행했다. 혼란 속에서 이스라엘 조종사들은 하마스 무장대원뿐 아니라 이스라엘 인질까지 사살했을 가능성이 있다.[16] 이스라엘 전차가 하마스 무장대원들이 인질을 붙잡고 있던 키부츠에 도착했다. 격렬한 교전이 벌어졌고, 많은 이들이 목숨을 잃었다.

　이스라엘 신문 「하아레츠」는 이스라엘군이 10월 7일 하니발 지침(Hannibal Directive)을 발동하라고 명령했다는 장문의 조사 보도를 냈다.[17] 하니발 지침은 이스라엘군이 자국 군인이 적지로 끌려가는 것을 막기 위해서라면 어떤 수단도 사용할 수 있도록 허용하는 비공식 규정으로, 인질의 사망까지도 감수한다는 의미다.[18] 「하아레츠」는

---

16 Eric Tlozek, Orly Halpern, and Allyson Horn, "Israeli Forces Accused of Killing Their Own Citizens Under the 'Hannibal Directive' During October 7 Chaos," *ABC News Australia,* September 6, 2024, https://tinyurl.com/ yckyx4eh.

17 Yaniv Kubovich, "IDF Ordered Hannibal Directive on October 7 to Prevent Hamas Taking Soldiers Captive," *Haaretz,* July 7, 2024, https://tiny url.com/mpryfyjh.

18 "Why Did Israel Deploy Hannibal Directive, Allowing Killing of Own Citizens?" *Al*

"이 절차로 인해 민간인과 군인이 얼마나, 어떻게 희생됐는지는 알 수 없지만, 누적된 자료에 따르면 납치된 많은 이들이 표적이 아니었더라도 이스라엘군의 총격에 노출돼 위험에 처했다"고 보도했다.[19]

이스라엘이 처음 발표한 사망자 수는 1,400명이었지만, 이후 이스라엘군이 공격한 주택과 키부츠에서 발견된 불에 탄 시신 중 상당수가 무장대원임이 밝혀지면서 이 수치는 1,200명 미만으로 줄었다. 이스라엘의 반격 과정에서 이스라엘 사람과 팔레스타인 사람이 함께 목숨을 잃었을 수 있다.

사태가 진정된 후, 참혹한 피해 규모가 드러났다. 유엔 인권최고대표사무소(OHCHR) 산하 점령 팔레스타인 영토(동예루살렘 및 이스라엘 포함) 독립국제조사위원회는 다음과 같은 보고서를 냈다.

이스라엘 측 자료에 따르면, 1,200명 이상이 팔레스타인 무장단체 및 기타 세력 그리고 가자지구에서 발사된 로켓과 박격포에 의해 직접 사망했다. 이 중 최소 809명은 민간인이었고, 이 가운데 여성은 최소 280명, 외국인은 68명, 이스라엘 군인은 314명이었다. 사망자 중에는 40명의 아동(조사위가 확인한 23명 이상의 남아, 15명 이상의 여아)과 80세 이상 25명이 포함됐다. 추가로 14,970명이 부상해 병원으로 이송됐다. 최소 252명이 인질로 가자지구로 끌려갔으며, 이 중 90명은 여성, 36명은 아동, 노인, 이스라엘 보안군도 포함됐다. 인질 중 약 20명은 이스라엘 보안군 소속이었으며, 이 중 상당수가 억류 중 사망했다.[20]

Jazeera, July 9, 2024, https://tinyurl.com/4rtpbtu7.
19 Kubovich, "IDF Ordered Hannibal Directive on October 7 to Prevent Hamas Taking Soldiers Captive."

휴먼라이츠워치는 10월 7일 사건에 대한 상세한 조사 보고서를 발표했다. 보고서는 "하마스가 이끄는 무장단체들이 10월 7일 남부 이스라엘 공격에서 민간인을 상대로 수많은 전쟁범죄와 반인도적 범죄를 저질렀다. 팔레스타인 전투원들은 즉결 처형, 인질 납치 등 전쟁범죄와 살인, 불법 구금이라는 반인도적 범죄를 저질렀다"고 결론지었다.[21]

10월 7일은 홀로코스트 이후 유대인들에게 가장 많은 희생자가 발생한 날이었으며, 홀로코스트 이후 유대인을 상대로 한 최악의 만행으로 평가되고 있다.[22] 많은 이들이 이날을 이스라엘의 9.11로 묘사한다.[23] 9.11이 미국을 바꿔놓았듯, 10월 7일 역시 이스라엘을 송두리째 바꿔놓았다고 볼 수 있다. 이날의 참사는 이스라엘 국민에게 극심한 공포를 안겼고, 국가적 트라우마와 불안을 더 심화시켰다. 특히 전 세계적으로 반유대주의가 확산하는 상황에서 그 충격은 더욱 컸다. 홀로코스트 생존자들의 나라에서 이 사건은 당연히 존재론적 질문을 불러일으켰다.

동시에 이 사건은 잔혹한 집단학살적 대응을 촉발했다. 이스라엘 총리 베냐민 네타냐후는 "이 검은 날에 대해 강력한 복수를 하겠다"고

---

20 "Detailed Findings on Attacks Carried Out on and After 7 October 2023 in Israel. Independent International Commission of Inquiry on the Occupied Palestinian Territory, including East Jerusalem, and Israel," Office of the United Nations High Commissioner for Human Rights, June 10, 2024, https://tinyurl.com/utdktvr3, 6.

21 "October 7 Crimes Against Humanity, War Crimes by Hamas-Led Groups."

22 Marcia Bronstein, "October 7 and the Legacy of Tisha B'Av," American Jewish Committee, August 12, 2024, https://tinyurl.com/4p9bwe8u.

23 Jon Schwarz, "Yes, This Is Israel's 9/11," *Intercept*, October 9, 2023, https://tinyurl.com/4uu4rhtj.

선언했다.24 10월 7일의 사건 이후 미국 대통령 조 바이든, 프랑스 대통령 에마뉘엘 마크롱, 독일 총리 올라프 숄츠, 영국 총리 리시 수낙 등 여러 세계 지도자가 이스라엘 방문 의사를 밝혔다. 이는 이스라엘에 대한 지지와 연대, 동정심을 표명하기 위한 것이었다. 나는 그들이 자신들의 행동이 집단학살에 대한 사실상의 승인, 복수의 신호탄이 된다는 점을 인식했는지 궁금하다. 이 복수는 '눈에는 눈'이 아니라 '눈 하나에 눈 마흔 개' 이상의 보복이었다.

그날의 고통과 참상, 이스라엘인 희생에 대한 보복을 원하는 강경 정부의 욕망, 이스라엘을 공격한 자는 압도적 파괴로 응징한다는 사고방식, 미국을 비롯한 초강대국들의 지원과 보호 그리고 국제사회에서 이스라엘이 누려온 면책 특권 등 수많은 요인이 10월 7일에 대한 이스라엘의 집단학살적 대응으로 이어졌다.

제노사이드적 대응

'집단학살', 이른바 제노사이드라는 용어는 가볍게 사용할 수 있는 말이 아니다. 그리고 단순한 추측도 아니다. 이 용어는 홀로코스트 이후 만들어졌고, 그 뒤 집단학살방지협약(Genocide Convention)에 포함되었다.25 이 협약의 제2조는 집단학살을 다음과 같이 명확하게 정의한다:

---

24 "Fears of a Ground Invasion of Gaza Grow as Israel Vows 'Mighty Vengeance," *Al Jazeera*, October 7, 2023, https://tinyurl.com/y2vz4m4m.

25 "Convention on the Prevention and Punishment of the Crime of Genocide. 75th Anniversary," United Nations, December 2023, https://tiny url.com/28c6h49t.

집단학살이란 전체 또는 일부를 파괴할 의도를 가지고, 하나의 민족적, 인종적, 종족적 또는 종교적 집단에 대해 다음과 같은 행위 중 하나 이상을 저지르는 것을 의미한다.

(a) 그 집단의 구성원을 살해하는 행위
(b) 그 집단 구성원에게 심각한 신체적 또는 정신적 손해를 끼치는 행위
(c) 그 집단의 신체적 파괴를 초래할 목적으로 생활 조건을 고의로 부여하는 행위
(d) 그 집단 내에서 출산을 방지할 목적으로 조처하는 행위
(e) 그 집단의 아동을 강제로 다른 집단으로 이전시키는 행위

이 정의는 우리가 집단학살을 논의하고 규정할 때 기준이 되는 틀이며, 남아프리카공화국이 국제사법재판소(ICJ)에 이스라엘을 상대로 제기한 '가자지구에서의 집단학살 방지 및 처벌 협약 적용 사건'의 근거가 되었다.[26] 따라서 우리가 반드시 다루어야 할 질문은 단순하다. 이른바 10월 7일 이후 이스라엘의 행위가 집단학살협약의 정의에 부합하는가?

나는 2023년 10월 28일, 처음으로 가자지구에 대한 공격을 공개적으로 제노사이드, 즉 집단학살이라고 불렀다.[27] 당시 우리는 두 교회에 갇힌 기독교인들이 폭격 속에서 최악의 상황을 대비해 영아들에게 세례를 주고 있다는 소식을 들었다. 그 시점에서 이미 분명했다. 주목

---

26 To read the full document, visit https://tinyurl.com/mc7w8hxp.
27 @MuntherIsaac, X, October 28, 2023, https://tinyurl.com/4ymmuw4x.

하는 이들에게는 집단학살적 의도의 징후가 명확했다. 집단학살의 정의에 따르면, 전쟁이 집단학살 전쟁이 되려면 피해 집단 **전체 또는 일부를 파괴하려는 의도**가 존재해야 한다. 이스라엘의 의도는 처음부터 명확했다. 이스라엘 총리 네타냐후는 첫날부터 그 방향을 제시했다.

> 이 검은 날에 대해 우리는 강력한 복수를 할 것이다…. 우리는 목숨을 잃은 모든 젊은이를 위해 복수할 것이다. 하마스의 모든 거점을 표적으로 삼겠다. 우리는 가자를 무인도로 만들 것이다. 가자 주민들에게 말한다. 지금 떠나라. 우리는 가자지구 전체를 표적으로 삼을 것이다.[28]

네타냐후의 발언은 매우 명확하다. 이것은 서방이 반복해 주장하는 '자위권 전쟁'이 아니다. 이는 가자를 '무인도'로 만들겠다는 복수전임이 분명하다. 10월 7일 이후 닷새 만에, 이스라엘 대통령 아이작 헤르조그 역시 같은 논조를 이어갔다. 그는 일부의 행동에 대해 '팔레스타인 민족 전체'가 책임이 있다고 선언하며, 무장대원과 민간인 사이의 구분을 아예 무시했다.[29] 이스라엘 국회의원 아리엘 칼너는 1948년 대량 추방 사태(나크바)의 재현을 공개적으로 주장하며, 오히려 원래의 나크바를 능가할 또 다른 나크바를 요구했다.[30] 요아브 갈란트 국방장관은 가자지구에 대한 완전 봉쇄를 명령하며, 100만 명이

---

28 "Fears of a Ground Invasion of Gaza Grow as Israel Vows 'Mighty Vengeance.'"
29 Chris McGreal, "The Language Being Used to Describe Palestinians Is Genocidal," *Guardian*, October 16, 2023, https://tinyurl.com/55cz46ak.
30 Joseph Krauss, "Israel's Recent Call for Mass Evacuation Echoes Catastrophic 1948 Palestinian Exodus," *PBS News*, October 13, 2023, https:// tinyurl.com/29n4sbyf.

넘는 어린이를 포함한 모든 이들을 '인간 짐승'으로 지칭했다.

> 나는 가자지구에 완전 봉쇄를 명령했다. 전기, 식량, 연료, 모든 것이 차단된다. … 우리는 인간 짐승과 싸우고 있고, 그에 맞게 행동할 것이다.31

남아공의 국제사법재판소 소송 변호인 템베카 응쿠카이토비는 "집단학살적 의도의 증거는 소름 끼칠 뿐 아니라 압도적이고 반박할 수 없다"고 밝혔다. 또한 "가자를 파괴하려는 이 의도는 국가 최고위층에서 길러져 왔다"고 강조했다.32

이제 위에서 열거한 집단학살 구성 행위들을 살펴보자. 이스라엘이 이 모든 것을 저질렀다는 것을 입증하는 것은 어렵지 않다. 국제사법재판소에서 남아공 변호인단은 이스라엘의 행위가 집단학살 정의와 일치하는 더 큰 전략의 일부임을 주장했다. 변호인단은 가자지구 팔레스타인 사람에 대한 이스라엘의 집단학살적 행위로 다음을 열거했다. 이른바 대규모 팔레스타인 사람(어린이 포함)에 대한 살해, 심각한 신체적-정신적 피해 유발, 집단 파괴를 초래할 생활 조건 부과, 대규모 강제 이주와 주거지 파괴, 식수-식량 접근 차단, 의료 접근 차단, 피난처-의복-위생-보건 차단, 팔레스타인 민중의 생존 기반 파괴 그리고 출산 방지 조치 등이다.33

---

31 Emanuel Fabian, "Defense Minister Announces 'Complete Siege' of Gaza: No Power, Food or Fuel," *Times of Israel*, October 9, 2023, https:// tinyurl.com/4utv9fys.

32 Stephanie van den Berg, Anthony Deutsch, and Toby Sterling, ICJ, South Africa Accuses Israel of Genocide in Gaza," *Reuters*, January 11, 2024, https://tinyurl.com/msvk7kc8.

33 Alexandra Sharp, "South Africa Presents Genocide Case Against Israel in Court,"

이 모든 것을 입증하는 것은 쌓여가는 증거로 볼 때 어렵지 않다. 남아공이 소송을 제기한 것은 2023년 12월이었고, 지금은 그로부터 10개월이 더 지났다. 증거는 더 늘어났다. 남아공은 법정에서 이스라엘이 어린이를 포함한 대규모 팔레스타인 사람을 조직적으로 살해했다고 밝혔다. 이는 가자지구 팔레스타인 인구의 상당 부분을 표적으로 삼았기에 집단학살의 직접적 행위로 간주한다. 5만 명이 넘는 사망자가 대량 학살이 아니라면, 무엇이 대량 학살인가?

이스라엘의 행위가 팔레스타인 사람에게 심각한 신체적, 정신적 피해를 주고 있다는 점은 부인할 수 없다. 이는 그들을 집단적으로 파괴할 수밖에 없는 생활 조건에 처하게 하는 것까지 포함한다. 대규모 강제 이주와 주거지 파괴 역시 집단학살적 행위다. 소송 당시 이미 가자지구 건물의 절반이 파괴됐고, 지금은 60퍼센트를 넘는다. 이스라엘은 체계적으로 동네를 철거하며 가자지구 전체 면적의 30퍼센트 이상을 장악했다. 이것이 바로 집단학살, 즉 제노사이드다.

식량과 물과 같은 필수 자원의 차단은 거의 즉각적으로 이루어졌다. 실제로 이스라엘 지도자들은 그들이 이러한 조치를 취하고 있다고 직접 밝혔다. 나는 이미 국방장관 갈란트의 발언을 인용한 바 있다. 더 나아가 2023년 10월 9일, 이스라엘군의 영토 내 정부 활동 조정관인 가산 알리안 소장은 하마스와 가자 주민들을 대상으로 한 영상 성명에서 다음과 같이 경고했다.

하마스는 IS가 되었고, 가자 주민들은 공포에 질리기는커녕 축하하고 있다.

Foreign Policy, January 11, 2024, https://tinyurl.com/ufavs799.

인간 짐승들은 그에 맞게 다뤄진다. 이스라엘은 가자지구에 완전한 봉쇄를 가했다. 전기도, 물도 없고, 오직 파괴만 있을 뿐이다. 너희가 지옥을 원했으니, 지옥을 맞이하게 될 것이다.[34]

10월 7일 이후, 가자지구의 팔레스타인 사람들은 체계적으로 필수 자원을 박탈당해 왔다. 유엔 인권최고대표사무소의 보고서에 따르면, 10월 7일 이후 영양실조로 사망한 팔레스타인 사람은 34명에 달하며, 이들 대부분이 아동이었다.[35] 이 보고서는 한 전문가 그룹의 소름 끼치는 증언을 인용하며, 그들은 다음과 같이 단호하게 밝혔다.

우리는 이스라엘이 팔레스타인 사람들을 겨냥해 의도적으로 벌이고 있는 기아 정책이 집단학살적 폭력의 한 형태며, 가자 전역에 기근을 초래했다고 선언한다.[36]

휴먼라이츠워치는 상세한 보고서에서, 기아가 전쟁 무기로 사용

---

34 Video address by Ghassan Alian, October 10, 2023, https://tinyurl.com/395spv2k.
35 "UN Experts Declare Famine Has Spread Throughout Gaza Strip," Office of the United Nations High Commissioner for Human Rights, July 9, 2024, https://tinyurl.com/bdjabe66.
36 "유엔 전문가들은 가자지구 전역에 기근이 확산됐다고 발표했다." 이 같은 입장을 밝힌 전문가는 다음과 같다. 식량권 특별보고관인 마이클 파크리, 적절한 주거권 특별보고관 발라크리쉬난 라자가팔, 최고 수준의 신체적·정신적 건강을 누릴 권리 특별보고관 틀라렝 모포켕, 1967년 이래 점령된 팔레스타인 지역의 인권 상황 특별보고관 프란체스카 알바네세, 안전한 식수 및 위생에 대한 인권 특별보고관 페드로 아로호-아구도, 국내 실향민 인권 특별보고관 파울라 가비리아 베탄쿠르, 민주적이고 공정한 국제 질서 증진을 위한 독립 전문가 조지 카트루갈로스 그리고 아프리카계 인권 전문가 실무그룹(의장 바버라 G. 레이놀즈, 비나 디코스타, 도미니크 데이, 캐서린 나마쿨라)이다.

되고 있다고 결론지었다.37 게다가 이스라엘은 가자지구 팔레스타인 사람들의 필수 의료 접근도 차단해, 이들의 생활 여건과 생존 가능성을 더욱 악화시켰다. 나는 가자에서 약과 의료를 구하지 못해 숨진 사람들을 직접 알고 있다. 만성 질환자들은 특히 취약했으며, 지속적인 약물과 병원 치료가 필요한 신장 투석 환자나 인큐베이터에 있는 아기들이 심각한 위험에 처했다.

이번 전쟁에서 전 세계는 병원 폭격, 의료진 표적 공격, 팔레스타인 의사들의 납치와 살해 등으로 가자의 의료 인프라가 체계적으로 파괴되는 모습을 목격했다. 2024년 4월 초, 세계보건기구(WHO)는 가자에서 벌어지는 '의료 체계의 체계적 해체'를 중단해야 한다고 경고했다.38 같은 달, 국경없는의사회(MSF)는 "가자의 조용한 살인: 라파의 의료 체계 파괴"라는 제목의 상세 보고서를 발표했다. 이 보고서는 "가자의 전체 의료 체계가 파괴되었고, 주민들은 포위 상태에 처해 있다. 의료 접근이 차단되면서, 뉴스에 보도된 이스라엘 폭격으로 인한 사망자 외에도 수천 명이 더 목숨을 잃을 것이다. 이것이 바로 가자의 '조용한 살인'이다"라고 결론지었다.39

이것이 집단학살이 아니라면, 무엇이 집단학살이란 말인가? 미국은 이스라엘이 가자에 대한 지원을 막고 있다는 사실을 거듭 부인했지만, 미국 국제개발처(USAID)와 국무부 인구-난민-이주국은 내부

---

37 "Israel: Starvation Used as Weapon of War in Gaza," Human Rights Watch, December 18, 2023, https://tinyurl.com/2s48jckw.
38 "Gaza: 'Systematic Dismantling of Healthcare Must End' Says WHO," United Nations, April 6, 2024, https://tinyurl.com/469kv4f839.
39 "Gaza's Silent Killings: The Destruction of the Healthcare System in Rafah," Médecins Sans Frontières, April 29, 2024, https://tinyurl.com/nkpbek28.

문서에서 이스라엘이 식량과 의약품의 가자 반입을 의도적으로 차단했다고 밝혔다.[40] 미국 탐사보도 매체 「프로퍼블리카」에 따르면, 미 국무장관 앤서니 블링컨은 의회에서 "현재 이스라엘 정부가 지원을 금지하거나 제한하고 있다고 판단하지 않는다"고 말했지만, 이 발언을 하기 전에 이미 이러한 결론을 보고받은 상태였다. 이것은 공모에 다름 아니다.

집단학살 문제로 다시 돌아가 보면, 팔레스타인 사람들이 적절한 주거, 의복, 위생시설에 접근하지 못하도록 차단된 점 역시 그들을 더욱 소외시키고 열악한 환경에 내몰고 있다는 사실을 보여준다. 이스라엘은 가자지구의 정교회 소유 신축 문화센터를 포함해 문화유산과 유적지를 폭격하고 불도저로 파괴했다. 전쟁이 시작된 첫 100일 동안 가자지구 내 12개 모든 대학이 폭격을 당해 전부 또는 일부가 파괴됐다.[41] 학교들이 폭파되고 학자와 과학자들이 목숨을 잃었으며,[42] 이는 '교육 살해'(educide),[43] 혹은 '학교 학살'(scholasticide)로 불리고 있다. 2024년 4월, 유엔 전문가들은 다음과 같이 밝혔다.

가자지구 내 학교의 80퍼센트 이상이 파괴 또는 손상된 상황에서 팔레스타인

---

40 Bret Murphy, "Israel Deliberately Blocked Humanitarian Aid to Gaza, Two Government Bodies Concluded. Antony Blinken Rejected Them," *ProPublica*, September 24, 2024, https://tinyurl.com/etvvnzua.

41 Chandi Desai, "Israel Has Destroyed or Damaged 80% of Schools in Gaza. This Is Scholasticide," *Guardian*, June 8, 2024, https://tinyurl. com/39d6hm58.

42 "How Israel Has Destroyed Gaza's Schools and Universities," *Al Jazeera*, January 24, 2024, https://tinyurl.com/yjnnrcfd.

43 Patrick Jack, "Academia in Gaza 'Has Been Destroyed' by Israeli 'Educide,'" *Times Higher Education*, January 29, 2024, https://tinyurl.com/4jdft7ja.

교육체계를 의도적으로 전면 파괴하려는 시도가 있었던 것은 아닌지, 즉 '학교 학살'이 실행된 것은 아닌지 묻는 것이 타당할 수 있다.[44]

제네바에 본부를 둔 유로-지중해 인권감시기구(Euro-Mediterranean Human Rights Monitor) 대표에 따르면, 이스라엘군의 교육시설 공격은 체계적이고 의도적으로 이루어지고 있다.[45]

남아프리카공화국의 소송은 간결하면서도 포괄적이고 설득력이 있었다. 1월 법원의 첫 판단도 마찬가지였다.

법원은 위에서 언급된 사실과 정황만으로도 남아프리카공화국이 주장하고 보호를 요구한 권리 중 적어도 일부가 그럴듯하다고 결론 내릴 수 있다고 보았다. 이는 가자지구 팔레스타인 사람들이 집단학살과 관련 금지 행위로부터 보호받을 권리에 해당한다.[46]

법원은 또한 이스라엘이 즉각적으로 자국 군대가 협약에서 금지한 행위를 저지르지 않도록 보장해야 한다고 명령했다. 팔레스타인 인권 단체들은 이 판결을 환영하며, 이를 '사실상의 휴전'으로 간주하고 전쟁이 끝나길 기대했다. 이들 단체는 "이번 판결을 통해 법원은

---

[44] "UN Experts Deeply Concerned over 'Scholasticide' in Gaza," Office of the United Nations High Commissioner for Human Rights, April 18, 2024, https://tinyurl.com/yc4uxsza.

[45] Sally Ibrahim, "Here Are All the Universities That Israel Has Destroyed in Gaza," *New Arab*, September 20, 2024, https://tinyurl.com/3vrwv5ff.

[46] To read the full document, "Application of the Convention on the Prevention and Punishment of the Crime of Genocide in the Gaza Strip (South Africa v. Israel)," see https://tinyurl.com/37mu6wc5.

그 어떤 국가도 법 위에 있거나 법적 심사에서 예외일 수 없다는 분명한 메시지를 보냈다"고 덧붙였다.47

안타깝게도 이들의 판단이 아니라 세계가 이스라엘에 책임을 묻거나 최소한 이 판결이 휴전으로 이어질 것이라는 기대는 빗나갔다. 수개월이 흘렀지만, 이 집단학살적 전쟁은 계속됐다. 전쟁이 계속되던 중 니카라과, 벨기에, 콜롬비아, 터키, 리비아, 이집트, 몰디브, 멕시코, 아일랜드, 칠레, 스페인 등 11개국이 남아프리카공화국의 이스라엘 제소에 동참했다.

또한 이스라엘인과 유대인을 포함한 많은 저명한 집단학살 및 홀로코스트 연구자들이 이스라엘이 10월 7일 이후 저지른 행위가 집단학살에 해당한다고 결론지었다. 스톡턴대학교의 홀로코스트 및 집단학살 연구 부교수인 라즈 세갈은 2023년 10월 13일 진보적 유대인 잡지인 「쥬위쉬 커렌츠」에 기고한 글에서, 가자지구에 대한 공격이 '우리 눈앞에서 펼쳐지는 교과서적인 집단학살 사례'라고 썼다. 그는 다음과 같이 결론 내렸다.

> 실제로 이스라엘의 가자지구에 대한 집단학살적 공격은 매우 노골적이고, 공개적이며, 부끄러움이 없다. 집단학살 가해자들은 보통 이렇게까지 명확하게 의도를 드러내지 않지만, 예외도 있다…. 10월 9일 갈란트의 명령도 그에 못지않게 분명했다. 이스라엘의 목표는 가자지구의 팔레스타인 사람들을 파괴하는 것이다. 그리고 전 세계에서 이를 지켜보는 우리 모두는 이를 막을

---

47 "Palestinian Organizations Welcome Landmark ICJ Provisional Measures Order Finding That Israel's Actions in Gaza Are Plausibly Genocidal," Al Haq, January 26, 2024, https://tinyurl.com/2s98fzj8.

책임을 다하지 못하고 있다.[48]

브라운대학교의 홀로코스트 및 집단학살 연구 교수인 오머 바토브는 2023년 11월 10일 「뉴욕타임스」에 기고문을 실었다.

> 집단학살 연구자로서 나는 가자에서 현재 집단학살이 일어나고 있다는 증거는 없다고 생각한다. 다만 전쟁범죄, 심지어 반인도적 범죄가 벌어지고 있을 가능성은 매우 높다…. 이스라엘이 이 행동을 집단학살로 만들지 않도록 막을 시간은 아직 남아 있다. 우리는 더 이상 지체할 수 없다.[49]

9개월 뒤, 이스라엘군 출신인 바토브는 「가디언」에 장문의 글을 기고하며, 6월 이스라엘을 방문했던 논란의 경험을 언급했다. 그는 이제 이스라엘의 행동이 집단학살적이라고 밝혔다.

> 내가 이스라엘을 방문했을 무렵, 적어도 2024년 5월 6일 이스라엘군의 라파 공격 이후로 이스라엘이 체계적으로 전쟁범죄, 반인도적 범죄 그리고 집단학살 행위를 저지르고 있다는 사실을 더는 부정할 수 없게 되었다고 확신하게 되었다.[50]

---

48 Raz Segal, "A Textbook Case of Genocide," *Jewish Currents*, October 13, 2023, https://tinyurl.com/32pum2n5.
49 Omer Bartov, "What I Believe as a Historian of Genocide," *New York Times*, November 10, 2023, https://tinyurl.com/sjn6rpsj.
50 Omer Bartov, "As a Former IDF Soldier and Historian of Genocide, I Was Deeply Disturbed by My Recent Visit to Israel," *Guardian*, August 13, 2024, https://tinyurl.com/5n84jcr3.

히브리대학교의 홀로코스트 및 집단학살 연구자인 아모스 골드버그 역시 4월에 다음과 같이 결론 내렸다.

> 그렇다. 이것은 집단학살이다. 이를 인정하기 어렵고 고통스럽다. 그럼에도 불구하고 그리고 우리가 달리 생각하려고 아무리 애써도, 6개월간의 잔혹한 전쟁 끝에 더는 이 결론을 피할 수 없다.[51]

골드버그는 이 역시 집단학살이라고 결론 내린 여러 학자를 언급하는데, 여기에는 전통적 시온주의에 우호적인 유대인이자 전 세계 정상들이 국제 문제로 자주 자문하는 인물인 콜롬비아대학교 경제학 교수 제프리 삭스도 포함된다.[52] 삭스는 이스라엘의 집단학살을 '당연한 일'처럼 언급했다.[53]

2023년 3월, 프란체스카 알바네제 유엔 점령 팔레스타인 영토 특별보고관은 1967년 이후 점령된 팔레스타인 지역의 인권 상황에 관한 보고서를 제출했다. 이 보고서에서 그녀는 다음과 같이 결론 내렸다.

> 이 보고서는 가자에 대한 이스라엘의 폭력 양상과 정책을 분석한 결과, 이스라엘이 집단학살을 저질렀다고 볼 수 있는 기준이 충족되었다고 합리적으로

---

51 Amos Goldberg (translated by Sol Salbe), "Yes, It Is Genocide," The Palestine Project, April 18, 2024, https://tinyurl.com/43vuddw3. The original article in Hebrew: https://tinyurl.com/3u9hjsjh.

52 Goldberg, "Yes, It Is Genocide."

53 See, for example, Jeffrey Sachs, "US Is Complicit in Israeli Genocide," YouTube, March 17, 2024, https://tinyurl.com/8fb46t77.

판단할 근거가 있다고 결론지었다.54

2023년 12월에는 55명 이상의 홀로코스트, 집단학살, 대규모 폭력 연구자들이 이스라엘의 가자 공격에 대해 '집단학살의 위험'을 경고했다.55 그리고 2024년 5월, 인권대학네트워크, 보스턴대학교 로스쿨 국제인권클리닉, 코넬대학교 로스쿨 국제인권클리닉, 프리토리아대학교 인권센터, 예일대학교 로스쿨 로웬스타인 인권프로젝트가 공동으로 발표한 보고서는 다음과 같이 결론 내렸다.

독립 인권 감시단, 언론인, 유엔 기구들이 확인한 사실을 검토한 결과, 2023년 10월 7일 이후 이스라엘의 가자지구에 가한 행위는 집단학살금지협약을 위반한다고 결론 내린다. 구체적으로 이스라엘은 가자지구의 팔레스타인 사람이라는 보호 집단을 물리적으로 파괴하기 위해 살해, 중대한 피해, 생존 조건 악화 등 집단학살적 행위를 저질렀다.56

---

54 Francesca Albanese, "Anatomy of a Genocide: Report of the Special Rapporteur on the Situation of Human Rights in the Palestinian Territories Occupied Since 1967," Office of the United Nations High Commissioner for Human Rights, March 25, 2024, https://tinyurl.com/mrxempuk. The final version was posted in July 2024: https://tinyurl.com/2srw8drm.
55 Raz Segal, "Statement of Scholars in Holocaust and Genocide Studies on Mass Violence in Israel and Palestine Since 7 October," Contending Modernities, December 9, 2023, https://tinyurl.com/yhy9sv73.
56 "Genocide in Gaza: Analysis of International Law and Its Application to Israel's Military Actions Since October 7, 2023," University Network for Human Rights, May 15, 2024, https://tinyurl.com/mrxyz7fk.

위에서 언급한 견해들은 일부 사례에 불과하며, 이보다 훨씬 더 많은 증거와 의견이 존재한다. 집단학살은 단순한 의견 문제가 아니다. 내 개인적 의견은 중요하지 않다. 나는 전문가도 아니다. 그러나 모든 사실, 연구, 전문가 증언을 고려하면, 이제 집단학살이 아니라고 주장하는 쪽이 입증 책임을 져야 한다고 할 수 있다. 이 용어 사용에 반대하는 이들에게는 그들의 분석뿐 아니라 동기까지도 의문을 제기하지 않을 수 없다. 이 전쟁이 1년 넘게 지속되고 있고, 날이 갈수록 더 많은 이들이 참혹하게 목숨을 잃는 상황에서, 현실을 인정하지 않고 사태를 정확히 부르지 않는 것은 가해자들에게 힘을 실어주고 이스라엘이 범죄를 계속 저지르도록 허락하는 것과 다름없다.

그리스도인으로서 우리는 이러한 보고서들을 진지하게 받아들여야 한다. 우리는 로마서 13장에 따라 법치주의를 존중해야 한다. 우리가 이런 보고서들을 무시하거나 국제법과 보편적 협약을 훼손하는 선택을 할 때, 세상에 어떤 메시지를 전달할 것인가? 많은 기독교 지도자와 교회들이 여전히 이스라엘의 행위를 '집단학살'이라고 부르지 않는 것은 주로 그들이 오랜 세월 채택해 온 신학과 관련이 있다. 이런 신학들은 그들이 이스라엘을 무조건, 맹목적으로 지지하게 만들었을 뿐 아니라 명백한 전쟁범죄조차 외면하게 했다. 이에 대해서는 이 책의 뒷부분에서 더 자세히 다룰 것이다. 가자지구에서 벌어진 일이 집단학살임을 부정하는 것은 우리의 기독교적 증언의 신뢰성에도 영향을 미친다.

그렇다면 10월 7일은 어떻게 되는가?

"그렇다면 10월 7일은 어떻게 되는가?" 가자지구에 관해 이야기할 때마다 거의 항상 받는 질문이다. 이 질문은 이스라엘군이 10월 7일 이후 가자에서 저지른 일들이 팔레스타인 무장세력이 10월 7일에 저지른 일에 대한 정당한 대응이며, 따라서 집단학살이 될 수 없다는 뜻을 내포하고 있다.

오늘날처럼 극단적으로 분열하고 대화조차 할 수 없어 보이는 환경에서, 팔레스타인 사람들 역시 10월 7일 전후로 수많은 유사한 '초신성 같은 경험'을 겪었다고 말할 수 있다는 점을, 그 축제에서 벌어진 공포와 트라우마를 깎아내리지 않으면서 어떻게 설명할 수 있을까? 세계는 언제쯤 **우리의** 고통과 아픔 그리고 우리의 나크바에 주목할 것인가? 10월 7일 이후 4만 2천 명의 팔레스타인 사람이 목숨을 잃었지만, 우리는 여전히 그 질문을 받고 있다.

팔레스타인 사람으로서 10월 7일을 이야기하기란 정말 어렵다. 그날의 맥락이나 그날에 이르게 된 팔레스타인 사람의 트라우마를 설명하려는 모든 시도는 그날의 행위를 정당화하는 것으로 해석되기 때문이다. 팔레스타인 사람들은 대화를 시작할 때마다 10월 7일을 규탄하길 요구받지만, 반대편과 그 지지자들은 그 끔찍한 날에 이르기까지의 76년에 관해 질문받지 않는다. 그날의 트라우마와 참혹함은 팔레스타인과 팔레스타인 사람 그리고 10월 7일 그 자체에 대한 이성적인 대화의 가능성마저 닫아버렸다. 나는 항상 모든 형태의 폭력에 반대해 왔지만, 10월 7일을 점령자와 피점령자의 역학이라는 맥락에서 다루는 것은 중요한 일이다. 수많은 팔레스타인 사람이 유엔 결의안

'민족자결권/가용한 모든 수단에 의한 투쟁의 권리'[57]에 명시된 대로, 피점령 민족에게는 무장 저항의 권리도 있다고 강조할 것이다(나는 개인적으로 이에 동의하지 않는다). 그러나 군사기지를 공격하는 것과 민간인을 표적으로 삼는 것은 반드시 구분해야 한다. 10월 7일에는 두 가지가 모두 일어났고, 군인보다 더 많은 민간인이 희생되었다. 이 점은 반드시 인정해야 한다.

또한 팔레스타인 사람들은 압박이 원치 않는 결과를 낳는다는 점을 강조하고자 했다. 가자 주민들은 압력솥과도 같은 환경에 놓여 있었다. 안타깝고 비극적이게도, 우리는 이런 사태가 올 것을 이미 예견했고, 2020년에 나는 이렇게 썼다.

> 사태는 이미 긴급함을 넘어섰다. 이 땅의 현상 유지는 지속될 수 없다. 내가 틀리길 바라지만, 비극적인 붕괴가 임박했다는 두려움이 든다. 점령하에 사는 삶이 당연해질 것이라고 여기는 것은 망상이다. 어떤 민족도 그런 조건을 받아들이지 않을 것이다.[58]

나는 예언을 하는 사람이 아니다. 내가 이런 글을 쓴 이유는 군사 점령이라는 비인간적인 아파르트헤이트 아래 살고 있기 때문이다. 그리고 내가 서안지구에서 겪는 삶도 10월 7일 이전 16년간 가자지구에서 벌어진 일에 비하면 평화롭게 산책하는 것과 같다. 안타깝게도 우

---

57 "Right of Peoples to Self-Determination/Struggle by All Available Means GA Resolution," United Nations, accessed October 9, 2024, https://tinyurl.com/4sh9vyma.
58 Munther Isaac, *The Other Side of the Wall* (InterVarsity, 2020), 220.

리는 이런 일이 올 것을 이미 알고 있었고, 경고도 했다.[59] 그리고 10월 7일, 우리의 두려움이 현실이 되었다.

그렇다면 10월 7일은 어떻게 되는가? 먼저 분명한 사실을 밝히고 싶다. 대부분의 팔레스타인 기독교 성직자와 신학자들처럼 나는 억압을 당하는 상황에서도 모든 형태의 폭력에 항상 반대해 왔다.[60] 사실 팔레스타인 기독교인들은 오랜 입장과 예수의 비폭력 윤리에 대한 헌신을 생각할 때 이런 질문을 받는 것이 어색하고 심지어 모욕적으로 느껴진다. 특히 질문을 던지는 이들이 예수의 비폭력 윤리에 동의하지 않는 서구 기독교인일 때 더욱 그렇다. 나는 무고한 이들, 특히 집 안에 있던 가족과 아이들이 희생된 일에 대해 비난하지 않을 수 없다. 설령 팔레스타인 사람들에게 자신을 방어하고 점령자와 포위자에 맞서 저항할 권리가 있다고 하더라도, 축제 참가자를 살해하거나 아이들을 납치하는 것은 저항 행위로 볼 수 없다. 10월 7일에 끔찍하고 사악한 범죄가 벌어졌다는 사실을 부정해서는 안 되며, 부정할 수도 없다.

둘째, 앞서 분명한 견해를 밝힌 만큼, 나는 이 질문을 하는 이들이 지난 76년간 이스라엘이 팔레스타인 사람들에게 가한 억압을 비난한 적이 있는지 되묻고 싶다. 나는 이스라엘이 팔레스타인 사람과 가자 주민들에게, 특히 10월 7일에 이르기까지 저질러온 모든 행위를 비난

---

59 "Open Letter from the National Coalition of Christian Organizations in Palestine," World Council of Churches, June 21, 2017, https://tinyurl.com/ bdf7tetw.

60 See, for example, sections 4.2 and 4.3 of the Kairos Document: "A Moment of Truth: A Word of Faith, Hope and Love from the Heart of Palestinian Suffering" [2009], Kairos Palestine, accessed November 20, 2024, https://tinyurl.com/2f87b2n6.

하지 않은 이들은 10월 7일에 관해 논할 도덕적 자격이 없다고까지 주장하고 싶다. 이 전쟁 내내 나는 서구 세계가 드러내는 노골적이고 인종차별적인 이중잣대를 비판해 왔다. 이스라엘인이 살해되거나 납치당할 때는 가장 강한 비난의 언어로 "부당하다"고 외치면서, 팔레스타인 사람들이 살해되고 납치되고 고문당하고 학대당할 때는 침묵한다.

셋째, "그렇다면 10월 7일은?"이라고 집착하는 이들에게 말하고 싶다. 만약 10월 7일 이후 이스라엘이 저지른 모든 일이 그날의 사건에 대한 정당한 대응이라고 생각한다면, 당신은 공정함과 도덕적 책임감이 없는 것이다. 이런 말이 거칠게 들릴 수 있다는 것을 알지만, 나는 살육과 파괴의 잔혹함, 수많은 민간인과 특히 어린이의 희생, 기반 시설의 완전한 파괴, 강제적 기아 상태가 10월 7일에 대한 정당한 대응이라고 주장하는 것은 결코 용납될 수 없다고 진심으로 생각한다. 4만 2천 명의 팔레스타인 사람이 잔혹하게 희생된 것이 1,200명의 이스라엘인 희생에 대한 대응이라고 주장하는 것은 극악한 인종주의의 표현이다. 이스라엘인의 희생을 깎아내리려는 게 아니라 모든 생명이 똑같이 소중하다는 점을 강조하기 위해 이렇게 말하는 것이다. 또한 이 전쟁 내내 "하마스 대원 한 명을 죽이기 위해서였다"는 논리로 버튼 하나로 수백 명의 팔레스타인 사람을 학살하는 사고방식에도 계속 맞서 싸울 것이다.

10월 7일을 계속해서 정당화의 근거로 삼는 것은 결국 복수심에 찬 집단학살 전쟁을 옹호하고 지지하는 것이다. 달리 표현할 방법이 없다.

하나님, 죄송합니다

나크바는 1948년에 일어난 대규모 강제 이주와 재산 박탈을 가리키는 아랍어로, 팔레스타인 사람들이 사용하는 단어다. 이 단어는 '재앙'이라는 뜻이다. 팔레스타인 사람들의 추방과 재산 박탈은 과거형이 아니다. 이것은 지금도 계속되고 있는 과정이다. 그래서 우리는 나크바를 현재형으로 말한다. 나크바는 계속되고 있다. 가자에 대한 전쟁은 팔레스타인 사람들을 지우고, 추방하고, 재산을 빼앗는 이 과정의 또 하나의 극단적인 장면이다.

전쟁 초기에 한 팔레스타인 친구가 드루즈계 팔레스타인 시인 사미흐 알카심의 시를 보내줬다. 이 시는 오늘날 우리가 느끼는 감정을 강렬하게 담아낸다. 알카심은 2009년에 가자에 관해 이 시를 썼지만, 이 시의 구절들은 지난 76년간의 팔레스타인 사람의 경험을 묘사하는 듯하며, 오늘날에는 오히려 더 절실하게 다가온다. 이 시는 나와 수백만 팔레스타인 사람이 집단학살이 벌어지는 모습을 지켜보며 느낀 감정을 언어로 표현할 수 있게 해줬다. 이 시는 정말로 탄식의 시편이다. 시의 제목은 <죄송합니다>(I Am Sorry)[61]이다. 여기 시의 일부를 내가 번역한 구절을 소개한다. 물론 영어 번역은 원문의 감정을 온전히 담아내지 못한다.

> 나는 깊은 고통에 잠겼다 / 군인들이 내 집 문에서 나를 내쫓는다 / 나는 죽음을 통해 삶을 희망한다….

---

[61] Samih al-Qasim, *Ana Muta'sif: Sarbiya* (Dar Al-Shorouq, 2009), 140-142.

아버지의 고향은 무덤이 되었고 / 신앙인의 집들은 황폐해졌으며 / 신앙인의 과수원은 버려졌고 / 그들의 학교는 텅 비었다….

하나님, 하나님, 용서가 있습니까? 용서가 없습니까? 용서가 없습니까? 하나님, 나의 고통은 길고, 잔인하며, 비참합니다. / 당신은 용서하시고, 자비롭고, 정의로우십니다. / 하나님, 하나님, 저는 죄송합니다. / 하나님, 죄송합니다. / 죄송합니다. / 죄송합니다.

이 시를 읽거나 듣고 팔레스타인과 팔레스타인 사람을 위해 눈물을 흘리지 않을 수 없다. 팔레스타인 사람의 삶은 극심하고 끝나지 않는 비극이다. 시는 우리의 영혼 깊은 곳에 닿아 깊은 감정을 불러일으킨다. 이 시는 지난 76년간 팔레스타인 사람으로 살아온 경험을 생생하게 묘사한다. 이 시는 하나님과 세상으로부터 버려진 경험을 감정적으로 드러낸다. 그러나 이 시는 신앙도 드러낸다. 그렇지 않다면 시인이 계속해서 기도하고, 하나님께 하소연하며, 용서를 구했겠는가?

시인은 어쩌면 자신과 자기 민족의 죄가 이 비극의 원인이라는 뉘앙스를 풍긴다. 이것이 신학적 선언은 아니며, 시인이 공산당원이었음을 언급할 필요가 있다. 그럼에도 나는 이 시에서 그가 깊은 어둠의 구렁텅이에서 나온 심오한 신학적 통찰을 담아내고 있다고 느낀다. 이 전쟁 내내 팔레스타인 사람들은 바로 이렇게 느꼈다. 깊은 어둠의 구렁텅이에 버려진 채, 오직 신앙만을 붙잡고 운명을 기다렸다. 그럼에도 불구하고 깊은 어둠 속에서도 팔레스타인 사람들은 하나님께 가까이 다가감을 느끼며, 하나님께 자비와 용서를 간절히 호소한다.

2장

10월 7일 이전부터 시작된
전쟁의 역사

복음주의 지도자이자 고(故) 빌리 그레이엄 목사의 딸인 앤 그레이엄 로츠는 "평범한 미국인이 이스라엘 분쟁을 이해할 수 있도록 도와달라"는 요청을 받았다. 그녀의 답변은 다음과 같다.

이스라엘의 분쟁은 수천 년 전으로 거슬러 올라갑니다. 하나님은 이스라엘, 즉 야곱과 그의 아들들에게 이 땅을 약속하셨고, 이스마엘의 후손들에게도 땅을 주셨는데, 이것이 오늘날 아랍 세계의 많은 부분을 이룹니다. 그들은 땅속에 많은 석유를 갖고 있습니다. 하나님은 그들에게도 복을 주셨지만, 언약의 나라는 이스라엘에 속합니다. 이것은 하나님이 정하신 일입니다. 하지만 하마스, 헤즈볼라, 가자지구, 이란, 시리아의 지도자들에게는 사악한 의도가 있습니다. 그들은 이스라엘과 공존하기를 원하지 않습니다. 이스라엘을 파괴하고 바다로 몰아내기를 원합니다. 나는 이 갈등의 뿌리가 반유대주의에 있으며, 이삭이 형 이스마엘과 태어날 때부터 시작된 싸움으로 거슬러 올라간다고 생각합니다. 결국 하나님이 이 땅을 이스라엘에 주셨지만, 주변 국가들은 이를 받아들이지 않고 있습니다.[1]

---

1 Tiffany Jothen, "Anne Graham Lotz Q&A on the Crisis in Israel," Billy Graham

미국의 수많은 기독교인들이 팔레스타인의 현실을 이렇게 이해한다. 그들은 아랍인과 유대인이 싸우는 이유가 아랍인들이 유대인을 미워하고 파괴하려 하기 때문이라고 믿는다. 팔레스타인에 살고 있는 사람으로서, 나는 이런 왜곡된 인식에 분노한다. 이는 본질을 완전히 놓치고 현실과 역사적 사실에서 동떨어진 신화적 담론에 불과하다. 기독교인 학자이자 목사로서, 성경을 이렇게 오해하고 남용하는 것에 나는 경악한다. 또한 내 민족을 증오와 폭력의 집단으로 잘못 묘사하고 악마화하는 것에도 분노한다.

로츠는 하나님이 아랍인들에게 유대인을 미워하도록 운명지었다고 믿는다. 그녀에 따르면, 팔레스타인 사람들은 본질적으로 반유대주의적이기 때문에 유대인을 증오하고 그들을 파괴하려 한다. 이런 증오의 뿌리를 성경 시대로 거슬러 올라가며, 이 모든 것이 팔레스타인 사람들의 잘못이라고 본다. 즉, 이스마엘 시대부터 그들은 하나님이 유대인에게 땅을 주셨다는 사실을 받아들이지 않았다는 것이다. 그 근거는 간단하다. 팔레스타인 사람들은 하나님이 영원한 언약을 맺은 이삭의 후손이 아니라 이스마엘의 후손이기 때문이다. 그리고 로츠는 이스마엘의 후손들은 다른 땅, 즉 석유가 풍부한 지역을 받았다고 주장한다.

로츠의 주장의 정확성을 논하기 전에, 이런 하나님이 팔레스타인 사람들과 어떻게 함께할지 상상해 보자. 팔레스타인 사람들은 자신들이 약속이 아니라 추방을 위해 예정되었다는 이런 신학을 아무 의심 없이 받아들여야 하는가? 로츠가 사용하는 이 터무니없고 증오에 찬

Evangelistic Association, June 11, 2021, https://tinyurl.com/2s48xd9j.

수사는 사실적으로나 신학적으로나 여러 면에서 근거가 없다. 나는 유대인과 아랍인이 성경에 의해 수천 년 전부터 서로 미워하도록 운명지어졌다는 것을 받아들일 수 없다. 이 땅에서 우리의 운명은 DNA에 달려 있지 않다. 또한 오늘날의 유대인을 아브라함과 오늘날의 아랍인과 팔레스타인 사람을 이스마엘과 동일시할 수 있는가? 정말로, 우리는 성경적 운명론을 강요함으로써만 이 세상에서 가장 비극적이고 복잡한 현실 중 하나를 이해하려 노력해야 한다는 말인가?

현재 팔레스타인과 가자지구 전쟁의 근본 갈등이 수천 년 전부터 이어져 왔다는 주장은 사실이 아니다. 팔레스타인 사람과 이스라엘 사람 사이의 적대감에는 분명히 뿌리가 있지만, 이는 현대에 생긴 것이며, 1948년 이스라엘 건국 과정에서 비롯된 것이다. 이전에는 팔레스타인 아랍인과 유대인이 수천 년 동안 싸운 적이 없었다. 유명한 유대인 과학자 알베르트 아인슈타인은 1939년 팔레스타인 사람들이 시온주의에 저항할 당시 이렇게 말했다.

> 우리와 아랍인들 사이에 영구적인 불화가 생기는 것만큼 큰 재앙은 없다…. 우리는 아랍인들과 정의롭고 지속적인 타협을 이루기 위해 노력해야 한다…. 과거에 이 아랍인들의 조상들만큼 우리와 우정을 나눈 민족은 없었다는 사실을 기억하자.[2]

사실 유대인 역사를 솔직하게 살펴보면, 유대인들이 가장 큰 고통

---

[2] "Einstein Counsels 'Reason' on Palestine, Urges Arab-Jewish Amity," Jewish Telegraphic Agency, May 29, 1939, https://tinyurl.com/2fcpacww, 4-5.

을 겪은 것은 아랍인이나 무슬림이 아니라 특히 서구의 기독교인들에 의해서였다. 나와 함께 종교 간 포럼에 참여한 한 유대인 학자는 "유대-기독교 전통이라는 것이 있다면, 그것은 기독교인이 유대인을 박해한 전통"이라고 말한 적이 있다. 우리는 종교재판과 강제 개종에 관해 이야기할 수 있다. 수년간 이어진 신학적 반유대주의로 인해 유대인에 대한 증오가 생겼고, 이는 결국 상상할 수 없는 잔혹한 방식으로 600만 명의 유대인이 학살된 홀로코스트라는 악행으로 이어졌다. 이런 악행을 저지른 것은 아랍 무슬림이 아니라 유럽의 기독교인들이었다.

가자지구 전쟁과 관련해, 이 전쟁이 2023년 10월 7일에 시작된 것이 아니라는 점을 이해하는 것이 매우 중요하다. 팔레스타인 사람들은 이 사실을 서구인들에게 여러 차례 알리려 해왔다. 이 전쟁에는 맥락이 있다. 갑자기 아무 이유 없이 시작된 것이 아니다. 10월 7일을 고립된 단일 사건으로 묘사하는 것은 전적으로 왜곡된 것이다. 이렇게 말한다고 해서 그날 하마스가 저지른 행동을 결코 옹호하거나 정당화하려는 게 아니다. 그날 일부 하마스 대원들과 민간인들이 무고한 이스라엘 어린이들과 민간인들에게 가한 끔찍한 악행, 예를 들어 가족을 집에서 살해하거나 무고한 민간인과 아이들을 납치한 행위를 부정하거나 정당화하지 않는다. 그날 일어난 시신 훼손과 성폭력도 결코 정당화하지 않는다. 이런 행위들은 어떤 형태로든 정당방위나 저항으로 합리화될 수 없다. 그렇지만 그날에 대한 잘못된 보도로 인해 많은 사람들이 10월 7일에 집에 있던 민간인들만 희생된 것으로 오해하게 되었다는 점을 언급하고 싶다. 이것은 사실이 아니다. 그날 이스라엘 군인 수백 명도 목숨을 잃었고, 사망한 어린이의 수는 36명이었다. 이것은 정말로 끔찍하고 비극적인 일이다. 신앙인으로서 그리고 예수의 제자로서 나는 이스라엘 군인들의 죽음조차도 애도한다. 모든 생명은 소중하며, 그 군인들 또한 전쟁이라는 참혹한 현실의 희생자였다.

그러나 10월 7일에는 깊은 구조적 맥락이 있다. 팔레스타인 사람들에게 10월 7일은 수십 년간의 억압과 고통에 대한 반응이었다. 우리가 앞으로 나아가려면, 팔레스타인 비극의 근본 원인을 설명해야 한다. 이 맥락을 무시하면, 의도적이든 아니든 팔레스타인 사람들을 증오에 가득 차 이스라엘 유대인을 없애려는 집단으로 잘못 묘사하게 된다. 사람들이 10월 7일을 그저 유대인이라는 이유만으로 유대인을 미워해 벌인 공격이라고 말할 때, 팔레스타인 사람들이 분노하는 것은 당연하다. 팔레스타인 사람들이 문제 삼는 것은 시온주의와 이스라엘 국가이지, 유대인이나 유대교가 아니다. 이 장에서는 이 중요한 차이를 강조하고자 한다. 이제부터는 지난 76년간 우리가 실제로 겪어온 현실을 이해해 보자는 초대이다. 이것은 단순히 역사적 사건을 멀리서 바라본 개요도, 정치적 분석도 아니다. 이것은 내 가족과 공동체 그리고 가자지구 주민들을 포함한 수백만 팔레스타인 사람들이 실제로 겪은 경험이다.

여러분이 우리의 시선과 경험을 통해 지난 76년의 맥락을 이해하기 시작하면, 우리가 왜 좌절하고 분노하는지 그 이유를 알게 될 것이다. 여러분은 왜 내가 팔레스타인 목사로서, 10월 7일의 폭력에는 분노하면서도 수십 년간 팔레스타인 사람들에게 가해진 조직적 폭력에는 침묵하거나 무관심하다면, 이 논의에 도덕적 자격이 없다고 주장하는지 이해하게 될 것이다.

내가 말하는 조직적 폭력은 정착민 식민주의, 인종청소, 아파르트헤이트 그리고 봉쇄의 형태로 우리에게 닥쳤다. 이런 용어들이 이스라엘을 부정적으로 보이게 하려는 과장처럼 들릴 수도 있다. 그러나 이 용어들은 명확한 정의가 있으며, 나는 이 현상들이 명백히 기록되어 있고 오늘날에도 팔레스타인에서 계속되고 있기 때문에 이 용어들을 사용하는 것이다.

정착민 식민주의

팔레스타인 상황에 관한 큰 오해 중 하나는 이것이 단순한 '분쟁'이라는 점이다. '팔레스타인-이스라엘 분쟁'이라는 표현이 자주 사용되는데, 이는 마치 두 집단이 비슷한 힘을 가지고 이념, 종교, 정치, 영토 문제로 싸우고 있는 것처럼 보이게 만든다. 이 상황을 단순히 '점령'이라고만 부르는 것도 정확하지 않다.[3] 과거와 현재를 신중하고 정직하게 살펴보면, 우리가 마주한 것은 '정착민 식민주의'임이 분명해진다. 이 주장은 논란의 여지가 없어야 하며, 이스라엘을 정착민 식민 국가로 보는 것은 현대 역사학자들과 학계에서 널리 받아들여진 사실이다.[4]

---

[3] Mitri Raheb, *Decolonizing Palestine: The Land, the People, the Bible* (Orbis Books, 2023), 19.

[4] 라헤브의 책 *Decolonizing Palestine*, 21쪽에 따르면, 정착민 식민주의 이론은 원래 호주, 뉴질랜드, 북미 등지의 사례를 설명하는 데 쓰였지만, 최근 들어 이스라엘에도 이 이론을 적용하는 연구가 활발히 이루어지고 있다. 로렌조 베라치니, 마지드 시하데, 스티븐 살라이터, 시라 로빈슨, 엘리아 주레이크, 나딤 루하나, 아리즈 사바그-쿠리, 나홀라 압도 그리고 라시드 칼리디 등 여러 주요 학자들이 관련 저서를 통해 이스라엘의 성격을 정착민 식민주의의 관점에서 분석하고 있다. 특히 칼리디의 저서 『팔레스타인에 대한 100년 전쟁』은 1917년부터 2017년까지의 팔레스타인 역사와 저항을 정착민 식민주의와 연결

정착민 식민주의는 기존 주민들을 강제로 내쫓고, 정착민들이 그 땅을 차지해 영구적인 사회를 만들며, 그들의 특권적 지위가 법적으로 보장되는 식민주의의 한 형태다.[5] 팔레스타인 신학자이자 역사학자인 미트리 라헤브는 "정착민 식민주의는 식민화가 과거의 단일 사건이 아니라 현재도 계속되는 현실임을 설명하는 개념"이라고 말한다.[6] 정착민 식민주의 연구의 권위자인 패트릭 울프는 "정착민 식민주의는 파괴하고 그 자리를 대체하는 것"이라고 설명한다.[7] 지난 한 세기 동안 이스라엘이 역사적 팔레스타인에서 해온 행위들은 이 정의에 정확히 부합한다. 시온주의 운동은 처음부터 식민주의 운동이었다. 히브리대학의 팔레스타인 학자 아리즈 사바그-쿠리는 시온주의 운동이 "식민화라는 용어를 사용했고, 영구적 정착이 운동 창립자들의 핵심 목표였다"고 주장한다. 그녀는 정치적 시온주의의 창시자인 테오도르 헤르츨이 1902년 영국 남아프리카의 제국 건설자 세실 로즈에게 "이것은 식민 사업이기 때문에" 팔레스타인에 대한 시온주의 정착을 지지해달라고 요청한 말을 인용한다.[8] 저명한 팔레스타인계 미국인 역사가 라시드 칼리디는 그의 대표 저서 『팔레스타인에 대한

지어 종합적으로 다루고 있다.

[5] Jennifer Schuessler, "What Is 'Settler Colonialism'?" *New York Times*, January 22, 2024, https://tinyurl.com/4u8hx8au.

[6] Raheb, *Decolonizing Palestine*, 20.

[7] Quoted in J. Kehaulani Kauanui, "'A Structure, Not an Event': Settler Colonialism and Enduring Indigeneity," *Lateral* 5, no. 1 (Spring 2016): 2, https://doi.org/10.25158/L5.1.7.

[8] Areej Sabbagh-Khoury, "Tracing Settler Colonialism: A Genealogy of a Paradigm in the Sociology of Knowledge Production in Israel," *Politics & Society* 50, no. 1 (2022): 47, https://doi.org/10.1177/0032329221999906.

100년 전쟁: 정착민 식민주의와 저항의 역사, 1917~2017』에서 시온주의의 식민적 성격을 명확히 보여준다.

그는 이렇게 쓰고 있다.

특히 시온주의 초기 지도자 중 다수는 자신들의 프로젝트가 식민적이라는 점을 자랑스럽게 받아들였다. 저명한 수정주의 시온주의 지도자 제에브 자보틴스키는 1923년에 이렇게 썼다. "세상의 모든 토착민은 자신들이 식민화될 위험에서 벗어날 수 있다는 희망이 남아 있는 한, 식민자들에게 저항한다. 팔레스타인의 아랍인들이 하는 일이 바로 이것이며, 팔레스타인이 이스라엘 땅으로 바뀌는 것을 막을 수 있다는 희망이 단 하나라도 남아 있는 한, 그들은 계속 저항할 것이다." 이런 솔직함은 헤르츨처럼 자신들의 목적이 순수하다고 주장하며, 팔레스타인의 아랍 주민들에게 선의만 있다고 서양 청중과 어쩌면 자신들까지도 속인 다른 시온주의 지도자들 사이에서는 드물었다. 자보틴스키와 그의 추종자들은 기존 인구 속에 식민 정착민 사회를 심는 데 수반되는 가혹한 현실을 공개적으로, 직설적으로 인정한 몇 안 되는 인물들이었다…. 초기 시온주의자들이 설립한 사회-경제적 기관들은 시온주의 프로젝트의 성공에 핵심적이었으며, 모두가 별다른 의심 없이 이를 식민적이라고 이해하고 묘사했다. 이 기관 중 가장 중요한 것은 유대인 식민협회(Jewish Colonization Association, 1924년에 팔레스타인 유대인 식민협회로 개칭됨)였다… JCA는 대규모 토지 매입과 초기 시온주의 정착촌들이 위임통치기 전후로 생존하고 번영할 수 있도록 막대한 재정 지원과 보조금을 제공했다….

많은 이들이 시온주의가 이스라엘에서 번영하는 국가를 세우는 데 성공했음에도, 그 뿌리가 식민 정착 프로젝트(미국, 캐나다, 호주, 뉴질랜드 등 다른 현대 국가들과 마찬가지로)라는 모순을 받아들이지 못한다. 또한 영국과 이후 미국 등 제국주의 강대국의 지원이 없었다면 시온주의가 성공하지 못했으리라는 사실도 받아들이지 못한다. 따라서 시온주의는 동시에 민족운동이자 식민 정착운동일 수 있었고, 실제로 그랬다.9

칼리디는 이어서 이렇게 말한다.

팔레스타인의 근현대사는 다양한 세력이 토착민들에게 그들의 땅을 타인에게 내주도록 강요한 식민 전쟁의 역사로 이해하는 것이 가장 적절하다.10

또한 칼리디는 시온주의 운동이 종교적 외피, 즉 성서적 이미지를 입었기 때문에 시온주의의 식민적 본질이 널리 간과되고, 오늘날의 상황을 '분쟁'으로만 인식하게 되었다고 주장한다.

이런 식민 현실에 대한 무지로 인해, 이 분쟁은 기껏해야 같은 땅에 권리를 가진 두 민족 간의 비극적이지만 단순한 민족 충돌로 묘사된다. 최악의 경우, 이 분쟁은 유대인들이 자신들의 영원하고 신이 준 땅에 대한 권리를 주장하는 과정에서, 아랍인과 무슬림의 광적이고 뿌리 깊은 유대인 혐오로 인해 발생한 것으로 설명된다.11

이스라엘 국가의 정착민 식민주의적 성격을 지적하는 것은, 유대

---

9 Rashid Khalidi, *The Hundred Years' War on Palestine: A History of Settler Colonialism and Resistance, 1917-2017* (Picador, 2017), 12-14.
10 Khalidi, *Hundred Years' War*, 9.
11 Khalidi, *Hundred Years' War*, 9.

인들이 이 땅과 맺어온 역사적 연관성을 부정하거나 유대인들이 역사적으로 팔레스타인에서 살아왔다는 사실을 부인하는 것이 아니다. 유대인들은 팔레스타인의 풍부하고 다양한 역사에서 중요한 일부였다. 역사적으로 팔레스타인은 "다양한 정체성과 민족, 종교가 공존할 수 있었던 다민족·다문화·다종교 지역"이었다.[12] 하지만 유대인들이 팔레스타인 땅과 맺은 영적, 종교적, 역사적 연관성이 정치적 권리로 이어지는 것은 아니며, 유럽계 유대인들에게 무력으로 팔레스타인을 식민화하고, 토착 팔레스타인 사람을 민족적으로 축출하며, 팔레스타인을 전 세계 유대인의 민족 국가로 선포할 권리를 주는 것도 아니다.

또한 시온주의 창시자들과 팔레스타인을 식민화한 이들이 오랜 세월 유럽에서 배척과 박해를 겪은 이들이라는 사실도 무시할 수 없다. 시온주의는 19세기 말, 유럽 유대인에 대한 억압과 인종차별적 폭력이 심화하는 시기에 등장했다. 시온주의 운동은 이후 점점 힘을 얻었고, 홀로코스트의 참상 속에서 또 다른 형태로 전개되었다. 많은 식민 이주자들이 안전과 존엄을 찾아 나선 트라우마를 가진 난민이었다는 점도 부정할 수 없다. 그러나 그들이 피난처를 찾는 과정에서 타인에게 범죄를 저질렀다. 시온주의자들은 자신들의 구원이 당시 제국들, 즉 영국과 이후 미국과의 협력에서 이루어질 것이라 생각했다. 팔레스타인 사람들은 왜 홀로코스트의 구원의 대가를 자신들이 치러야 했는지, 왜 서구의 반유대주의 죄에 대한 속죄의 제물로 자신들이 희생되어야 했는지 여전히 의문을 품고 있다.

---

12 Raheb, *Decolonizing Palestine*, 121.

인종청소, 나크바

정착민 식민주의는 본질적으로 토착민을 그들의 땅에서 쫓아내거나 강제로 이주시킨다는 특징이 있다. 이것이 바로 나크바가 의미하는 바다. 나크바(아랍어로 '대재앙'이라는 뜻)는 1948년 이스라엘 건국과 함께 벌어진 일, 즉 1948년 전쟁 당시 팔레스타인 사람들이 대규모로 쫓겨나고 삶의 터전을 빼앗긴 사건을 팔레스타인 사람들이 부르는 명칭이다.[13] 이스라엘은 시온주의자들이 종종 주장했던 것처럼 '빈 땅' 위에 세워진 것이 아니었다. 중동이해연구소(IMEU)를 비롯한 여러 기관과 학자들은 오랜 기간 나크바에 관해 조사하고 기록해 왔다. IMEU의 '숫자로 보는 나크바' 프로젝트는 팔레스타인 사람들에게 닥친 이 재앙의 규모를 다음과 같이 구체적으로 보여준다.[14]

75만~100만 명: 1947~1949년 이스라엘 건국 과정에서 시온주의 준군사조직과 신생 이스라엘군에 의해 고향에서 쫓겨나 난민이 된 팔레스타인 사람들의 숫자로, 전체 팔레스타인 주민의 약 75퍼센트에 해당한다.

수십 건의 학살: 시온주의 준군사조직과 이스라엘군이 팔레스타인 주민을 상대로 저지른 학살의 수로, 이는 많은 팔레스타인 주민들이 집을 떠나도록 만드는 데 결정적 역할을 했다.

---

13 "The Question of Palestine," United Nations, accessed November 20, 2024, https://tinyurl.com/2p63nu99.
14 "Quick Facts: The Palestinian Nakba ('Catastrophe')," *Institute for Middle East Understanding*, April 5, 2023, https://tinyurl.com/ycxbf7hf.

400개 이상 파괴된 마을: 1948~1950년 사이 시온주의 준군사조직과 신생 이스라엘군에 의해 체계적으로 파괴되거나 유대인 정착지로 재구성된 팔레스타인 도시와 마을의 수. 대부분의 팔레스타인 공동체(주택, 상점, 예배당, 도시 중심지 등)는 팔레스타인 난민의 귀환을 막기 위해 철저히 파괴되었다.

약 836만 명의 난민: 2021년 기준 나크바 생존자와 그 후손을 포함한 팔레스타인 난민의 수. 이들은 주로 점령지인 서안지구, 동예루살렘, 가자지구와 레바논, 요르단, 시리아 등 인근 아랍 국가에 거주하며, 국제적으로 인정된 고향으로 돌아갈 권리를 박탈당한 상태다.

약 424만 4천7백 76에이커의 약탈된 토지: 1948년 이스라엘 건국 전후로 이스라엘이 빼앗은 팔레스타인 토지 면적.

이것은 성서적 규모의 대재앙이었다. 이스라엘은 영국 위임통치령 팔레스타인 영토의 78퍼센트 위에 세워졌다. 여기서 반드시 기억해야 할 가장 중요한 점이 있다. 이 모든 것은 계획적으로 이루어진 일이었다! 이는 전쟁의 불행한 결과가 아니었다. IMEU에 따르면,

> 나크바는 팔레스타인에 유대인 다수 국가를 세우기 위해 의도적이고 체계적으로 자행된 행위였다. 시온주의 지도자들은 오늘날 '인종청소'라 불릴 계획을 논의할 때 내부적으로 '이주'라는 완곡어를 사용했다.[15]

---

15 "Quick Facts."

'인종청소'라는 용어는 1948년의 사건을 설명할 때 흔히 쓰인다. 국제법에서 인종청소는 "한 민족 또는 종교 집단이 다른 민족 또는 종교 집단의 민간인을 특정 지역에서 폭력과 공포를 동원해 강제로 내쫓는 의도적 정책"으로 정의된다.[16] 이는 국제법 위반이며, 국제형사재판소 설립 조약 등 국제협약에서 인도에 반한 범죄로 규정된다.[17]

이스라엘 역사학자 일란 파페는 대표 저서 『팔레스타인의 인종청소』에서 나크바와 그 전개 과정에 대한 초기 시온주의 지도자들의 기밀 문서를 검토했다. 파페는 분석에서 "인종청소의 일반적 정의가 팔레스타인 사례에 거의 그대로 적용된다"고 결론짓는다.[18]

또 다른 이스라엘 역사학자 베니 모리스는 인종청소가 있었다는 사실을 부정하지는 않았지만, 시온주의 성공을 위해 불가피하고 필요했다고 정당화하려 했다. 한 인터뷰에서 그는 실제로 일어난 일이 인종청소임을 인정하면서, 팔레스타인 내 유대인 집단학살을 막기 위해 필요했다고 주장했다. 그는 이렇게 말했다.

> 70만 명의 팔레스타인 사람을 쫓아내지 않았다면 유대인 국가는 탄생하지 못했을 것이다. 따라서 그들을 내쫓는 것이 필요했다. 그 인구를 추방하는 것 외에 선택지가 없었다. 배후 지역, 국경 지역, 주요 도로를 '정화'해야 했고, 우리 차량과 정착촌에 공격이 가해진 마을들도 '정화'해야 했다.[19]

---

16 "International Law: Understanding Justice in Times of War," United Nations Regional Information Centre for Western Europe, March 27, 2024, https://tinyurl.com/327233kv.

17 "Q&A: War Crimes, Crimes Against Humanity, Ethnic Cleansing in West Darfur," Human Rights Watch, May 9, 2024, https://tinyurl.com/ ydrew66y.

18 Ilan Pappe, *The Ethnic Cleansing of Palestine* (OneWorld, 2006), 7.

이것은 시온주의 학자로부터 나온 충격적인 인정이다. 그리고 그의 경력에도 불구하고, 식민 정착자들이 피식민자들로부터 자신을 보호하기 위한 조치로 인종청소가 필요했다는 주장은 도저히 납득하기 어렵다. 식민 정착자들은 자신을 방어하지 않는다. 그들은 공격한다. 1948년 인종청소를 자행한 이들은 침략자였고, 토착민들은 '정화'의 대상이었다. 피해자들은 자신들의 마을과 가족을 지키고, 땅의 식민화에 저항했다는 이유로 비난받는다.

게다가 이러한 '필요한' 조치에는 데이르 야신과 탄투라에서 벌어진 학살도 포함되어 있었으며, 시온주의자들은 오랫동안 이 학살들을 부인하고 은폐해 왔다. 1948년 데이르 야신 학살에서는 100명 이상의 팔레스타인 주민이 잔혹하게 살해당했으며, 이 중에는 수십 명의 어린이, 여성, 노인도 포함되어 있었다. 이 학살을 주도한 시온주의 민병대는 훗날 이스라엘 총리가 되는 메나헴 베긴과 이츠하크 샤미르가 이끌었다. 데이르 야신 학살은 나크바 기간 중 가장 끔찍한 만행 중 하나였으며, 이 사건은 예루살렘과 그 주변, 더 넓은 지역의 팔레스타인 사람들이 집을 떠나 도망치게 만든 계기가 되었다.[20] 이전에 검열되었던 문서들에는 학살 가해자들이 직접 남긴 생생하고 충격적인 묘사들이 담겨 있다. 이 1차 증언에는 다음과 같은 내용이 있다.

"마을에서 나는 무장한 아랍 남자 한 명과 그를 돕던 16~17세 아랍 소녀 두 명을 죽였습니다. 그들을 벽에 세워 놓고 톰슨 기관단총 두 발로 쏘아 죽였습니다."

---

19 Ari Shavit, "Q&A with Benny Morris," *Jewish Journal*, January 29, 2004, https://tinyurl.com/rmn5mh4r.
20 "Quick Facts."

"우리는 많은 돈과 은, 금 보석을 압수했습니다…. 정말 대단한 작전이었습니다."

"우리가 거기서 조심스럽게 행동했다고는 말하지 않겠습니다. 집마다 폭약을 설치하면 사람들이 달아납니다. 폭발시키고 이동하고, 또 폭발시키고 이동하는 식으로 몇 시간 만에 마을의 절반이 사라졌습니다."

"우리 사람들이 거기서 여러 실수를 저질러서 화가 났습니다. 왜 그런 짓을 했을까? … 그들은 시신을 쌓아놓고 불태웠습니다. 악취가 나기 시작했습니다. 이건 간단한 사건이 아닙니다."

"내 눈에는 이게 마치 포그롬(집단학살)처럼 보였습니다. 군사기지를 점령하는 상황이라면, 백 명이 죽더라도 포그롬이라고 할 수 없습니다. 하지만 민간인 마을에 들어가서 시신이 여기저기 흩어져 있다면, 그건 포그롬처럼 보일 수밖에 없습니다."

"상당한 학살이 벌어졌다는 느낌이 들었고, 이것이 정당방위였다고 스스로 납득하기는 어려웠습니다."

"내가 받은 인상은 무엇보다도 학살에 가까웠습니다. 만약 무고한 민간인을 죽인 것이라면, 그것은 학살이라고 불러야 합니다."[21]

---

21 Ofer Aderet, "Testimonies from the Censored Deir Yassin Massacre: 'They Piled Bodies and Burned Them,'" *Haaretz*, July 16, 2017, https:// tinyurl.com/d8xd7nzs.

이것은 그야말로 테러리즘이다. 가자지구 인구의 80퍼센트 이상이 난민이며, 이들 대부분은 1948년 강제로 쫓겨난 팔레스타인 주민들의 후손임을 반드시 기억해야 한다.[22] 이 중요한 사실은 가자지구 전쟁을 다루는 서구 언론 보도와 대부분의 교회 성명에서 전적으로 무시되고 있다. 무지함을 넘어서, 수천 년 전 조상이 이 땅에 살았다는 이유로 유대인에게 땅의 권리가 있다고 주장하면서도, 76년 전 쫓겨난 팔레스타인 사람들이 고향으로 돌아가 재건할 권리는 부정하는 현실은 도무지 이해하기 어렵다. 1948년 마을에서 쫓겨난 팔레스타인 사람들의 귀환권을 명확히 요구하는 유엔 결의안이 존재함에도 불구하고, 팔레스타인 사람들은 "과거를 잊고 앞으로 나아가라"는 말을 듣는다.[23] 수십 년 동안 이스라엘은 나크바의 흔적을 지우기 위해 최선을 다했고, 나크바 당시 파괴된 마을과 도시의 터에 숲을 조성하기까지 했다. 그러나 이스라엘 국가는 자신의 역사를 지울 수 없고, 팔레스타인 사람들의 기억을 완전히 없앨 수도 없다. 비극적이게도, 이스라엘은 2023~2024년 가자지구에서 또다시 새로운 난민 사태를 만들어냈고, 거의 200만 명의 팔레스타인 주민을 집에서 내쫓았으며, 가자의 모든 기반 시설을 사실상 파괴했다.

---

22 Bill Frelick, "No Exit in Gaza," Human Rights Watch, April 1, 2024, https://tinyurl.com/4uhn9nxd.

23 유엔 총회 결의안 194(III)조는 다음과 같이 명시하고 있다: "자신의 집으로 돌아가 이웃과 평화롭게 살기를 원하는 난민들은 가능한 한 조속한 시일 내에 귀환이 허용되어야 하며, 귀환을 선택하지 않는 이들에게는 그들의 재산에 대해 그리고 국제법이나 형평의 원칙에 따라 책임이 있는 정부나 당국이 보상해야 할 재산의 손실 또는 피해에 대해 보상이 지급되어야 한다." United Nations Security Council, accessed September 8, 2024, https://tinyurl.com/meac29wy, 5.

시온주의는 처음부터 이미 사람들이 살고 있던 팔레스타인 땅에 유대인 국가를 세우는 것을 목표로 했다. 따라서 시온주의는 그 정의상 인종청소를 필요로 한다. 이스라엘 초대 총리 다비드 벤구리온은 1938년 6월 유대인 기구에서 "나는 강제 이주에 찬성한다. 그 안에서 비도덕적인 점은 보지 않는다"고 말했다.[24] 오늘날 이스라엘 정부의 시온주의자들과 많은 미국 정치인들 역시 가자지구를 비우고 팔레스타인 사람들을 내쫓아야 한다고 공개적으로 주장하고 있다. 인종청소는 오늘날에도 팔레스타인에서 계속되고 있다. 나크바는 끝나지 않았다. 이것이 바로 10월 7일과 그 이후 전쟁을 이해해야 할 구조적 맥락이다.

점령의 실상

1948년, 이스라엘은 영국 위임통치령 팔레스타인 영토의 78퍼센트 위에 세워졌다. 1948년 이후, 시온주의 국가 이스라엘은 팔레스타인 땅과 그 주민에 대한 지배와 확장을 계속해 왔다. 1967년, 이스라엘은 무력을 사용해 서안지구(동예루살렘 포함)와 가자지구(나머지 22퍼센트)를 점령했다. 나는 군사 점령의 현실 속에서 자랐고, 이 현실은 오늘날까지도 팔레스타인 사람의 삶을 규정짓고 있다.

이스라엘 군대는 점령지의 땅, 하늘, 바다를 통제하며, 팔레스타인 사람들의 삶의 거의 모든 측면을 지배한다. 그들은 물, 전기, 통신망을 통제한다. 우리 마을의 출입구와 팔레스타인 지역 내의 모든 이

---

24 Pappe, *Ethnic Cleansing*, 1.

동도 그들이 통제한다. 수출입 역시 이스라엘이 관리한다. 가족 등록 제도마저 이스라엘이 장악하여, 우리가 누구와 결혼할 수 있고 어디에 거주할 수 있는지까지 규제한다. 건축 허가 역시 이스라엘의 통제 하에 있다. 이 모든 통제는 군사력으로 강제된다. 이스라엘군은 재판 없이 팔레스타인 주민, 심지어 어린이까지 체포하고 구금할 수 있다. 이스라엘군은 팔레스타인 사람을 집 안에서 살해하거나 난민캠프를 봉쇄할 수 있지만, 책임은 지지 않는다. 이스라엘은 누구든 '테러리스트'로 지정하고, 설명이나 증거 없이 그를 살해할 권리를 행사한다. 수십 년간 이스라엘이 국제법과 인권을 무차별적으로 위반해 온 사실은 잘 기록되어 있지만, 국제사회 대다수는 이를 묵인하고 있다.

1993년 오슬로 협정 이후, 서안지구 일부가 팔레스타인 자치와 행정 관할로 이양되었는데, 이는 5년 내 팔레스타인 국가 수립으로 이어질 임시 단계로 여겨졌다. 서안지구는 A, B, C 지역으로 분할되고 분류되었다. 이스라엘은 서안지구 대부분(특히 C지역)에 대한 지배를 유지하고 있으며, 팔레스타인 사람들은 이 지역에서 건축은 물론, 우물 파기조차 이스라엘군의 허가 없이는 할 수 없다.

반면, 이스라엘은 오슬로 협정 이후 이 지역에서 공격적인 정착촌 건설에 속도를 높여 왔다.

1993년 가자지구에 세워진 이스라엘 정착촌들은 이후 철거되었지만, 가장 집중적인 정착 활동은 서안지구에서 이뤄지고 있다. 2012년부터 2022년까지, 점령된 서안지구(동예루살렘 포함) 내 이스라엘 정착민 수는 52만 명에서 70만 명 이상으로 증가했다. 이 정착민들은 서안지구 전역 279개 이스라엘 정착촌, 동예루살렘 내 14개 정착촌(총 22만 9천 명 이상)에서 불법적으로 거주하고 있다.[25]

이 이스라엘 정착촌들은 팔레스타인 가정의 토지를 빼앗아 세워졌는데, 이는 국제법상 불법이다.[26] 국제앰네스티가 2019년 발표한 이스라엘 정착촌 관련 보고서에 따르면, "이스라엘이 점령지에 민간인을 이주시켜 현지 주민을 내쫓는 정책은 국제 인도법의 근본 규칙을 위반하는 것"이다.[27] 보고서는 이스라엘의 정착 정책이 점령으로 인한 대규모 인권 침해의 주요 원동력임을 상세히 밝히고 있다.[28] 정착촌은 서안지구 군사 점령의 가혹한 현실을 상징한다. 이들의 존재는 1967년 경계선(그린라인) 내 팔레스타인 국가 수립의 가장 큰 장애물일 뿐 아니라 이스라엘이 두 국가 해법에 진지하지 않았음을 보여주는 명백한 증거다. 정착촌은 두 국가 해법의 모든 가능성을 사실상 소멸시켰다.

모두가 10월 7일 이스라엘인, 특히 어린이들이 납치된 일에만 분노했다. 전쟁 중 내가 참여한 많은 웨비나(온라인 세미나) 중 한 번은, 한 수녀가 눈물과 분노로 납치된 이스라엘 어린이들에 관해 물었고, 그들 중 한 명을 풀어주기 위해 자신이 몸값이 되겠다고 나섰다. 나는 어

---

25 "Human Rights Council Hears That 700,000 Israeli Settlers Are Living Illegally in the Occupied West Bank-Meeting Summary (Excerpts)," *United Nations*, accessed November 20, 2024, https://tinyurl.com/3hw7n7pv.

26 "Israeli Settlements and International Law," *Amnesty International*, January 30, 2019, https://tinyurl.com/mv2x8x8h.

27 "Israeli Settlements and International Law."

28 여기에는 생명권, 자유권, 신체의 안전권, 법 앞의 평등한 대우를 받을 권리, 기본권 침해 행위에 대한 효과적인 구제 받을 권리, 표현의 자유와 평화적 집회의 자유, 평등과 차별 금지, 적절한 주거권, 이동의 자유, 가능한 최고 수준의 신체적·정신적 건강을 누릴 권리, 물과 교육에 대한 권리, 아동의 권리 그리고 일을 통해 인간다운 생계를 영위할 권리 등에 대한 침해가 포함된다. "Israeli Settlements and International Law."

린이 납치는 악한 일이라고 답하며, 모두가 이 점에 동의하길 바란다고 말했다. 그러고 나서 나는 이렇게 물었다. "그렇다면 팔레스타인 어린이들이 납치당하는 일은 어떻습니까?" 여러분은 이스라엘이 수년간 서안지구와 동예루살렘에서 훨씬 더 큰 규모로 팔레스타인 사람들을 납치해 왔다는 사실을 알고 있는가? 국제앰네스티에 따르면,

> 매년 500~700명의 팔레스타인 어린이가 점령된 서안지구에서 이스라엘 군사명령에 따라 이스라엘 군사법원에서 기소된다. 이들은 종종 야간 급습 중에 체포되어 체계적으로 학대당한다. 이들 중 일부는 제네바 4조약을 위반하며 이스라엘 내에서 형을 살기도 한다. 유엔도 정착민의 공격으로 많은 어린이가 사망하거나 크게 다친 사실을 기록했다.[29]

팔레스타인 어린이들은 전 세계에서 유일하게 '행정 구금'이라는 명목으로 군사법원에 기소되는 아이들이다. 이 정책은 혐의나 재판 없이, 수감자나 변호인에게 공개되지 않는, 이른바 비밀 증거에 근거해 구금할 수 있도록 한다. 이들은 종종 한밤중 폭력적 급습에 납치되어 눈가리개를 쓴 채 이스라엘 내 성인 시설로 이송되며, 가족과 변호인조차 접근할 수 없다. 이러한 납치는 아이들의 교육과 가족 관계를 파괴하고, 상상할 수 없는 트라우마로 인해 심리-사회적 지원과 재활을 필요로 한다.[30]

---

29 "Israeli Settlements and International Law."
30 "Physical Abuse, Infectious Disease Spreading as Conditions for Palestinian Children in Israeli Military Detention Deteriorate," *Save the Children*, July 22, 2024, https://tinyurl.com/23emaks4.

이것은 납치가 아니고 무엇인가? 이러한 조직적 관행은 국제법을 위반하며, 팔레스타인 어린이들에게 성인 기준(16세)을 적용해 부당하게 학대와 고문을 지속한다. 이러한 구분은 이스라엘 어린이들에게는 적용되지 않는다. 이것이 바로 가자지구 전쟁의 맥락을 보여주는 팔레스타인의 또 다른 현실이다.

팔레스타인 사람으로서 우리의 질문은 이것이다. 세상의 분노는 어디에 있는가? 팔레스타인 주민 납치에 대응해 이스라엘을 포위하거나 폭격하자는 목소리를 내는 이는 아무도 없었다. 베를린 장벽에 팔레스타인 국기가 걸린 일도 없다.[31] 팔레스타인 어린이를 풀어주기 위해 자신을 몸값으로 내놓겠다고 나서는 수녀나 성직자도 없었다.[32]

팔레스타인 사람들은 계속해서 이렇게 묻는다. "우리는 다른 나라 사람들보다 덜 소중한 존재입니까? 아무리 끔찍한 폭력을 저질러도 테러리스트로 불리지 않는 이들과 달리, 우리는 왜 이렇게 취급받습니까?" 이스라엘은 어린이들까지도 편리하게 테러리스트로 낙인찍고, 이들을 체포하고 납치하는 행위를 자기방어라고 주장하지만, 세계는 고개를 끄덕이며 그냥 지나친다. 매년 500~700명의 팔레스타인 어린이가 납치되는 상황에서, 이러한 조직적 폭력이 팔레스타인 어린이들에게 미치는 심리적 영향은 이루 말할 수 없을 정도지만, 서구 사회는 이를 거의 고려하지 않는다. 팔레스타인 사람들은 점령이 주는 압도적인 고통 앞에서 어떻게 대응해야 할지 막막하다. 수십 년간 계

---

31 "Brandenburg Gate in Berlin Lights Up with Israeli Flag in Solidarity," *Times of Israel*, October 7, 2023, https://tinyurl.com/pyhjjj2c.

32 Philip Pullella, "Jerusalem Catholic Patriarch Offers to Be Exchanged for Gaza Hostages," *Reuters*, October 16, 2023, https://tinyurl.com/mryebfj7.

속된 토지 강탈에 우리는 어떻게 대응해야 하는가? 서안지구에서 이스라엘 주민(정착민 포함)이 팔레스타인 주민보다 1인당 최소 3배나 많은 물을 사용하는 명백한 물 배분 차별에 우리는 어떻게 대응해야 하는가?[33] 우리 청년 세대 그리고 그들과 함께 미래의 희망까지 질서정연하게 빼앗기는 현실에 우리는 어떻게 대응해야 하는가?

점령의 마지막 결정적 기술적 장치는 바로 분리장벽이다. 이스라엘이 2002년부터 건설하기 시작한 이 분리장벽은, 분쟁과 통제 그리고 수십 년간의 국제법 위반을 상징적으로 보여준다. 이 장벽은 팔레스타인 영토를 여러 조각으로 분할한다. 전체 길이는 약 700km로, 국제적으로 인정된 경계선의 두 배가 넘으며, 그 85퍼센트가 서안지구 내부를 지난다. 이 경로는 팔레스타인 땅을 사실상 병합했을 뿐 아니라 약 5만 5천 두남(약 1만 4천 에이커)의 핵심 농지와 수자원을 고립시켜 수천 명의 삶과 생계에 막대한 영향을 끼쳤다. 인권 단체들의 보고에 따르면, 장벽의 경로는 이런 필수 자원을 전략적으로 에워싸도록 설계되어 있어, 무역로를 차단하고 이동을 제한함으로써 팔레스타인 경제와 사회 발전을 의도적으로 마비시킨다. 많은 팔레스타인 농민들은 자기 땅에 접근하기 위해 특별 허가를 받아야 한다. 2004년 국제사법재판소는 이 장벽이 1967년 경계선 너머 점령지에 설치된 부분을 불법으로 명시하고, 철거하여 피해 팔레스타인 공동체에 대한 보상을 명령했다.[34]

---

33 "Parched: Israel's Policy of Water Deprivation in the West Bank," *B'Tselem*, May 2023, https://tinyurl.com/2rucjuut.

34 "Legal Consequences of the Construction of a Wall in the Occupied Palestinian Territory," *International Court of Justice*, 2004, https://tinyurl.com/yc5kwmys.

이스라엘 인권 단체 베첼렘은 분리장벽의 경로가 서안지구 내 불법 이스라엘 정착촌 확장을 가능하게 했다고 상세히 밝혔다.35 유엔 인도주의업무조정국(OCHA)도 이 토지 강탈이 팔레스타인 주민들에게 미치는 영향을 여러 차례 문서화했다.36 장벽의 침투적 경로로 인해 약 1만 1천 명의 팔레스타인 주민들이(동예루살렘 제외) 장벽과 그린라인 사이에 갇혀 살게 됐다. 이들 중 16세 이상의 대부분의 사람들은 자기 집에 계속 살기 위해서조차 허가를 받아야 한다. 여러분은 이런 물리적 장벽이 자신의 삶을 통제하는 상황을 상상할 수 있는가? 자신의 마을이나 동네가 거대한 장벽으로 나뉘는 현실을 상상할 수 있는가?

이스라엘은 이 장벽을 공식적으로 안보 조치라고 주장하지만, 실제로는 철조망과 최대 8미터 높이의 콘크리트 벽이 포함되어 있어, 높이 3.6미터에 불과했던 악명 높은 베를린 장벽을 훨씬 능가한다. 장벽이 필요하다는 안보 논리는, 2002년 장벽 건설 시기가 제2차 인티파다 공격 감소 이후였다는 증거 앞에 설득력을 잃는다.37 실제로 이 장벽은 이스라엘의 더 광범위한 정치적 목표, 즉 추가 병합과 전략적 자

---

35 "Under the Guise of Security: Routing the Separation Barrier to Enable the Expansion of Israeli Settlements in the West Bank," *B'Tselem*, December 2005, https://tinyurl.com/ms462nht.

36 "10 Years Since the International Court of Justice (ICJ) Advisory Opinion," *United Nations Office for the Coordination of Humanitarian Affairs*, July 9, 2014, https://tinyurl.com/6dpcahtz; "The Humanitarian Impact of 20 Years of the Barrier-December 2022," *United Nations Office for the Coordination of Humanitarian Affairs*, 2022, https://tinyurl.com/yjaxubnj.

37 Munther Isaac, *The Other Side of the Wall* (InterVarsity Press, 2020), 17-18을 참고하면, 안보 문제와 분리장벽에 관한 논의를 다루고 있다.

원 그리고 지역 통제를 위한 도구로 기능한다.

이 장벽은 단순히 물리적 분단을 상징하는 것이 아니라 팔레스타인 사람들에게 고립감과 감금 심리를 심어주는 심각한 심리적 영향을 미친다. 비판자들과 인권 단체들은 이 안보 명분이 더 넓은 지정학적 목적을 숨기기 위한 위장이라고 주장하며, 이는 미래 팔레스타인 국가의 실현 가능성을 체계적으로 약화하고, 극심한 '야외 감옥'과 같이 삶의 조건을 악화시킨다고 말한다. 이 거대한 구조물은 권력의 불균형과 팔레스타인 사람의 기본 권리와 존엄성에 대한 지속적인 무시를 상징하고, 실제로 구현한다.

아파르트헤이트

일부 교회 및 외교계는 '아파르트헤이트'라는 단어 대신 'A-word'라는 표현을 사용한다. '아파르트헤이트'라는 말이 부정적으로 여겨지는 것은 그 의미 때문이 아니라 이 용어를 이스라엘의 행동을 규정하는 데 사용하는 것이 용납되지 않기 때문이다. 이 주제를 이스라엘과 연관 지어 논의하는 것 자체가 금기시되고 있다. 마치 이스라엘은 어떠한 잘못도 저지를 수 없다는 암묵적인 세계적 합의가 존재하는 듯하다. 그러나 그 이면에는 훨씬 더 많은 것이 숨겨져 있다.

남아프리카공화국의 아파르트헤이트 역사를 고려할 때, 어떤 국가를 아파르트헤이트로 비난하는 것은 매우 심각한 비판이다. 하지만 아파르트헤이트는 실제로 존재하며, 1977년 제네바협약 추가의정서에 따르면 이는 전쟁범죄에 해당한다. 남아공의 아파르트헤이트의 추악함에 경악한다고 말하면서, 팔레스타인에서 벌어지는 아파르트헤이트에는 침묵하거나 방관하는 것은 외국 정부들, 특히 교회에 있어 위선적이고 혐오스러운 일이다.

    사람들이 나에게 'A-word'에 관해 물을 때, 나는 아파르트헤이트가 개인의 의견 문제가 아니라는 점을 강조한다. 이 용어에 대해 내가 어떻게 생각하느냐는 중요하지 않다. 국제사회가 정한 정의에 따라 평가되어야 한다. 아파르트헤이트 문제를 논의할 때는 우선 그 정의를 연구하고 이해한 뒤, 현장의 증거를 살펴보고 사실을 그 정의와 비교해야 한다. 이것이 'A-word'를 다루는 올바른 방식이며, 만약 우리가 팔레스타인 문제에 있어 국제법이 무의미하다고 공식적으로 인정하지 않는 한 반드시 지켜야 할 기준이다. 이는 매우 단순하지만 중요한 구분이다. 우리는 세계 조약, 국제법, 인권을 존중하든지, 아니면 그렇지 않든지 둘 중 하나를 선택해야 한다. 그리고 이 질문에 대한 답변의 결과는 매우 중대하다. 만약 이스라엘이 실제로 아파르트헤이트라는 죄를 저지르고 있다면, 이스라엘은 더 이상 정상 국가로 대우받을 수 없으며, 전쟁범죄에 대해 책임을 져야 한다.

    2022년 나는 「이스라엘 아파르트헤이트에 관한 보고서」를 준비한 팀의 일원이었다. 이 보고서는 '카이로스 팔레스타인'과 '글로벌 카이로스 포 저스티스 연합'이 함께 작성한 것이다. 이어지는 내용에서 나는 아파르트헤이트의 정의와 그것이 팔레스타인 상황과 어떤 관련이 있는지 충분히 설명하기 위해 이 보고서의 내용을 길게 인용할 것이다.[38]

---

38 이 부분은 내가 대표로 이끌고 있는 <Kairos Palestine>과 <Global Kairos for Justice Coalition>이 작성한 "이스라엘 아파르트헤이트 관련 자료집: 전 세계 교회에 보내는 긴급 호소문"이라는 문서에서 발췌한 것이다. 나는 이 문서의 집필진 중 한 명이자 책임

아파르트헤이트 범죄를 정의하고 그 특징을 설명하는 데 중요한 세 가지 문서가 있다. "제네바협약", "아파르트헤이트 범죄의 억제와 처벌에 관한 국제협약" 그리고 "국제형사재판소의 로마규정"이 그것이다.

이 문서들을 면밀히 분석해 보면, 아파르트헤이트 범죄를 규정하는 데 필요한 세 가지 결정적 요소가 드러난다. 첫째, 한 인종 집단이 다른 집단에 대한 지배를 유지할 의도로 인종, 신념, 민족에 따라 분리 또는 차별 체제를 실시하는 것. 둘째, 이러한 분리와 차별을 법률로 강제하고, 자체 법체계 내에서 분리를 합법화하는 입법 조치의 사용. 셋째, 분리 체제를 강요하고 유지하기 위해 비인도적 행위, 인권 침해, 자유 박탈, 강제 게토화 등과 같은 관행을 저지르는 것이다.

강과 바다 사이의 지역에서, 이스라엘이 국제법상 아파르트헤이트 범죄의 정의에 부합한다는 것은 매우 분명하다. 이스라엘은 자국이 제정한 법률과 비인도적 관행을 통해, 특정 집단에만 권리와 특권을 부여하고 다른 집단을 희생시켜 지배를 유지하는 편향된 법체계를 통해 분리와 차별을 적극적으로 조장하고 있다.

이스라엘 유대인들은 이스라엘과 서안지구 전역에서 이동이나 거주지 선택에 아무런 제한을 받지 않지만, 이스라엘은 팔레스타인 사람들의 선택을 제한한다. 이스라엘 유대인들은 교육, 사회 및 건강 혜택 등 특정 법률과 행정 구조, 특권을 누리지만, 팔레스타인 사람들은 이러한 혜택을 받지 못한다.

편집자였다. 이 문서는 허가를 받아 사용하고 있다. 전체 문서는 https://tinyurl.com/48py3kz7에서 확인할 수 있다. 원본 문서는 독자가 참고 자료를 하이퍼링크로 바로 확인할 수 있도록 안내했다. 나는 각주를 통해 자료 출처를 제공했다.

수십 년 동안, 팔레스타인 시민사회 단체들은 이스라엘의 아파르트헤이트 체제가 초래하는 가혹한 현실을 지적해 왔다. 수년에 걸쳐 미국 대통령 지미 카터, 남아프리카공화국 대주교 데스몬드 투투 등 일부 국제적으로 인정받는 지도자들도 이에 동의했다. 그러나 최근 몇 년 사이, 전 세계적으로 존경받는 인권 단체들이 이스라엘의 법률, 정책, 관행을 아파르트헤이트로 규정한 철저하게 조사된 보고서를 빠르게 늘려 발표하고 있다.

다음에 언급될 문서들은 모두 반복적으로 '반유대주의'와 '이스라엘 국가의 정당성 훼손'이라는 비난을 받아왔다는 점에 주목할 필요가 있다. 그러나 이들 보고서의 주장 자체를 반박하는 공식적인 답변은 단 한 건도 없었다.

보 고 서

예시 딘(Yesh Din): "이스라엘의 서안지구 점령과 아파르트헤이트 범죄 — 법률적 의견"[39]

예시 딘은 인권을 위한 자원봉사자들로 구성된 이스라엘에 등록된 비영리 단체로, 이스라엘 법의 적용을 받는다. 자원봉사자 팀이 변호사와 인권 전문가 등 전문 인력과 함께 활동한다. 2020년 6월, 예시 딘은 "아파르트헤이트라는 반인도적 범죄가 서안지구에서 자행되고 있다. 가해자는 이스라엘 사람들이고, 피해자는 팔레스타인 사람들이다"라는 내용을 담은 법률 의견서를 발표했다. 58쪽 분량의 이 보고서는 다음과 같은 결론을 내렸다. 아파르트헤이트 범죄가 발생하는 이유는 이스라엘의 점령이 단순한 '일반적인' 점령 체제(혹은 지배와 억압의 체제)가 아니라 점령지에 점령국 국민으로 이루어진 공동체를 만들어 낸 거대한 식민화 프로젝트와 결부되어 있기 때문이다…. 한 민족 집단이 다른 집단을 지배하고 억압하는 이 체제의 맥락에서, 이스라엘 당국은 국제법상 정의된 비인도적 행위, 즉 한 민족 집단의 권리 박탈, 한 집단의 자원을 다른 집단에 이전, 두 집단 간 물리적-법적 분리, 각 집단에 서로 다른 법체계 적용 등의 정책과 관행을 시행하고 있다. 이로 인해 서안지구에서 아파르트헤이트 범죄가 자행되고 있다.

베첼렘(B'Tselem): "요르단강에서 지중해까지 이어지는 유대인 우월주의 체제: 이것이 바로 아파르트헤이트다"[40]

예시 딘의 이스라엘 아파르트헤이트 진단이 서안지구로 한정된 반면, 2021년 1월 베첼렘(점령지 인권을 위한 이스라엘 정보센터)은 "요르단강에서 지중해에 이르는 지역에서 존재하는 아파르트헤이트 체제의 본질은 한 집단의 우월성을 다른 집단 위에 세우고 영속화하는 데 있다"고 지적하는 보고서를 발표했다. 베첼렘(히브리어로 '형상 안에')은 독립적이고 비당파적이며, 세계적으로도 수상 경력이 있는 이스라엘 단체다. 8쪽 분량의 보고서에서 베첼렘의 사무총장은 다음과 같이 요약했다. "이스라엘은 단순히 일시적인 점령이 덧붙여진 민주주의 국가가 아니다. 요르단강에서 지중해에 이르는 하나의 체제이며, 우리는 전체 그림을 직시하고 그것이 무엇인지 정확히 보아야 한다. 그것은 바로 아파르트헤이트다. 이 현실을 직시한다고 해서 절망할 필요는 없다. 오히려 변화의 촉구가 되어야 한다. 결국 이 체제는 사람들이 만든 것이고, 사람들은 그것을 바꿀 수 있다."

휴먼라이츠워치: "임계점을 넘다: 이스라엘 당국과 아파르트헤이트 및 박해 범죄"[41]

휴먼라이츠워치(Human Rights Watch, HRW)는 뉴욕에 본부를 둔 국제 비정부기구로, 변호사와 언론인을 포함해 약 450명의 직원과 70개국 이상의 국적을 가진 '국가 전문가'들이 활동하고 있다. 2021년 4월 발표한 213쪽 분량의 보고서 요약에서 HRW는 다음과 같이 밝혔다. "주요 이스라엘 정부 관계자들의 법률, 정책, 발언은 인구 구성, 정치권력, 토지에 대한 유대계 이스라엘인의 통제를 유지하는 것이 오랫동안 정부 정책의 목표였음을 명확히 보여준다. 이 목표를 달성하기 위해 당국은 팔레스타인 사람들을 그들의 정체성 때문에 다양한 강도로 몰아내고, 가두고, 강제로 분리하며, 예속시켜 왔다. 이 보고서에서 설명한 특정 지역에서는 이러한 박탈이 극심하며, 이는 아파르트헤이트와 박해라는 반인도적 범죄에 해당한다."

앰네스티 인터내셔널: "팔레스타인 사람에 대한 이스라엘의 아파르트헤이트 – 잔혹한 지배 체제와 반인도적 범죄"[42]

앰네스티 인터내셔널은 영국에 본부를 둔 비정부기구로, 전 세계 여러 도시에 지역 사무소를 두고 있다. 앰네스티는 자신을 "어떠한 정치 이념, 경제적 이해, 종교로부터 독립적인 세계적 운동"이라고 소개한다. 이스라엘의 아파르트헤이트 체제를 다룬 2022년 2월 278쪽 분량의 보고서 요약에서 앰네스티는 다음과 같이 서술했다. "수십 년 동안 이스라엘의 인구 및 지정학적 고려는 이스라엘, 동예루살렘, 서안지구, 가자지구 등 각기 다른 지역의 팔레스타인 사람에 대한 정책을 다르게 형성해 왔다… 팔레스타인 사람들은 이 체제를 서로 다르게 경험하며, 자신이 사는 지역과 신분에 따라 억압 수준도 다르다." 앰네스티는 "이스라엘의 민간 행정과 군 당국 그리고 정부 및 준정부 기관 대부분이 팔레스타인 사람에 대한 아파르트헤이트 체제 집행에 관여하고 있다"고 평가했다.

유엔: "1967년 이래 점령된 팔레스타인 영토의 인권 상황에 관한 특별보고관 보고서"[43]

2022년 4월 유엔 인권이사회에 제출된 보고서에서 특별보고관 마이클 링크는 아파르트헤이트 방지협약과 로마규정의 기준을 적용해, 이스라엘의 "점령된 팔레스타인 영토에 대한 공고한 지배 정치 체제는 아파르트헤이트 존재에 대한 현행 증거 기준을 충족한다"고 결론 내렸다. 18쪽 분량의 이 보고서에서 링크는 임의 구금, 학대와 고문, 성별에 기반한 폭력, 이동·표현·결사·평화적 집회 자유의 제한, 생명권 및 신체의 온전성 침해 등 국제 인도법과 인권법 위반 사례를 자세히 기록했다. 그는 힘의 극심한 비대칭성을 이유로, 권리 기반 접근법에 의한 국제적 개입이 필수적이라고 강조했다.

---

39 "The Israeli Occupation of the West Bank and the Crime of Apartheid: Legal Opinion," *Yesh Din*, June 2020, https://tinyurl.com/mpmyvte7.

40 "A Regime of Jewish Supremacy from the Jordan River to the Mediterranean Sea: This Is Apartheid," *B'Tselem*, January 12, 2021, https://tiny url.com/4msybce7.

41 "A Threshold Crossed: Israeli Authorities and the Crimes of Apartheid and Persecution," Human Rights Watch, 2021, https://tinyurl. com/32awezh5.

42 "Israel's Apartheid Against Palestinians: Cruel System of Domination and Crime Against Humanity," *Amnesty International*, 2022, https://tinyurl. com/42bsuxdv.

43 "Report of the Special Rapporteur on the Situation of Human Rights in the Palestinian

보고서는 전체를 읽어볼 가치가 있다. 이 보고서들은 논란의 여지 없이 명확하다. 우리는 이 조사들을 진지하게 받아들이고, 그에 따라 국제법과 법치주의 역시 존중할 것인지, 아니면 이스라엘이 아무런 책임 없이 무엇이든 할 수 있도록 묵인할 것인지 선택해야 한다. 후자가 바로 지금도 지속되고 있는 현실이다. 우리가 보고서에 쓴 대로다.

이스라엘을 아파르트헤이트 체제라고 부르는 것은 정치적 비난이 아니며, 남아프리카공화국과의 비교가 필요한 것도 아니다. 현장에 존재하는 실제 사실들을 국제법상 아파르트헤이트 범죄의 법적 요건에 비추어 검토한 결과일 뿐이다. 이 요건들은 너무나 명확하게 충족되기 때문에, 이스라엘이 국제형사재판소(ICC)를 우려하거나, 자신의 행위를 면밀히 기록하고 있는 단체들을 '테러 조직'으로 규정하려 하는 것도 놀라운 일이 아니다. 이는 언젠가 ICC가 이 사안을 다루게 될 날을 대비한 것이다.

내 마음을 떠나지 않는 질문은 이것이다. 왜 교회들—국제사회는 말할 것도 없고—은 이러한 보고서들을 외면하면서도 여전히 이스라엘을 평범하고 민주적인 국가로 대하고 있는가? 남아공에서 아파르트헤이트에 맞서 싸운 투투 대주교는 전 세계적으로 거의 만장일치로 존경받고 있지만, 그가 이스라엘이 저지르는 아파르트헤이트를 비판한 것은 어째서 외면당하는가?[44]

2022년 나는 팔레스타인과 전 세계의 기독교 활동가들과 함께 독

Territories Occupied Since 1967," *Human Rights Council*, March 21, 2022, https://tinyurl.com/47nfap6t.

44 Chris McGreal, "When Desmond Tutu Stood Up for the Rights of Palestinians, He Could Not Be Ignored," *Guardian*, December 30, 2021, https://tinyurl.com/mxwj65jj.

일에서 열린 세계교회협의회(WCC) 총회에 참석해, 이스라엘의 행동을 아파르트헤이트와 연결 짓는 결의안을 통과시키기 위해 노력했다. 우리는 남아프리카 성공회가 총회에 보낸 강력한 서신의 도움을 받았는데, 이 서신은 예언자적으로 총회가 이스라엘을 아파르트헤이트 국가로 명명하는 결의안을 채택할 것을 촉구했다. 이 편지와 우리의 활동은 총회 내 많은 이들에게 불편함을 안겼고, 특히 독일 교회들이 강하게 반대했다.[45] 결국 결의안은 통과되지 못했고, 대신 총회는 회원 교회에 이스라엘을 아파르트헤이트 국가로 규정한 보고서들을 직접 연구하고 각자 판단하라고 요청했다. 수년 동안 나와 내 동료들은 이 문제를 두고 교회 지도자들과 대화를 나누었지만, 오늘날에도 그들은 여전히 주저하고 있다. 우리는 종종 이런 이야기를 듣는다. "이런 표현은 도움이 되지 않는다. 다리를 끊고, 대화의 문을 닫는 나쁜 전략이다." 때로는 "이 문제는 관련 법원이 결정할 일이지, 교회가 나설 일이 아니다"라는 말도 듣는다(그러나 남아공에서는 교회가 직접 행동했다).

진짜 질문은 이스라엘의 행동이 아파르트헤이트로 분류될 수 있느냐가 아니다. 수많은 인권 단체가 보여주었듯, 사실과 정의의 일치는 논란의 여지가 없다. 내게 더 시급한 질문은 왜 교회들이 이러한 보고서들에 이렇게 느리게 반응하고, 때로는 아예 무시하거나 외면하는가 하는 점이다. 보고서에서 우리는 이렇게 말한다.

"말은 중요하다." 교회가 사용하는 언어는 교회가 어떤 곳인지 그리고 오늘날

---

45 Jeff Wright, "World Council of Churches General Assembly Puts Israeli Apartheid on the Global Church's Table," *Mondoweiss*, September 10, 2022, https://tinyurl.com/28bxu8dn.

의 이슈들에 어떻게 대응하는지를 잘 보여준다. 우리는 형제자매들에게 팔레스타인 사람들에게 저질러진 범죄의 참혹함을 완화하는 표현을 선택하지 말 것을 촉구한다. 교회가 이스라엘의 법과 행동을 아파르트헤이트라고 부르기를 거부할 때, 교회는 아파르트헤이트의 지속에 일조하게 된다.

우리는 우리의 자매와 형제들이 가혹한 점령 아래에서 우리가 겪는 현실보다 종교 간 대화 파트너와의 관계를 더 걱정할 때 마음이 무겁다. 우리의 고통보다 자신의 이미지에 더 신경 쓸 때도 마찬가지다. 우리가 우리의 억압과 이스라엘의 아파르트헤이트에 대해 담대하게 말할 때, 우리의 외침이 너무 크다는 지적을 받는다. 그러나 우리가 조용히 말했을 때는 무시당했다. 팔레스타인 사람들, 팔레스타인 교회 그리고 세계 교회를 위해 너무 많은 것이 걸려 있다. 우리가 조용히 말하거나 완곡어법으로 우리의 고통을 표현할 수 없는 이유다. 교회는 국제사회가 공식적으로 이스라엘의 아파르트헤이트를 규정하고 규탄할 때까지 기다려서는 안 된다. 아니, 예언자적 교회는 국제사회를 형성하고 이끌어야 한다. 예언자적이고 신실한 교회는 안전할 때, 잃을 것이 없을 때만 옆에서 지켜보다 행동하는 것이 아니다. 예언자적 교회는 권력을 향해 진실을 말한다. 정의, 인간의 존엄, 인권의 문제에 있어 우리는 베드로와 사도들이 조언한 대로, "우리는 사람보다 하나님께 순종해야 합니다"(사도행전 5:29)라는 말씀에 동참한다.

오늘날의 시온주의

잠시 다음과 같은 진술에 어떻게 반응할지 생각해 보라.

"아랍 무슬림들은 팔레스타인 땅 전체에 대해 배타적이고 양도할 수 없는 권리를 가진다."

팔레스타인 지도자가 미국의 기독교 집회에서 '팔레스타인 땅'이란 요르단강에서 지중해까지의 위임통치령을 받고 있는 팔레스타인 전체를 의미한다는 발언을 한다면, 그 사람은 즉각적으로 비난을 받고 아마도 인종차별적 반유대주의자로 낙인찍힐 것이다. 이런 배타적 이데올로기는 급진적이고 선동적이라며 일축될 것이다. 그러나 사실 이 진술은 왜곡된 인용문이다. 원래의 발언은 2023년에 선출되어 취임한 이스라엘 정부의 기본 지침에서 나온 것이다. 실제 진술은 다음과 같다.

"유대 민족은 이스라엘 땅 전체에 대해 배타적이고 양도할 수 없는 권리를 가진다."46

이 진술에 대한 당신의 첫 반응을 다시 생각해 보라. 이제 다른 시각이 생기는가? 이런 진술을 옹호하는 이들은 '이스라엘 땅 전체'를 1948년 국경을 훨씬 넘어선 지역으로 정의한다는 점을 분명히 해야 한다. 이들은 팔레스타인 사람에 대해서는 거의, 혹은 전혀 관심을 두지 않는다. 2023년 초에 출범한 이스라엘 연립정부는 "국수주의적이고, 배타적이며, 극우 성향이 매우 강하다"는 평가를 받으며, '이스라엘 역사상 가장 극단적인 정부'로 간주된다.47 이 정부의 일부 공개적

---

46 "Adalah's Analysis of the New Israeli Government's Guiding Principles and Coalition Agreements and Their Implications on Palestinians' Rights," *Adalah*, January 10, 2023, https://tinyurl.com/4ex9ksra.

으로 인종차별적 성향을 보이는 장관들, 특히 베잘렐 스모트리치와 이타마르 벤그비르의 급진적이고 증오에 찬 이데올로기에 관해서는 많은 논의가 있었다. 이 정부에게 있어 모든 땅은 이스라엘의 땅이며, 1967년 국경 내 정착촌 건설이 국가적 우선순위다.

이 극우 정부는 이스라엘 정치가 중도에서 중도우파 그리고 극우로 빠르게 이동해 온 흐름의 자연스러운 결과다. 팔레스타인 주도의 대표적 인권 단체 아달라(Adalah)는 새 정부가 내세운 '배타적이고 양도할 수 없는 권리' 선언이 이미 논란이 많았던 2018년 제정된 유대 민족국가법보다 한 단계 더 나아간 것이라고 주장한다. 이 법 제1조는 "자결권을 '이스라엘 국가' 내 유대인에게만 고유한 권리로 규정할 뿐, 이스라엘이 역사적 '이스라엘 땅'으로 간주하는 모든 지역에 유대인만이 독점적 권리를 갖는다고 하지는 않는다"고 밝힌다.[48] 민족국가법은 그 본질 자체가 인종차별적이다. 이 법은 "국가적 자결권 행사는 이스라엘 내 유대 민족에게만 고유하다"고 명시한다. 또한 히브리어를 이스라엘의 공식 언어로 지정하고, 아랍어(아랍계 이스라엘인들이 널리 사용하는 언어)는 '특별 지위'로 격하시킨다. 이 법은 '유대인 정착을 국가적 가치'로 규정하고, 국가가 '그 설립과 발전을 장려하고 촉진할 것'을 명령함으로써, 토지에 대한 공격적인 정착 정책을 제도화한다.[49]

---

47 Jonathan Guyer, "Israel's New Right-Wing Government Is Even More Extreme Than Protests Would Have You Think," *Vox*, January 20, 2023, https://tinyurl.com/yyhckf2c.

48 "Adalah's Analysis of the New Israeli Government's Guiding Principles and Coalition Agreements and Their Implications on Palestinians' Rights."

49 "Basic Law: Israel—the Nation State of the Jewish People, Unofficial Translation, 25 July 2018," *Adalah*, July 25, 2018, https://tinyurl.com/ mv4ynz7t.

이 법은 170만 명에 달하는 이스라엘 내 팔레스타인 시민들, 즉 나크바를 겪고도 살아남아 1948년 시온주의자들이 국가를 세웠을 때 고향에 남아 있던 원주민들이 영원히 주권도, 자율성도 없이 이스라엘의 처분에 달려 살아가게 만든다.50 그리고 서안지구, 동예루살렘, 가자지구에 관해서라면, 이스라엘 국가에 있어 법을 넘어서는 행위란 사실상 존재하지 않는다. 극우 정부는 원하는 대로 정착촌을 세울 수 있으며, 그들 눈에는 이것이 이스라엘의 국가적 가치를 더하는 일이다.

다시 묻는다. 만약 팔레스타인 지도자들이 자결권은 팔레스타인 사람들에게만 배타적으로 있다고 선언한다면 상상할 수 있겠는가? 민족국가법은 짐 크로우 분리 정책과 남아공 아파르트헤이트를 연상시키는 명백한 배타성과 인종차별적 특징을 지닌다. 시온주의와 아파르트헤이트는 동전의 양면과 같다. 오늘날의 시온주의는 민족국가법과 2023년 이스라엘 정부 기본 지침에 드러난 배타성과 우월주의에 그대로 반영되어 있다.

최근 서안지구의 급진적이고 폭력적인 정착민들에 대한 논의에서는 그들에게 책임을 묻자는 목소리가 많다. 이런 논리는 팔레스타인 농민에게 물리적 폭력을 행사하지 않는 정착민의 행동은 합법적이라고 전제한다. 그러나 폭력적 정착민만이 문제가 아니다. 그들은 더 근본적인 문제, 땅을 정착민의 소유로 간주하는 시온주의 이데올로기와 이 정착민들을 보호하는 이스라엘 정부의 산물이다. 마찬가지로 한때 이스라엘 내에서도 테러리스트로 간주되던 베잘렐 스모트리치와 이

---

50 Susan Abulhawa, "Israeli 'Nation-State' Law Follows in Footsteps of Jim Crow, Indian Removal Act, and Nuremberg Laws," *Mondoweiss*, July 23, 2018, https://tinyurl.com/2s45u3vb.

타마르 벤그비르 같은 인물들의 인종차별적이고 광적인 견해가 이제는 정부의 정책을 좌우하는 위치에 오르게 된 사례도 여러 차례 보도되었다.

2023년 한 사례에서, 미국 국무부는 벤그비르의 '선동적 발언'과 '모든 인종차별적 언사'를 '강력히 규탄'했다.[51] 하지만 이런 반응은 마치 스모트리치와 벤그비르가 예외적인 존재인 것처럼 보이게 만든다. 그러나 이는 사실과 거리가 멀다. 실제로 그들은 시온주의의 산물이다. 그들의 관점은 주류 시온주의와 일치한다. 베냐민 네타냐후는 자신의 임기 중에는 팔레스타인 국가가 결코 세워지지 않을 것임을 공개적으로 그리고 일관되게 주장해 왔다. 그는 자신의 인종차별적이고 민족 차별적인 견해를 숨긴 적이 없다.[52] 네타냐후는 한때 이스라엘이 '모든 시민의 국가가 아니라 오직 유대 민족만의 국가'라고 선언한 바 있다.[53] 민족국가법이 현실이 된 것도 네타냐후 때문이다. 그리고 권력에 대한 갈망뿐 아니라 깊은 시온주의 신념에서, 네타냐후는 이 극단적 인물들을 권력의 중심으로 끌어들였다. 이들이 권력을 쥐고 있다는 사실은 모두에게 실존적 위협이다. 이스라엘의 +972 매거진 분석은 이를 명확히 보여준다:

> 우파 정치인들이 오랫동안 이런 폭력적이고 차별적인 견해를 가져왔으며,

---

51 Tom Bateman, "US Condemns Israeli Minister Ben Gvir's 'Inflammatory' Palestinian Comments," *BBC News*, August 25, 2023, https://tinyurl.com/mry2z3wh.

52 Jodi Rudoren and Julie Hirschfeld Davis, "Netanyahu Apologizes; White House Is Unmoved," *New York Times*, March 23, 2015, https://tinyurl.com/2u6pxwpv.

53 Bill Chappell and Daniel Estrin, "Netanyahu Says Israel Is 'Nation-State of the Jewish People and Them Alone," *NPR*, March 11, 2019, https://tinyurl.com/cxcxcmwj.

이를 정치적 이익을 위해 수사적으로 활용해 왔다는 사실은 새롭지 않다. 그러나 이제 이 정치인들은 국가 기구를 완전히 장악했고, 사법부를 무력화함으로써 자신들의 극우 행보에 외부의 제약이 없도록 만들 수 있다. 내부 이념적 이견도 거의 없으므로, 연립정부는 그들의 언사를 손쉽게 현실로 바꿀 수 있다.[54]

오늘날 이스라엘 정치에서 극우가 드러나는 양상은 시온주의 이데올로기와 시온주의가 처음부터 지켜온 가치들과 일치한다. 시온주의는 유대인 우월주의이며, 어떤 형태의 인종적 우월주의든 인종차별이다. 이를 지적하는 것이 증오 발언은 아니며, 오히려 우리는 시온주의와 유대교를 동일시하는 논리에 단호히 저항해야 한다. 시온주의에 대한 비판은 유대교라는 종교나 유대인 전체를 겨냥한 것이 아니다. 팔레스타인 사람들은 시온주의에 반대하며, 반(反)시온주의적 유대교가 모순이 아님을 주장하는 유대인들과 단체들이 점점 늘어나고 있다는 사실에 깊이 감사하고 있다. 그중 하나가 '유대인을 위한 평화의 목소리'(Jewish Voice for Peace, JVP)다. JVP는 시온주의에 대해 다음과 같이 밝힌다.

"JVP는 모든 이들을 위한 정의, 평등, 자유라는 비전을 지침으로 삼는다. 우리는 시온주의가 이 **이상들과 정면으로 배치되기** 때문에 이를 명확히 반대한다…. 우리는 학습과 실천, 해방을 위해 싸우는 팔레스타인 사람들과의 깊은 관계 그리고 유대인 안전과 자결권에 대한 우리 자신의 이해를 통해, 시온주의가 유럽에서 유대인 생명을 위협한 극심한 반유대주의라는 절박한 질문에

---

54 Nate Orbach, "You've Heard of Bibi and Ben Gvir. Now Meet the Rest of the New Government," *+972 Magazine*, December 29, 2022, https:// tinyurl.com/24n3cxsk.

대한 잘못되고 실패한 해답이었다는 사실을 깨닫게 되었다. 역사적으로 다양한 흐름이 있었지만, 오늘날 자리 잡은 시온주의는 **정착민 식민주의 운동**이며, **유대인에게 다른 이들보다 더 많은 권리가 주어지는 아파르트헤이트 국가**를 세웠다. 우리 자신의 역사는 이것이 얼마나 위험한 일인지 가르쳐준다. 팔레스타인 사람의 토지 박탈과 점령은 의도된 결과다. 시온주의는 세대를 거쳐 깊은 트라우마를 남겼으며, 팔레스타인 사람들을 집과 땅, 서로로부터 체계적으로 분리해 왔다. 실제로 시온주의는 팔레스타인 시민 학살, 고대 마을과 올리브 숲의 파괴, 불과 1마일 떨어진 가족들이 검문소와 장벽에 의해 갈라지는 현실, 조부모가 강제 추방된 집의 열쇠를 쥐고 있는 아이들로 이어졌다. 이스라엘 국가의 건국이 "사람 없는 땅"이라는 개념에 기반했기 때문에, 팔레스타인 사람의 존재 자체가 곧 저항이다. 우리는 팔레스타인 삶과 문화, 조직의 생명력, 회복력, 끈질김에 더욱 겸손해진다. 이는 지우기에 기반한 정치 이데올로기를 깊이 거부하는 것이기 때문이다."55

이들의 선언에 팔레스타인 기독교인으로서 그리고 신앙인으로서 그리고 인간으로서 나는 응답한다. 진심으로 "아멘!"

사실이 중요하다

2024년 7월, 국제사법재판소 ICJ는 역사적인 판결로 평가받은 결정에서, 이스라엘의 가자지구와 서안지구(동예루살렘 포함) 점령이 불

---

55 "Our Approach to Zionism," *Jewish Voice for Peace*, accessed November 20, 2024, https://tinyurl.com/44bpzpts (emphasis added). 나는 시온주의가 유대교와 유대인들에게 미치는 위험에 대해 다루고 있는 이 선언문 전체를 꼭 읽어보기를 강력히 권한다.

법임을 선언했다. 이와 관련된 정착촌 체제, 영토 합병, 천연자원 사용 역시 불법으로 규정했다. ICJ는 이스라엘의 입법과 행위가 인종 분리 및 아파르트헤이트에 대한 국제적 금지를 위반한다고 덧붙였다. 또한 이스라엘이 점령을 끝내고 정착촌을 해체하며, 팔레스타인 피해자들에게 완전한 배상을 제공하고, 난민의 귀환을 보장할 것을 명령했다.[56]

오늘날 팔레스타인의 현실은 수십 년에 걸친 억압의 정상화, 군사 점령 그리고 지속적인 인종청소의 누적된 결과다. 서방 세계는 이 현실을 '분쟁'으로 규정하거나, 무시하거나, 노골적으로 지지해 왔다. 이러한 태도는 오늘날 가자지구에서 실시간으로 목격되는 범죄를 용인하는 분위기를 조성했으며, 인권을 옹호한다고 주장하거나 예수의 복음을 따른다고 말하는 이들 중 다수가 여전히 이 범죄를 외면하고 있다. 가자지구에서 벌어지는 집단학살은 전 세계적으로 심각한 위선과 도덕적 실패를 드러낸다.

팔레스타인 상황은 개별적 사건들의 연속이 아니라 팔레스타인 정체성과 삶을 말살하기 위한 체계적이고 장기적인 시도임을 이해하는 것이 매우 중요하다. 집단학살은 대개 하루아침에 일어나지 않는다. 역사를 이해하는 것이 지금 이 순간뿐 아니라 이 지경에 이르기까지의 모든 과정을 이해하는 데 핵심적이다. 배제와 지우기를 노골적으로 드러내는 시온주의 이데올로기는 오랜 세월 팔레스타인 사람에

---

[56] "Experts Hail ICJ Declaration on Illegality of Israel's Presence in the Occupied Palestinian Territory as 'Historic' for Palestinians and International Law," press release, *Office of the United Nations High Commissioner for Human Rights*, July 30, 2024, https://tinyurl.com/3sknmbek.

대한 일상적 차별의 근간이 되어왔다.

팔레스타인 사람에 대한 체계적 억압과 인종청소는 수십 년에 걸쳐 점점 심화해 왔다. 그 과정에서 많은 조치들은 사소해 보였고, 단계마다 '안보', '국수주의', '보복'이라는 명분 아래 정당화되어 국제사회가 현실을 인식하기 어렵게 만들었다. 전 세계 유대인에게는 '출생권'을 허용하면서, 팔레스타인 난민의 귀환권은 부정하는 법률은 두 집단의 권리가 극명하게 대조되는 대표적 사례다. 이런 조치들이 누적되며 한 집단의 권리는 절대화되고, 다른 집단의 권리는 체계적으로 약화하는 체제가 굳어졌다. 군사 검문소, 가자지구 봉쇄, 팔레스타인 지역에 대한 정기적 군사작전, 이 모든 행위가 팔레스타인 사람들이 직면한 상황을 점점 더 악화시켰다.

이러한 조치들은 팔레스타인 공동체가 경제적, 사회적, 정치적으로 자립할 수 있는 능력을 억압하고 체계적으로 해체하는 조건을 누적시켜 왔다. 이스라엘을 오직 유대인만의 국가로 선언한 민족국가법의 통과는 국가 법체계 내에서 인종 및 민족적 우월성을 노골적으로 법제화하는 또 하나의 조치였다.

결국 소셜미디어가 집단학살의 명백한 증거를 전 세계에 중계하기 시작했을 때, 국제사회는 이미 "양측 모두 책임이 있다"는 내러티브에 익숙해져, 점진적 폭력을 '자위'로 정당화하는 데 무감각해져 있었다. 비극적인 아이러니는 끓는 물 속의 개구리 비유처럼 이런 점진적 악화가 외부 관찰자에게는 갑작스러운 위기로 보였지만, 실제로는 오랜 시간에 걸쳐 진행되어 온 결과라는 점이다.

사실은 중요하다. 진실은 중요하다. 가자지구 전쟁은 현실이 어떻게 왜곡되고 변형될 수 있는지를 보여주는 완벽한 사례다. 수많은 분석과 성명이 이어졌지만, 모두 10월 7일에 이르기까지의 구조적 맥락을 의도적으로든 아니든 무시하는 듯했다. 가자지구는 제국 권력이 어떻게 '신화'를 만들어내고, 그것을 사실인 양 공적 담론에 심는지 명확히 보여주었다. 이스라엘 역사가 일란 파페(Ilan Pappe)도 이를 인식했으며, 그의 저서 『이스라엘에 관한 10가지 신화』(Ten Myths about Israel)라는 제목이 이를 잘 드러낸다. 파페가 책에서 해체한 신화들에는 "팔레스타인은 빈 땅이었다", "시온주의는 유대교다", "시온주의는 식민주의가 아니다", "팔레스타인 사람들은 1948년에 자발적으로 고향을 떠났다", "이스라엘은 중동에서 유일한 민주주의 국가다" 등이 있다.57 파페의 책은 신화가 내러티브뿐 아니라 여론을 형성하는 데 얼마나 강력한 힘을 갖는지 보여준다. 내가 파페의 목록에 하나의 신화를 더한다면, "이 분쟁이 종교적 성격을 띤다"는 신화일 것이다.

이러한 신화들은 수년간 팔레스타인 사람들에 대한 세계적 인식을 형성해 왔으며, 무슬림들이 이념적, 종교적 이유로 이스라엘을 받아들이지 않는 반면, 이스라엘은 항상 존재론적 자기방어 전쟁에 시달리고 있다는 인상을 심어줬다. 그래서 내가 주로 서구 국가들에서 강연할 때마다, 늘 급진적 이슬람, 특히 하마스와 헤즈볼라에 대한 질문을 받는다. 이런 단체들이 마치 문제의 전부인 것처럼 서구인들의 좁은 초점이 맞춰져 있다. 물론 이슬람주의나 정치적 이슬람이 이슬람 교리를 강제로 관철하거나 '신의 뜻'을 무리하게 실현하려는 시도에서 문제를 일으킨다는 점은 분명하다. 그러나 1948년 이후 이 땅에서 폭력적 시온주의 국가가 저지른 일들을 무시하고, 오직 이슬람 근

---

57 Ilan Pappe, *Ten Myths about Israel* (Verso, 2017).

본주의만을 문제로 삼는 것은 완전히 잘못된 일이다. 사실, 그렇게 하는 이들 자체가 문제의 한 부분이다.

이 장에서 내가 풀어낸 역사적 사실들은 하마스와 같은 팔레스타인 이슬람 저항운동의 부상을 이해하는 맥락으로 봐야 한다. 가자지구의 오늘을 이해하려면, 우리는 반드시 포괄적으로 조사하고, 진실 전체를 말해야 한다. 역사를 비판적으로 분석하여 단순한 해답을 넘어서 행동의 동기를 이해해야 한다. 뿌리까지 파고들어야 한다.

정착민 식민주의, 인종청소, 아파르트헤이트에 대한 이해는 오늘날 가자와 팔레스타인을 진실하게 논의하는 모든 담론의 토대가 되어야 한다. 다음 장에서는 가자지구를 이해하는 또 하나의 핵심 요소, 이른바 가자 봉쇄에 대해 다룰 것이다. 1948년 이래로 이스라엘은 파페가 설명하듯 "팔레스타인 땅은 가능한 한 많이 차지하고, 그 안의 팔레스타인 사람은 가능한 한 적게 존재"하게 하는 전략을 펼쳐왔다.[58] 이스라엘은 다양한 수단을 동원해 이를 실현했고, 신화를 만들고 역사를 왜곡하는 것도 그 수단 중 하나였다. 그래서 우리는 팔레스타인 사람으로서 계속해서 이렇게 주장할 수밖에 없다. "팔레스타인이 처한 구조적 맥락이 중요하다!"고.

---

58 Pappe, *Ten Myths about Israel*, 146.

3장

가자지구의 구조적 맥락

미국 TV 쇼 "더 뷰"(The View)의 편안한 분위기 속에서, 힐러리 클린턴은 가자지구의 휴전에 관한 질문에 주저 없이 "10월 6일에는 휴전이 있었다"고 답했다.1 이는 무지에서 비롯된 발언이 아니다. 클린턴은 4년간 미국 국무장관을 지낸 경험 많은 정치인이다. 그녀는 가자지구 봉쇄와 그곳에서 벌어진 수많은 전쟁의 진실을 잘 알고 있다. 또한 가자가 국제법상 여전히 점령지로 간주된다는 사실도 잘 알고 있다.2 클린턴은 2005년 이스라엘의 철수 이후에도 이스라엘이 "가자지구에 대한 실질적 군사-경제-행정 통제를 유지하고 있으므로, 계속해서 가자지구를 점령하고 있다"는 점을 이해하고 있다.3

가자지구 전쟁이나 10월 7일 사태를 논하면서, 2023년 10월 기준 16년 전부터 시작된 가자지구 봉쇄와 그 기간 동안 벌어진 수차례의

---

1 "Hillary Clinton: 'There Was a Ceasefire on October 6. Hamas Chose to Break It,'" *Times of Israel*, November 9, 2023, https://tinyurl.com/2p8v6srv.

2 Safaa Sadi Jaber and Ilias Bantekas, "The Status of Gaza as Occupied Territory Under International Law," *International & Comparative Law Quarterly* 72, no. 4 (2023): 1069-1088, DOI: https://doi.org/10.1017/ S0020589323000349.

3 "The Israeli 'Disengagement' Plan: Gaza Still Occupied," United Nations, PLO Negotiations Affairs Department, September 2005, https://tinyurl.com/n338tsmn.

전쟁을 언급하지 않을 수 없다. 봉쇄는 전쟁 맥락에서 아마도 가장 본질적이고 심각한 요소다. 우리는 이 봉쇄의 본질과 그것이 어떻게 시작되었는지 반드시 이해해야 한다. 팔레스타인 사람에 대한 75년에 걸친 식민 지배와 억압이 10월 7일의 더 넓은 구조적 맥락이라면, 가자지구 봉쇄는 10월 7일의 직접적 맥락이다.

가자지구 최근 역사

가자지구는 지중해 연안, 시나이반도 인근에 위치한 360제곱킬로미터(141제곱마일) 크기의 땅이다. 길이는 41킬로미터(25마일), 폭은 6~12킬로미터(3.7~7.5마일)밖에 되지 않는다. 이 영토가 얼마나 작은지 상상해 볼 수 있는가? 참고로, 가자지구 전체 면적은 맨해튼의 3분의 2에 불과하다. 인구는 210만 명으로, 전 세계에서 인구 밀도가 가장 높은 지역 가운데 하나다. 가자지구라는 이름은 오랜 역사를 지닌 가자시티에서 유래했다.

가자의 역사는 풍부하고 오래되었다. 이곳은 수많은 문명과 문화를 목격해 왔다. 기독교적 관점에서 볼 때, 가자는 세계에서 가장 오래된 기독교 공동체 중 하나의 터전이다. 가자는 395년에 주교가 된 포르피리우스(가자의 성 포르피리우스)의 지도 아래 기독교 신앙을 받아들였다. 가자교회는 407년 4월 14일 부활절에 봉헌되었고, 442년에 포르피리우스에게 헌정되었다.[4] 이 교회는 오늘날에도 여전히 운영 중이며, 전쟁 기간 내내 수백 명의 팔레스타인 기독교인들의 피난처가

---

4 Jean-Pierre Filiu, *Gaza: A History* (Oxford University Press, 2014), 12.

되었다. 비극적이게도 2023년 10월, 이 복합단지는 이스라엘 폭격에 맞아 예배당 인접 건물이 무너져 열여덟 명이 목숨을 잃었다.5

가자는 팔레스타인 수도원 역사에서도 중요한 위치를 차지한다. 이는 주로 힐라리온(약 291~371년)의 선구적 활동 덕분이다. 힐라리온은 가자에서 태어나 알렉산드리아에서 은수자 안토니우스에게 수련을 받은 뒤, 가자 인근에 수도원 공동체를 세웠다.6 힐라리온이 키프로스에서 세상을 떠나자, 그의 유해는 가자로 옮겨졌다. 오늘날 그의 무덤은 유네스코 세계문화유산인 움 알-암르 수도원에 있으며, 이곳은 가자시티 남쪽 누세이라트 난민캠프 변두리에 있다.7 현재 가자에는 천 명도 채 되지 않는 기독교인만이 남아 있다. 이 숫자는 2007년 이후 크게 줄었으며, 그 배경은 다음 절에서 다룬다.

오랜 역사를 통틀어 가자지구는 늘 팔레스타인으로 불렸던 지역의 일부로 간주되었다. 16세기부터 오스만 제국의 지배를 받았고, 1923년부터 1948년까지는 영국 위임통치령이었다. 가자지구는 1948년 나크바를 겪고 수천 명의 팔레스타인 난민의 보금자리가 되었다. 2023년 가자 전쟁 이전, 가자 인구 210만 명 중 170만 명이 나크바 난민 또는 그 후손이었다. 이 난민들과 그 가족은 라파, 자발리야, 칸유니스, 알샤티, 누세이라트, 부레이지, 마가지, 데이르 알발라 등 여덟 개의 난민캠프에 거주했다. 이 캠프들은 전쟁 전에도 열악한 상태였

---

5 Karen Zraick and Ameera Harouda, "Israel Airstrike Hits Greek Orthodox Church Compound in Gaza City," *New York Times*, updated December 21, 2023, https://tinyurl.com/4hy427yc.

6 Filiu, *Gaza*, 14.

7 "Saint Hilarion Monastery/Tell Umm Amer," UNESCO World Heritage Convention, accessed November 20, 2024, https://tinyurl.com/ mrxyjm23.

고, 전쟁으로 완전히 파괴되었다. 특히 초기에는 난민캠프 생활이 극심한 고난과 심각한 심리적 트라우마로 점철되었다. 이 난민들은 종종 고향에서 불과 몇 킬로미터 떨어진 곳에 살면서도, 간절히 돌아가고 싶었지만 허락되지 않았다.

1948년부터 1967년까지 가자지구는 이집트의 행정 통제하에 있었다. 이 시기 가자 주민들은 '무국적자'였으며, 영토는 이집트에 합병되지도, 그 일부로 여겨지지도 않았다. 이 짧은 이집트 통치기는 1956~1957년 4개월간의 이스라엘 점령으로 중단되었고, 특히 초기 몇 주 동안 많은 학살이 벌어졌다. 프랑스 역사가 장-피에르 필류(Jean-Pierre Filiu)는 이를 다음과 같이 설명한다.

> 민간인 학살이 두 차례 있었다. 하나는 칸유니스 중앙광장에서, 오스만 시대 카라반사라이의 벽을 따라 줄지어 세운 희생자들을 기관총으로 처형한 사건이고, 다른 하나는 난민캠프에서 희생자들이 총에 맞아 숨진 사건이다. 시신들은 몇 시간, 때로는 밤새도록 방치된 후에야 가족들이 수습할 수 있었다. 유엔 팔레스타인난민구호기구(UNRWA)는 1956년 11월 3일에 처형된 275명의 명단을 '신뢰할 만하다'고 공식 집계했으며, 이 중 140명이 난민이었다.[8]

이스라엘 역사가 베니 모리스는 이스라엘의 1956년 가자지구 점령이 "결코 평화로운 것이 아니었다"고 썼으며, 점령 초기 몇 주 동안 벌어진 '학살의 물결' 때문에 그 뒤 4개월 동안은 저항 행위가 없었던

---

8 Filiu, *Gaza*, 97.

것으로 보인다고 분석했다.9 모리스는 또 난민캠프에서의 삶과 짧았던 이스라엘 점령의 경험이 그가 '광적인 이스라엘 혐오자들'이라 부른 인물들을 만들어냈다고 주장한다. 하마스 창립자인 셰이크 아흐마드 야신도 그중 한 명으로 꼽았다.10 프랑스 역사가 장-피에르 필류는 2004년 하마스 지도자가 된 압둘아지즈 란티시 역시 1956년 칸유니스 난민캠프에서 8살 어린이로 학살을 직접 목격했고, "차가운 피로 수백 명이 살해됐다"고 증언했음을 밝힌다.11 이 사건들은 가자 주민들의 집단적-세대 간 트라우마를 심화시키고, 이스라엘과 그 군대에 대한 태도를 형성하는 데 결정적 영향을 미쳤다.

1967년, 이스라엘은 6일 전쟁에서 가자지구와 함께 서안지구(동예루살렘 포함), 시나이, 골란고원을 점령했다. 이스라엘 역사가 일란 파페가 『이스라엘에 관한 10가지 신화』에서 지적하듯, 이 전쟁은 이스라엘 관점에서 '선택의 여지가 없는 전쟁'이었다는 신화가 있다.12 그러나 실제로는 시온주의 계획의 일부였다.

> 서안지구와 가자지구의 점령은 1948년에 시작된 작업의 완성이다. 그때 시온주의 운동은 팔레스타인의 80퍼센트를 차지했고, 1967년에 점령을 완성했다. 벤구리온을 괴롭혔던 인구학적 공포—유대인이 다수 아닌 '더 큰 이스라엘'—는 점령지 주민을 시민권 없는 감옥에 가두는 방식으로 냉소적으로

---

9 Benny Morris, "Israel's Occupation of Gaza in 1956-1957," *Quillette*, January 13, 2024, https://tinyurl.com/2s8nuxhv.
10 Morris, "Israel's Occupation of Gaza in 1956-1957."
11 Filiu, *Gaza*, 97.
12 Ilan Pappe, *Ten Myths About Israel* (Verso, 2017), 68.

해결됐다.[13]

이 사건들의 관찰자이자 1977년 이스라엘 총리가 된 메나헴 베긴은 이스라엘의 의도를 분명히 밝혔다. 1982년 8월 8일 이스라엘 국방대학 연설에서 그는 가자를 이스라엘의 본토 일부로 규정했다. 1967년 가자 점령은 1957년 이스라엘의 가자 철수에 대한 '수정'이었다고 주장했다.

1957년 이후 이스라엘은 그 해방된 영토에 다시 국기를 휘날리기까지 10년을 기다려야 했다. 1967년 6월, 우리는 다시 선택의 기로에 섰다. 시나이로 접근하는 이집트군 집결이 나세르가 실제로 우리를 공격하려 했다는 증거는 아니다. 우리 스스로에게 솔직해져야 한다. 우리는 그를 먼저 공격하기로 했다.[14]

이 인용문에는 중요한 시인이 두 가지 있다. 첫째, 시온주의 지도자이자 리쿠드 창립자인 베긴은 가자를 이스라엘 본토로 간주했다. 둘째, 1967년 전쟁은 이스라엘이 자의적으로 선택한 것이었고, 불가피한 전쟁이 아니었다. 그리하여 1967년 6월 이후 가자지구는 이스라엘 군사 통제하에 놓였다. 이는 동예루살렘, 서안지구와 함께 점령지로 간주됐다. 동예루살렘은 불법적으로 합병됐고, 서안지구와 가자

---

13 Pappe, *Ten Myths About Israel*, 81.
14 "Excerpts from Begin Speech at National Defense College," *New York Times*, August 12, 1982, https://tinyurl.com/2v6r3hcw (emphasis added).

는 유엔 안보리 결의 242호가 "최근 분쟁에서 점령한 영토에서 이스라엘 군대의 철수"를 요구했음에도 불구하고 이스라엘의 군사 통치 하에 남았다. 군사 점령 아래의 삶은 모든 팔레스타인 사람들 그리고 나 자신에게도 깊은 흔적을 남겼다. 나는 그 시절을 너무도 생생히 기억한다. 우리는 무력했지만, 하나로 뭉쳐 있었다. 이스라엘 군대가 우리 마을의 절대 권력이었다. 이 강압적 현실이 20년 가까이 이어지면서, 서안과 가자의 팔레스타인 사람들은 점차 저항을 시작했다.

1987년 이스라엘 점령에 맞선 첫 번째 팔레스타인 인티파다(봉기)는 실제로 가자지구에서 시작됐다. 이스라엘군 차량이 팔레스타인 노동자들이 타고 있던 차량을 들이받아 네 명이 사망하고 일곱 명이 다쳤다. 이 사건은 자발리야 난민캠프에서 시위로 번졌고, 점차 가자지구 전역과 서안지구로 확산했다. 인티파다 당시 팔레스타인 사람들의 저항은 풀뿌리 조직이 주도했으며, 거리 시위, 군인들에게 돌을 던지기, 평화 행진 등으로 나타났다. 이에 대해 이스라엘군은 통행금지와 폭력으로 대응했다. 학교와 대학은 시민 동원의 중심 역할을 했으나, 그 때문에 오랜 기간 폐쇄되었다. 각 동네에는 조정위원회가 있었고, 군이 학교를 폐쇄하면 우리는 홈스쿨을 조직했다. 이스라엘군은 시위에 최루탄, 고무탄, 실탄으로 대응했다. 약 6년(1987년 12월~1993년 9월) 동안 이스라엘군은 최소 1,070명의 팔레스타인 사람을 살해했으며, 이 중 237명은 어린이였다.[15] 같은 기간 이스라엘 측에서는 주로 흉기 공격 등으로 민간인 47명과 군인 43명이 사망했다.[16]

---

15 "Fatalities in the First Intifada," *B'Tselem*, accessed November 21, 2024, https://tinyurl.com/mvnr5vrc.

오슬로 협정은 팔레스타인 사람들에게 희망을 안겨주었다. 평화 협상의 핵심은 이 과정이 결국 '두 국가 해법'으로 이어져 팔레스타인 사람들이 서안과 가자에서 독립과 주권을 얻는다는 것이었다. 그러나 이 합의는 실현되지 않았고, 오히려 이후 이스라엘은 서안과 동예루살렘에서 정착촌 건설을 지속하고 강화했다. 오슬로는 실패했고, 이는 더 폭력적이고 많은 희생자를 낳은 제2차 인티파다로 이어졌다. 2000년부터 2007년 사이 4,200명 이상의 팔레스타인 사람, 1,000명 이상의 이스라엘 사람, 63명의 외국 사람이 사망한 것으로 추산된다. 이 시기 팔레스타인 무장 단체들은 이스라엘 민간인을 상대로 자살폭탄 공격을 감행했다. 또한 이스라엘은 공습과 폭탄 등으로 많은 팔레스타인 정치인과 무장대원을 암살했다. 당시 하마스 지도자 대부분이 가자에서 암살됐고, 이로 인해 하마스는 가자 주민들에게 영웅으로 부상하며, 실패한 평화 협상과 팔레스타인 자치 정부의 부패 속에서 인기가 높아졌다.

2005년 8~9월, 이스라엘은 가자지구에서 모든 이스라엘군과 정착민을 일방적으로 철수시켰다. 이를 '가자 철수'라 하며, 9,000명의 이스라엘 정착민이 21개 정착촌에서 떠났다. 이스라엘과 동맹국들은 이 철수를 이스라엘이 팔레스타인에 땅을 넘겨준 긍정적 조치로 홍보하며, 2005년 이후 가자는 점령지가 아니라고 주장한다. 그러나 이는 지금까지 논의한 신화 중 하나로 볼 수 있다. 팔레스타인 협상국(NAD)의 법률 분석에 따르면, 이스라엘은 일방적 철수 이후에도 "가자지구에 대한 실질적 군사-경제-행정 통제를 유지하며, 여전히 가자

---

16 "Fatalities in the First Intifada."

지구를 점령하고 있다." 따라서 1907년 헤이그 규정, 제4차 제네바협약, 국제관습법의 적용을 계속 받는다는 것이다.17 이스라엘 법률단체 기샤(Gisha)도 이 철수를 '철수의 허상'이라 부르며, 이스라엘은 여전히 가자 주민의 삶에서 많은 부분을 통제한다고 지적했다. 기샤는 다음과 같이 결론 내렸다.

> 이스라엘이 안보 도전에 직면해 있더라도, 가자 주민 200만 명의 인권을 영구적으로 박탈하는 방식으로 이를 해결할 수는 없다. 그들은 여전히 삶의 많은 부분에서 이스라엘의 통제를 받고 있다. … 오늘날의 현실은 철수가 아니라 '원격(하지만 절대 멀지 않은) 통제'다.18

아리엘 샤론 전 이스라엘 총리의 수석 보좌관이자 가자 철수 계획의 설계자인 도브 와이스글라스는 다음과 같이 주장했다.

> 철수 계획의 의미는 평화 프로세스의 동결이다. … 실질적으로, 팔레스타인 국가라는 이름의 모든 패키지와 그에 수반되는 모든 것이 무기한 우리의 의제에서 사라졌다…. 모두 대통령의 승인과 상하원 양원의 인준을 받아서다.19

이 짧은 역사는 가자(그리고 팔레스타인 전체)에서의 '정상성'이란 곧 전쟁과 비극의 정상성임을 보여준다. 최근 가자 역사를 돌아보면 평

---

17 "The Israeli 'Disengagement' Plan."
18 "The Illusion of Disengagement," Gisha, September 12, 2019, https://tinyurl.com/42bw6ary.
19 Cited in "The Israeli 'Disengagement' Plan."

온과 안정을 누린 시기는 거의 없다. 유일한 '안정'은 주기적 공격이라는 안정성뿐이다. 난민이 다수를 차지하는 이 사회의 세대 간 트라우마는 가슴 아프다. 가자 주민들은 태어날 때부터 군사 점령과 통제, 감금, 폭력적 공격이라는 피할 수 없는 상황에 놓인다. 이런 삶을 상상할 수 있는가? 가자는 그 자체로 끊임없는 비극의 현현이다. 그리고 지금까지 이야기한 이 모든 역사조차 2007년 **이전의** 일이다. 앞으로 펼쳐질 역사는 이보다 훨씬 더 격렬하고, 폭력적이며, 파국적이다.

하마스 집권

하마스는 1987년 아흐메드 야신과 그의 측근 압둘 아지즈 알-란티시가 제1차 팔레스타인 인티파다(봉기) 직후 창설한 이슬람 정치 무장 단체다. 하마스는 당시 팔레스타인 정치운동의 세속적 노선, 특히 파타당과 달리 이슬람주의에 기반한 대안을 제시하며 등장했다. 하마스라는 이름은 아랍어 '이슬람 저항운동'(Harakat al-Muqawama al-Islamiya)의 약자에서 유래했다.

하마스의 이념은 이집트 무슬림형제단에서 비롯됐다. 무슬림형제단은 1950년대부터 가자지구에서 활발히 활동하며 모스크, 자선-사회단체 네트워크를 통해 영향력을 키웠고, 1980년대에 들어 하마스라는 이름으로 보다 민족주의적이고 적극적인 노선을 채택하게 된다. 하마스는 창립 초기부터 이슬람적 저항을 내세우며, 팔레스타인 해방을 위한 무장투쟁과 사회복지 활동을 병행했다.

1988년 창립 강령은 하마스가 민족운동이 아니라 종교운동임을 분명히 하면서도 포용적 입장을 시도한다. 헌장에는 "하마스는 팔레스타인의 모든 땅 위에 신의 깃발을 세우려 한다. 이슬람의 그늘 아래 모든 종교의 신자들이 안전하게 공존할 수 있다"고 명시되어 있다. 하마스는 팔레스타인 땅을 신이 무슬림 세대에게 맡긴 '와크프'(이슬람 종교 신탁)로 간주한다.

> 이슬람 저항운동은 팔레스타인 땅이 최후의 심판 날까지 미래의 무슬림 세대를 위해 봉헌된 이슬람 와크프임을 믿는다. 그 땅 전체나 일부라도 소홀히 하거나 포기해서는 안 된다. 단 한 나라의 왕이나 대통령, 모든 아랍 국가, 어떤 단체도 그럴 권리가 없다. 팔레스타인은 심판 날까지 무슬림 세대에게 봉헌된 이슬람 와크프의 땅이다.[20]

하마스에게 팔레스타인 문제는 종교적 문제다. "무슬림 세대의 마음에 팔레스타인 문제가 종교적 문제임을 심어주는 것이 필요하다"고 강조한다. 헌장은 이스라엘과의 협상이나 평화적 대화의 여지를 전혀 두지 않는다. "이니셔티브, 이른바 평화적 해결책, 국제회의 등은 이슬람 저항운동의 원칙에 어긋난다"고 명시한다. 헌장 서문에서는 이슬람을 받아들인 자와 그렇지 않은 자의 대립을 다룬 꾸란 구절을 인용한 뒤, 무슬림형제단 창립자 하산 알-반나의 말을 덧붙인다. "이스라엘은 존재할 것이고 계속 그러할 것이다. 그러나 이슬람이 그것을 지워버릴 것이며, 과거에 다른 것들을 지웠듯이 그렇게 될 것이다." 헌장에는 매우 논쟁적이고 위험한 종교적 수사도 등장한다.

---

20 "Hamas Covenant 1988," Yale Law School, Lillian Goldman Law Library, The Avalon Project, https://tinyurl.com/yff8xpmj.

유대인들에 대한 우리의 투쟁은 매우 크고 심각하다. 모든 진실한 노력이 필요하다. 이는 반드시 다음 단계로 이어져야 하며…. 적이 패배하고 신의 승리가 실현될 때까지 계속된다.

2017년, 하마스는 더욱 실용적인 움직임으로 헌장을 재검토하고 수정했다.[21] 초기 헌장의 핵심 원칙은 유지되지만, 중요한 변화도 있었다. 대표적으로 두 국가 해법(1967년 경계선 기준 팔레스타인 국가 수립)을 수용하고, 시온주의와 유대교를 구분하기 시작했다. 두 국가 해법에 대해 새 헌장은 다음과 같이 밝힌다.

시온주의자 실체의 정당성은 결코 인정할 수 없다. … 하마스는 팔레스타인 땅의 그 어떤 부분도, 어떤 이유로든, 어떤 상황이나 압력에도, 점령이 얼마나 오래 지속되든, 결코 양보하거나 포기하지 않는다. 하마스는 강과 바다 사이 팔레스타인 전체의 완전한 해방 이외의 대안을 거부한다. 그러나 시온주의자 실체에 대한 거부와 팔레스타인 권리 포기를 전제로 하지 않으면서, 예루살렘을 수도로 한 1967년 6월 4일 경계선 내 완전한 주권과 독립을 가진 팔레스타인 국가 수립, 난민과 실향민의 귀환을 '국민적 합의의 공식'으로 간주할 수 있다.[22]

이 문장은 다소 혼란스러울 수 있지만, 두 국가 원칙을 수용하는

---

21 "Hamas in 2017: The Document in Full," *Middle East Eye*, May 2, 2017, https://tinyurl.com/ymxaz3n2.
22 "Hamas in 2017," sections 19-20.

쪽으로 나아가는 절충안을 제시하고 있다(참고로 팔레스타인 해방 기구와 팔레스타인 자치 정부는 1967년 국경 내 이스라엘의 존재를 인정하고, 이스라엘과의 평화와 공존을 추구해 왔다). 그리고 주목할 만한 변화로, 하마스의 새 헌장은 다음과 같이 명시한다.

> 하마스는 그 투쟁이 유대인이라는 종교적 이유 때문이 아니라 시온주의 프로젝트에 맞선 것임을 천명한다. 하마스는 유대인이기 때문에 유대인과 싸우는 것이 아니라 팔레스타인을 점령한 시온주의자들과 싸운다. 하지만 시온주의자들은 자신들의 식민 프로젝트와 불법 실체를 유대교와 유대인 전체와 동일시하려 한다.[23]

새 헌장은 하마스를 팔레스타인 자치 정부가 대표하는 주요 팔레스타인 정치 담론과 보조를 맞추려는 의도를 분명히 드러낸다. 그러나 10월 7일 공격으로 이러한 방향성은 사실상 중단되었으며, 극적인 변화가 없는 한 재개되기 어렵다. 하마스는 창설 이래 군사 조직인 이즈 앗딘 알카삼 여단을 통해 무장 저항에 참여해 왔으며, 목표는 역사적 팔레스타인 해방이었다. 하마스는 이를 '성스러운 지하드', 즉 종교적 의무로 간주하는데, 이는 그들이 이해하는 바에 따르면 이 분쟁이 종교적 성격을 띠고 있기 때문이다. 하마스는 오슬로 협정을 거부했으나, 2006년 총선 과정에서 오슬로 체제가 만든 정치 시스템(팔레스타인 자치 정부)에 참여하기로 동의했다. 제2차 인티파다 기간, 하마스는 이스라엘군과 민간인을 대상으로 수많은 자살공격을 감행했다. 오늘

---

[23] "Hamas in 2017," section 16.

날 미국과 서방은 하마스를 테러 조직으로 간주하지만, 팔레스타인에서는 주로 저항운동으로 인식된다. 하마스가 서안과 가자지구에서 설립한 자선 단체, 진료소, 모스크, 학교 네트워크에서 인기를 얻은 점도 중요하다. 지도자들의 종교적 헌신 덕분에, 하마스는 때때로 부패하고 무능하다고 여겨진 팔레스타인 자치 정부 엘리트를 대체할 대안으로 여겨졌다. 이스라엘이 창립자를 포함한 하마스 지도자들을 암살해 온 사실은 오히려 하마스의 인기를 높였다. 팔레스타인 사람들 다수가 자치 정부의 입장을 미온적 타협으로 본다. 반면 하마스는 이스라엘과 서방에 맞서 싸우는 집단으로 평가받는다.

하마스는 팔레스타인 사회의 한 분파를 대표한다. 하마스는 이슬람적인 종교 이념이 뚜렷하다. 오늘날 하마스는 주된 경쟁 세력인 파타와 대립하고 있는데, 이는 점령 종식이라는 목표 자체가 아니라 그 방법에서 갈린다. 하마스는 무장 저항을 신봉하는 반면, 팔레스타인 해방 기구 PLO 지도부는 외교, 국제 압력, 미래 팔레스타인 국가의 제도 구축을 추구한다. 하마스가 모든 팔레스타인 국민을 대표하는 것은 아니며, 많은 종교 및 세속적 무슬림 지도자들이 하마스의 노선에 동의하지 않거나 때로는 공개적으로 비판한다. 파타와 하마스의 경쟁은 때때로 적대관계로 발전했으며, 서안의 팔레스타인 자치 정부는 그곳 하마스 지도자들의 삶을 어렵게 만드는 것으로 알려져 있다.

하마스가 가자지구를 통치한 시기는 기독교인들에게 결코 편안한 시간이 아니었다. 하마스가 기독교인을 직접 표적으로 삼지는 않았지만, 팔레스타인 기독교인들은 하마스의 종교적 이념이나 팔레스타인 투쟁을 종교적 문제로 규정하는데 동의하지 않는다. 또한 하마스가 추구하는 종교 국가 비전에도 반대한다. 팔레스타인 기독교계에서 널리 받아들여지는 카이로스 팔레스타인 문서에 따르면, 국가는 모든 시민의 국가여야 한다고 강조한다.

> 국가를 유대교 국가나 이슬람 국가 등 종교 국가로 만들려는 시도는 국가를 질식시키고, 그 한계를 좁히며, 차별과 배제를 일삼고 특정 시민을 우대하는 국가로 전락시킨다. 우리는 종교적 유대인과 무슬림 모두에게 호소한다. 국가는 모든 시민의 국가가 되어야 하며, 종교에 대한 존중 위에, 평등-정의-자유-다원주의 존중의 비전을 세워야 한다. 특정 종교나 다수의 지배에 기반해서는 안 된다.[24]

팔레스타인 신학자들은 무장 저항을 신봉하는 하마스나 다른 팔레스타인 단체들과 달리, 창의적인 비폭력 저항을 지지하며 민간인 살해를 단호히 규탄한다.

하마스는 반드시 이스라엘 점령의 맥락에서 이해되어야 한다. 무슬림형제단이 중동에서 서구 식민주의에 대응하기 위해 등장한 것처럼, 하마스 역시 이스라엘 식민주의에 대한 반응이다. 만약 누군가 진정으로 하마스를 없애고 싶다면, 점령과 아파르트헤이트부터 없애야 한다고 제안하고 싶다.

2006년 1월 팔레스타인 총선에서 이슬람 정당 하마스는 44퍼센트의 득표율로 의회 과반을 차지했다. 이 투표는 하마스와 그 노선에 대한 지지이기도 했지만, 동시에 집권 세속 정당 파타에 대한 반대 투표이기도 했다. 많은 이들이 파타 지도부가 주도한 평화 프로세스 실패

---

[24] Kairos Document 9.3, Kairos Palestine, https://tinyurl.com/u52ddy45.

와 그로 인한 정착촌 확장, 점령 심화에 대한 좌절감 때문에 하마스를 선택했다. 또한 당시 팔레스타인 자치 정부가 부유한 소수 엘리트에 의해 장악되고 부패가 만연했던 것에 대한 항의 표도 많았다. 팔레스타인의 독립 정치인 무스타파 바르구티는 *CNN*에 "대다수 유권자가 야당에 표를 던졌고, 파타에 반대, 즉 부패, 족벌주의, 평화 프로세스 실패, 리더십 부재에 반대하는 표였다"고 말했다.[25]

최근 전쟁 내내, 가자 주민들이 하마스를 집권시킨 책임을 져야 한다는 비난이 이어졌다. 마치 2006년 10월 6일 당시 가자에 살던 대다수 주민이 하마스에 투표한 것처럼 여겨진다. 이런 논리는 민간인 대량 학살의 정당화 근거로 사용되었으며, 가자 주민 대부분, 아니 전부가 이슬람 무장 테러리스트라는 이미지를 부추겼다. 그러나 이는 사실을 심각하게 왜곡하는 것이다. 「워싱턴포스트」는 중동평화재단(FMEP) 라라 프리드먼 대표의 말을 인용해, 2006년 선거에서 하마스가 가자 내 어느 선거구에서도 과반 득표를 얻지 못했다고 보도했다. 또한 2023년 기준 가자 인구의 절반가량이 어린이로, 실제로 하마스에 투표해 본 경험이 있는 주민은 극히 일부에 불과하다.[26]

2007년 하마스가 무력으로 가자를 장악하고 팔레스타인 자치 정부의 치안 세력을 몰아내자, 이스라엘은 2007년 6월부터 가자에 대해 육상, 해상, 공중 전면 봉쇄를 선언했다. 이는 국제법상 금지된 집단적 처벌에 해당한다. 봉쇄를 통해 이스라엘은 모든 출입구를 통제하며,

---

25 Ishaan Tharoor, "The Election That Led to Hamas Taking Over Gaza," *Washington Post*, October 24, 2023, https://tinyurl.com/43mfvzft.

26 Tharoor, "Election."

인도적 지원만 제한적으로 허용했다. 이 정책의 공식적 목표는 '가자지구 경제를 붕괴 직전 상태로 유지해 외부에 의존하게 만드는 것'이었다.[27]

한편, 하마스는 무력으로 가자를 통치하며, 특히 반대자에 대한 표현의 자유를 크게 제한했다. 이는 명백히 이슬람적 색채가 강한 권위주의적 통치였다. 장악 초기에는 혼란과 더 극단적 이슬람주의 성향의 여러 분파가 등장했다. 2007년 이들 단체가 가자의 소수 기독교 공동체를 공격해 사망자가 발생했고, 일부 기독교인들은 그때 가자를 떠났다. 이후 봉쇄와 하마스 통치의 어려움으로 인해, 많은 기독교인들이 이스라엘이 성탄절 등 명절에 한시적으로 발급한 특별 허가증을 이용해 베들레헴이나 예루살렘을 방문한 뒤 가자로 돌아오지 않았다. 이집트를 통한 출국이 가능할 때는 이민을 택한 이들도 있어, 2023년을 기준으로 가자 내 기독교인은 3,000명에서 1,000명으로 줄었다.

시간이 흐르면서 하마스는 가자 내에서 거의 반대 세력 없이 완전한 통제권을 장악했다. 하마스 통치의 종교적 성격과 제한된 자유는 남아 있는 소수 기독교인뿐 아니라 많은 무슬림 가자 주민에게도 우려의 대상이었다. 하마스 지도부는 군사 무기와 지하터널 구축에 막대한 투자를 했다. 수년간 이 터널은 주로 이집트와 가자를 오가며 물자를 반입하는 데 쓰였고, 이는 하마스에 큰 수익원이 되었다. 이 밖에도 부패의 징후가 여러 차례 드러났다.[28] 한 설문조사에 따르면, 10월

---

[27] Jeffrey Heller, "Israel Said Would Keep Gaza Near Collapse: WikiLeaks," *Reuters*, January 5, 2011, https://tinyurl.com/35mx6xrw.

[28] "Gaza: Journalist Facing Prison Term for Exposing Corruption in Hamas-Controlled Ministry," *Amnesty International*, February 25, 2019, https://tinyurl.com/mree48hh.

7일 직전 가자지구에서 조사된 400명 중 67퍼센트가 "하마스를 거의 신뢰하지 않는다" 또는 "전혀 신뢰하지 않는다"고 답했다.29

가자지구 봉쇄

2007년 6월부터 이스라엘은 기존의 이동 제한 조치를 대폭 강화해, 가자지구를 다른 점령 팔레스타인 지역과 세계로부터 사실상 고립시켰다. 이 육상, 해상, 공중 봉쇄는 이전의 제한을 훨씬 악화시켰으며, 이스라엘이 통제하는 출입구를 통해 드나들 수 있는 사람과 물자의 숫자와 범주를 엄격히 제한했다.30 동시에 이집트 당국도 2007년 이후 라파 국경검문소를 장기간 폐쇄해 왔다.

봉쇄가 시작된 이래로 이스라엘은 가자 주민들에게 극도로 비인도적인 정책을 시행해 왔다. 수년간의 무자비한 폭격에 더해, 이스라엘 당국은 가자 주민들이 평균 이스라엘인보다 과일과 채소가 적은 최소한의 식량만을 받도록 지시했으며, 영양실조만은 겨우 피할 수 있을 정도였다. 그 결과, 2021년 기준 가자 가정의 69퍼센트가 식량 불안정 상태에 놓였고, 가자 주민의 80퍼센트가 생존을 위해 원조에 의존하게 되었다.

가자지구 내 자원에 대한 제한은 식량에만 그치지 않았다. 수년간 금지 품목 목록은 석고, 타르, 건축용 목재, 시멘트, 철근 등 건축 자재

---

29 "Rare Survey Details How Gazans Wary of Hamas Before Israel Attack," *France 24*, November 28, 2023, https://tinyurl.com/26svmep2.

30 "The Gaza Strip: The Humanitarian Impact of 15 Years of Blockade," UNICEF, June 2022, https://tinyurl.com/4pdpxzfy.

를 포함해 계속 바뀌었다. 심지어 옷감과 재봉틀도 반입이 금지된 적이 있다. 불과 20년 전만 해도, 이들 금지 품목의 주요 수요처인 건설업과 봉제업은 가자 경제의 핵심 산업이자 최대 고용원이었으나, 봉쇄로 인해 대부분 붕괴했다.

닭장 반입은 허용됐지만 닭은 금지됐다. 낚싯대, 어망, 온풍기, 악기 등이 어떤 안보 위협을 초래할 수 있는가? 초콜릿이나 어린이 장난감이 어떻게 공군, 해군, 육군을 가진 점령국에 맞서는 무기가 될 수 있는가? 2007년 이후 가자지구에 가해진 제한은 삶과 생계를 가능한 모든 수단으로 억압하려는 의도가 분명하다. 서방은 가자의 이런 핵심적 맥락을 무시했을 뿐 아니라 폭격을 가하는 쪽의 논리를 그대로 반복해 왔다. 의도적으로 외면된 이 맥락이야말로 이 이야기의 핵심 요소다. 이는 사실이다. 우리는 가자의 역사와 현재의 근본적 요소인 이 맥락 없이는 가자의 이야기를 제대로 전할 수 없다.

10월 7일 이전에도, 가자지구 어린이 대다수는 외상 후 스트레스 장애(PTSD) 증상을 겪고 있었다. 심리학자들은 만성적이고 끝없는 전쟁이 아이들에게 미치는 영향을 설명하기 위해 '복합 지속 트라우마'(complex continuous trauma)라는 용어를 사용하기 시작했다. 가자에 갇힌 이들에게는 '외상 후'라는 개념 자체가 성립하지 않기 때문이다.[31] 이들은 2백만 명이 넘는 무고한 사람들, 그 절반이 어린이인 인구 전체가 16년 넘게 생존의 벼랑 끝에 의도적으로 내몰린 감금된 집단이다. 이것이 과연 어떤 '방어'인가? 최근 몇 년간 가자 어린이 중 몇

---

31 Iman Farajallah, "The Invisible Wounds of Palestinian Children," *Psychiatric Times*, March 28, 2024, https://tinyurl.com/mn6z5z5z.

명이나 친구와 가족이 학살당하는 장면을 지켜보았으며, 세상은 그들의 고통을 '부수적 피해'라고 얼마나 불러왔는가? 이들 중 몇 명이나, 끊임없는 무차별 폭력을 목격한 뒤 무기를 들기로 결심하게 되었을까?

가자지구 봉쇄 기간 내내, 젊은이들은 사실상 취업 기회를 거의 찾을 수 없었다. 봉쇄가 끝없이 이어지면서 절망감이 가자 사회 전반에 퍼졌다. 2020년 한 연구에 따르면, 가자지구 청년의 38퍼센트가 한 번 이상 자살을 생각해 본 적이 있는 것으로 추정된다. 당시 청년 실업률은 70퍼센트에 달했으며, 실업 청년 중 대학 졸업자가 58퍼센트를 차지했다.[32] 이것이 10월 7일 이전의 맥락, 즉 절망과 좌절의 맥락이다. 2022년 가자지구의 전체 실업률은 45~47퍼센트 수준이었다. 가자지구 어린이 100만 명 중 80만 명이 봉쇄 없는 삶을 한 번도 경험하지 못한 채 자랐고, 청년 자살률은 역대 최고치를 기록했으며, 어린이의 80퍼센트가 우울증을 겪었다.

이스라엘은 가자지구 팔레스타인 사람들에게 수만 건의 노동 허가를 발급해 왔는데, 대부분 건설·농업 등 이스라엘 내 육체노동 직종을 위한 것이다. 이처럼 높은 실업률로 인해 수많은 가자 주민이 이 일자리에 의존하게 되었고, 결과적으로 이스라엘은 가자를 사실상 노동력 공급지로 활용해 왔다. 일부 관찰자들은 가자를 더 이상 '노천 감옥'이 아니라 '강제수용소'로 부르기도 한다.[33] 이 용어는 충격적이지만,

---

[32] "On the Brink: Gaza's Youth Are Turning to Suicide amid Growing Desperation," *ReliefWeb*, November 30, 2020, https://tinyurl.com/7w8nmhkm.

[33] See Jeremy Scahill, "Blacklisted Academic Norman Finkelstein on Gaza, 'The World's Largest Concentration Camp,'" *Intercept*, May 20, 2018, https://tinyurl.com/

이미 2004년 이스라엘 국가안보회의 국장이 가자를 그렇게 표현한 바 있다.34

10월 7일 이전 16년 동안, 가자 주민들은 세계에서 가장 인구 밀도가 높은 지역에서 이스라엘의 봉쇄 아래 살아왔다. 가자 인근 이스라엘 키부츠 주민들은 수영장과 음악회 등 풍요로운 삶을 누린 반면, 가자 주민들은 지구상 최악의 생활 조건에 갇혀 지냈다. 2021년 안토니우 구테흐스 유엔 사무총장은 "지상에 지옥이 있다면, 그것은 가자 어린이들의 삶"이라고 말했다.35 그의 이 말은 오늘날 가자의 구조적 맥락을 정확히 꿰뚫고 있다.

14년 동안 네 차례의 전쟁

이미 끔찍한 현실을 더욱 참혹하게 만든 것은, 2008년부터 2021년까지 가자가 이스라엘과 네 차례의 전쟁을 겪었다는 사실이다. 이스라엘과 하마스는 각각 전쟁의 책임이 상대방에게 있다고 주장한다. 이스라엘은 늘 피해자 역할을 자처하며, 각 전쟁을 자위전쟁으로 규

3r9cwmm8; Haidar Eid, "On the Gaza 'Shoah' and the 'Banality of Evil,'" *Al Jazeera*, December 30, 2023, https://tinyurl.com/ mryбnjtk; Hilal Kaplan, "Gaza as an Extermination Camp," *Daily Sabah*, May 1, 2024, https://tinyurl.com/4u9jxdsd.

34 지오라 에일란드(Giora Eiland)가 이런 표현을 썼다는 사실이 미국 외교 전문 유출을 통해 드러났다. See Jonathan Ofir, "Influential Israeli National Security Leader Makes the Case for Genocide in Gaza," *Mondoweiss*, November 20, 2023, https://tinyurl.com/mr7dz55c.

35 "Gaza Children Living in 'Hell on Earth' Secretary-General Tells General Assembly, as Calls for End to Violence Crescendo, News of Israel-Hamas Ceasefire Breaks," *United Nations*, May 20, 2021, https://tinyurl. com/mr2vv2rt.

정한다. 반면 하마스는 해방과 군사적 저항이라는 언어를 사용한다. 그러나 논란의 여지 없이 분명한 것은 이 전쟁들에서의 힘의 불균형과 이스라엘의 가자 공격이 얼마나 잔혹했는가 하는 점이다. 이스라엘은 대형 폭탄으로 건물과 기반 시설 전체를 파괴하며 가자를 공격했고, 그 결과 수많은 팔레스타인 민간인이 목숨을 잃었다. 총 5,000명가량의 가자 주민이 이 전쟁들에서 사망했으며, 그 대부분이 민간인이었고 최소 1,020명이 어린이였다. 같은 기간 이스라엘인 사망자(군인 포함)는 200명을 넘지 않았다.[36] 모든 생명은 소중하다. 그러나 힘의 불균형은 명백했고, 이스라엘군의 무자비함은 여실히 드러났다. 이는 10월 7일 이후 우리가 목격한 사태의 길을 예비한 셈이다.

봉쇄와 빈곤 속에서, 더구나 세계에서 가장 인구 밀도가 높은 지역 중 하나에서 14년간 지속된 폭격을 상상해 보라. 세대를 거듭한 트라우마를 다시 한번 상상해 보라. 분노와 절망이 얼마나 클지 상상할 수 있는가? 우리는 이제 정치적 책임 공방을 멈추고, 가자 주민들의 경험을 인간적으로 바라보아야 한다. 10월 7일 이전에도 가자는 그야말로 지상 지옥이었다. 이런 현실이 지속될 수 있었던 요인 중 하나는 팔레스타인 사람과 가자 주민에 대한 체계적인 비인간화였다.

주기적 군사 공격

2007년 봉쇄가 시작된 이후, 비인도적인 정책들은 가자지구 팔레

---

36 "Data on Casualties," *OCHA-OPT*, accessed November 21, 2024, https://tinyurl.com/yeu7bmuv.

스타인 주민들의 삶을 지상 지옥으로 만드는 잔혹한 의도의 핵심이 되어왔다. 이 중 가장 소름 끼치는 것은 이른바 '잔디 깎기'(mowing the lawn) 전략이다. 이스라엘군은 몇 년마다 이 작은 영토를 주기적으로 폭격하며, 인구를 약화하고 줄이기 위해 이 전략을 실행해 왔다.37

이 은유는 팔레스타인 사람의 생명이 언제든 버려질 수 있는 존재로 여겨지며, 민간인과 저항 세력의 구분조차 사라진 현실을 드러낸다. 모든 팔레스타인 사람은 고유한 존엄성을 지닌 개인이 아니라 '관리'가 필요한 골칫거리로 취급된다. '잔디 깎기'라는 은유는 난민이 다수이고 절반이 어린이인 가자 주민에 대한 끊임없는 폭격과 군사작전이 평범하고 일상적인 집안일에 불과하다는 인식을 내포한다. 이와 유사한 비인간화 언어는 2014년 7월, 이스라엘 국회의원 아옐렛 샤케드의 소셜미디어 게시물에서도 나타났다. 그녀는 팔레스타인 사람을 모두 '뱀'으로 규정하며 집단학살을 공개적으로 촉구했다. 이듬해 샤케드는 이스라엘 법무장관으로 임명됐다.38

이처럼 노골적으로 살인을 정당화하는 접근을 국제사회는 조사, 즉각적 휴전, 무기 금수, 전쟁범죄 기소의 사유로 삼기보다는 비판과 규탄 성명을 내는 데 그쳤고, 서방 정부들은 이스라엘의 '자위권' 논리를 널리 수용하며 이러한 폭력적 인종주의를 외면했다.

2008~2009년, 2012년, 2014년, 2021년 가자에 대한 공격에서 수

---

37 이런 방안을 지지하는 칼럼: Efraim Inbar and Eitan Shamir, "Mowing the Grass in Gaza," *Jerusalem Post*, July 22, 2014, https:// tinyurl.com/2ddkwc7h.

38 Judy Maltz, "What Does Israel's New Justice Minister Really Think About Arabs?" *Haaretz*, May 11, 2015, https://tinyurl.com/2v6jpe6r; "'Mothers of All Palestinians Should Also Be Killed,' Says Israeli Politician," *Daily Sabah*, July 14, 2014, https://tinyurl.com/48p4sepd.

천 명의 무고한 어린이, 남성, 여성이 '잔디처럼 베어졌다'. 그러나 미국의 주류 언론은 이 사건들을 단순히 보도하거나 때때로(매우 드물게) 이 전략의 도덕성이나 효과에 대한 논쟁만을 다뤘다.39 참상의 전모를 정확하고 지속적으로 보도하는 언론도, 교회나 사회에서 울려 퍼지는 강력한 도덕적 외침도 우리는 보지 못했다. 오히려 미국 정부와 그 국민, 심지어 다수의 기독교인들마저 '잔디 깎기' 은유에 내재한 인종주의를 받아들였다. 그들은 의심 없이 미국의 무기 지원이 가자를 폭격하고 '잔디를 깎는' 데 사용되는 현실을 지지하며, 인구와 기반 시설이 줄어드는 것이 마치 이스라엘을 보호하거나 안정을 가져오는 것처럼 여긴다.

10월 7일 사태에서 이스라엘의 역할

우리는 10월 7일 사건 그리고 그로 인해 발생한 가자지구의 비극을 초래한 중요한 요인 중 하나를 간과할 수 없다. 하마스를 이해하려는 어떤 시도도, 네타냐후가 이스라엘 정부의 지원을 받아 하마스가 권력을 유지하도록 의도적으로 도왔다는 점 그리고 이를 통해 팔레스타인 자치 정부를 약화하고 팔레스타인 내부의 분열을 유지하려 했다는 점을 반드시 고려해야 한다. 그렇다. 당신은 정확하게 읽었다. 네타냐후 자신이 하마스를 지원했다. 현재는 네타냐후가 팔레스타인 사람들을 분열시키고, 팔레스타인 자치 정부를 약화하며, 팔레스타인 국

---

39 2021년에 있었던 보기 드물고 미미한 사례가 하나 있다: Adam Taylor, "With Strikes Targeting Rockets and Tunnels, the Israeli Tactic of 'Mowing the Grass' Returns to Gaza," *Washington Post*, May 14, 2021, https://tinyurl.com/ bdct4n3y.

가의 가능성을 완전히 없애기 위해 '분열시키고 지배하기' 전략을 채택했다는 사실이 충분히 입증되어 있다. 상원의원 크리스 밴 홀런도 의회 연설에서 이를 확인했다.

그러나 우리가 거의, 혹은 전혀 논의하지 않는 불편한 진실이 있다. 바로 10월 7일 하마스의 충격적인 공격이 있기 전까지, 네타냐후 총리 자신은 하마스가 가자지구를 계속 통제하는 것이 자신의 이익에 부합한다고 여겼다는 점이다. 내 말을 그대로 믿지 않아도 된다. 그는 2019년 리쿠드당 회의에서 이렇게 말했다. "팔레스타인 국가의 수립을 막고 싶다면 하마스가 강화되도록 지지해야 한다. 이것이 바로 가자지구와 요르단강 서안(유대와 사마리아)으로 팔레스타인 사람들을 분열시키려는 우리의 전략의 일부다."40

실제로 네타냐후 정부는 수년간 카타르로부터 가자지구의 하마스에 수억 달러에 달하는 자금을 흘러가게 했다. 이러한 행동들은 이스라엘 내 여러 자료에서 잘 기록되어 있지만,41 이스라엘의 하마스 지

---

40 *Congressional Record*, Vol. 170, no. 46 (March 14, 2024): S2387-S2394, https://tinyurl.com/2vmztkpe. See also Lahav Harkov, "Netanyahu: Money to Hamas Part of Strategy to Keep Palestinians Divided," *Jerusalem Post*, March 12, 2019, https://tinyurl.com/7d2uv3dv; Tal Schneider, "For Years, Netanyahu Propped Up Hamas. Now It's Blown Up in Our Faces," *Times of Israel*, October 8, 2023, https://tinyurl.com/yk444864.

41 Jacob Magid, "Documents Show Israel Sought, Valued Qatari Aid for Gaza in Years Leading to Oct. 7," *Times of Israel*, March 22, 2024, https:// tinyurl.com/mvptv3v7; Nima Elbagir et al., "Qatar Sent Millions to Gaza for Years with Israel's Backing. Here's What We Know About the Controversial Deal," *CNN*, December 12, 2023, https://tinyurl.com/22ah3ar6.

원은 대부분의 서방 언론에서 주요하게 다뤄지지 않는 주제다. 네타냐후는 인도적 이유 때문이었다고 주장할 수도 있지만, 이스라엘 일간지 「하아레츠」의 보도에 따르면 다음과 같다.

> 카타르 특사가 자유롭게 가자지구를 오가며 현금을 전달하도록 허용하고, 다양한 물품, 특히 건축자재의 반입에 동의하면서, 그 상당 부분이 민간 인프라 건설이 아니라 테러에 사용될 것임을 알면서도 말이다…. 이러한 모든 결정은 극단주의자들의 성장과 네타냐후의 권력 유지가 서로 공생할 수 있게 해주었다. 주목해야 할 점은, 네타냐후가 가난하고 억압받는 가자지구 주민들(이들 역시 하마스의 희생자)의 복지를 생각해서 자금 이체를 허용했다고 착각해서는 안 된다는 것이다. 그의 진짜 목적은 아바스(팔레스타인 자치정부 수반)에게 타격을 주고, 이스라엘 땅이 여러 국가로 분할되는 것을 막는 데 있었다.[42]

「뉴욕타임스」의 한 칼럼니스트도 이와 유사한 내용을 전하며, 전 이스라엘 총리 에후드 바라크의 발언을 인용한다. 칼럼니스트는 "바라크와 다른 이들에 따르면, 네타냐후의 목표는 하마스를 강화함으로써 경쟁 세력인 팔레스타인 자치 정부를 약화시키고, 두 국가 해법의 가능성을 무너뜨리는 데 있었다"고 말한다.[43]

네타냐후는 전쟁이 시작된 지 반년이 넘은 시점에도 미국 의회에

---

[42] Adam Raz, "A Brief History of the Netanyahu-Hamas Alliance," *Haaretz*, October 20, 2023, https://tinyurl.com/43j9bkrw.

[43] Nicholas Kristof, "'We Are Overpaying the Price for a Sin We Didn't Commit,'" *New York Times*, October 28, 2023, https://tinyurl.com/59j4psjm.

서 영웅으로 환영받았다. 이런 정책은 이스라엘에만 국한된 것이 아니며, 이스라엘의 최대 후원국인 미국에도 익숙한 일이다. 1950년대 미국은 자국의 이익을 위해 이란 쿠데타를 주도하지 않았던가? 미국은 소련에 맞서 싸우던 탈레반을 지원하지 않았던가? 시리아 정권을 전복하려다 IS(이슬람국가)를 만들어낸 것도 미국이 아니었던가? 그리고 이스라엘이 팔레스타인 해방기구 PLO를 약화하기 위해 하마스 창설에 일조하지 않았던가? 이 모든 사실은 이미 잘 기록되어 있다.[44]

그래서 나는 다시 묻고 싶다. 이런 상황에서 네타냐후가 어떻게 여전히 피해자이며 영웅으로 여겨질 수 있는가? 왜 전쟁의 결정적인 요소가 무시되고 있는가? 왜 세계 지도자들과 일부 교회 지도자들은 이 모든 일이 없었던 것처럼 이스라엘과 네타냐후를 대하는 걸까? 나는 도저히 이해할 수 없다. 어쩌면 네타냐후의 역할을 인정하는 것은 곧 미국의 책임도 인정하는 일이 되기 때문일까? 서구가 지금 우리가 처한 이 혼란, 수년간 수천 명의 목숨을 잃게 만든 이 사태에 자신들의 공모와 책임이 있음을 과연 인정할 수 있을까?

우리의 입장에서 생각해 보라

앞의 두 장에 걸쳐 나는 10월 7일의 구조적 맥락, 즉 76년에 걸친

---

[44] Mehdi Hasan and Dina Sayedahmed, "Blowback: How Israel Went from Helping Create Hamas to Bombing It," *Intercept*, February 19, 2018, https://tinyurl.com/4un25mas; Andrew Higgins, "How Israel Helped to Spawn Hamas," *Wall Street Journal*, January 24, 2009, https://tinyurl. com/3evn7m33; Ishaan Tharoor, "How Israel Helped Create Hamas," *Washington Post*, July 30, 2014, https://tinyurl.com/2a62jrwd.

정착민 식민주의, 인종청소, 아파르트헤이트, 시온주의 그리고 봉쇄의 현실을 설명하고자 했다. 물론 이것이 완전한 역사 분석은 아니었다. 인티파다, 오슬로 협정 그리고 우리의 역사 속 다른 사건들에 대해 더 많은 이야기를 할 수도 있었다. 10월 7일 이전에도 이미 기록적인 수의 팔레스타인 사람들이 희생된 2023년에 대해서도 더 많이 말할 수 있었다.[45] 예루살렘의 알아크사 사원에 대한 수차례의 폭력적 선동과 침입도 있었는데, 바로 이런 이유로 하마스는 10월 7일 공격을 '알아크사의 홍수'라고 명명했다. 팔레스타인 사람들이 저지른 폭력, 예를 들어 제2차 인티파다 당시의 일이나 가자지구에서 이스라엘 마을로 발사한 로켓에 대해서도 더 이야기할 수 있었다.

내가 구조적 맥락을 설명한다고 해서 팔레스타인 사람들이 아무 잘못이 없다고 믿는다는 뜻은 아니다. 하마스나 무장 저항을 지지한다는 의미도 아니다. 당연한 말이지만, 나는 특히 종교 국가 건설과 관련해서 하마스의 이데올로기를 반대한다. 나는 하마스가 전쟁 전과 전쟁 중에 저지른 인권 침해를 부정할 수도 없고, 부정하지도 않는다. 마찬가지로 팔레스타인 자치 정부 내의 부패와 표현의 자유 침해 역시 부정하지 않는다. 내가 이런 맥락을 설명하는 것은 결코 10월 7일의 사건을 정당화하거나 옹호하려는 의도가 아니다. 내가 반복해서 강조했듯, 나는 어린이와 무고한 민간인의 살해와 납치를 결코 용납할 수 없으며, 이를 강력히 규탄한다. 더불어 나는 비폭력과 창의적 저항을 신봉하는 폭넓은 팔레스타인 신학 운동의 일원이다.[46] 하지만

---

45 "UN Agency Says 2023 'Deadliest Year on Record' for Palestinians in West Bank," *Anadolu*, December 29, 2023, https://tinyurl.com/2p8r9zes.

우리는 정의를 갈망하고 목말라하기에 전체 이야기를 말해야만 한다.

내가 설명하는 구조적 맥락은 전체 그림이다. 이 맥락은 팔레스타인에서 작동하는 권력의 역학을 보여준다. 이는 식민 지배자가 피지배자로부터 자신을 방어하는 것처럼 보이게 만드는 '갈등'이라는 신화를 문제 삼는다. 구조적 맥락은 중요하며, 이를 무시하면 서사가 왜곡되고 팔레스타인 사람에 대한 매우 해로운 고정관념이 만들어진다. 이러한 고정관념은 비극적이게도 가자지구에서 팔레스타인 사람에 대한 집단학살적 전쟁을 지지하고 정당화하는 데 이바지해 왔다. 10월 7일을 떼어내어 단순히 증오의 행위로만 묘사하면, 10월 7일 이후 이스라엘의 행동이 자기방어, 심지어 생존을 위한 전쟁으로 보이게 만든다. 그러나 실제로는 오랜 세월 생존을 위해 투쟁해 온 쪽은 팔레스타인 사람이다.

팔레스타인 사람들은 그들이 겪는 억압의 맥락이 무시될 때 깊은 상처를 받는다. 가장 큰 위선 중 하나는, 전 세계에 무기를 지원하는 서구 정부와 시민들이 팔레스타인 사람들의 저항 행위에 충격을 받은 척하는 것이다. 몇 년 전, 베들레헴성서대학에서 유명한 미국 복음주의 연사가 초청된 적이 있었다. 강연장은 그를 보러 온 청중으로 가득 찼다. 그 연사는 전형적인 미국 복음주의 스타일로, 청중을 사로잡는 흥미진진한 영상을 보여주었는데, 그중에는 영화 <브레이브하트>에

---

46 2021년 카이로스 문서 4.2.3절의 내용을 보면, 기독교인으로서 이스라엘 점령에 맞서 저항하는 것은 권리이자 의무이며, 이러한 저항은 사랑의 논리에 기반해야 한다고 강조한다. 즉, 저항은 창의적이어야 하며, 적의 인간성을 인정하고 그들과 인간적으로 마주하는 방식을 찾아야 한다는 것이다. 적의 얼굴에서 하나님의 형상을 본다는 것은, 불의에 맞서 적극적으로 저항하고 가해자가 공격을 멈추도록 압박함으로써 땅과 자유, 존엄, 독립을 되찾는 목표를 이루겠다는 신념을 의미한다. See https://tinyurl.com/ 2f87b2n6.

서 스코틀랜드 전사 윌리엄 월리스가 영국의 압제자들을 향해 "자유!"를 외치며 돌진하는 유명한 장면도 있었다. 나는 당시 대학 설립자이자 총장이었던 비샤라 아와드 박사 옆, 맨 앞줄에 앉아 있었다. 배우 멜 깁슨이 연기한 월리스가 무장 저항을 이끄는 장면을 보던 중, 아와드 박사가 내게 몸을 기울여 속삭였다. "저 사람이 팔레스타인 사람이었다면 테러리스트라고 불렸을 거야." 이 말은 슬프게도 사실이다.

서구인들은 자신들에게 익숙한 맥락에서 저항 이야기가 등장할 때 이를 이해하고, 심지어 소중히 여긴다. 청중들은 저항의 용기를 해방과 정의를 위한 고귀한 투쟁으로 인정하고 찬양한다. <브레이브하트>는 작품상 등 다섯 개의 오스카상을 받았다. <늑대와 함께 춤을>, <데어 윌 비 블러드> 같은 다른 수상작들도 극장을 매진시키며 미국의 고전이 되었다. 그러나 저항이 비서구 국적과 더 어두운 피부색을 가진 이들에 의해 이끌어질 때, 그것은 좀처럼 정의를 위한 투쟁으로 인정받거나 이해받지 못한다.

억압이 있는 곳에는 언제나 그 억압에 맞선 저항이 존재한다. 실제로, 전 이스라엘 총리 에후드 바라크는 최근 한 인터뷰에서 "내가 팔레스타인 사람이라면 역시 테러 조직에 들어갔을 것"이라고 인정한 바 있다. 또한 이스라엘 정보기관인 샤박(Shabak)의 전 수장 아미 아얄론 역시 자신이 팔레스타인 사람이라면 "내 땅을 빼앗은 자들과 끝없이 싸웠을 것"이라고 밝혔다.[47] 이런 저항이 나오기까지의 구조적 맥락을 설명하는 것이 중요한 이유가 여기에 있다. 세계는 늘 한쪽 면,

---

47 Joseph Massad, "Why Israeli Leaders Admit If They Were Palestinian They Would Fight for Freedom," *Middle East Eye*, September 16, 2024, https://tinyurl.com/ sbybkdhc.

즉 저항의 결과만을 본다. 억압에 대한 저항, 즉 억압자가 가한 폭력에 비하면 극히 일부에 불과한 저항에만 집착한다. 이는 마치 1831년 노예제 절정기에 네이트 터너가 백인 노예 주인들에 맞서 일으킨 반란을 오로지 증오범죄로만 비난하는 것과 같다. 그 반란으로 60여 명의 백인이 잔혹하게 목숨을 잃었다고 전해진다. 이 사건을 더 잘 이해하기 위해 노예제의 가혹하고 잔인한 현실을 이야기한다고 해서, 여성과 아이들 살해를 옹호하는 것은 아니다. 하지만 이는 그 반란을 백인 노예 주인에 대한 증오범죄로만 단순하게 규정하는 좁은 시각에서 벗어나게 해준다.[48]

    10월 7일 팔레스타인 사람들의 폭력을 서둘러 비난하는 이들에게 나는, 우리가 어떻게 대응해야 하는지 훈계하기 전에 먼저 우리의 입장이 되어보라고 말하고 싶다. 17년이 아니라 17개월, 아니 단 17일만이라도 같은 환경에서 살아본 뒤에야 가자지구 주민들이 다년간의 가혹한 학대에 어떻게 대응해야 하는지 말할 수 있을 것이다. 가자지구 주민 대다수에게 이곳은 세계 최대의 야외 감옥일 뿐이며, 봉쇄된 현실만이 유일한 삶의 조건이다.

    팔레스타인 사람들은 계속되는 나크바, 76년이 넘는 군사 점령에 어떻게 대응해야 하는가? 우리는 땅을 빼앗기는 현실에 어떻게 맞서야 하는가? 물에 접근하거나 배우자와 함께 살 권리 같은 기본적 인권조차 부정당할 때 우리는 어떻게 해야 하는가? 팔레스타인 사람들을 비판하는 이들도 세대를 거듭한 고통과 매일 반복되는 가혹한 억압의

---

48 이 비교 지점은 유대계 미국인 학자 노먼 핑켈스타인이 캔디스 오웬스와의 인터뷰에서 언급한 내용이다: "Israel vs. Palestine with Norman Finkelstein," YouTube, November 17, 2023, https://www.youtube.com/watch?v=lY63nlpVhUg.

깊이를 이해한다면 그 시각이 근본적으로 바뀔 것이다.

비폭력을 시도해 볼까? 실제로 2005년, 팔레스타인 시민사회를 대표하는 170여 개 단체가 점령에 맞선 포괄적 비폭력 전략을 제안했다. 그 방법은 보이콧, 투자 철회, 제재(BDS) 세 가지였다.[49] 목표는 이스라엘이 국제법을 준수하도록 정치적, 경제적 압박을 가하는 것이었다. 그러나 서구 세계는 어떻게 반응했는가? BDS 운동을 악마화했고, 미국에서는 이스라엘을 보이콧하는 기업이 정부 계약에서 배제되도록 하는 등 정치적 반대 운동을 대대적으로 벌였다.[50] 민주주의와 자유를 내세우고 있을 뿐 애써 숨기려 하지도 않는 서구의 위선을 팔레스타인 사람들은 누구보다 잘 알고 있다.

가자지구 주민들 역시 비폭력을 시도했다. 2018~2019년, 가자지구 주민들은 '위대한 귀환 행진'이라 불리는 비폭력 국경 시위를 매주 벌였다. 2018년 3월 30일부터 2019년 12월 27일까지, 수천 명의 주민들이 가자-이스라엘 경계 부근에서 봉쇄 해제와 고향으로 돌아갈 권리를 요구하며 시위에 나섰다. 이스라엘은 어떻게 대응했는가? 이스라엘군은 200명 이상의 팔레스타인 사람(그중 약 40명은 어린이)을 사살했고, 약 3만 명을 부상시켰다. 부상자의 대부분은 실탄에 다리를 맞

---

49 BDS 웹사이트는 https://tinyurl.com/5884c4w9에서 확인할 수 있다.

50 미국에서 텍사스, 오하이오, 일리노이, 인디애나, 플로리다, 애리조나, 조지아, 아이오와, 펜실베이니아, 미시간, 아칸소, 미네소타, 네바다, 사우스캐롤라이나, 테네시, 앨라배마, 로드아일랜드, 뉴저지, 오클라호마, 캔자스, 노스캐롤라이나, 유타, 미주리, 아이다호, 웨스트버지니아, 콜로라도, 미시시피, 뉴햄프셔 등 여러 주에서는, 주 정부 기관이 이스라엘을 보이콧하는 기업과 거래하는 것을 금지하는 법안을 통과시켰다. Matthew Impelli, "Map Shows States Where Boycotting Israel Is Illegal," *Newsweek*, April 29, 2024, https://tinyurl.com/3m6b4tys.

았으며, 이는 수천 명의 삶에 장기적 영향을 남겼다. 국경없는의사회에 따르면 "시위대가 입은 급성-복합적 부상은 현지 당국과 소수 구호단체의 역량을 훨씬 뛰어넘는다. 외과적 수요가 엄청나서 2018년 이후 외과 역량을 세 배로 늘렸지만, 여전히 감당이 어렵다"고 한다.[51] 세계는 어떻게 반응했는가? 봉쇄는 계속되었고, 권리 박탈도 계속되었다. 그리고 언제나처럼 팔레스타인 사람들만이 비난받았다.

외교를 시도해 볼까? 미국은 이미 준비된 거부권을 가지고 있다. 2023년 2월 기준, 미국은 이스라엘을 비판하는 유엔 안전보장이사회 결의안을 53회나 거부했다.[52] 무장 저항을 택하면? 우리는 또다시 테러리스트로 불릴 것이다. 비극적 아이러니는, 우리 팔레스타인 사람들이 식민지배자와 그 동맹국들, 즉 스스로의 역사에서 인종차별과 폭력에 깊이 물든 이들로부터 비폭력과 외교를 요구받고 있다는 점이다.

10월 7일 사태에 대한 설교

나는 10월 8일 일요일, 베이트사후르와 베들레헴의 두 교회에서 설교를 했다. 설교 주제는 물론 가자지구였다. 공격이 일어난 지 24시간이 지난 시점이었다. 공격의 성격과 사망자 수 그리고 음악 축제에서 벌어진 일의 전모 등은 아직 명확하지 않았다. 이 설교는 애도의 설교였다. 전쟁을 앞둔 애도였다. 가자를 위한 애도였다. 그날 내가 전한

---

51 "Shattered Limbs, Shattered Lives," *Médecins sans Frontières*, accessed November 20, 2024, https://tinyurl.com/2yyzbz7h.

52 Alon Pinkas, "When Will the U.S. Get Tired of Helping Israel with UN Vetoes?" *Haaretz*, February 17, 2023, https://tinyurl.com/ycx2d6cp.

설교의 일부를 여기에 옮긴다. 이 설교가 전쟁 첫날 팔레스타인 사람으로서 우리가 어떤 마음이었는지 조금이나마 이해하는 데 도움이 되기를 바란다.

* * * * * * *

우리는 모두 어제 일어난 일에 충격을 받았습니다. 휴대전화와 텔레비전에서 눈을 떼지 못한 채, 사건이 전개되는 모습을 지켜봤습니다. 우리는 포위를 뚫고 일어난 팔레스타인 국민의 힘에 놀랐습니다. 그리고 이 땅에서 끊임없는 전쟁 상태 속에 산다는 사실을 다시금 떠올렸습니다. 우리 모두가 지금까지 얼마나 많은 전쟁과 봉기를 겪었는지 함께 생각해 봅시다. 오늘 우리가 두려워하는 것은, 이제 장기전이 시작됐다는 점입니다.

어떤 사건이든 구조적 맥락 속에서 이해하는 것이 중요합니다. 가자지구에서 벌어지는 일은 결코 고립된 특별한 사건이 아닙니다. 지금 벌어지는 일은 나크바 이후 팔레스타인 사람들에게 닥친 불의의 결과입니다. 가자 주민의 대다수는 난민이며, 그들 중 많은 이들은 평생 두 번, 세 번, 네 번이나 쫓겨난 경험이 있습니다. 어제 우리가 본 가자의 젊은이들은 2007년 이후, 즉 16년 동안 오직 포위의 현실만을 알고 자랐습니다. 그들은 가장 가혹한 삶의 조건 속에 있습니다. 이곳은 지상의 '지옥'입니다. 압박은 결국 폭발을 낳습니다. 솔직히 말해, 사건을 지켜본 이들이라면 어제의 사태가 그리 놀랍지 않았을 것입니다.

오늘의 가자는 인류가 양심을 잃었음을 보여주는 증거입니다. 세계는 가자 주민들에게 관심이 없습니다. 전쟁이 시작될 때만 가자가 언급되고, 곧 다시 잊힙니다. 어제 내 마음에 깊이 남은 장면 중 하나—사실 그런 장면이 많았습니다—는 가자 국경 바로 바깥 들판에서 축제를 즐기던 이스라엘 청년들이 공포에 질려 도망치는 모습이었습니다.[53] 한쪽에는 포위된 가난한 이들, 다른 한쪽에는 마치 벽 너머 아무 일도 없는 듯 축제를 즐기는 부유한 이들, 이 얼마나 큰 모순입니까?

가자는 세계의 위선을 드러냅니다. 우리는 뉴스를 보며 이스라엘의 존재권과 자기방어권에 관한 이야기를 듣습니다. 하지만 가자 주민들에게는 자유를 지킬 권리, 존재 자체를 지킬 권리는 없습니까? 우리는 테러 이야기를 듣지만, 국가가 저지르는 테러에 대해서는 어떻습니까? 민간인 살해와 납치에 대한 비난을 듣습니다. 우리 역시 민간인 살해나 포로 시신 훼손을 정당화하거나 지지하지 않습니다. 전쟁은 언제나 추악합니다. 그러나 세계의 위선은 진정으로 해악적입니다.

이스라엘은 대응 준비에 들어갔습니다. 어제 이후, 가자 주민 모두는 거대한 감옥 안에서 24시간 내내 공포 속에 살고 있습니다. 나는 그들의 처지를 감히 상상조차 할 수 없습니다. 그들은 전쟁의 희생자입니다.

미국, 영국 그리고 여러 나라들이 이스라엘에 절대적 지지를 표명했습니다. 이스라엘의 '복수'를 지원하기 위한 재정적 원조가 이루어지고 있다는 보도도 있습니다. 실제로 전쟁은 일부, 특히 무기 산업에

---

53 이 설교가 이루어졌던 당시에는 축제에 대한 공격의 성격이 명확하지 않았고, 축제에 참여한 많은 사람들이 하마스 무장대원들에 의해 무차별적으로 살해당했다는 사실도 알려지지 않았다.

종사하는 이들에게는 하나의 사업입니다. 그 피해자는 인간입니다. 심지어 기독교 시온주의자들까지도 이스라엘의 안보를 위해 모금 활동에 나섰습니다. 그러나 안전은 벽이나 무기, 돈으로 얻어지는 것이 아닙니다. 이 체계는 어제 무너졌고, 그 실패가 드러났습니다. 힘은 평화를 가져오지 못합니다. 진정한 안전은 정의와 평등이 있을 때만 찾아옵니다. 평화가 곧 안전의 열쇠입니다. 우리는 이 땅 위에 존재하는 두 민족입니다. 이스라엘은 700만 팔레스타인 국민을 억압하거나 봉쇄함으로써 평화가 올 것이라 생각합니까? 이런 사고방식이야말로 파괴의 원인입니다. 우리는 함께 살거나, 아니면 서로를 파괴하게 될 것입니다.

이스라엘은 우리를 다시 폭력의 악순환으로 끌고 갈 것입니다. 그들은 하마스를 제거하겠다고 말하지만, 오히려 더 많은 무장대원을 만들어 낼 것이고, 우리는 이 악순환을 계속 반복하게 될 것입니다. 우리는 이 상황이 언제까지 이어질지 묻지 않을 수 없습니다.

우리의 부름은 인간성을 잃지 않는 것입니다. 악을 거부하고 저항하며, 또 자기방어를 하면서도 우리는 인간성을 잃지 않도록 애써야 합니다. 전쟁에서는 도저히 받아들일 수 없고 기뻐할 수 없는 일들이 일어납니다. 오랜 억압 끝에 복수심이 솟구치는 것은 인간의 자연스러운 감정입니다. 그러나 복수와 "눈에는 눈, 이에는 이"의 문화는 우리의 영혼을 해치며, 결국 끝없는 폭력의 순환을 낳습니다. 복수의 논리에서 진정한 비극은 양측의 힘이 같지 않을 때 벌어집니다. 오늘날 우리 땅에서 '눈에는 눈'이 '하나의 눈에는 열 개의 눈'이 되어버린 현실을 보고 있습니다. 복수의 논리에서는 약자가 항상 패배하고, 희생자는 아이들과 무고한 이들입니다.

오늘 우리는 먼저 기도해야 합니다. 전쟁이 멈추기를 기도합니다. 무고한 이들이 보호받기를 기도합니다. 죽는 모든 인간은 하나님의 형상대로 창조된 존재입니다. 하나님은 죽음을 기뻐하지 않으시고, 우리도 죽음을 기뻐하지 않습니다. 오늘 우리는 하나님께 부르짖으며, 이 땅에 자비를 베풀어주시길 간구합니다. 주여, 자비를 베푸소서….

오늘 우리의 기도 속에서, 우리는 죽음과 불의에 대해 애도합니다. 하나님께서 죽음 앞에서 우시듯, 우리도 하나님과 함께 울어야 합니다. 교회로서 우리는 그리스도인의 삶에서 애도의 중요성을 다시 발견해야 합니다.

4장

식민주의, 인종주의 그리고 제국신학

2024년 1월 11일, 남아프리카공화국은 헤이그 국제사법재판소(ICJ)에 이스라엘을 상대로 소송을 제기했다. 남아공이 제출한 84쪽 분량의 소송장은 "이스라엘의 행동이 팔레스타인 민족, 인종, 민족 집단의 상당 부분을 파괴하려는 의도를 지닌 집단학살적 성격을 띤다"[1]며, 1948년 집단학살방지협약을 명백히 위반했다고 주장했다.[2]

심리 과정에서 남아공 측 변호인단은 이스라엘이 실제로 집단학살을 저지르고 있으며, 그 의도 역시 명확하다는 방대한 증거를 제시했다. 이 증거에는 이스라엘 지도자들이 직접 한 발언도 포함됐다. 헤이그 법정에서 남아공 변호사 아딜라 하심은 "법원은 지난 13주간의 증거를 통해, 집단학살 행위와 그 의도를 보여주는 명백한 행위 패턴을 확인할 수 있다"며 "집단학살 행위로 보기에 이치에 맞는 주장이 제기됐다"고 밝혔다.[3] 남아공의 또 다른 변호사 템베카 응쿠카이토비

---

[1] The South African brief is available here: https://tinyurl.com/yu aa3mcb. See also Mike Corder, "South Africa Says Israel's Campaign in Gaza Amounts to Genocide. What Can the UN Do About It?" *Associated Press*, January 11, 2014, https://tinyurl.com/3u9ja8hb.

[2] Alexandra Sharp, "South Africa Presents Genocide Case Against Israel in Court," *Foreign Policy*, January 11, 2014, https://tinyurl.com/ufavs799.

는 "가자지구를 파괴하려는 의도가 국가 최고위급에서 자라왔다"고 법관들에게 말했다.4

1월 26일, 국제사법재판소는 이스라엘이 집단학살방지협약을 위반하는 행위를 저질렀을 '개연성'이 있다고 판결했다. 임시 명령에서 재판소는 이스라엘이 '즉각적으로' 협약이 금지하는 행위를 저지르지 않도록 조치할 것을 명령했다.5 이 판결은 이스라엘의 행동에 대한 명확한 질책이었다. 당시 이스라엘의 가자지구 공격으로 2만 6천 명이 넘는 팔레스타인 사람이 사망했고, 그 중 약 1만 명이 어린이였으며, 가자 주민의 약 85퍼센트가 집에서 쫓겨났다. 이는 명백한 인종청소 범죄였다.

주요 서방 국가들은 어떻게 대응했을까? 아무런 조치도 취하지 않았다! 이스라엘은 이러한 혐의를 "터무니없고 악랄하다"고 비난하며, 자위권을 근거로 삼았다.6 미국 백악관 국가안보 대변인 존 커비는 남아공의 소송을 "근거 없고, 역효과만 내며, 사실에 전혀 기반하지 않은 것"이라며 깎아내렸다. 그의 반응에는 멸시와 인종차별적 뉘앙스가 담겨 있었다.7 영국 외무장관 데이비드 캐머런 역시 이 소송이 "잘

---

3 Mike Corder and Raf Casert, "South Africa Tells Top UN Court Israel Is Committing Genocide in Gaza as Landmark Case Begins," *Associated Press*, January 12, 2014, https://tinyurl.com/y34jstup.

4 Sharp, "South Africa Presents Genocide Case Against Israel in Court."

5 Fatima Al-Kassab, "A Top U.N. Court Says Gaza Genocide Is 'Plausible' but Does Not Order Cease-Fire," *NPR*, January 26, 2024, https://tinyurl. com/46cd7f95.

6 Sharp, "South Africa Presents Genocide Case Against Israel in Court."

7 Andrew Feinberg, "White House Dismisses South Africa's Genocide Case Against Israel as 'Meritless," *Independent*, January 3, 2024, https:// tinyurl.com/mv6janvn.

못됐고 도움이 되지 않는다"고 주장하며, 이스라엘이 '자위적 방어'를 하고 있다고 두둔했고, 집단학살 혐의는 '터무니없다'고 일축했다.8 독일은 심지어 ICJ에서 이스라엘을 변호하겠다고 나섰다.9

국제사법재판소의 임시 명령이 나온 다음 날, 미국, 영국, 독일, 이탈리아, 네덜란드, 스위스, 핀란드, 호주, 캐나다 정부는 신속하고 단호하게 대응했다. 이들은 이스라엘을 제재하거나 비난하지 않고, 오히려 팔레스타인 난민을 위한 유엔 주요 구호기구인 유엔 팔레스타인 난민구호기구, UNRWA에 대한 자금 지원을 중단하기로 했다. 이 결정은 이스라엘이 UNRWA 직원 12명이 10월 7일 이스라엘 공격에 가담했다고 주장한 데 따른 것이었다. 그러나 이 주장은 이미 이스라엘 보안당국의 심사를 거친 직원들에 대한 근거 없는 의혹이었고, 이스라엘이 정보를 조작한 전력이 충분히 입증된 상황에서도 내려진 결정이었다.10

이중잣대에 내포된 위선의 정도는 이해할 수 없을 만큼 크다. 이러한 위선에 깔린 인종차별의 수준은 경악스러울 정도다.

서방 국가들이 철저한 조사에 근거한 법원의 판결에는 모순된 대응을 하면서, 이스라엘의 주장에는 정반대 태도를 보인 것은 실로 충격적이고 부끄러운 일이다. 하지만 이러한 모순된 태도를 만들어 내는 이데올로기를 이해하는 것은 어렵지 않다. 미국, 영국 그리고 다른

---

8 Jennifer Scott, "Nonsense' for South Africa to Accuse Israel of Genocide, Says Foreign Secretary," *Sky News*, January 15, 2024, https://tinyurl. com/2pyrk6ne.
9 Jennifer Scott, "'Nonsense' for South Africa to Accuse Israel of Genocide, Says Foreign Secretary," *Sky News*, January 15, 2024, https://tinyurl. com/2pyrk6ne.
10 Julian Borger, "Israel Yet to Provide Evidence to Back UNRWA 7 October Attack Claims-UN," *Guardian*, March 1, 2024, https://tinyurl. com/2xbwexaf.

유럽 국가들이 이스라엘의 명백한 전쟁범죄와 집단학살을 옹호하면서, 동시에 팔레스타인에 대한 인도적 지원의 핵심을 처벌하는 이유는 무엇일까? 나는 이 현상을 식민주의, 인종주의, 제국신학이라는 세 가지 얽힌 요인으로 설명할 수 있다고 본다. 이 세 가지 요소는 팔레스타인이라는 맥락에서 서로 긴밀하게 작동한다. 식민주의는 인종주의, 즉 어떤 집단이 다른 집단보다 덜 존엄하고 가치가 없다는 믿음에 기반한다. 제국신학은 식민주의와 인종주의의 죄악을 정당화하고 그에 정당성을 부여한다. 각각을 살펴보면, 이 세 가지가 하나의 단위로 함께 작동하며 분리하기 어렵다는 점이 분명해질 것이다.

식민주의

2004년 가나 아크라에서 열린 주요 기독교 집회에서, 세계개혁교회연맹(현 세계개혁교회연합)은 남아프리카 회원 교회의 '긴급한 요청'에 응답해 시작된 9년간의 "인정, 교육, 고백" 과정(processus confessionis)을 마무리했다. 이 요청은 전 세계적 경제 불의와 생태 파괴에 대한 것이었다.[11] 그 결과로 나온 "아크라 고백"은 오늘날 제국의 현실을 설명하는 중요한 에큐메니컬 문서다. 제국은 오늘날에도 다양한 형태로 살아 있다. 아크라 고백은 제국을 "강대국들이 자국의 이익을 보호하고 방어하기 위해 경제, 문화, 정치, 군사적 힘이 결합해 지배 체계를 이루는 것"으로 정의한다.[12] 이 정의는 오늘날 제국이 여러 차원에서

---

11 "The Accra Confession," World Communion of Reformed Churches, accessed November 22, 2024, https://tinyurl.com/44ayrzza, paragraph 1.

존재하며, 과거와는 다를지라도 여전히 실재함을 보여준다. 또한 현대 이스라엘 국가가 제국의 한 표현임을 이해하는 데 도움을 준다.

앞서 2장에서 설명했듯이, 이스라엘은 정착민 식민 국가로 세워졌다. 서유럽과 미국의 식민 역사는 널리 알려져 있다. 그리고 오늘날 이스라엘도 같은 식민 체계의 일부다. 이스라엘은 서방의 이익을 대변한다. 경제적 지원과 무기 판매는 이 관계의 중요한 요소다. 이스라엘이 서방에 얼마나 유용한 존재인지는 미국이 이스라엘을 중동의 '핵심 전략적 동맹'으로 간주해 온 오랜 역사에서 드러난다. 2024년 7월, 조 바이든 대통령은 이스라엘 대통령 아이작 헤르초그와의 회담에서 1986년에 처음 언급한 말을 반복했다. 그는 헤르초그에게 "만약 이스라엘이 없다면, 우리는 이스라엘을 만들어야 할 것"이라고 말했다. 1986년에 그는 이 말의 배경을 이렇게 설명했다. "이스라엘이 없다면, 미국은 중동에서 자국의 이익을 지키기 위해 이스라엘을 만들어야 할 것이다."[13] 바이든은 이것이 '미국의 노골적인 자국 이익'임을 언급했다. 이런 미국의 이익이 항상 미국의 중동 정책을 이끈다는 것이다.[14] 이것이 미국이 유엔 등에서 이스라엘을 보호하기 위해 거부

---

12 "The Accra Confession," paragraph 11.

13 Muhannad Ayyash, "Biden Says the U.S. Would Have to Invent an Israel If It Didn't Exist. Why?" *Conversation*, July 24, 2024, https://tinyurl. com/2hfpam4d (emphasis added). 바이든의 헤르초그 대통령에 대한 전체 발언은 백악관, "Remarks by President Biden and President Herzog of the State of Israel Before Bilateral Meeting," October 26, 2022, https://tinyurl. com/2p8et56에서 확인할 수 있다. 그의 1986년 발언은 비디오 기록물로 확인할 수 있다. "Senate Session," C-Span, June 5, 1986, https://tinyurl.com/yep2kksd. 관련 부분의 녹취록은 다음에서 확인할 수 있다: "Did Biden Say If Israel Didn't Exist, the US 'Would Have to Invent an Israel'?" Snopes, February 8, 2024, https://tinyurl.com/ycxan7ar.

권을 행사하며 정치적 보호막을 제공하는 이유다. 이스라엘 신문 「하아레츠」에 따르면, "1972년 이후 미국은 반이스라엘 결의안이나 이스라엘 비난 결의안에 대해 53번이나 유엔 안전보장이사회에서 거부권을 행사했다. 이것이 워싱턴이 수십 년간 동맹국을 보호해 온 외교적 방패다."15 이 수치에는 최근 가자지구 전쟁 중 미국이 휴전 결의안을 세 번 거부한 사례는 포함되지 않는다. 이것이 바로 국제법이, 예컨대 다마스쿠스의 이란 영사관 공격과 같은 상황에서 이스라엘에는 적용되지 않는 것처럼 보이는 이유이기도 하다.16 외교 공관에 대한 공격은 1961년 비엔나 협약을 명백히 위반하는 행위임을 고려할 때, 이스라엘이 책임을 지지 않을 것이라는 확신 속에서 행동에 나섰다는 점이 명백하다.17

분명한 사실은 이스라엘이 미국의 이익을 위해 존재한다는 점이다. 식민지적 존재로서, 이스라엘은 미국의 군사기지처럼 기능한다. 이스라엘은 미국이 크게 투자한 분야 가운데 하나인 군사 경제를 보호한다. 이 때문에 이스라엘이 미국으로부터 연간 38억 달러에 달하는 군사 원조를 받는 주요 수혜국 중 하나인 것이다. 이 지원금에는 첨단 무기 구매를 위한 자금도 포함된다. 이 자금은 미국 방산업체에서 군사 장비, 무기, 기술을 구매할 수 있도록 보조금 형태로 제공된다.

---

14 Ayyash, "Biden Says the U.S. Would Have to Invent an Israel If It Didn't Exist. Why?"

15 Alon Pinkas, "When Will the U.S. Get Tired of Helping Israel with UN Vetoes?" *Haaretz*, February 17, 2023, https://tinyurl.com/ycx2d6cp.

16 "Israel Strikes Iran Consulate in Syria's Capital Damascus: What We Know," *Al Jazeera*, April 2, 2024, https://tinyurl.com/yzurytpp.

17 Daoud Kuttab, "Amid the Israel-Iran Escalation, It's Time for a Region-Wide Ceasefire," *Al Jazeera*, April 14, 2024, https://tinyurl.com/3hsp77f2.

이스라엘과 미국의 방위 산업은 광범위하게 협력하고 있으며, 이스라엘 기업들은 미국 방산업체와 함께 군사 기술을 개발하고 생산하는 경우가 많다. 이스라엘은 또한 미국과 정기적으로 합동 군사 훈련에 참여하며, 이를 통해 양국은 군사 전략, 전술, 기술을 공유하고 군사적 역량과 상호 운용성을 강화한다.

영국 역시 이스라엘과 유사한 관계를 맺고 있다. 휴먼라이츠워치에 따르면, "2015년 이후 영국은 전투기, 미사일, 전차, 기술, 소형 무기 및 탄약 부품을 포함해 최소 4억 7,400만 파운드 상당의 대이스라엘 군수품 수출을 허가했다. 영국은 현재 가자지구에서 사용 중인 F-35 스텔스 전투기의 부품 중 약 15퍼센트를 공급한다."[18] 정보기술(IT) 분야 역시 이 관계망의 일부다. 2022년, 영국의 이스라엘 기술 분야 투자는 연간 5억 달러에 달해, 미국 다음으로 두 번째로 많았다.[19]

서방 국가들의 이스라엘과의 군사-경제적 관계의 구체적 내용은 이스라엘의 행동에 대한 이들 국가의 이중잣대를 더 쉽게 설명해 준다. 그리고 이러한 정책이 타국민, 즉 식민지화된 사람들에게 폭력으로 이어질 때, 그 결과는 인종차별적 무시로 나타난다. 식민주의와 인종주의의 연결을 가장 잘 보여주는 것은 도널드 트럼프 대통령의 사위인 재러드 쿠슈너의 발언일 것이다. 쿠슈너는 트럼프 행정부에서 선임 고문으로 일하며 2018년 중동 평화 계획을 준비하는 임무를 맡았다. 2024년 2월 하버드 대학교에서 열린 한 인터뷰에서, 쿠슈너는

---

18 Yasmine Ahmed, "Selling Weapons to Israel Could Make UK Complicit in War Crimes," Human Rights Watch, December 12, 2023, https://tinyurl.com/yeayfbwc.
19 Sharon Wrobel, "Investment in Israeli Tech Startups Plunged by Almost Half in 2022, Data Shows," *Times of Israel*, January 10, 2023, https://tinyurl.com/445rdrzm.

가자지구 내 '워터프론트 부동산'의 잠재적 가치를 '매우 소중하다'고 칭찬하며, 이스라엘이 가자지구를 '깨끗이 정리'(clean up)하는 동안 민간인을 대피시켜야 한다고 제안했다.[20] 쿠슈너는 가자 사태를 비즈니스의 기회로 보았다. 그는 현재 진행 중인 참사 사태, 즉 가자에서의 집단학살, 파괴, 굶주림을 돈벌이로 여겼다. 전쟁을 활용하기 위해 그는 해당 지역을 '깨끗이 정리'하자고 제안했다.

> 상황이 조금 안타깝긴 하지만, 이스라엘 입장에서는 최선을 다해 사람들을 밖으로 내보내고 그다음에 깨끗이 정리하는 것이 좋을 것 같아요…. 네게브 사막에 뭔가를 밀어버리고, 사람들을 그쪽으로 옮기는 걸 시도할 것 같아요. 그게 더 나은 선택이라고 생각합니다. 그러면 들어가서 일을 끝낼 수 있으니까요…. 지금 네게브를 개방해 안전지대를 만들고, 민간인을 그쪽으로 옮긴 뒤, 들어가서 일을 마무리하는 것이 올바른 조치라고 생각합니다.[21]

쿠슈너는 자신의 인종차별적 발언이나 인종청소 요구를 숨기려 하지 않았다. 그는 사업적 계획만을 염두에 두었고, 가자 주민들의 삶과 운명에는 전혀 관심이 없었다. 그는 팔레스타인 사람들을 그저 버려도 되는 존재로 여겼다.

요약하자면, 이스라엘과 세계 열강 간의 관계는 공정성과 정의라는 개념을 뛰어넘는 공동 경제-군사적 이해관계에 깊이 뿌리내리고 있으며, 이는 식민지화된 이들의 인간적 존엄성을 부정한다. 제국의

---

20 Patrick Wintour, "Jared Kushner Says Gaza's 'Waterfront Property Could Be Very Valuable,'" *Guardian*, March 19, 2024, https://tinyurl.com/5hy8ru2y.
21 Wintour, "Jared Kushner Says Gaza's 'Waterfront Property Could Be Very Valuable.'"

논리에서는 힘과 권력이 식민지화된 이들의 인간적 가치와 존엄성보다 우선한다. 이 집단학살의 전쟁에서 미국과 다른 서방 국가들은 이스라엘이 전쟁범죄를 저지르고 있음을 잘 알면서도, 중동에서의 자국 이익을 위해 전략적 동맹국인 이스라엘을 지지하기로 선택했다. 이들 서방 국가는 더 이상 자신들이 세계의 민주주의와 자유의 등불이라고 주장해서는 안 된다. 그들은 인권이나 팔레스타인 주민의 삶에 관심이 있는 척하는 짓을 그만둬야 한다. 사실 그들은 전혀 관심이 없다.

식민주의적 서사

오늘날 제국이 가진 강력한 도구 중 하나는 바로 서사(내러티브)를 통제하는 힘이다. 이번 전쟁은 제국이 어떻게 자신들의 이익과 이미지를 보호하기 위해 서사를 통제하고 왜곡하는지 보여주는 전형적인 사례가 되었다. 이는 가자지구의 현 상황을 보도하는 언론의 방식에서 분명하게 드러난다. 명백한 편향성을 가지고 팔레스타인 사람을 비인간화시키고 이를 지속시키고 일상화시킨다. 영국의 한 분석에 따르면, 영국과 미국의 주요 언론은 팔레스타인 사람을 체계적으로 비인간화하고, 해로운 서사를 반복하며, 이스라엘의 국제법 위반을 생략한 채 이스라엘의 입장만을 부각했다.[22] 서방 주요 언론이 치명적인 사건을 보도할 때, 이스라엘인은 '살해당했다' 또는 '학살당했다'고 표현하는 반면, 팔레스타인 사람은 그저 '사망했다'는 식으로 수동적

---

22 Claire Lauterbach and Namir Shabibi, "Analysis: How the UK and US Media Dehumanise Palestinians," Declassified UK, November 22, 2023, https://tinyurl.com/3xhhr3x4.

이거나 자연스러운 죽음처럼 다룬다.[23]

전쟁 중 「인터셉트」(The Intercept)는 10월 7일부터 11월 24일까지 「뉴욕타임스」, 「워싱턴포스트」, 「LA타임스」의 가자 전쟁 보도를 분석했다. 이 연구에 따르면, 이들 주요 신문은 'slaughter'(도살), 'massacre'(학살), 'horrific'(끔찍한)과 같은 표현을 거의 예외 없이 팔레스타인에 의해 사망한 이스라엘 민간인에게만 사용했고, 이스라엘의 공격으로 사망한 팔레스타인 민간인에게는 거의 사용하지 않았다. 그 기간 동안 「뉴욕타임스」는 이스라엘 사람의 죽음을 'massacre'(학살)로 표현한 경우가 53회였으나, 팔레스타인 사람의 죽음에는 단 한 번만 사용했다. 'slaughter'(도살)라는 단어 역시 22대 1의 비율로 이스라엘 사람에게 더 많이 쓰였으며, 당시 팔레스타인 사망자 수는 이미 1만 5천 명에 달했다.[24]

미디어 기업 '제테오'(Zeteo)의 창립자 메흐디 하산은 BBC의 온라인 전쟁 보도에서 체계적인 불균형이 존재함을 보여줬다. BBC는 팔레스타인 사람의 사망을 자연적이거나 우연한 일처럼 보이도록 수동태로 보도하는 반면, 이스라엘 사람의 사망은 적극적으로 책임을 명시하는 능동태로 보도한다. 이 불균형은 무려 100대 1에 달한다. 하산은 팔레스타인 사람은 얼굴 없는 통계 수치로만 다뤄지는 반면, 이스라엘 사람은 어머니, 형제, 자매 등 구체적 인간으로 묘사됨을 지적했다. 텔레비전 보도에서는 미국인 출연자가 이스라엘인에게 공감하는

---

23 Lauterbach and Shabibi, "Analysis."
24 Adam Johnson and Othman Ali, "Coverage of Gaza War in The *New York Times* and Other Major Newspapers Heavily Favored Israel, Analysis Shows," *Intercept*, January 9, 2024, https://tinyurl.com/2pcfpb22.

비율이 두 배 이상 높고, 이스라엘인 출연자가 팔레스타인 출연자보다 열 배나 많다.

비인간화는 정치적 담론에서도 그대로 드러난다. 정치인들은 종종 이스라엘 사람의 고통을 팔레스타인 사람보다 우선시하는데, 이는 서구 언론의 편향된 세계 뉴스 보도를 반영하고 강화하는 일종의 인종차별이다. 언론과 정치에서의 반(反)팔레스타인적 인종차별과 편견은, 이를 제대로 문제 삼는 이가 거의 없기 때문에 여전히 만연하다. 하산은 이렇게 일방적인 보도에도 불구하고, 여론조사에서는 미국인들이 여전히 휴전을 지지한다고 지적했다. 만약 언론이 구조적 맥락을 충분히 제공하고, 팔레스타인 사람을 인간으로 그리고 수십 년간 이스라엘 폭력의 피해자로 다뤘다면, 대중 여론은 더 크게 변화했을 것이다. 하산에게 있어 언론 보도의 체계적 불균형은 한 집단의 고통을 다른 집단보다 우선시하게 만들고, 팔레스타인에 대한 왜곡된 대중 인식을 낳으며, 이는 단순한 저널리즘 실패가 아니라 의도적인 인종차별과 비인간화 행위다.[25]

이 전쟁에 대한 식민주의적 담론은 10월 7일의 구조적 맥락을 완전히 무시했다. 이 맥락에 대해서는 2장에서 설명했다. 전쟁 내내 기자들과 정치인들은 팔레스타인 사람들에게 하마스를 규탄하라고 집요하게 요구했다. 나는 이 요구가 전쟁의 시작을 10월 7일로 규정하는 서사를 만들기 위한 것이라고 본다. 우리가 이 전쟁이 10월 7일에 시작된 것이 아니라고 주장할 때, 비로소 이 전쟁의 맥락을 살펴볼 수 있

---

[25] Mehdi Hasan, "The Deliberate Dehumanization of the Palestinians': Mehdi Hasan Calls Out Media Bias on Gaza," Zeteo, April 17, 2024, https://tinyurl.com/23twrwsy.

고, 10월 7일에 벌어진 일에만 집착하는 논쟁에서 벗어날 수 있다. 서구 언론에서는 "하마스가 10월 7일에 저지른 일에 어떤 대응이 적절한가?"라는 질문이 여러 형태로 반복되어 왔다.26 팔레스타인 사람으로서 나는 묻고 싶다. 76년간 이어진 인종청소와 억압에 대한 적절한 대응은 무엇인가? 가자 주민의 80퍼센트는 1948년 나크바 당시 쫓겨난 난민으로, 이스라엘 시민권도, 강제 이주에 대한 보상도 받지 못했다는 점을 기억해야 한다. 대부분의 언론은 가자에서의 집단학살을 10월 7일 이후의 전쟁으로만 다루지, 나크바의 연장선상에서 바라보지는 않는다.

전쟁 중 우리는 가자의 인도적 상황이 악화하여 사람들이 실제로 굶어 죽고 있다는 이야기를 많이 들었다. 분노와 좌절 속에 팔레스타인 사람으로서 묻는다. 지난 17년, 봉쇄가 시작된 이후로는 왜 이런 분노가 없었는가? 가자는 10월 7일 이전부터 이미 지옥이었다. 식량, 전기, 물 부족은 10월 7일 이전부터 있었다. 수년간 견딜 수 없는 상황이 이어졌고, 극심한 실업과 청년 자살률 증가로 이어졌다. 이 모든 것은 10월 7일 이전의 일이었다. 76년 동안 팔레스타인 사람은 강제 이주, 정착민 폭력, 토지 강탈, 주택 철거, 분리 정책, 공격적 정착촌 건설, 아파르트헤이트, 극우 정부를 견뎌왔다. 서방 언론은 수십 년간 이러한 점령과 아파르트헤이트의 결과를 거의 다루지 않았으니, 집단학살이 벌어진 뒤에야 가자 상황에 대한 세계적 관심이 일어난 것도 놀랍지 않다.

---

26 Kelly Garrity, "Majority of Americans Say Israel's Response to Hamas Attack Is Justified, CNN Poll Finds," Politico, October 15, 2024, https://tinyurl.com/msnbccx3.

이스라엘은 자위권을 행사하고 있다고 우리는 듣는다. 이것은 아마 가자에서의 집단학살을 정당화하고 일상화하는 데 가장 흔히 사용되는 논리일 것이다. 정치인부터 종교 지도자까지 모두 이 논리를 반복해 왔다. 그러나 겉보기에는 논리적인 이 주장은 비논리적인 서사를 뒷받침한다. 나는 묻고 싶다.

"식민주의자가 자신들이 식민지로 만들어 버린 이들로부터 자신을 어떻게 방어한단 말인가?"
"점령한 자가 점령당한 이들로부터 자신을 어떻게 방어한단 말인가?"
"봉쇄하는 자가 봉쇄당한 이들로부터 자신을 어떻게 방어한단 말인가?"

그리고 나는 또한 이렇게 묻지 않을 수 없다.

"어떻게 1만 7천 명이 넘는 어린이의 죽음이 자위권 행사로 간주될 수 있다는 말인가?"

나는 폭력을 옹호하지 않는다. 나는 창의적이고 비폭력적인 저항을 신념으로 삼아왔다. 언제나 이를 주장해 왔다. 하지만 다시 한번 말하지만, 아무도 팔레스타인 사람의 자위권에 관해서는 이야기하지 않는다. 팔레스타인 사람에게도 자신을 방어할 권리가 있는가? 가자 주민들에게도 자신을 방어할 권리가 있는가? 왜 그들은 그럴 수 없는가? 서안지구와 가자지구는 국제적으로 점령지로 인정받고 있다. 그리고 피점령지 주민으로서, 국제법상 팔레스타인 주민에게는 분명히 자위권이 있다. 이는 유엔 팔레스타인 특별보고관 프란체스카 알바네세가 명확히 밝힌 바다.27 그러나 팔레스타인 사람들이 이스라엘 군대에 맞서 자신을 방어하면, 그들은 테러리스트로 낙인찍힌다. 제국의 힘은 국제법보다 우위에 서서 제국과 그 동맹국에는 국제법이 무력하거나 적용되지 않게 만든다.

이스라엘이 76년간 팔레스타인 사람에 대한 폭력과 인종청소를 자행해 왔음에도, 이스라엘과 그 옹호자들은 반복적으로 이스라엘의 행동을 자위권 행사로 포장한다. 이스라엘은 점령자인데도 끊임없이 자신을 피해자로 내세운다.28 반면, 팔레스타인 사람들은 자신들의 이야기를 꺼내기도 전에 하마스를 규탄해야 하고, 폭력 전반을 비난해야 하며, 반유대주의의 악을 비판해야 하는 것으로 대화를 시작하라는 압박을 받는다. 우리는 발언권을 얻기 위해 식민주의자의 존재권을 옹호할 것을 전제로 삼으라는 요구를 받는다.

이런 서사의 왜곡은 현대사에서 제국이 늘 사용해 온 효과적인 도구였다. 우리는 미국과 그 동맹국이 이라크 전쟁 당시 '대량살상무기'를 이유로, 그다음에는 '자유와 민주주의 증진'을 명분으로 전쟁을 정당화하며 세계를 속였던 사실을 잊었는가? 그 거짓 명분 아래 20만 명의 이라크 민간인이 목숨을 잃었다. 20만 명의 소중한 생명이다. 그 누구도 책임을 진 적이 있는가?

가자 전쟁에서 일어나는 서사 왜곡은 팔레스타인 사람에 대한 지

---

27 "UN Special Rapporteur: Israel Can't Claim 'Right of Self-Defence,'" *Al Jazeera*, November 15, 2023, https://tinyurl.com/3hm8ecyb.

28 Ahmed Moor, "Gideon Levy in NYC: Israel Is 'the Only Occupier in History That's Completely Convinced of Its Own Present Ongoing Victimhood," *Mondoweiss*, October 5, 2010, https://tinyurl.com/cjtpn9fx.

속적인 비인간화와 악마화와 함께 이루어지고 있다. 가자 주민들은 이번 전쟁 내내 전례 없는 비인간화 캠페인의 대상이 되었고, 심지어 가자에서 벌어진 공격에 대한 그들의 증언조차 부정당하고 있다. 「인터셉트」의 수상 경력 기자 제러미 스케이힐은 이렇게 썼다. "이스라엘의 정보전 중심에는 팔레스타인 사람을 비인간화하고, 근거 없는 허위 주장과 확인 불가능한 의혹을 대중 담론에 쏟아붓는 전술적 임무가 있다."29

전쟁 초기에 이스라엘이 퍼뜨린 가장 악명 높은 거짓말은 하마스 대원이 이스라엘 어린이 40명을 참수했다는 주장이었다. 분명히 하자. 이 소문은 음모론 SNS 계정에서 시작된 것이 아니었다. 이 거짓말은 이스라엘과 미국 고위 당국자들에게서 직접 나왔다. 이스라엘 뉴스 채널 i24는 군인들에게서 아기들의 머리가 잘렸다는 확인을 받았다고 보도했다.30 이스라엘군 대변인과 베냐민 네타냐후 총리도 주요 언론에 군인들이 참수된 아기 시신을 발견했다고 말했다.31 미국 대통령 조 바이든도 "테러범들이 아이들을 참수하는 사진을 봤다"고 발표했다.32 하지만 백악관은 이후 이 발언을 번복했다.33

---

29 Jeremy Scahill, "Netanyahu's War on Truth: Israel's Ruthless Propaganda Campaign to Dehumanize Palestinians," *Intercept*, February 7, 2024, https://tinyurl.com/yc78nahf.
30 i24NEWS English (@i24NEWS_EN), X, October 10, 2023, https:// tinyurl.com/26942nkn.
31 Lauren Izso and Mostafa Salem, "Babies and Toddlers Were Found with 'Heads Decapitated' in Kfar Aza, Netanyahu Spokesperson Says," *CNN*, October 11, 2023, https://tinyurl.com/2nzcwrtr; Joshua Nelken-Zitser and Rebecca Cohen, "IDF Says Hamas Decapitated Babies in Israel," Business Insider, October 10, 2023, https://tinyurl.com/wn7vtwm2.
32 Jacob Magid, "Meeting with Jewish Leaders, Biden Confirms Reports That Hamas Beheaded Israeli Children," *Times of Israel*, October 12, 2023, https://tinyurl.com/

이 거짓말은 인터넷을 통해 빠르게 확산됐고, 많은 정치인들이 이를 공유했다. i24가 X(옛 트위터)에 처음 이 주장을 올린 다음 날, 해당 게시물은 단 하루 만에 4,400만 회 노출, 30만 건의 좋아요, 10만 건이 넘는 리포스트를 기록했다.34 이 거짓이 10월 7일 사건과 팔레스타인 사람에 대한 세계의 인식에 얼마나 깊은 영향을 미쳤을지 상상해 보라.

40명의 아기 관련 거짓말은 단발성 조작이 아니었다. 미국 국무장관 앤서니 블링컨은 아침 식사 자리에서 가족 4명이 잔혹하게 살해당했다는 이야기를 반복했다. "아버지의 눈이 두 아이(8세, 6세) 앞에서 뽑혔고, 어머니의 가슴이 잘려 나갔습니다. 딸의 발이 절단되고, 아들의 손가락이 잘린 뒤 모두 처형되었습니다. 처형자들은 희생자들 옆에서 식사를 했습니다."35 하지만 이스라엘 언론과 다른 보도에 따르면, 이런 일은 실제로 일어나지 않았다.36 이스라엘은 알시파병원이 하마스의 지휘 본부로 쓰였고, 납치된 이스라엘인들이 그곳에 있었다고 주장했다. 또 유엔 팔레스타인 난민구호사업기구인 UNRWA 직원

3pnsdsht.
33 "White House Walks Back Biden's Claim He Saw Children Beheaded by Hamas," *Al Jazeera*, October 12, 2023, https://tinyurl.com/yxy8jwtz.
34 Marc Owen Jones (@marcowenjones), X, October 11, 2023, https://tinyurl.com/49edkha3.
35 Jonathan Cook, "War on Gaza: We Were Lied into Genocide. Al Jazeera Has Shown Us How," *Middle East Eye*, March 28, 2024, https://tinyurl.com/5n8aunfu.
36 Arun Gupta, "American Media Keep Citing Zaka-Though Its October 7 Atrocity Stories Are Discredited in Israel," *Intercept*, February 27, 2024, https://tinyurl.com/2s8vxazv; Aaron Rabinowitz, "Death and Donations: Did the Israeli Volunteer Group Handling the Dead of October 7 Exploit Its Role?" *Haaretz*, January 31, 2024, https://tinyurl.com/2v4wb7fc.

일부가 10월 7일 공격에 가담했다는 의혹도 제기했다. 「뉴욕타임스」는 하마스가 10월 7일 성폭력을 무기화했다고 보도했으나, 이 역시 광범위한 논란에 휩싸였다.[37] 이후 이 주장에 대한 반박이 이어졌다.[38] 하마스 대원들이 10월 7일 성폭력과 성폭행을 저질렀다는 사례는 기록되어 있으며, 유엔 보고서도 가자 내 인질이 성폭행당했다는 신빙성 있는 정보를 확인했다. 이는 분명히 끔찍하고 용납할 수 없는 일이다.[39] 그러나 이런 행위가 광범위하고 조직적으로 벌어졌다는 허위 주장은 팔레스타인 사람을 악마화하려는 의도가 뚜렷하다.

이 전쟁에서 팔레스타인 사람을 희생양 삼아 만들어진 거짓말들은 참으로 혐오스럽다. 이스라엘 아기들이 끔찍하게 살해됐다는 이야기를 꾸며내어 실제로 팔레스타인 아기들이 살해되는 일을 정당화하는 것은 비열하기 짝이 없다. 10월 7일 자체만으로도 아주 끔찍했다. 그날 수많은 무고한 이스라엘인, 그중에는 36명의 어린이도 포함되어 잔혹하게 목숨을 잃었다. 이 자체로 비극이다. 그러나 홀로코스트의 참상을 그리 멀지 않은 과거에 겪은 국가가 이런 식으로 사건을 조

---

37 Jeffrey Gettleman, Anat Schwartz, and Adam Sella, "Screams Without Words': How Hamas Weaponized Sexual Violence on Oct. 7," *New York Times*, updated March 25, 2024, https://tinyurl.com/bdz2fczz.
38 Jeremy Scahill, Ryan Grim, and Daniel Boguslaw, "Between the Hammer and the Anvil': The Story Behind the *New York Times* October 7 Exposé," *Intercept*, February 28, 2024, https://tinyurl.com/3t7zff5r; David Folkenflik, "Newsroom at 'New York Times' Fractures over Story on Hamas Attacks," NPR, March 6, 2024, https://tinyurl.com/4y7ysxyv.
39 Kareem Khadder, Lucas Lilieholm, and Nadeen Ebrahim, "Hamas-Led Groups Committed 'Numerous War Crimes' on October 7, Rights Group Says," *CNN*, July 18, 2024, https://tinyurl.com/54vyjun5.

작하거나 세부 사항을 과장하는 것은 정말로 충격적이다. 이는 이스라엘 언론과 당국자 전반의 신뢰성에 대한 의문을 불러일으킨다. 전쟁 초기에 실시된 한 여론조사에 따르면, 이스라엘 유대인 중 오직 4퍼센트만이 네타냐후를 가자 전쟁에 관한 신뢰할 만한 정보제공자로 본다고 답했다.[40] 그런데도 서방 언론, 미국 의회 의원, 교회 지도자들은 네타냐후의 말을 절대적으로 받아들이며, 이스라엘 측 주장을 감히 의심하지 않는다.

이런 조작의 진짜 동기를 반드시 물어야 한다. 한편으로는 팔레스타인 사람을 야만인이나 동물로 보이게 만들기 위함이다. 다른 한편으로는 집단학살에 대한 명분과 정당성을 제공하기 위함이다. 스케이힐의 평가는 중요하다.

> 이 이야기들은 정당화될 수 없는 일을 정당화하기 위해 집단적 분노를 유발하도록 무기로 사용된 대담한 거짓말들이다…. 선전과 무기화된 거짓말은 죽은 시신, 강제 아사, 아동 대량 학살, 전체 사회의 파괴를 잠시 가릴 수 있을 뿐이다.[41]

비극적인 아이러니는 이스라엘 군대에 의해 수년간—이번 전쟁에서만 1만 6천 명이 넘는— 팔레스타인 어린이들이 잔혹하게 살해됐음에도, 국제사회에서는 거의 분노나 연민을 찾아볼 수 없다는 점이다. 팔레스타인 어린이들은 혐의도 없이 이스라엘 감옥에 갇혀 있

---

40 "Poll: Less Than 4% of Jewish Israelis Believe Netanyahu Is Reliable Source of Info on War," *Times of Israel*, November 15, 2023, https://tinyurl.com/5cfywe4d.
41 Scahill, "Netanyahu's War on Truth."

고—사실상 납치당한 셈인데— 서방 정부에서는 이에 대해 아무런 분노도 표하지 않는다. 이스라엘 교도소에서 팔레스타인 여성과 남성에 대한 성폭력에 관한 보고와 영상이 널리 공개됐지만, 이스라엘은 책임을 지지 않는다.[42]

서사는 제국들이 가지고 있는 매우 강력한 도구다. 명백한 전쟁범죄조차 은폐하는 데 악용될 수 있다. 10월 7일 이후 몇 달 동안, 이스라엘은 9천 명에 가까운 팔레스타인 사람을 납치하고 고문했고(일부는 사망), 그중에는 어린이도 포함되어 있다. 이런 체계적 폭력은 어떻게 정당화되는가? 간단하다. 팔레스타인 사람을 야만인이나 동물로 비인간화하는 용어가 사용되면, 세계는 그들의 소멸을 훨씬 쉽게 정당화할 수 있다. 팔레스타인 사람이 '테러리스트'로 낙인찍히면, 그들은 더 이상 '납치'당하는 것이 아니라 '자위'와 '테러 예방'의 명목으로 '체포'되는 것이다. 증거도, 재판도, 입증도 필요 없다. 이스라엘이 팔레스타인 사람을 향해 만들어 낸 서사는, 심지어 팔레스타인 정형외과 최고 권위자이자 알시파병원 정형외과장인 아드난 알 부르쉬 박사가 이스라엘 구금 4개월 만에 고문 끝에 사망한 사례처럼, 의사에 대한 살해와 고문까지도 정당화할 만큼 매우 강력하고 권위적이다.[43]

이스라엘이 서사를 통제하는 데 있어 중요한 한 축은 '반유대주의'

---

[42] "Israel/opt: UN Experts Appalled by Reported Human Rights Violations Against Palestinian Women and Girls," OHCHR, February 19, 2024, https://tinyurl.com/55xwpjfv; Aurora Almendral, "U.S. Decries Reported Sexual Abuse of Palestinian Prisoners After Graphic Video Aired on Israeli TV," *NBC News*, August 10, 2024, https://tinyurl.com/yumnv9jp.

[43] "UN Expert Horrified by Death of Gazan Orthopedic Surgeon in Israeli Detention," OHCHR, May 16, 2024, https://tinyurl.com/2hsj69eu.

라는 혐의를 무기화하는 것이다. 이는 이스라엘에 대한 모든 비판을 침묵시키는 데 사용된다. 가자지구 어린이에 대한 연민을 표현하면, 하마스 지지자이자 반유대주의자로 몰릴 위험이 있다. 반유대주의자라는 낙인에 대한 두려움 때문에 많은 서방인, 심지어 교회 지도자들까지 침묵하고 있다. 이 두려움이 지도자들과 국제기구로 하여금, 이스라엘이 가자에서 전쟁범죄를 저지르고 있음이 명백할 때조차 이스라엘을 비판하지 못하게 만든다. 이스라엘과 그 동맹국들은 이스라엘 비판자를 공격할 준비가 된 언론 네트워크를 거느리고 있으며, 반유대주의에 대한 비난은 그들의 첫 번째 무기다.

반유대주의라는 혐의를 무기화하는 현상은 미국과 유럽 대학에서 학생들이 주도한 시위에서 명백히 드러났다. 많은 이들이 이 시위가 유대인에 대한 증오에서 비롯한 것처럼 비난했지만, 실제로는 유대인 학생들이 이 시위를 이끈 경우가 많았다. 독일의 한 사건에서는, 한 독일 관리가 반유대주의적이라고 낙인찍은 시위를 진압하던 경찰이 시위를 주도한 유대인들을 체포하기도 했다![44] 미국 스톡턴대학교 홀로코스트 및 집단학살 연구 부교수인 이스라엘 역사가 라즈 시갈은 「타임」지에 기고한 중요한 글에서 반유대주의 혐의를 무기화하는 것에 대해 다음과 같이 경고했다.

> 가자 연대 천막촌이 미국 전역의 수십 개 캠퍼스에 세워지자, 민주당과 공화당 의원들 그리고 조 바이든 대통령까지 시위대와 대학을 반유대주의로 몰아붙

---

[44] James Jackson, "'We Jews Are Just Arrested; Palestinians Are Beaten': Protesters in Germany," *Al Jazeera*, April 1, 2024, https://tinyurl.com/3b387b5w.

였다. 이는 심각한 오판이자 위험한 일이다. 사실 친이스라엘 진영이 내세우는 이런 포괄적 주장은 정치적 무기로, 이스라엘이 가자를 공격하면서 최소 3만 5천 명의 팔레스타인 사람이 사망하고, 수만 명이 부상했으며, 200만 명 가까운 팔레스타인 사람이 기아에 직면한 채 강제 이주 당한 현실에 대한 비판을 차단하기 위한 것이다. 많은 학자들은 가자의 상황이 집단학살에 해당한다고 말한다. 결국 반유대주의의 무기화는 미국 내 취약계층, 유대인을 포함해 차별과 배제를 더욱 심화시킨다. 실제로 시위대를 반유대주의자로 비난하는 이들은 천막촌 시위에 참여한 수많은 유대인들을 유대인으로 간주하지 않는 듯하다. 즉, 유대인은 이스라엘을 지지하거나 친팔레스타인 입장을 드러내지 않을 때만 유대인으로 인정받을 수 있다는 주장이나 다름없다.[45]

팔레스타인 기독교 지도자이자 활동가로서, 나는 수년간 그리고 이번 전쟁 기간 동안 이런 무기화를 직접 경험해왔다. 이런 낙인을 이렇게 아무렇지 않게 사용하는 것은 부끄러운 일이다. 반유대주의는 실제로 존재하며, 위험하고 사악하다. 그러나 이는 팔레스타인 사람의 권리를 옹호하거나 이스라엘을 비판하는 것과 혼동되어서는 안 된다. 이스라엘이 전쟁범죄를 저질렀다면, 나는 이에 대해 목소리를 낼 것이다. 신앙인으로서 우리의 진실성과 신뢰가 여기에 달려 있다.

이것이 제국의 힘이다. 이것이 식민주의의 작동 방식이다. 이스라엘은 면책 특권을 누린다. 어떤 결의안이 나와도 미국이 거부권을 행사해 줄 것임을 믿을 수 있다. 서방이 무기와 지원을 아무런 책임 없이

---

45 Raz Segal, "How Weaponizing Antisemitism Puts Jews at Risk," *Time*, May 14, 2024, https://tinyurl.com/2u5rmdej.

계속 제공해 줄 것임을 믿을 수 있다. 정치인과 언론이 왜곡된 제국의 서사를 옹호하고, 이스라엘의 행동을 정당화하며 필요한 법적 보호막을 제공해 줄 것임을 믿을 수 있다. 미국 의회, 유럽연합, 영국 의회가 아무 조건 없이 정치적, 재정적, 군사적 지원을 해줄 것임을 믿을 수 있다. 이것이 바로 '힘이 정의'라는 원칙이 보여주는 최악의 모습이다. 과거 미국과 영국이 남아공의 아파르트헤이트를 끝까지 옹호하며 경제제재 세계 캠페인을 저지했던 것처럼, 오늘날에도 이들은 이스라엘에 대한 보이콧과 제재 운동을 저지하고 있다. 1980년대 레이건과 대처가 만델라와 아프리카민족회의를 공산주의자, 테러리스트로 비난했던 것처럼 오늘날의 미국을 필두로 하는 초강대국들은 팔레스타인 사람을 테러리스트로 규정하고, 아파르트헤이트 체제의 이스라엘은 이란과 이슬람 테러에 맞선 '선의 축' 동맹임을 내세운다.[46]

인종주의

이 전쟁은 우리 팔레스타인 사람들에게 서구 세계의 많은 이들, 특히 그 지도자들이 팔레스타인 사람을 동등하게 여기지 않는다는 사실을 확신하게 했다. 우리는 덜 인간적인 존재로, 덜 인간다운 권리와 존엄을 누릴 자격이 없는 존재로 여겨지는 듯하다. 내가 '인종차별'이라는 단어로 말하고자 하는 것이 바로 이것이다. 전쟁 내내 우리는 전례 없는 수준의 비인간화를 목격했으며, 이런 비인간화가 이스라엘이 오

---

46 Becky Little, "Key Steps That Led to End of Apartheid," History, updated August 22, 2023, https://tinyurl.com/yj2prpm2.

랜 시간 동안 집단학살적 전쟁을 지속적으로 벌일 수 있게 했다.

이번 전쟁에서 서구의 식민지적 서사는 '선과 악'이라는 인종주의화된 프레임을 적극적으로 활용했다. 하마스는 '잔혹하다', '비인간적이다', '짐승이다'라는 식으로 묘사됐다. 미국 의회의 한 의원은 모든 가자 주민이 나치라고 주장하며, 따라서 가자에는 무고한 사람이 없다고까지 말했다.[47]

실제로 이번 전쟁은 팔레스타인 사람에 대한 체계적 비인간화를 여실히 드러냈다. 이스라엘 국방장관 요아브 갈란트는 10월 9일, "이스라엘은 인간 짐승들과 싸우고 있으며, 그에 맞게 행동할 것"이라고 선언했다. 이런 인종차별적 이데올로기가 바로 가자지구에 대한 전면전을 정당화하는 논리였고, 그는 "전기, 식량, 연료 모두 차단할 것"이라고 주장했다.[48] 갈란트는 팔레스타인 사람을 인간으로 보지 않으며, 그의 이런 인종차별적 신념은 결코 예외적인 것이 아니다.

네타냐후 총리는 이스라엘이 '문명 세계'를 대표해 '야만인'과 싸우고 있다고 주장했다.[49] 10월 11일 바이든 대통령과의 통화에서 네타냐후는 "토요일에 우리는 홀로코스트 이후 본 적 없는 야만적 공격을 받았다. 그들은 수십 명의 아이들을 결박해 불태우고 처형했다…. 이스라엘 역사상 이런 야만성은 본 적이 없다. 그들은 ISIS보다 더 악

---

47 Akela Lacy, "GOP Representative Denies Existence of 'Innocent Palestinian Civilians' and Tries to Hobble Aid to Gaza," *Intercept*, November 1, 2023, https://tinyurl.com/3xcvxvbd.

48 Emanuel Fabian, "Defense Minister Announces 'Complete Siege' of Gaza: No Power, Food or Fuel," *Times of Israel*, October 9, 2023, https:// tinyurl.com/4utv9fy5.

49 David Isaac, "Netanyahu Calls Civilized World to Arms Against 'Forces of Barbarism,'" Jewish News Syndicate, October 30, 2023, https://tinyurl.com/222f3dks.

랄하며, 우리는 그에 맞게 대응해야 한다"고 말했다.50 여기서 반복적으로 사용된 '야만성'(savagery)이라는 표현은 유럽 식민지 세력이 토착민을 묘사할 때 늘 써왔던 방식이다.

이스라엘 지도자들의 폭력적이고 인종차별적인 시각은 성경 속 아말렉 족속에 대한 언급에서도 극명하게 드러난다. 이 언급은 가자 주민의 절멸을 암시하는 것으로, 네타냐후는 대국민 연설에서 신명기 25장의 구절을 인용해 "아말렉이 너희에게 한 일을 기억하라"고 말했다. 성경 전체의 맥락은 다음과 같다.

> 네가 애굽에서 나올 때 아말렉이 네게 행한 일을 기억하라…. 네 하나님 여호와께서 네게 주시는 땅에서 네가 네 모든 대적에게서 평안을 얻고 그 땅을 차지하게 될 때, 하늘 아래서 아말렉의 기억을 지워버리라. 잊지 말라(신명기 25:17-19).

사무엘상 15장 3절에서는 하나님이 사무엘을 통해 사울 왕에게 "이제 가서 아말렉을 쳐서 그들의 모든 소유를 진멸하라. 남녀, 아이와 젖먹이, 소와 양, 낙타와 나귀를 죽이라"고 명령한다. 리쿠드당의 보아즈 비스무트 의원 역시 아말렉의 이미지를 언급하며, 가자 주민에게는 자비를 베풀어서는 안 된다고 주장했다. "잔인한 자에게 자비를 베푸는 것은 금지되어 있다. 어떤 인도주의적 제스처도 있을 수 없다…. 아말렉에 대한 기억은 반드시 지워져야 한다"고 말했다.51

---

50 Scahill, "Netanyahu's War on Truth."
51 Emma Graham-Harrison and Quique Kierszenbaum, "Israeli Public Figures Accuse

이런 아말렉 언급은 명백히 인종청소를 암시하며, 가자에서의 대량 학살을 정당화하려는 의도를 담고 있다. 성경을 이런 식으로 활용하는 것은 폭력을 정당화할 뿐 아니라 현대 이스라엘을 성경 속 이스라엘에, 오늘날 팔레스타인 사람을 이스라엘의 땅 획득을 막았던 고대 민족에 비유하는 효과를 낸다. 이런 해석은 이스라엘이 수천 년 전 하나님이 준 땅을 되찾는 과정에서 하나님의 적을 완전히 멸절해야 한다는 논리를 내포한다. 이처럼 왜곡된 성서적 정복과 절멸의 꿈이 바로 10월 7일 이후 이스라엘이 실행하려 한 것이다. 그 목표는 우리가 알던 가자를 지워버리고, 그 재건의 가능성마저 없애는 데 있었다.

가자 주민에 대한 악마화는 이 집단학살을 가능하게 한 중요한 도구였다. 네타냐후에게 이 전쟁은 "빛의 자녀와 어둠의 자녀 사이의 투쟁"이다.[52] 이 논리에 따르면, 가자 주민은 하나님의 어둠의 백성, 곧 하나님의 적이 된다. 아말렉 족속처럼, 그들은 "완전히 파멸되어야 하며", "하늘 아래에서 그 기억이 지워져야" 한다. 팔레스타인 학자 나데라 샬후브 케보르키안은 이스라엘 정치인들이 성경 속 아말렉을 무기화한 것의 영향에 대해 중요한 통찰을 남겼다.

> 팔레스타인 사람을 아말렉 족속으로 규정함으로써 그들은 우리에게서 생명, 집, 이웃, 병원, 학교, 도시를 빼앗는다…. 이런 종교적 주장은 제거의 논리와

Judiciary of Ignoring Incitement to Genocide in Gaza," *Guardian*, January 3, 2024, https://tinyurl.com/2ha9etfb.

52 "Excerpt from PM Netanyahu's Remarks at the Opening of the Winter Assembly of the 25th Knesset's Second Session," [Israeli] Ministry of Foreign Affairs, October 16, 2023, https://tinyurl.com/2ay2wr7n.

통치의 기술을 정당화하며, 아말렉 족속을 대하듯 팔레스타인 사람을 만나는 누구라도, 심지어 인큐베이터에 있는 아기까지 죽일 수 있게 만든다.53

서방 세계가 팔레스타인 사람의 생명을 얼마나 하찮게 여기는지는, 우크라이나인에 대한 전쟁범죄와 팔레스타인 사람에 대한 전쟁범죄에 대한 세계의 반응 차이에서 극명하게 드러난다. 우르줄라 폰 데어 라이엔 유럽연합 집행위원장을 포함한 세계 지도자들은 이 같은 인종차별적 이중 잣대를 사용했다. 그녀는 러시아의 우크라이나 민간 인프라(수도, 전기, 난방) 공격을 '전쟁범죄'이자 '테러'라고 규정했지만, 이스라엘이 가자에서 똑같은 행위를 저지를 때는 '자위권 행사'라고 표현했다.54

마찬가지로 블링컨 미 국무장관은 러시아가 식량을 전쟁 무기로 사용하는 것을 "정당화될 수 없고,55 용납할 수 없는 일"이라고 비난했지만,56 이스라엘이 같은 전쟁 수단을 더 가혹하게 사용할 때는 결코 비판하거나 제재하지 않았다. 그는 단지 이스라엘이 가자에 식량과 구호품을 더 잘 들여보내도록 '촉구'했을 뿐, 강제하지 않았다.57 반

---

53 Nadera Shalhoub Kevorkian, paper on theology of empire presented at Genocide in Gaza: World Academic Forum for Palestine, Scholars Against the War on Palestine, April 7, 2024 Houston, https://tinyurl.com/56df7vyh.

54 "EU Chief von der Leyen Slammed for 'Double Standards' on War-Hit Ukraine and Gaza," *New Arab*, October 13, 2023, https://tinyurl.com/3vd782xd.

55 Kevin Shalvey, "Blinken Warns Russia to Stop Using 'Food as Weapon of War' in Ukraine," *ABC News*, August 3, 2023, https://tinyurl.com/y23trxjz.

56 Margaret Besheer, "Blinken Criticizes Russia for Impact of War on Global Hunger," *VOA News*, August 3, 2023, https://tinyurl.com/yc25n8t9.

57 Tom Bateman, "Gaza's Entire Population Facing Acute Food Insecurity, Blinken

면, 미국은 지금까지 이스라엘에 대한 군사 지원을 중단하거나 조건부로 바꾼 적이 없다. 세계중앙주방(World Central Kitchen) 소속 국제 구호 요원 7명이 이스라엘의 공격으로 사망한 뒤에야, 민주당 하원의원 30명이 바이든 대통령에게 무기 지원 중단을 촉구했다.[58] 그러나 이런 요구는 받아들여지지 않았다. 팔레스타인 구호 요원 200명과 수만 명의 팔레스타인 사람이 사망했음에도, 이런 요구가 나오지 않은 것이다.[59]

우리 팔레스타인 사람은 그저 '부수적 피해'에 불과하다. 세계 지도자들은 우리를 집 안의 짐짝처럼 다룬다. "이 팔레스타인 사람들을 어디로 보낼까?" "왜 이집트는 국경을 열지 않는가?" 앞서 언급한 재러드 쿠슈너의 "가자를 깨끗이 정리해야 이스라엘이 부동산 개발을 할 수 있다"는 충격적인 발언도 같은 맥락이다. 비슷하게, 당시 미국 대통령 후보였던 니키 헤일리도 가자에 대한 인종청소를 주장하며, 팔레스타인 사람은 '친하마스 국가'로 이주해야 한다고 말했다. 그녀는 이렇게 덧붙였다.

> 왜 이집트는 그들을 받아들이지 않을까? 아마도 누가 테러리스트이고 누가 아닌지 신뢰하지 못하기 때문이 아닐까? 상황이 참담하긴 하지만, 그 악의 실체는 아랍 국가들에서도 분명히 드러난다.[60]

Warns," *BBC News*, March 19, 2024, https://tinyurl.com/9rf26f75.
58 "Pelosi Joins US Democrats Call for Biden to Halt Arms Transfer to Israel," *Al Jazeera*, April 6, 2024, https://tinyurl.com/4nkhfpjv.
59 Claudia Williams, "Almost 200 Humanitarian Workers Have Been Killed in Gaza. This Is What Organisations Do to Try to Keep Staff Safe," ABC News Australia, April 2, 2024, https://tinyurl.com/ycksysjz.

아랍 국가들이 팔레스타인 난민을 받아들이라는 요구는 본질적으로 인종청소를 촉구하는 것이다. 이들이 내세우는 인도주의적 관심에 속아서는 안 된다. 이런 요구는 팔레스타인 사람의 땅에 대한 뿌리 깊은 정체성과 민족적 소속을 무시하며, 가자 주민의 이익과도 무관하다.

니키 헤일리나 이런 주장을 하는 이들은 왜 미국이나 서유럽 국가들이 이스라엘 유대인들을 받아들이지 않느냐고는 묻지 않는가? 팔레스타인 사람을 그저 이리저리 옮길 수 있는 숫자로 취급하면서, 이스라엘이 점점 더 많은 팔레스타인 땅을 차지하는 현실을 정당화하는 것은 인종청소의 논리를 받아들이는 것이며, 팔레스타인 사람을 비인간화하고 그들의 고향에서의 자결권을 부정하는 것이다.

가자 전쟁에 대한 제국 담론을 지배하는 또 다른 인종차별적 논리는 '인간 방패'와 '인질' 관련 논의에서 드러난다. 이스라엘군은 하마스가 민간인을 인간 방패로 쓴다고 주장했지만, 이에 대한 증거는 제시하지 않았다. 서방은 이 주장을 오랫동안 반복해 왔다. 설령 이 주장이 사실이라 해도, 학교에 피신한 아이들이나 병원에 있던 가족들을 죽이는 것이 정당화될 수 있는가? 예를 들어, 댈러스에서 연쇄살인범이 경찰을 피해 학교에 숨어 100명의 아이를 인질로 잡았다고 하자. 미국이 이 연쇄살인범을 죽이기 위해 학교를 폭격하자고 주장할 수 있겠는가?

민간인은 인간 방패로 이용되더라도 보호받을 권리가 있다. 그러

---

60 Claudia Williams, "Almost 200 Humanitarian Workers Have Been Killed in Gaza. This Is What Organisations Do to Try to Keep Staff Safe," *ABC News Australia*, April 2, 2024, https://tinyurl.com/ycksysjz.

나 팔레스타인 사람은 그런 보호를 받을 자격이 없는 존재로 여겨진다. 2024년 6월 이스라엘이 이스라엘인 인질 4명을 구출했을 때, 전 세계가 환호하고 축하했다.[61] 이 인질들의 석방과 안전은 분명 축하할 일이다. 그러나 그 대가가 무엇이었는가? 서방 언론이 석방을 축하할 때, 그 작전으로 인한 이차적 피해로 목숨을 잃은 수백 명의 가자 주민에 대해서는 아무런 언급도 없었다. 그리고 만약 이 작전의 불균형성이 제기되면, 오로지 하마스만이 비난받았다. 여기서도 팔레스타인 사람의 생명은 완전히 무시된다. 10월 7일 이스라엘인 1,200명이 사망했을 때, 전 세계는 이스라엘 국기를 기념물과 정부 청사에 비추며 큰 공감과 연민을 보였다. 4만 명이 넘는 팔레스타인 사람이 목숨을 잃은 지금도, 우리는 아직 팔레스타인 국기가 어느 기념물에 걸리는지 기다리고 있다.

서방 언론에 드러난 반팔레스타인 인종차별은 가장 영향력 있는 서방 지도자들의 입에서도 반복된다. 이스라엘 공습으로 많은 가자 민간인이 사망한 것에 관한 질문에, 조 바이든 미국 대통령은 "팔레스타인 측이 밝히는 숫자를 신뢰하지 않는다"고 말했다.[62] 이 발언은 인종차별적이라고 볼 수 있으며, 가자에서 벌어진 팔레스타인 사람의 대규모 사망을 축소하고, 팔레스타인 사람이 겪는 참사의 규모를 스스로 보도할 능력마저 깎아내리는 것이다.

바이든은 이스라엘의 가자 군사작전을 '지나쳤다'(over the top)고

---

61 Emanuel Fabian, "IDF Rescues 4 Hostages Alive in Stunning Operation in Central Gaza," *Times of Israel*, June 8, 2024, https://tinyurl.com/32dtyvkf.
62 "Biden Says He Has 'No Confidence' in Palestinian Death Count," *Reuters*, October 25, 2023, https://tinyurl.com/3xh8vsar.

표현했다. 이 말은 도대체 몇 명이 죽어야 정당화될 수 있는지에 대한 의문을 남긴다.[63] 어린이 5,000명이 죽으면 정당한가? 10,000명, 13,000명은 어떤가? 언제쯤이면 아이들과 무고한 민간인의 학살이 도를 넘었다고 볼 것인가? 바이든의 논리라면, 파괴가 전체 인구를 위협할 때가 되어야 비로소 '지나쳤다'고 할 수 있다. 이것이야말로 최악의 인종차별이다.

바이든은 흔히 공감 능력이 뛰어난 인물로 평가받는다. 그는 분명 자기 집단에는 공감을 보이는 듯하다. 그러나 가자 팔레스타인 사람들은 그의 공감 대상이 아니었다. 팔레스타인 사람을 향한 그의 '연민' 발언은 이스라엘에 대한 조건 없는 군사 지원을 계속하는 한, 아무런 의미가 없다.

바이든 행정부의 국가안보 부보좌관인 존 파이너는 미시간주에서 아랍계 민주당원들과의 회의에서, 10월 7일 공격에 대한 이스라엘의 대응에 '실수'(missteps)가 있었다고 언급했다.[64] 수만 명의 팔레스타인 사람이 집단학살 당한 것을 '실수'라고 부르는 것이다! 이 표현을 잠시 곱씹어보자.

고속도로에서 잘못 빠져나온 것은 실수다. 설명서를 건너뛰고 가구를 잘못 조립한 것은 실수다. 그러나 수만 명의 아이들을 죽이는 일은 실수가 아니다. 그것은 전쟁범죄다. 그것은 집단학살, 즉 제노사이

---

63 Kevin Liptak, "Biden Calls Israel's Response in Gaza over the Top," *CNN*, February 8, 2024, https://tinyurl.com/yj4k4438.

64 Margaret Brennan et al., "Biden Aide Acknowledges Missteps on Gaza and Regrets Failure to Express Concern over Loss of Palestinian Life," *CBS News*, February 11, 2024, https://tinyurl.com/bc5jr56w.

드다.

　이런 태도는 서방이 이라크 전쟁을 바라본 방식을 떠올리게 한다. 이라크 전쟁은 약 7,280억 달러가 소요됐고, 20만 명의 이라크 민간인이 목숨을 잃었다. 그런데도 2003년 미국인의 무려 45퍼센트가 사담 후세인을 축출하기 위해 이런 희생과 비용을 감수할 가치가 있다고 답했다.[65] 서방이 아랍인의 생명을 평가절하하고, 그들의 죽음을 부수적 피해로 받아들이는 태도는 새로운 일이 아니다.

　이런 입장은 인종차별적 사고방식을 반영한다. 이는 2차대전 이후 서구가 자신들의 수치스러운 반유대주의 역사를 근본적으로 성찰하지 않은 데서 비롯된 것이라고도 할 수 있다. 서방 열강은 오히려 자신들의 인종차별을 팔레스타인에 전가했고, 팔레스타인 사람을 희생시켜 자신들의 죄를 속죄하려 했으며, 자기 내면의 편견과 우월감, 백인우월주의는 직면하지 않았다. 서방이 시온주의, 즉 팔레스타인에 아파르트헤이트 체제를 만든 배타적 이데올로기에 무비판적으로 지지를 보내는 것은, 자신들의 과거 반유대주의와 인종차별에 대한 회피이자 반작용이다. 인종차별은 서방에서 여전히 만연하며, 아랍인, 무슬림, 팔레스타인 사람 그리고 팔레스타인 기독교인까지도 이런 태도의 주요 표적이 되었다.

---

65 Nicholas Anastacio and Mark Murray, "The Iraq War-by the Numbers," *Meet the Press Blog*, March 20, 2023, https://tinyurl.com/5n7k4yyx.

제국신학

2023년 10월 말 미국 하원의장에 선출된 마이크 존슨은 공화당 유대인 연합(RJC) 행사에서 우려스러운 연설을 했다. 그는 "기독교인으로서 우리는 성경이 분명히 이스라엘을 지지해야 한다고 가르친다고 믿는다. 하나님께서 이스라엘을 축복하는 나라를 축복하신다"고 말했다.66 역사나 구체적 맥락에 대한 언급 없이, 이스라엘과 긴밀한 관계를 맺고 있는 복음주의 기독교인 존슨은 "성경이 기독교인은 반드시 이스라엘을 지지해야 한다고 가르친다"는 단순한 이유로 미국의 무조건적 이스라엘 지지를 천명했다. 그는 성경의 '이스라엘'이 현대 이스라엘 국가와 동일시될 수 있는지조차 묻지 않고, 당연하게 그렇게 여긴다. 존슨에게 중요한 것은 이스라엘 국가가 무엇을 했는지가 아니다. 이스라엘이 가자에서 전쟁범죄를 저지르고 있다고 수많은 인권 단체가 지적해도 상관이 없다. "성경이 기독교인은 반드시 이스라엘을 지지해야 한다고 가르친다." 끝.

이런 정서는 미국과 유럽에서 오랜 전통으로 자리 잡은 이스라엘 지지의 뿌리를 보여준다. 이는 매우 협소한 성서 해석과 신학적 전통에 기반한다. 2023년 10월 이후, 많은 미국 정치인과 관료들이 이와 유사한 입장을 반복해 왔다. 기자 리 팡과의 세 차례 인터뷰에서 공화당 의원들은 다음과 같이 말했다:

---

66 Marc Rod, "'We Are Going to Stand like a Rock with Our Friend and Our Ally Israel,' New House Speaker tells RJC," *Jewish Insider*, October 30, 2023, https://tinyurl.com/becwxj5v.

"이스라엘을 지지하는 모든 문제는 창조주에 대한 믿음…. 선택받은 백성에 대한 믿음에서 비롯된다"(피트 세션스).

"하나님을 영화롭게 하도록 창조된 국가는 이스라엘과 미국, 두 나라뿐이다"(로렌 보버트).

"이스라엘을 축복하는 자는 축복받을 것이다"(팀 버쳇).[67]

성서학자이자 신학자로서 나는 단언할 수 있다. 이것은 아주 잘못된 신학이다. 성경의 이야기는 21세기 세속 국가에 대해 말하지 않는다. 성경의 하나님은 편파적이지 않다. 성경에서 하나님은 국적이나 민족성을 근거로 편을 드는 분이 아니다. 성경에서 '선택'은 특권, 우월, 지배의 의미가 아니라 하나님의 메신저가 되어 세계 만방에 복이 되라는 소명이다. 성경에 등장하는 이스라엘에 대한 하나님의 약속은 권리의식이나 현대 국가에 대한 정치적 지지를 의미하지 않는다! 모든 인간은 하나님의 형상(imago Dei)으로 평등하게 창조되었으며, 하나님은 어떤 세속 국가에 대한 충성심을 근거로 복을 내리지 않는다.

보버트의 발언은 미국-이스라엘 예외주의에 신학적 언어를 부여한다. 미국과 이스라엘은 서로 수평적으로 그리고 하나님과 수직적으로 특별한 유대 관계를 맺는다는 것이다. 여기서 제국의 신학이 분명히 작동한다. 하나님이 제국의 편이라는 논리다. 이 논리는 폭력까지도 정당화한다. 그리고 미국과 이스라엘에 반대하는 모든 이는 곧 하

---

67 Lee Fang (@lhfang), X, October 25, 2023, https://tinyurl.com/2s2tjr6y.

나님의 적이 된다. 이런 태도는 미국 대학 캠퍼스에 설치된 천막촌 시위와 관련된 의회 청문회에서 극명히 드러났다. 조지아주 릭 앨런 하원의원은 컬럼비아대 총장 네마트 샤픽에게 창세기 12장 3절을 아는지 물었다. 앨런은 이어서 말했다.

"분명합니다. 하나님이 아브라함과 맺은 언약이죠. 그 언약은 매우 명확합니다. 이스라엘을 축복하면 내가 너를 축복하고, 이스라엘을 저주하면 내가 너를 저주할 것이다. 그리고 신약성경도 모든 민족이 너를 통해 복을 받을 것이라고 확인하고 있습니다."

앨런 의원은 이를 구실로 샤픽 총장을 충격적이고 공격적인 방식으로 위협하고 심지어 괴롭혔다.

"당신은 이것이 심각한 문제라고 생각합니까? 컬럼비아대가 성경의 하나님께 저주받기를 원합니까?"[68]

이는 미국 하원의원이 성경 구절을 인용해, 대학 총장에게 캠퍼스 내 이스라엘 반대 시위를 금지하라고 압박하는 장면이다. 그래야 하나님께 저주받지 않는다는 것이다. 앨런의 성경 해석이 완전히 잘못됐다는 사실은 차치하자. 상상해 보라. 만약 일한 오마르 의원처럼 무슬림 하원의원이 국회에서 꾸란 구절을 인용해 "팔레스타인을 지지

---

68 "US Congressman Rick Allen: 'Do You Want Columbia University to Be Cursed by God of the Bible?" Middle East Eye YouTube Channel, April 24, 2024, https://tinyurl.com/2n7ntvr9.

하지 않으면 알라가 미국을 저주할 것"이라고 경고했다면 어떤 일이 벌어졌을까? 아마 난리가 났을 것이다. 앨런은 남부의 외딴 교회에서 소수 복음주의자들에게 설교하는 변두리 목사가 아니다. 그는 세계에서 가장 강력한 입법기관의 의원이다.

팔레스타인계 미국인 복음주의 지도자 파레스 아브라함은 이 대결에 대해 이렇게 평했다.

> 앨런처럼 정치적 기독교인들이 자신들의 이념이나 관점에 하나님의 승인을 주장할 때, 이는 영적 테러리즘이라고 부를 수 있다. 성경 구절을 이용해 비기독교인들에게 두려움을 심어주기 때문이다. 이것은 근본적으로 우리의 기독교 신앙에 어긋난다.[69]

파레스 아브라함의 표현은 정확하다. 이것이야말로 '영적 테러리즘'이다. 그는 이어 창세기 12장 3절을 오용한 것임을 지적한다. 기독교인으로서 그는 창세기의 아브라함에게 약속된 복이 예수의 희생을 통해 완성됐다고 주장한다. 갈라디아서 3장 16절에 따르면, 예수야말로 아브라함의 참된 씨이며, 이 복의 궁극적 실현이기 때문이다. "아브라함의 복을 누리려면, 우리는 맹목적으로 지정학적 전략을 지지하는 대신 그리스도의 구속 사역에 머물러야 한다."[70]

팔레스타인 기독교인들은 성경이 우리를 억압하는 것을 정당화하는 데 오용되는 것을 매우 고통스럽게 여긴다. 특히 가자에서 야만적

---

69 Fares Abraham, "Christians Must Confront the Weaponization of a Sacred Promise," Religion News Service, April 23, 2024, https://tinyurl. com/2rd7yt89.
70 Abraham, "Christians Must Confront the Weaponization of a Sacred Promise."

전쟁이 계속되는 상황에서 이런 주장에 분노와 좌절을 억누르기 어렵다. 우리는 이런 시각을 가진 이들이 우리의 경험에도 귀를 기울이고, 우리의 목소리가 존중받길 바란다. 서구 기독교인들이 정치와 신학을 혼동함으로써 팔레스타인 기독교인과 중동 전체 신앙인들에게 얼마나 큰 상처를 주는지 깨닫길 바란다. 팔레스타인 기독교인에게 미국의 무조건적 이스라엘 지지는 여전히 큰 고통과 슬픔, 고난의 원인이다.

팔레스타인 신학자 미트리 라헵은 이스라엘이 팔레스타인 점령과 억압을 지속할 수 있게 하는 이데올로기를 '제국의 소프트웨어'라고 부른다.

> 이스라엘은 미국과 여러 유럽 국가에서 제공받는 군사 하드웨어(강경한 힘)만으로 팔레스타인 땅을 점령하는 것이 아니다. 이스라엘 국가, 시온주의 유대인 그리고 다수의 기독교 시온주의 동맹자들은 성경을 무기화해 점령에 필요한 소프트웨어, 즉 소프트파워를 제공한다.[71]

가자 전쟁은 서구 교회가 이 소프트웨어를 영속시키는 데 얼마나 공모하고 있는지를 드러냈다. 서구 기독교와 이스라엘 사이의 강한 유대가 적나라하게 드러난 것이다. 이 유대는 기독교 시온주의에서 가장 극명하게 드러난다. 기독교 시온주의는 친이스라엘 신학 이데올로기로, 복음주의뿐 아니라 기독교 전통 전반에 걸쳐 나타난다.

기독교 시온주의는 기독교의 성서적, 신학적 근거에 따라 시온주

---

[71] Mitri Raheb, *Decolonizing Palestine: The Land, the People, the Bible* (Orbis Books, 2023), 125.

의를 지지하는 입장으로 정의할 수 있다. 실제로 기독교 시온주의는 현대의 세속적 유대인 시온주의 운동보다 더 이른 시기에 등장했다.[72] 개신교 신학자들은 오랫동안 유대 민족의 운명에 깊은 관심을 가져왔다. 역사적으로 영국의 청교도 기독교인들은 유대인들이 팔레스타인 땅에 거주해야만 유대 민족의 '회복'(즉, 예수를 메시아로 받아들이는 것, 이는 종말의 전개에 필수적인 단계로 여겨짐)이 이루어진다고 믿었다. 이러한 신념은 시간이 흐르면서 개신교 신자들 사이에서 점점 더 퍼져나갔고, 19~20세기 유럽에서 반유대주의가 확산하면서 더욱 힘을 얻었다. 유대인들의 팔레스타인 이주와 시온주의 국가의 수립은 제국주의적 기독교 국가였던 영국에 세 가지 목적을 동시에 제공했다. 유대 민족 회복의 촉진, 유럽 내 '유대인 문제'의 해결(이는 광범위한 반유대주의의 직접적인 결과였음) 그리고 오스만 제국이 지배하던 팔레스타인 지역으로의 영국 제국 확장이 그것이다.

오늘날 전 세계적으로 유대인보다 훨씬 더 많은 비율의 기독교인들이 시온주의를 지지한다고 알려져 있다. 이러한 현상은 미국에서 특히 두드러지게 나타나는데, 2013년 한 조사에서는 백인 복음주의자들 중에서 유대인들보다 더 많은 이들이 "하나님이 이스라엘을 유대인에게 주셨다"고 답했다.[73] 그리고 전 세계적으로 복음주의 운동

---

[72] See Raheb, Decolonizing Palestine, 32-38; Nur Masalha, *The Bible and Zionism: Invented Traditions, Archaeology, and Post-Colonialism in Palestine-Israel* (Zed, 2007); Robert O. Smith, *More Desired Than Our Owne Salvation* (Oxford University Press, 2013); Donald M. Lewis, *A Short History of Christian Zionism: From the Reformation to the Twenty-First Century* (InterVarsity, 2021).

[73] "For example, twice as many white evangelical Protestants as Jews say that Israel was given to the Jewish people by God (82% vs. 40%)." Michael Lipka, "More White

이 성장함에 따라 이스라엘에 대한 지지도 함께 확산하고 있다.

하지만 기독교인들의 이스라엘 지지는 복음주의자들에만 국한되지 않는다. 주류 교회의 많은 기독교인들은 종말론적 예언 성취에 초점을 맞춘 기독교 시온주의 해석에는 동의하지 않지만, 신학적이거나 정치적으로 다른 이유에서라도 이스라엘을 지지한다. 더 진보적인 신학과 정치적 입장을 가진 주류 기독교인 중 다수는 아브라함 언약을 근거로 유대인과 땅의 연결성을 강조한다. 홀로코스트 이후 신학과 서구 교회 내 기독교-유대인 대화 운동은 홀로코스트의 참상에 대한 속죄의 동기에서 비롯되어 이스라엘을 향한 강한 지지를 촉진했으며, 이는 종종 이슬람 혐오와 반팔레스타인 정서도 동반했다.[74]

복음주의 기독교 시온주의는 많은 진보적 주류 기독교인들에게 상대적으로 희생양이 되어왔다. 복음주의 기독교 시온주의자들의 극단적 견해를 비판함으로써 주류 기독교인들이 자신들을 더 평화 지향적이고 덜 식민주의적으로 보이게 만드는 쉬운 방법이 되었다. 그러나 오늘날 가장 영향력 있는 기독교 시온주의자는 존 헤이지나 마이크 존슨이 아니라 신념 있는 가톨릭 신자이자 스스로 시온주의자임을 밝힌 조 바이든일 것이다. 그는 이념적 이유로 집단학살을 지지하고 자금을 댔다.[75] 이번 전쟁이 우리에게 가르쳐준 것이 있다면, 이 두 집단의 신학적 입장이 실제로는 크게 다르지 않은 결과를 낳는다는 점

Evangelicals Than American Jews Say God Gave Israel to the Jewish People," Pew Research Center, October 3, 2013, https://tinyurl.com/yc8sftr3.

74 Raheb, *Decolonizing Palestine*, 38-45.

75 Matt Spetalnick et al., "'I Am a Zionist': How Joe Biden's Lifelong Bond with Israel Shapes War Policy," *Reuters*, October 21, 2023, https://tiny url.com/4wrvb2v7.

이다. 주류 교인과 복음주의자 모두 현대 이스라엘 국가를 적극적으로 옹호하고 지지한다. 이 때문에 미트리 라헵은 기독교 시온주의를 분석할 때, 그들이 무엇을 믿느냐가 아니라 그 믿음에서 비롯된 행동에 주목한다. 라헵은 기독교 시온주의자들을 하나의 로비 집단으로 정의하면서 이 현상에 대한 새로운 관점을 제시한다.

> 기독교 시온주의는 성서적-신학적 담론을 메타내러티브 안에서 활용하고, 지역적-세계적(글로컬) 상황을 고려하며, 유대인 정착민의 팔레스타인 땅 식민화를 지지하는 기독교 로비로 정의되어야 한다. 이 정의는 문자주의자부터 홀로코스트 이후 신학자, 극보수부터 자유주의자까지 매우 다양한 기독교 시온주의자들의 성서적 담론 자체에는 초점을 두지 않는다. 실제로, 대다수 기독교 시온주의자들이 내세우는 성서적-신학적 근거는 모호하며, 성경의 몇몇 구절에 기반할 뿐이다. 내가 제안하는 정의의 핵심은 기독교 시온주의의 로비 활동에 있다. 즉, 사람들이 무엇을 믿느냐가 아니라 그 믿음에 따라 무엇을 하느냐에 주목해야 한다. 몇몇 성서 구절이 기독교 시온주의를 움직인다고 생각하는 것은 순진한 일이다.[76]

1948년에 서구 교회들은 이스라엘이 팔레스타인을 식민화하는 데 필요한 신학을 제공했다.

76년 동안, 기독교 시온주의자들은 이스라엘이 팔레스타인 점령과 팔레스타인 주민의 추방을 계속할 수 있도록 외피 역할을 해왔다. 76년 동안, 서구 교회들은 팔레스타인 기독교인들의 수많은 호소와

---

76 Raheb, *Decolonizing Palestine*, 54.

간청을 외면해 왔다. 이스라엘 정책을 아파르트헤이트라고 지적해 달라는 우리의 요청을 외면한 교회들은 팔레스타인 사람들의 고통에 공범이 되고 있다.[77] 이번 전쟁을 정당화하고 즉각적인 휴전을 요구하지 않는 기독교인들 역시 이 집단학살에 공범이 되고 있다. 이러한 비판과 탄식은 팔레스타인 기독교 주요 단체 12곳이 서명한 한 서한에서 명확히 표현되었다: "우리는 가슴 아픈 마음으로 말합니다. 지난 75년 동안 이스라엘의 팔레스타인에 대한 범죄를 신학적-정치적으로 지지한 서구 교회 지도자들과 신학자들에게 책임을 묻습니다."[78]

나는 이스라엘을 지지하고 유대인들이 그 땅을 소유할 권리를 옹호하기 위해 성경을 사용하는 사람들이, 실제로 우리 팔레스타인 사람들에게 무엇을 말하고 있는지 좀 더 주의 깊게 생각해 보기를 바란다. 본질적으로 그들은 자신들의 종교적 신념을 수백만 팔레스타인 사람과 아랍인들에게 강요하고 있는 것이다. 기독교 시온주의자들은 팔레스타인 사람과 아랍인들이 "하나님이 유대인에게 땅을 주셨다"는 생각을 받아들이고, 자신들이 생각하는 하나님의 뜻에 순응하기를 바란다. 국제법은 잊으라고 한다. 과거와 현재의 역사는 잊으라고 한다. 팔레스타인 사람들이 수 세기 동안 그 땅에서 살아왔고 농사를 지어왔다는 사실도 무시된다. 팔레스타인 사람들에게 "이 땅은 팔레스타인 땅이다"라는 주장은 정치적 주장이 아니다. 우리가 이 땅이 우리

---

[77] "World Council of Churches Refuses to Call Israel an Apartheid State," *Christian Network Europe News,* September 12, 2022, https://tinyurl.com/5axbkctf.

[78] "A Call for Repentance: An Open Letter from Palestinian Christians to Western Church Leaders and Theologians," Kairos Palestine, October 20, 2023, https://tinyurl.com/47djevze.

것이라고 말할 때, 이는 우리가 조상 대대로 물려받고 경작해 온 땅이라는 의미다. 그런데 기독교 시온주의자들은 브루클린에서 태어난 유대인이 단지 유대인이라는 이유만으로 팔레스타인에 정착하고, 필요하다면 팔레스타인 사람을 쫓아내면서 더 많은 권리를 누리는 것이 정당하다고 받아들이길 바란다. 그 이유는 "성경이 그렇게 말하기 때문"이다.

그렇다면 우리는 물어야 한다. 이 정치적 분쟁을 해결하고 땅의 소유권을 결정하는 데 성경이 기준이 되어야 하는가? 우리는 국제사회가 받아들이는 법과 제도적 틀을 참고해야 하지 않는가? 그렇지 않으면 혼란만이 남을 뿐 아니라 각자가 옳고 그름에 대한 자기만의 주관적 기준을 갖게 된다. 국제법이 완벽하지는 않다. 그러나 그것이 우리가 가진 기준이다.

인권 협약도 완전하지는 않지만, 존재하는 이유가 있으며, 모두가 동의하는 기준점 역할을 한다. 기준점이 종교적 경전이 될 수는 없다. 이런 경전은 특정 종교 공동체에만 해당하며, 보편적 합의가 없기 때문이다.

만약 당신의 주장이 "내 하나님이 그렇게 말씀하셨다"거나 "하나님이 우리 조상에게 이 땅을 영원한 소유로 주셨다"라면, 나는 어떻게 반박할 수 있는가? 그리고 내가 내 종교적 신념을 당신에게 강요한다면, 그것은 곧 신들의 전쟁이 되고 만다. 그래서 나는 기독교 시온주의자들이 자신들이 우리에게 무엇을 말하고 있는지 진지하게 들어주길 바란다! 종교 경전이 사용되어야 한다면, 그것은 정의, 인간의 존엄, 평등, 약자 보호라는 신앙의 가치를 증진하는 데 쓰여야 한다. 팔레스타인 사람들에게 비극적인 아이러니는, 우리의 인권이 바로 이 경전들, 즉 원래는 인권을 보호해야 할 텍스트들에 의해 침해받고 있다는 사실이다.

진실이 증거다

2023년 11월, 나는 휴전을 촉구하기 위해 미국 수도를 방문했다. 백악관, 국무부 그리고 의사당 곳곳에서 관계자들과 만남을 가졌다. 이것이 내가 팔레스타인 사람의 권리를 옹호하기 위해 DC를 찾은 첫 번째 경험은 아니었다. 매번 DC를 방문할 때마다, 나는 희망을 잃은 채 돌아오곤 했다. 정치인들의 문제는 사실을 모르거나 올바르고 도덕적인 행동이 무엇인지 모르는 데 있지 않다. 오히려 바로 이것이 문제다. 그들은 실제로 알고 있지만, 앞서 설명한 여러 이유로 좀처럼 행동에 나서지 않는다.

2023년 11월 DC에 머무는 동안, 나는 캐피톨 힐의 세인트 마크 성공회 교회에서 가자지구를 위한 촛불기도회 설교를 했다. 나는 누가복음 19장 1-8절에서 예수님의 말씀을 인용해, 모인 신자들에게 끊임없이 기도하라고 격려했다. 그 비유에는 '하나님도 두려워하지 않고 사람도 존중하지 않는 재판관' 앞에서 계속 정의를 호소한 과부가 나온다. 그리고 나는 이렇게 말했다.

우리는 지금 DC에 와 있습니다. 많은 만남을 가졌습니다. 이곳에서 말하는 것은 마치 '하나님도 두려워하지 않고 사람도 존중하지 않는 재판관'에게 말하는 것과 같습니다! 어떻게 이런 참혹한 일이 정당화될 수 있습니까?! 두 달도 안 되는 기간에 5,000명 넘는 아이들이 죽임당하는 일이 어떻게 받아들여질 수 있단 말입니까? 46,000채가 넘는 집이 파괴되고, 나크바 생존자 후손들인 170만 명 이상이 터전을 잃고 쫓겨나는 일이 어떻게 용납될 수 있습니까? 정의는 어디에 있습니까? 10월 7일의 참혹한 사건이 이것을 정당화할 수 있습니까? 이것이 정말 10월 7일에 대한 응답입니까?

'하나님도 두려워하지 않고 사람도 존중하지 않는 재판관!' 외국의 정치 지도자들과 만날 때마다, 나는 가자지구에서 무슨 일이 일어나고 있는지에 대한 진실은 이미 명확하다는 것을 다시금 깨닫게 된다. 2023년 10월 7일 이전이든 이후든, 그 현실이나 그 함의에 대해 우리가 굳이 설명할 필요조차 없다. 실제로 이스라엘 지도자들은 가자지구를 완전히 없애고 다시 식민화하겠다는 의도를 여러 차례 공공연히 밝혔다. 그런데도 국제 법정들은 지금도 이것이 집단학살 전쟁인지 아닌지 논의 중이고, 세계는 여전히 휴전이 필요한지 아닌지를 두고 논쟁 중이다! 이것은 '그들이 알기만 한다면'의 문제가 아니다. 이 전쟁이 이렇게 오래 지속되는 것은 세 가지 요인 때문이다. 바로 식민주의, 인종주의 그리고 제국신학이다. 그리고 가자 출신 신학자 유세프 알쿠리는 이 모든 것이 팔레스타인을 '사람 없는 땅'으로 규정하는 데서 시작됐다고 지적했다.

팔레스타인 민족에 대한 집단학살은 2023년에 시작된 것이 아니라 100년 넘게 계속되어 온 일이다. 집단학살은 결국 실행 이전에 하나의 이야기, 하나의 서사다. 이것은 팔레스타인이 '사람 없는 땅'이라고 주장한 초기 시온주의 기독교인, 시온주의자, 오리엔탈리스트들의 머릿속에서 시작된 이념이다.[79]

식민주의, 인종주의, 제국신학은 모두 '사람 없는 땅'이라는 프레임, 혹은 1875년 복음주의 정치인 셰프츠베리가 말한 '사람 없는 나라'라는 개념 안에서 만난다.[80] 19세기 영국의 복음주의 신학자들이 이런 주장을 했을 때, 그들이 그 땅에 사람들이 살고 있다는 사실을 몰랐던 것은 아니다. 그들은 이 사실을 너무도 잘 알고 있었다. 그러나 전형적인 식민주의적 사고방식에서는, 식민 지배를 받는 이들은 덜 인간적으로 여겨지고, 제국의 욕망과 이익이 그들의 권리를, 심지어 인간성마저 짓밟는다. 그리고 이런 폭력적 행위와 이념을 정당화할 필요가 있을 때, 성서와 같은 경전이 그 역할을 할 수 있다. 제국은 언제나 제국주의 신학을 써주고 선전할 신학자들을 찾아낼 것이다.

미래의 역사가들은 2023년에서 2024년에 가자지구에서 집단학살이 일어났음을 기록할 것이다. 그들은 이 집단학살이 '하나님도 두려워하지 않고 사람도 존중하지 않는' 정치인들 그리고 식민주의, 인종주의, 제국신학에 의해 조장된 그들의 행동과 무관심이 빚어낸 비극적 결과였다고 기록할 것이다.

---

79 Yousef AlKhouri, "Theologizing and [de] Un-theologizing Genocide," 2024년 5월 베들레헴에서 열린 <Christ at the Checkpoint> 세미나에서 발표된 논문. 강연 영상은 https://tinyurl.com/4jkwf64h에서 시청할 수 있다.

80 Smith, *More Desired Than Our Owne Salvation*, 164.

5장

제노사이드 신학

이 전쟁의 첫 며칠은 모든 당사자에게 매우 힘든 시기였다. 베들레헴에 사는 팔레스타인 사람들은 10월 7일의 사건이 벌어지는 모습을 보고 충격에 빠졌다. 모두가 화면에 시선을 고정한 채, 눈앞에서 벌어지는 일을 믿을 수 없었다. 이스라엘의 대응이 신속하고 강경할 것임을 알고 있었기에 두려움에 사로잡혔다. 며칠 뒤, 이스라엘이 가자지구에 대규모 폭격을 시작하는 모습을 공포 속에 지켜보았다. 아무것도 할 수 없는 채로, 이스라엘이 6일 동안 가자에 약 6,000발의 폭탄을 투하하는 것을 지켜보았다. 이 수치는 미국이 아프가니스탄에서 1년 동안 사용한 폭탄에 거의 맞먹는 양이다.[1] 가자에 있는 가족과 친지들을 염려하며, 전쟁이 결국 서안지구까지 번질까 두려워했다. 간절히 기도했다. 자비를 구했다.

그러나 미국 테네시주의 글로벌비전바이블교회 창립자이자 목사인 그렉 록에게는 전혀 다른 상황이었다.[2] 록은 2023년 10월 초, 이번

---

[1] "Israel Says 6,000 Bombs Dropped on Gaza as War with Hamas Nears a Week," *Al Jazeera*, October 12, 2023, https://tinyurl.com/ms9er48y.

[2] See the church's website at https://tinyurl.com/mpj9zkdb.

전쟁이 자신에게 '희망'을 불러일으켰다고 설교했다. 그 희망이란 '예수님의 재림이 곧 올 것'이라는 기대였다. 그는 또한 이스라엘이 "다음 주 이맘때쯤 가자지구를 주차장으로 만들어야 한다"고 주장했다.3

이 널리 퍼진 이야기를 팔레스타인 기독교인들이 접했을 때 어떤 심정이었을지 상상할 수 있는가? 이 이야기가 우리 땅과 지역에서 아랍 기독교인들의 복음 증언에 얼마나 큰 상처를 남겼을지 헤아릴 수 있는가? 가자지구의 두 교회에서 피난처를 찾은 기독교인들이 이 이야기를 읽는다면 어떨지 생각해 볼 수 있는가? '그리스도 안에서 한 형제'이자 '기독교 지도자'가 자신들의 말살을 요구하는 모습을 어떻게 받아들여야 할지 그들이 고민하는 모습을 상상할 수 있는가? 중동의 기독교인으로서, 전쟁과 폭력에 집착하는 미국 복음주의자들을 이해하기란 정말 어렵다.

자비와 연민이란 것이 빠진 록의 태도는 명백히 비성경적이다. 하지만 이런 태도는 결코 그만의 것이 아니다. 그는 미국, 더 넓게는 서구 기독교계에 만연한 현상을 반영한다. 이 현상이란 이스라엘에 대한 무조건적 지지, 심지어 팔레스타인 사람에 대한 극단적 폭력까지도 용인하는 태도다. 수년간 기독교 시온주의 단체들은 재정적 지원과 정치적 로비를 통해 이스라엘을 적극적으로 후원해 왔다. 이러한 현상은 잘 알려져 있다.4 수십 년 동안 '이스라엘을 위한 크리스천 연

---

3 Matthew Impelli, "Pro-Trump Pastor Hopes Israel War Sparks Jesus' Return," *Newsweek*, updated October 16, 2023, https://tinyurl.com/ycddrjnd.
4 국제 기독교-유대인 우호협회(The International Fellowship of Christians and Jews)는 연간 약 1억 3천만 달러를 모금한다; Marcy Oster, "After Death of Rabbi Yechiel Eckstein, Daughter Inherits Billion-Dollar Charity," *Times of Israel*, 2019년 2월 27일, https://tinyurl.com/5n967j65를 참조하라. 보다 넓은 맥락에 대해서는 Ilan Pappe, *Lobbying*

합'(Christians United for Israel)과 같은 단체들이 대중과 정치 지도자들에게 시온주의적 담론을 전파해 왔다. 그러나 이번 전쟁은 이러한 지지의 양상을 한 단계 더 끌어올렸다.

이 장을 쓰는 일은 고통스러운 과정이었다. 팔레스타인 기독교인인 우리에게 전쟁 초반과 그 이후 내내 세계 여러 나라 기독교인의 태도는 심각한 우려를 넘어선 것이었다. 동료 기독교인들이 내뱉는 상처 주는 견해들은 우리를 낙담시키고 아프게 했다. 그들의 말과 태도는 우리 고통과 불행에 소금을 뿌리듯 상처를 더했다. 가장 도움이 필요할 때 그리스도 안에서 한 형제자매들이 달려와 위로해 주지 않을 때, 그 아픔은 더욱 크다. 하지만, 이 형제자매들이 우리의 고통을 초래한 폭력을 정당화하고 지지할 때, 그 아픔은 만 배 더 크다. 이 장은 바로 이러한 고통에서 비롯된 것이다.

내 주장은 단순하다. 가자에서 집단학살이 일어났고, 많은 서구 기독교인들과 교회들이 이를 지지하거나 정당화하거나 침묵함으로써 이에 동조했다는 사실이다.

집단학살 지지하기

전쟁 초기, 이스라엘 총리 베냐민 네타냐후는 이미 앞서 언급한 아말렉 족속의 성서적 이미지를 끌어와 팔레스타인 사람들은 지구상에서 사라져야 한다는 암시를 주었다.[5] 성경을 이용해 집단학살을 정당

---

for Zionism on Both Sides of the Atlantic (OneWorld, 2024)를 참조하라.
5 "Netanyahu's References to Violent Biblical Passages Raise Alarm Among Critics,"

화하는 행위는 종교와 상관없이 누구에게나 혐오스러운 일이다. 주목할 점은 국제 기독교 시온주의 단체 중 하나인 '예루살렘 국제 기독교 대사관'(ICEJ)이 네타냐후보다 먼저 같은 성경 구절을 사용했다는 사실이다. 이로 인해 네타냐후가 그들로부터 이 인용을 가져온 것은 아닌지 의문이 든다.6 문제의 기사에서 ICEJ 부회장이자 수석 대변인인 데이비드 파슨스는 아말렉의 영을 '이스라엘에 대한 끊임없는 시기와 적대의 영'이라고 정의했다. 그는 "이 질투 어린 영은 세계 구속이라는 목적을 위해 하나님이 이스라엘을 독특하게, 영원히 선택하셨다는 사실, 그들의 특별한 축복 그리고 이스라엘 땅의 유일한 상속권을 인정하지 않는다"고 주장했다.7

파슨스와 ICEJ를 비롯한 대부분의 기독교 시온주의자들에게 성경 속 이스라엘은 곧 오늘날의 이스라엘 국가와 동일하다. 다시 말해, 특정한 성경 해석에 따라 오늘날 이스라엘의 유일한 땅 상속권을 인정하지 않는 태도는 아말렉의 영이며, 이는 말살되어야 마땅하다는 것이다. 파슨스는 이어 이슬람을 악마화하는 부끄러운 담론을 펼친다. 그는 "이슬람 역시 태초부터 아말렉의 영에 감염되어 있다… 우리는 이스라엘의 선택을 인정하지 않는 질투의 아말렉 영이 이슬람의 시작부터 분명히 작동하는 것을 볼 수 있다"고 주장한다.

이러한 시온주의적 수사는 매우 위험하다. 이 담론은 이 갈등을 성경의 뒷받침을 받는, 아니 요구하는 종교적 전쟁으로 규정한다. 이것

NPR, November 7, 2023, https://tinyurl.com/4tyymzt3.

6 David Parsons, "Israel, Hamas and the Spirit of Amalek," ICEJ, October 26, 2023, https://tinyurl.com/3w7s56bw.

7 Parsons, "Israel, Hamas and the Spirit of Amalek."

이 바로 많은 팔레스타인 사람들이 하마스의 담론에 문제를 제기하는 이유다. 하마스 역시 이 갈등을 정치적이 아닌 종교적 문제로 만든다. 갈등이 종교적 문제로 비화할 때, 그것은 종교 간의 전쟁, 더 나아가 신들 간의 전쟁이 된다. 폭력은 곧 신성한 폭력이 된다. 이런 신성화된 폭력은 미국 남침례교 출신 상원의원 린지 그레이엄의 발언에서도 드러난다.[8] 그는 "우리는 지금 종교 전쟁 중이다. 나는 이스라엘 편이다…. 자신을 지키기 위해 무슨 일이든 해라. 그곳을 초토화하라"고 말했다.[9]

아말렉을 언급하며 상대를 비인간화하는 수사는 여러 복음주의 지도자에 의해 반복되었다. 미국 유대인 시온주의 논객 벤 샤피로와의 대화에서 저명한 목사 존 맥아더는 이렇게 설명했다.

> 이것은 현대판 아말렉과 같다. 그들이 사라질 때까지 이런 일은 계속될 것이다…. 냉정하게 들릴 수 있지만, 하나님께서는 주권적으로 이스라엘의 보존을 미래, 즉 메시아의 왕국까지 결정하셨다…. 당신도 메시아께 나아가 그분의 왕국에 참여함으로써 그 일부가 될 수 있다…. 하지만 하나님 계획의 핵심이자 영혼인 이스라엘을 파괴하려 한다면, 당신은 하나님의 심판 아래 놓이게 된다.[10]

---

8 "Biography," Lindsey Graham, accessed November 22, 2024, https://tinyurl.com/yc8zdzaa.
9 Ja'han Jones, "Republicans Deploy Dangerous Rhetoric Around Israel-Hamas," ReidOut Blog, MSNBC, October 12, 2023, https://tinyurl.com/ yc5zxxpp.
10 "The Religious Decline of the West: John MacArthur," Ben Shapiro YouTube Channel, June 9, 2024, https://tinyurl.com/2ptupnft. The quotation is from around 47:14.

맥아더는 가자지구의 팔레스타인 사람들을 말살해야 한다고 주장했을 뿐만 아니라 유대인을 자신의 '기독교적' 종말론에서 기능하는 존재로만 바라보아야 한다고 주장했다. 이는 일종의 반유대주의라고 볼 수도 있다. 벤 샤피로와 수많은 이들은 이러한 형태의 반유대주의가 자신들의 시온주의적 비전을 실현하는 데 도움이 된다면 기꺼이 받아들인다. 실제로 맥아더는 공개적으로 현재의 이스라엘이 '하나님의 심판' 아래 있으며, "그들은 의로운 백성이 아니다. 그들은 메시아를 인정하지 않았다. 그들은 하나님의 말씀에 순종하지 않는다. 그들은 하나님의 저주 아래 있다…. 집단으로서, 또 다른 재앙이 닥칠 수도 있다. 또 다른 홀로코스트가 일어날 수도 있다. 이란이나 다른 어떤 곳에서 심판이 올 수도 있다"고 강단에서 가르친 바 있다.11 맥아더와 그와 같은 이들이 반시온주의가 반드시 반유대주의라고 주장하는 것은 잘못이다. 아이러니하게도, 맥아더는 일부 기독교적 시온주의 논리가 오히려 반유대주의적임을 명확히 보여준다. 즉, 유대인을 폭력적인 '기독교적' 환상에 종속시키는 것이다. 맥아더는 이스라엘이 저주받았으며 하나님의 심판을 받아 마땅하다고 선언하는 오랜 반유대주의의 한 전통에 동참하고 있다.

미시간 출신 공화당 하원의원 팀 월버그는 정치인이 되기 전 복음주의 목사로 활동했다. 그는 무디 바이블 인스티튜트와 휘튼 칼리지를 졸업했다. 전쟁이 시작된 지 5개월이 넘은 시점, 가자지구의 인도적 위기가 극에 달했을 때 열린 타운홀 미팅에서 그는 "히로시마와 나

---

11 "Bible Questions and Answers," part 56, Grace to You, April 4, 2010, https://tinyurl.com/3je26pz5.

가사키처럼 폭탄을 떨어뜨려 빨리 끝내야 한다"는 충격적인 발언을 했다.

가자에 인도적 지원을 보내야 하느냐는 질문에 월버그는 "나는 그래선 안 된다고 생각한다…. 인도적 지원에 한 푼도 써선 안 된다"고 답했다. 당시 유엔은 가자 일부 지역에 기아가 임박했다고 경고했고, 인구의 70퍼센트가 이미 재앙적 수준의 굶주림을 겪고 있었다.

월버그는 이후 자신의 발언이 '은유적'이었다고 해명하려 했지만, 사과하지도, 참회하지도 않았다. 그는 책임을 회피했다.[12] 이는 미국 복음주의 정치인이자 안수받은 목사가 가자 주민의 굶주림을 지지하고, 가자지구의 완전한 파괴를 요구한 사례다. 월버그의 경솔한 발언은 내 민족과 가족의 집단학살을 촉구하는 것이었다. 이 소식을 처음 접했을 때, 나를 비롯한 많은 팔레스타인 기독교인들이 충격을 받았다. 미국 팔레스타인 복음주의 지도자인 파레스 아브라함은 월버그의 발언에 대해 통찰력 있는 비판을 남겼다. 아브라함의 아내와 가족은 가자에 살고 있으며, 전쟁 내내 가자의 두 교회 중 한 곳에서 피난 생활을 하고 있었다. 아브라함은 월버그의 발언에 대해 다음과 같이 충격과 고통을 표현했다.

> 월버그가 1945년 히로시마와 나가사키처럼 가자를 대해야 한다고 제안한 것은 혐오스러울 뿐 아니라 근본적으로 기독교적 가치마저 결여한 주장입니다. 나아가, 이미 기아 직전에 놓인 220만 무고한 가자 주민들에게 식량과

---

12 Sam Fossum, "GOP Congressman Appears to Suggest Dropping Bombs on Gaza to End Conflict Quickly, Referring to 'Nagasaki and Hiroshima,'" *CNN*, March 31, 2024, https://tinyurl.com/mrxdf288.

지원을 끊자는 그의 냉혹한 바람은 그야말로 비난받아 마땅합니다. 월버그의 발언은 단순한 독설이 아니라 그 여파가 가자 주민들에게 그리고 현재 가자의 고대 교회 안에서 피신 중인 내 아내와 가족에게 상상할 수 없는 고통을 안길 수 있습니다. 이처럼 무고한 생명이 위태롭고 인간성의 본질이 위협받는 절박한 시기에, 이런 악랄한 언사를 규탄하는 일보다 더 시급한 일은 없습니다. 양심 있는 목소리들이 일어나, 무고한 가자 여성과 아이들을 지키는 데 주저함이 없는 연민과 품위의 가치를 위협하는 이념과 잘못된 신학에 맞서야 할 때입니다.13

공감이나 연민이 전혀 느껴지지 않는 미국 의회 의원들의 발언은 월버그만의 일이 아니다.14 그러나 내가 가장 슬픈 것은 월버그가 신앙을 고백하는 기독교인이자, 저명한 복음주의 기관에서 학위를 받은 목사라는 사실이다. 그의 발언은 분노를 일으키고, 깊은 실망을 안긴다. 이는 무고한 이들에 대한 폭력을 선동할 뿐만 아니라 우리 기독교의 신뢰와 도덕적 진정성마저 훼손한다. 주여, 자비를 베푸소서!

가끔은 월버그와 록이 나와 같은 복음서를 읽고 있는지 의문이 든다. 예수께서 "긍휼히 여기는 자는 복이 있나니"라고 말씀하지 않으셨던가? "원수를 사랑하라"라고 말씀하지 않으셨던가? 그들의 방식이 과연 예수의 길인가? 종교를 떠나, 정치가 자비와 연민, 공감에서 완전

---

13 Fares Abraham, "Who Is This 'Godly' Man Calling for Gaza's Nuclear Incineration?" *Newsweek*, updated April 4, 2024, https://tinyurl.com/4urakywn.

14 Matt Shuham, "Babies Killed in Gaza Are 'Not Innocent Palestin- ian Civilians,' House Republican Says," *Huffington Post*, February 1, 2024, https://tinyurl.com/yxc5zuud.

히 벗어나도 되는가? 더 나아가, 기독교인들은 전쟁에 관해서만큼은 예수의 모든 말씀과 가르침을 망각해도 되는가?

월버그가 나가사키와 히로시마를 언급한 것은 우리 모두를 경악하게 해야 한다. 더욱 두려운 것은, 이것이 결코 터무니없는 제안처럼 보이지 않는다는 사실이다. 이스라엘은 1년 동안 가자를 집중적으로 폭격해 완전히 파괴했고, 전 세계는 거의 무감각하게 반응했다. 폭격 첫 한 달 만에 이스라엘이 가자에 투하한 폭약의 양은 미국이 나가사키와 히로시마에 투하한 두 개의 핵폭탄보다 많았다. 하지만 어느 나라도 이스라엘에 책임을 묻지 않았다.[15] 월버그와 록 같은 지도자들은 이스라엘의 행동에 힘을 실어주고, 서구 기독교 지도자들이 이런 행위를 정치적-신학적으로 옹호해 줄 것임을 확인시켜 준다.

록과 월버그의 이런 태도는 누가복음에 나오는 한 이야기를 떠올리게 한다. 예수께서 한 사마리아 마을에서 환영받지 못하자, 제자들은 "주여, 우리가 하늘에서 불을 내려 저들을 멸하게 할까요?"라고 제안한다. "불을 내려 저들을 멸하게 하자." 제자들이 전면적 폭력으로 대응하자고 한 이 제안이 오늘날 월버그와 록의 언행에 그대로 반영된다. 그러나 복음서에서 예수는 이런 제안 자체를 꾸짖으셨다. 예수는 구원하러 오셨고, 비폭력적 사랑과 연민의 길을 몸소 보여주셨다. 예수의 길은 정치적 순진함이 아니라 오히려 시대를 거스르는 저항적 모델이었다. 2백만 명의 집단학살을 외치는 것은 예수가 구현한 사랑과 정의의 정치 그리고 그분의 길을 따르겠다고 약속한 기독교인의

---

[15] "Israel Hits Gaza Strip with the Equivalent of Two Nuclear Bombs," Euro-Med Human Rights Monitor, November 2, 2023, https://tinyurl.com/363kmf4j.

삶에 대한 배신이다. 팔레스타인 신학자 안톤 데이크가 강조했듯, 전쟁에 관해서만큼은 서구 기독교인들이 예수의 윤리를 외면하는 현실은 팔레스타인 기독교인들에게 여전히 이해할 수 없는 일이다.

> 팔레스타인 기독교인들에게 "네 이웃을 사랑하라", "네 원수를 사랑하라"는 말씀은 공동체의 기준이다. 우리가 완벽한 공동체라는 의미는 아니다. 그러나 우리에게 예수의 사랑 윤리는 기독교인을 기독교인답게 만드는 핵심이다! 이것이 우리를 다른 이들과 구별되게 한다! 그래서 일부 서구 기독교인들이 예수를 따른다고 하면서도 그분의 가르침과 윤리를 진지하게 받아들이지 않는 것을 이해하기란 매우 어렵다.[16]

집단학살 정당화하기

2023년 10월 7일 공격 당일, 저명한 복음주의 윤리학자 러셀 무어는 「크리스천 투데이」(*Christianity Today*)지에 기고한 글에서 기독교인들에게 하마스에 대한 이스라엘의 보복 전쟁을 지지할 것을 호소했다. 무어의 짧은 글 제목, "공격받는 이스라엘과 함께 서야 할 미국 기독교인들"은 매우 단호한 어조로, 이스라엘만이 공격받고 있으며 기독교인들이 취할 유일한 태도는 아무 의심 없이 동맹국인 이스라엘을 지지하는 것임을 시사한다. 무어의 논지는 이스라엘에 대한 세대주의적 예언 중심의 지지와는 거리를 두는 진보적 복음주의자들 사이에서

---

16 Tony Deik, "Missiology After Gaza: Christian Zionism, God's Image, and the Gospel," unpublished paper, Christ at the Checkpoint conference, Bethlehem, May 2024, https://tinyurl.com/2um36tjm. 해당 인용문은 약 18분 19초경에 나온다.

흔히 볼 수 있는 이스라엘 지지 방식의 한 전형이다.

무어는 먼저 기독교인들이 도덕적 명확성을 가지고 이스라엘의 자기방어 권리와 의무를 인식해야 한다고 주장한다. 국가는 자신과 시민의 생명을 보호할 권리뿐 아니라 책임도 있다고 강조한다. 이어 무어는 로마서 13장을 근거로 '정의로운 전쟁 이론'을 활용한다. 그는 "전쟁은 언제나 비극적이지만, 특정하고 매우 제한된 상황에서는 도덕적으로 정당화될 수 있다"고 말한다. 이번 경우에는 도덕적 혼란이 없으며, 하마스가 과거에도 무고한 민간인을 공격한 바 있으므로 이스라엘의 시민 보호 권리를 옹호한다. 무어는 또 유럽의 반유대주의와 유대인 박해라는 '유대 국가의 형성에 이르게 한 독특한 상황'을 강조한다. 미국이 이스라엘을 지지해야 하는 이유로, 이스라엘이 중동 내 '자유민주주의 국가'이자 극단적 권위주의 국가들에 둘러싸여 있다는 점을 든다. 기독교인들은 이스라엘에 가해지는 폭력에 특별히 민감해야 한다고 주장하며, 그 이유로 '기독교인들은 아브라함에게 주어진 약속에 접붙여진 존재'이기 때문이라고 한다. 예수 역시 이 지역 출신의 유대인이었고, 유대인에 대한 공격은 곧 예수에 대한 공격이라고 말한다. 무어는 다음과 같이 결론짓는다.

> 누구도 이미 세계 질서의 화약고인 이 땅에서 전쟁을 맞이하고 싶지 않았다. 그러나 전쟁이 시작되었고, 우리는 테러를 있는 그대로 인식해야 한다. 그 테러에 대한 단호한 대응의 정당성도 인정해야 한다. 성경의 예언 구절을 어떻게 읽든, 세계 정치에 대해 어떤 이견이 있든, 미국 기독교인들은 지금 이스라엘과 함께 서야 한다.[17]

이 '단호한 대응'은 곧 집단학살과 아사(餓死)의 전쟁으로 비화했고, 4만 명 이상이 사망하고 2백만 명 가까이 강제 이주를 당했다. 더구나 이 '단호한 대응'은 하마스만이 아니라 아이들과 무고한 가족들 그리고 내 교회 공동체의 친척들까지도 대상으로 삼았으며, 이들 역시 이스라엘의 보복 속에서 무참히 희생된 가자 기독교인들이자 무어의 신앙적 형제자매들이다. 복음주의 윤리학자인 무어는 이 짧은 글에서 가자 기독교인 학살을 포함한 집단학살에 신학적 정당성을 부여하며, 10월 7일에 대한 도덕적이고 정의로운 대응이라 불렀다.

　　나는 앞선 장들에서 무어의 주장 대부분을 다뤘으며, 이는 인종주의, 식민주의, 제국신학의 전형임을 지적했다. 무어의 글에 등장하는 '자위권 논리'는 저명한 복음주의 지도자들이 자주 사용하는 논리다. 이 논리는 76년간의 식민 지배, 인종청소, 아파르트헤이트의 역사를 은폐하고, 평화롭고 민주적인 국가와 이슬람 테러리즘의 전쟁이라는 담론으로 대체하려는 목적이다.

　　무어는 유럽의 반유대주의 역사를 언급하면서도 그 책임을 팔레스타인 사람들에게 전가한다. 1948년 이스라엘 건국을 나치즘과 홀로코스트에 대한 대응으로 설명하면서도, 나크바에 대해서는 일절 언급하지 않는다. 이는 무어가 팔레스타인 사람의 고통과 비극을 의도적으로 무시하고 있다는 증거다.[18] 무어를 포함한 60명 이상의 복음주의 지도자들이 서명한 공개서한은 현대 이스라엘 국가와 유대인을

---

17 Russell Moore, "American Christians Should Stand with Israel under Attack," *Christianity Today*, October 7, 2023, https://tinyurl.com/bf6h9at2 (emphasis added).

18 이 점을 나에게 개인적으로 지적해 준 사람은 팔레스타인 신학자 다니엘 바누라(Daniel Bannoura)였다.

동일시하며, 유대인이 공격받는 이유를 "하나님이 그들을 택하셨기 때문"이라고 주장한다.[19] 즉, 이 문제는 아파르트헤이트, 가자 봉쇄, 이스라엘의 정착촌 식민화와는 무관하다는 것이다. 팔레스타인 사람들은 '하나님이 택하신 민족'이기 때문에 '유대인'을 공격했다는 식이다. 이런 반유대주의적 비난은 팔레스타인의 저항을 오로지 유대인에 대한 증오로만 해석하게 만들고, 팔레스타인 사람들이 자신의 이야기를 할 권리마저 빼앗는다. 서구 국가들과 교회가 자신들의 반유대주의 문제를 팔레스타인 땅과 민족을 희생양 삼아 해결하려 했다는 사실에 우리는 깊이 한탄한다.

또한 무어가 이스라엘을 자유민주주의 국가로 묘사한 것은 순진함을 넘어서 모욕적이다. 무어의 글에 대한 비판이 상당했던 만큼, 그가 이스라엘을 아파르트헤이트 국가로 분류하는 여러 보고서를 꼼꼼히 읽어보길 바란다. 무어와 같은 주장을 펴는 이들 모두가 차별과 강제 이주 속에서 살아가는 팔레스타인 사람의 입장이 되어보길 권한다. 이런 믿음이 진정한 무지에서 비롯된 것인지, 아니면 오만한 무시인지 고민하게 된다. 이런 질문들은 10월 7일 이후 무어와 같은 기독교인들의 반응을 접하며 계속 떠오른다. 그러나 이런 제국적 폭력의 옹호는 서구 교회에서 새로운 일이 아니다. 과거 백인 미국 교회가 남아공 아파르트헤이트와 미국의 짐 크로우 법을 옹호했던 전례를 떠올리게 한다.

정의로운 전쟁 이론의 활용은 사실 기독교 시온주의자들이 최근

---

19 "Evangelical Statement in Support of Israel," Ethics and Religious Liberty Commission, October 11, 2023, https://tinyurl.com/mrxc2jh7.

에 새롭게 동원하는 도구다. 앞서 언급한 복음주의 지도자들의 공개서한에도 이 이론이 등장했다. 정의로운 전쟁 이론은 기독교 제국들이 서로 다른 시대와 맥락에서 발전시킨 논리다. 본래 전쟁의 도덕적 한계를 설정하려 했으나, 시간이 흐르며 강자의 전쟁을 정당화하고 '정의로운' 전쟁으로 포장하는 데 쓰이고 있다. 이 이론은 역사적으로 끔찍한 결과를 낳았다. 이에 대해 팔레스타인 기독교인들은 다음과 같이 지적한다.

> 우리는 정의로운 전쟁 이론이 제2차 세계대전 당시 일본 민간인에 대한 원자폭탄 투하, 최근 미국의 이라크 전쟁과 그 과정에서 이라크 기독교 공동체의 파괴 그리고 도덕적 우월성과 '자위권'이라는 이름 아래 팔레스타인에 대한 이스라엘의 무비판적 지지 등, 서구 기독교의 유산임을 잘 알고 있다. 유감스럽게도, 서구 기독교인들 상당수는 교단과 신학적 스펙트럼을 불문하고 전쟁을 정당화하는 시온주의 신학과 해석을 받아들임으로써 이스라엘의 폭력과 억압에 동조하고 있다.[20]

안톤 데이크는 무어가 로마서 13장을 정의로운 전쟁 이론의 근거로 사용하는 것을 해석학적으로 순진하다고 비판하며, 팔레스타인 맥락에서는 로마서 13장이 적용될 수 없다고 주장한다. 데이크는 무어가 바울이 로마의 그리스도인들에게 복종하라고 권면한 '세속 권력'을 현대 이스라엘 국가와 잘못 동일시했다고 지적한다. 데이크는 다

---

20 "A Call for Repentance: An Open Letter from Palestinian Christians to Western Church Leaders and Theologians," Kairos Palestine, October 20, 2023, https://tinyurl.com/47djevze. After Gaza.

음과 같이 말한다.

> 로마서 13장이 정착민 식민주의적 아파르트헤이트 같은 억압 체제에 적용될 수 없다는 점은 본문 맥락에서 드러난다. 바울은 로마서 13장 3-4절에서 이렇게 논증한다. "권력자들은 선한 행위를 두려워하게 하는 것이 아니라 악한 행위를 두려워하게 한다. 권세를 두려워하지 않으려면 선을 행하라. 그러면 칭찬을 받을 것이다. 권세는 너희에게 선을 베풀기 위한 하나님의 종이다." 팔레스타인 사람으로서 우리가 살아가는 현실과 현장에 드러난 사실들은, 무어가 로마서 13장을 팔레스타인 상황에 적용하는 것이 완전히 무의미함을 보여준다. 이스라엘 당국은 바울이 말하는 것과 달리, 선을 행하는 자들에게 공포를 주는 존재다.[21]

또 다른 팔레스타인 신학자 다니엘 바누라는 무어의 위선과 이중 잣대를 지적한다.

> 참고로, 러셀 무어는 2023년, 『종교를 잃다: 미국 복음주의를 향한 회개의 부름』이라는 책을 쓴 바로 그 사람이다. 그 책에서 그는 미국 복음주의 기독교가 길을 잃었고, 그 증언이 더 이상 알아볼 수 없을 정도로 약화되었으며, 도널드 트럼프, 기독교 민족주의, 인종차별, 성적 학대 문제로 인해 교회 공동체가 분열되고 있다고 한탄했다. 그리고 그 책에서 그는 미디어가 던져주는 각종 문화전쟁을 치르고 있는 MAGA(Make America Great Again: 미국을 다시 위대하게 만들자는 트럼프의 정치 구호이자, 그의 지지 세력 및 극우적 정치 운동을

---

21 Deik, "Missiology After Gaza."

가리키는 말-역자주) 신자들과 나눈 대화를 회상했다. 러셀이 그들에게 산상수훈을 상기시키려 하자, 그 MAGA 신자들은 "아니요, 우리는 그걸 믿을 수 없습니다. 산상수훈은 너무 약합니다"라고 답했다. 그래서 그런지 아이러니하게도, 러셀 자신은 이스라엘의 전쟁을 옹호하는 글을 쓸 때 산상수훈을 인용하지 않았다.[22]

이렇게 잔혹한 전쟁을 갈등 해결의 수단으로 지지하는 모습을 보는 것은 슬픈 일이다. 이는 매우 미국적인 논리라고 본다. 미국은 수십 년간 이런 논리로 전쟁을 반복해 왔다. 베트남, 이라크, 아프가니스탄 전쟁이 실제로 무엇을 성취했는지, 국제 분쟁을 해결했는지, 평화를 가져왔는지, 혹은 그 나라들에 '자유민주주의'가 뿌리내렸는지 의문이다. 정의로운 전쟁 이론의 원칙을 기술적으로 적용해 히로시마와 나가사키에서 20만 명이 넘는 민간인 학살을 정당화할 수 있었는가?

그러나 무어의 가장 위험하고 충격적인 주장은 마지막 부분에 있다. 무어는 예수께서 유대인이었고 지금도 유대인이기 때문에, "유대인에 대한 분노는 곧 예수에 대한 분노이고, 기독교인은 예수 안에 있으므로 기독교인에 대한 분노"라고 주장한다. 이 논리대로라면, 아파르트헤이트와 이스라엘 점령하에서 살아가는 팔레스타인 사람인 내가 점령자와 억압자에 분노하는 것도 곧 예수에 대한 분노가 된다는 말인가? 무어는 여기서 매우 위험한 종교적 논쟁 구조를 만들고 있다. 시온주의 기독교인과 시온주의 유대인을 끊을 수 없는 결속으로 묶

---

22 Daniel Bannoura, "A Call to Repentance," unpublished paper, Christ at the Checkpoint conference, Bethlehem, May 2024, https://tinyurl.com/2xx6zzj7.

고, 이스라엘 국가의 폭력에 도전하는 이들을 모두 적으로 돌린다. 우리 세계, 특히 내가 사는 지역은 이런 독성 이데올로기를 전혀 필요로 하지 않는다.

무어의 논리는 내 적에게서도 하나님의 형상을 보고 생명의 가치를 인정하라는 것과는 전혀 다르다. 나는 그 가치를 믿고 호소한다. 무어의 논리는 오히려 유대인이 특별한 존재이기 때문에 그들에 반대하는 것은 어떤 상황에서도 예수께 반대하는 것과 같다고 주장한다! 이는 유대인 예외주의의 극치다. 그리고 이 전쟁 맥락에서는, 백인 미국인 예외주의의 영향을 받은 이스라엘 예외주의(Israeli exceptionalism)로 보는 것이 더 적절하다.

내가 무어의 글을 가장 애통해하는 이유는, 그가 기독교 윤리학자임에도 연민과 공감이 전혀 없다는 점 때문이다. 그는 명백히 거리감을 두고, 편안함과 우월감, 권력의 위치에서 글을 쓴다. 10월 7일 공격 직후 그의 반응은 복수와 보복을 요구하는 강경한 목소리였다. 이것이 예수의 길인가, 아니면 제국의 길인가? 무어가 정의로운 전쟁 이론을 적용함으로써, 이스라엘의 가자 전쟁을 '정의로운 전쟁'으로 규정했고, "인종청소와 아파르트헤이트가 하나님의 정의 개념의 일부"임을 주장한 셈이다.[23]

시간이 흐르고 학살이 심화할수록 무어는 침묵했다. 그 침묵은 너무나도 크고 뚜렷했다. 이 부끄러운 침묵은 2024년 6월 남침례교(SBC) 연차총회에서 채택된 "10월 7일 이스라엘 공격 이후의 정의와 평화에 관한 결의문"에서도 반복되었다.[24] 남침례교는 미국 최대 개

---

23 Deik, "Missiology After Gaza."

신교 교단으로, 약 1,300만 명의 신자가 있다. 이 회의는 10월 7일 이후 거의 8개월이 지난 시점, 최소 3만 5천 명의 팔레스타인 사람들(그중 1만 5천 명은 어린이)이 사망하고, 약 2백만 명이 난민이 된 상황에서 열렸다. 이런 현실이 전 세계에 널리 알려졌음에도, 결의문에는 전쟁에서 사망하거나 난민이 된 팔레스타인 사람에 대한 언급이 단 한 줄도 없다. 결의문은 오직 이스라엘인 희생자만 언급한다. 전쟁에서 희생된 팔레스타인 사람은 고려할 가치조차 없는 존재로 취급된 것이다. 다음은 결의문 본문이다.

① 2024년 6월 11~12일 인디애나폴리스에서 열린 남침례교 총회에 참석한 대표자들은 2023년 10월 7일 하마스의 테러 공격을 규탄하며, 유대인들과 이 지역에서 고통받는 이들과 함께할 것을 다짐하고, 모든 형태의 반유대주의에 반대한다.
② 우리는 이스라엘과 하마스 사이에 도덕적 동등성이 있다는 주장들을 부정한다.
③ 우리는 대학 캠퍼스, 전문 단체 그리고 사회 전반에서 나타나는 반이스라엘 및 친하마스 활동에 경악한다.
④ 우리는 이 갈등의 성경적 해결책을 지지할 것을 다짐하며, 이스라엘이 정의로운 평화를 추구하는 모든 행동에서 정의, 자비, 겸손의 원칙을 옹호할 것을 촉구한다(미가 6:8).
⑤ 우리는 이스라엘이 무장을 해제해야 한다는 요구에 반대하며, 모든

---

24 "On Justice and Peace in the Aftermath of the October 7 Attack on Israel," Southern Baptist Convention, June 12, 2024, https://tinyurl.com/mrf6busr.

인질의 즉각적인 석방을 수반하지 않는 영구적 휴전 요구를 거부한다.
⑥ 우리는 국제사회가 이스라엘이 정의롭고 지속적인 평화에 이를 수 있도록 지원을 더욱 강화할 것을 촉구하며, 테러, 인권 침해, 지역 불안정과 같은 근본적 문제들을 성경이 억눌린 자를 옹호하고 정의를 촉구하는 명령(시편 82:3-4, 이사야 1:17)에 따라 다룰 것을 요구한다.
⑦ 우리는 중동에 사는 모든 이들의 존엄성과 인격을 인정하며, 예수 그리스도를 통해 그들에게 베풀어진 하나님의 사랑과 구원의 메시지를 확언한다. 복음을 위해 수고하는 유대인과 팔레스타인 신자들의 어려운 사역을 존중하며, 그들의 보호와 사역을 위해 기도한다.
⑧ 우리는 남침례교인들이 전쟁의 평화로운 해결과 전쟁으로 고통받는 모든 이들을 위해 부지런히 기도할 것을 권면하며, 하나님께 지혜와 보호 그리고 열방 가운데 정의롭고 지속적인 평화라는 궁극적 축복을 간구할 것을 촉구한다(디모데전서 2:1-2).

나는 이 성명을 여러 번 읽으며, 전쟁에서 희생된 수천 명의 팔레스타인 사람에 대한 언급이 있는지 찾아보았다. 이는 팔레스타인 사람을 생명 가치가 덜한 존재로 보는 이데올로기에서 비롯된 의도적인 누락이다. 다른 설명은 있을 수 없다. 이 성명으로 미국 남침례교는 팔레스타인 사람에 대한 학살에 대해 우려하거나 마음 아파하는 척조차 할 수 없게 되었다. 최소한, 그들은 팔레스타인 사람의 '사망'을 언급하며, 그 책임을 하마스에 돌리는 식의 표현이라도 할 법했다. 그러나 이 결의문에는 팔레스타인 사람의 희생에 대한 가치나 관심을 고려하겠다는 의지가 전혀 담겨 있지 않다. 결의문은 휴전을 반대하고, 이스라엘이 팔레스타인 사람에 대해 무력을 행사할 권리를 적극적으로 지지한다. 그리고 이를 '정의로운 평화 추구'라고 포장한다.

이 결의문은 소름 끼치는 인종차별을 드러낸다. 이는 토착 공동체를 지워버린 정착민 식민주의 담론을 연상시킨다. 결의문은 자신들이 선포한다고 주장하는 복음의 메시지마저 모독한다. 아이러니하게도, 결의문은 팔레스타인 사람들에게 복음을 전하겠다는 관심을 표명하지만, 결의문이 지지하는 행동 노선대로라면 복음을 전할 팔레스타인 사람조차 남아 있지 않게 된다.

교회의 외교와 공모

10월 7일 공격 이후, 여러 교회들이 성명을 발표했다. 이들 성명은 공격을 규탄하는 동시에 이스라엘과의 연대를 표명했다. 많은 성명들이 유사한 특징을 보인다. 가장 기본적으로, 이들은 10월 7일 하마스의 행위를 규탄하고, 이스라엘이 테러 행위에 맞서 자신들을 방어할 권리를 인정한다. 이러한 성명에는 보통 이스라엘 인질의 석방을 촉구하는 내용도 포함되어 있다. 만약 팔레스타인 사람들이 겪은 참혹함이 언급되더라도, 그 책임이 이스라엘에 있다고 비판하지 않는다.

전쟁 초기 영국 성공회는 이러한 입장을 대표적으로 드러냈다. 저스틴 웰비 캔터베리 대주교는 전쟁 첫날 예루살렘 방문에 앞서 "하마스가 이스라엘 국민을 상대로 저지른 사악하고 극악한 테러 공격은 하나님과 인류에 대한 범죄"라고 밝혔다. 웰비는 또한 "이스라엘은 자신들을 방어할 정당한 권리와 의무가 있으며, 안보를 확립하기 위해 비례적이고 선별적인 대응을 추구해야 한다"고 주장했다.[25] 공식 성명에서 그는 다음과 같이 말했다.

나는 미국 국무장관과 다른 이들과 함께 이스라엘 정부가 세대를 거쳐 이어진 폭력의 악순환을 끊을 수 있는 지혜로 자위권을 행사할 것을 촉구한다. 전쟁의 혼란과 혼돈 속에서, 가능한 한 이스라엘의 군사 대응이 비례적이고, 민간인과 하마스를 구분하는 방식이 되기를 촉구한다.26

전쟁이 시작된 지 일주일 후, 웰비는 "하마스가 이스라엘 민간인에게 저지른 잔혹 행위와 이스라엘의 자위권과 의무 사이에는 어떤 동등성도 존재하지 않는다"는 점을 분명히 하고 싶다고 다시 밝혔다.27 웰비는 이스라엘의 자위권을 강조함으로써, 이 전쟁을 지지한 강대국 정치 지도자들과 같은 입장에 섰다. 이스라엘과 팔레스타인 문제에 있어 서구 교회들은 대체로 서구 제국의 논리를 그대로 되풀이한다.

웰비는 예루살렘에서 여러 인터뷰에 응했다. 팔레스타인 희생자들에 대한 애도에 관한 질문을 받았을 때, 그는 지금은 비난할 때가 아니라고 답했다. 그러나 곧이어, 자신은 실제로 하마스를 비난한다고 덧붙이며, "이것은 극단적이고 가장 사악한 형태의 테러"라고 주장했다. 반면, 이스라엘을 비난하는 것은 '쓸모없고' '모든 상황을 악화할 뿐'이라고 말했다.28

---

25 "Palestinian Christians Slam Archbishop of Canterbury for 'Relegating' Their Plight," Arab News, October 25, 2023, https://tinyurl.com/2bu724p6.
26 "Archbishop of Canterbury Statement on Israel and Gaza," The Archbishop of Canterbury, October 13, 2023, https://tinyurl.com/5ckc3j69.
27 "Presidential Address to Synod from the Archbishop of Canterbury," The Church of England, November 13, 2023, https://tinyurl.com/3vjmcj7k.
28 "Israel Vows to Intensify Bombing as Second Convoy Arrives in Gaza," Channel 4

나는 웰비가 예루살렘을 방문한 의도가 선했으리라 생각한다. 그는 고통의 시기에 함께하고자 진심으로 노력했다. 그러나 그의 사고방식과 발언은 팔레스타인 기독교인들이 세계 교회로부터 너무 자주 듣는 실망스러운 태도를 그대로 반영했다. 우리의 좌절감은 웰비의 방문과 발언에 대응해 라말라와 비르제이트의 팔레스타인 성공회 신자들이 웰비에게 보낸 공개서한에 잘 드러나 있다. 이 서한은 비판을 전혀 에둘러 말하지 않는다. 분노와 좌절이 그대로 담겨 있다. 나는 이 서한의 일부에서 느껴지는 감정을 곱씹어보길 권한다.

우리는 우리 교회가 이스라엘 점령군의 잘 기록된 범죄를 '사악하고 극악한 범죄'라고 언급한 성명을 단 한 번도 기억하지 못합니다. 심지어 성공회 신자들이 피해를 당했을 때조차도 그러했습니다. 우리는 현재 팔레스타인 상황에 대해 당신의 사무실에서 나온 공개 성명들에 당혹감을 감출 수 없습니다. 이제 우리는 팔레스타인 성공회 신자들의 목소리가 캔터베리에서 들리지 않고, 우리의 이해관계가 뒷전으로 밀려나고 있음을 분명히 알게 되었습니다. 우리는 영국 내 교회 연합과 정치적 고려가, 팔레스타인 민족 전체와 성공회 팔레스타인 공동체의 양도할 수 없는 권리를 정확히 인식하고 실현하는 것보다 당신의 의사결정 과정에서 더 중요하게 작용하고 있을까 두렵습니다. 우리는 국적, 민족, 종교를 불문하고 민간인에 대한 모든 공격을 명확히 반대하며, 국제인도법의 완전한 이행을 촉구합니다. 우리가 교회에 기대하는 것은 억압받는 자와 억압하는 자 사이에서 균형을 맞추려 하기보다, 특히 현재의 파시스트 이스라엘 정부가 공개적으로 표방하는 우리 권리의 체계적 박탈과 우리 민족

News YouTube Channel, October 22, 2023, https://tinyurl.com/2nb7269h.

말살 요구를 전면적으로 규탄하는 것입니다.[29]

서한에서 언급된 영국 내 교회연합 및 정치적 고려는 매우 중요한 지점이다. 나는 2024년 초 영국을 방문해 휴전을 촉구하는 활동을 하면서 이를 직접 경험했다. 그때쯤 웰비 대주교와 영국 성공회는 휴전을 촉구하고 있었고, 이 요구를 여러 차례 반복했다. 전쟁이 시작된 지 거의 한 달 만에, 웰비는 "살육은 멈춰야 한다"며, 휴전 요구는 '도덕적 외침'이라고 강하게 호소했다.[30] 그는 전쟁 내내 이 주장을 여러 번 반복했다. 그래서 영국 친구들이 내게 대주교와의 만남을 주선했고, 만남 일정도 잡혔다. 그런데 대주교 측은 내가 런던에서 열리는 대규모 시위에서 연설할 예정임을 알게 되었다.

이 런던 시위에는 수십만 명이 모였다. 대주교는 런던의 대규모 군중에 대한 질문을 받았을 때, 이스라엘의 행동을 집단학살로 규정하는 시위대에 대해 "그들이 무슨 말을 하는지 전혀 모른다"고 답해 논란을 일으켰다.[31] 이 답변은 팔레스타인 사람들이 수십 년간 겪은 불의에 분노하는 영국뿐 아니라 전 세계 수백만 명의 목소리를 일축한 것이다. 물론 팔레스타인 사람들은 자신들이 무슨 말을 하는지 잘 알고 있었다. 더 배워야 할 쪽은 영국 성공회였지, 그 반대가 아니었다. 다행히도 전쟁이 이어지면서, 대주교는 나를 포함한 여러 팔레스타인

---

29 "Palestinian Christians Slam Archbishop of Canterbury for 'Relegating' Their Plight."
30 Harriet Sherwood, "Archbishop of Canterbury Makes 'Moral Cry' for Israel-Hamas Ceasefire," *Guardian*, November 13, 2023, https://tinyurl.com/ys72zusy.
31 "Israel Vows to Intensify Bombing as Second Convoy Arrives in Gaza." 이 발언은 영상의 7분 40초경에 나온다.

사람들과 여러 차례 만나 우리의 고통을 경청했고, 그의 입장도 점차 변화했다.

하지만 2024년 초 내 영국 방문 당시, 대주교 측은 내가 시위에서 제러미 코빈과 함께 연단에 설 예정임을 알고 연락을 해왔다. 코빈은 영국 노동당 소속 국회의원으로, 팔레스타인 권리 지지자이자 이스라엘 정책 비판자다. 그는 영국 시온주의 로비의 강력한 음해 캠페인 표적이 되었고, (예상대로) 반유대주의자로 몰렸으나, 그는 이를 단호히 부인했다. 실제로 코빈은 노동당 내외의 많은 유대인들로부터도 지지를 받았다. 그러나 정치적 환경을 고려해, 대주교 측은 코빈과 함께 무대에 오르는 사람을 만나는 것이 너무 논란이 될 수 있다고 판단한 듯하다. 그들은 논란에 휘말리기를 원하지 않았다. 그래서 내게 선택을 요구했다. 시위 연설을 하거나 대주교와의 만남을 취소하라는 것이었다.

간단히 말해, 대주교 측은 영국 성공회의 관리된 정치적 이미지를 유지하는 쪽을 택했고, 집단학살 속에서 자기 민족의 휴전을 호소하는 팔레스타인 목사와의 만남은 포기했다. 그것도 최근 역사상 가장 피비린내 나는 전쟁 한복판에서였다.

솔직히 나는 놀라지 않았다. 이런 경험은 이미 여러 번 겪었다. 나는 서구 교회로부터 이런 침묵과 배제를 『장벽 너머의 이야기』라는 책에 자세히 쓴 바 있다. 너무 오랜 세월, 팔레스타인 기독교인들은 동료 기독교인들에게 무시당하고, 비인간화되고, 심지어 악마화되어 왔다. 우리는 종종 팔레스타인 사람이라는 이유만으로 경험이 폄하되고, 존재 자체가 배제되었다.

나 역시 선택의 기로에 섰다. 시위 연설을 취소할 수도 있었다. 그러나 결국 선택은 쉬웠다. 나는 거리의 사람들에게 연설하기로 했다. 내가 지키고자 하는 가치를 대표하는 길을 택했고, 내 교회와 민족을 위한 헌신을 흥정하지 않았다. 나는 런던에서 약 25만 명 앞에서 연설했다. 내 공동체, 내 교회, 내 신앙을 대표했다. 그리스도를 따르는 사람으로서 휴전을 촉구했다. 교회의 목소리는 반드시 들려야 하며, 크게 들려야 한다. 휴전을 촉구하는 거리의 기독교 증언은 흥정의 대상이 되어서는 안 된다.

내 의도는 영국 성공회나 대주교 본인을 부끄럽게 하려는 것이 아니다. 그는 이제 친구가 되었고, 나와 내 사역을 격려하며 기도해 주었다. 내 비판의 대상은, 교회가 중립을 지키고 논란을 피하며, 이해관계를 건드리지 않으려는 '교회 외교'라는 더 넓은 현상이다. 교회 외교의 논리에서는, 팔레스타인 사람들이 항상 가장 먼저 희생된다.

영국 방문 중 한 영국 언론인이 내게 런던 체류 중 대주교와 만날 계획이 있는지 물었다. 나는 대주교 측과 있었던 일을 설명했는데, 이 사실이 소셜미디어에서 논란과 역풍을 불러올 줄은 몰랐다.[32] 그러나 대주교는 겸손하게도, 이후 공개적으로 사과했다. 나는 그 사과가 진심이었다고 믿는다. 그는 X(구 트위터)에 성명을 올려 다음과 같이 말했다.

최근 저는 영국을 방문 중인 문터 아이작 목사와의 만남을 거절했습니다. 이 결정과 그로 인해 초래된 상처, 분노, 혼란에 대해 사과하며 깊이 유감스럽

---

32 Patrick Wintour, "Pastor Says Welby Would Not Meet Him If He Spoke at Palestine Rally with Corbyn," *Guardian*, February 21, 2024, https:// tinyurl.com/ycyskmmw.

게 생각합니다. 특히 이처럼 팔레스타인 기독교인 형제자매들이 깊은 고통을 겪는 시기에, 성지에서 온 그리스도 안에 있는 형제와 만나지 않은 것은 저의 잘못이었습니다. 다음 주에 그와 대화하고 함께 기도할 수 있기를 고대합니다.33

이후 우리는 단둘이 50분간 줌으로 대화를 나눴다. 그 만남은 은혜로 가득했다. 우리는 그리스도 안의 형제로서 대화했고, 그는 내 민족의 고통과 좌절을 경청했다. 나는 내 결정을 설명했다. 25만 명 앞에서 연설하며, 왜 이 전쟁이 즉각 끝나야 하는지를 내 신앙의 관점에서 나누는 것을 택했다는 점을 밝혔다. 당시 대주교 역시 그 생각에 공감했다. 나는 가자에서 들은 이야기를 나눴다. 전쟁이 끝나지 않은 현실만으로도 영국 성공회가 더 강한 견해를 밝혀야 한다고 요청했다. 대주교가 다른 종교 지도자들과 함께 다시 예루살렘을 방문해 휴전을 촉구할 것을 제안했다. 나는 그 시급함을 강조했다. 대주교는 나와 내 사역을 위해 친절히 기도해 주었다.

앞서 언급했듯, 대주교는 휴전의 초기 옹호자였다. 또한 영국 성공회는 예루살렘 성공회 교구와 매우 긴밀한 관계를 유지해 왔고, 수년간 팔레스타인 교회를 지원해 왔다. 이런 오랜 지원이 있었기에 나는 이 글을 쓴다. 내 목표는 선의에서 비롯된 것일지라도, 세계 교회의 심각한 한계를 겸손하게 지적하는 것이다. 오늘날 많은 서구 교회에서 시온주의에 대한 강한 그리고 종종 무비판적 지지가 존재함을 강조할 필요가 있다. 이들 교회는 스스로는 다르다고 주장할지 몰라도, 실제

---

33 Archbishop of Canterbury, X, February 29, 2024, https://tinyurl. com/2jhy9jfn.

로는 시온주의를 지지하는 태도에 머물고 있다. 영국 성공회 역시 수많은 교회와 마찬가지로, 시온주의적 담론을 받아들이면서 시온주의의 식민주의와 인종차별을 외면해 왔다. 전쟁 초기 대응에서 집단학살을 사실상 지지하는 신학적 정당성을 제공해 온 것이다.

전쟁이 시작된 지 거의 한 달 만인 11월 6일, 스웨덴 교회 주교단의 성명도 교회 성명이 집단학살을 묵인하고 정당화하는 방식을 보여주는 또 다른 사례다. 성명은 공감과 평화를 호소하는 말로 시작한다. 이어 10월 7일 하마스의 행위에 대해 다음과 같이 논평한다.

> 하마스는 아이들과 민간인을 무차별적이고 잔혹하게 살해하고, 시신을 훼손했으며, 무자비하게 인질을 잡아가고, 이스라엘 민간 표적에 수천 발의 로켓을 발사했다. 우리는 하마스의 공격을 규탄한다. 하마스는 또한 가자 주민들 사이에 숨어 그들을 인간 방패로 삼음으로써 자기 민족을 인질로 잡고 있다. 이 모든 행위는 비난받아 마땅하며 국제법 위반이다.[34]

하마스의 행위는 규탄된다. 성명은 이 행위를 무차별적이고, 잔혹하며, 무자비하다고 묘사한다. 시신 훼손과 민간인 표적화가 강조된다. 성명은 하마스가 민간인을 인간 방패로 쓴다는 시온주의적 담론도 채택한다. 이는 이미 언급했듯 팔레스타인 사람을 비인간화하는 주장이다.[35] 성명은 이 모든 행위가 비난받아 마땅하며 국제법 위반

---

34 "Bishops of the Church of Sweden: 'We Plead for Peace,'" The Church of Sweden, November 6, 2023, https://tinyurl.com/2fbau3fw. English translation via Google Translate.
35 이스라엘은 하마스가 인간 방패를 사용한다는 주장을 입증할 만한 자료를 제시하지 않

임을 강조한다. 반드시 규탄해야 한다고 결론짓는다.

이스라엘의 행위에 관해서는, 성명은 먼저 이스라엘이 "자국민을 겨냥한 폭력과 테러에 맞서 자신들을 방어할 자명한 권리"가 있음을 강조한다(나는 팔레스타인 사람이 이스라엘의 폭력과 테러에 맞서 자신들을 방어할 권리가 있다고 인정하는 교회 성명을 한 번도 본 적이 없다). 성명은 이어 10월 7일 이후 무슨 일이 일어났는지 설명하는 서술적 방식으로 전환하며, 이스라엘의 행위에 대한 도덕적 판단은 내리지 않는다.

모든 전쟁에는 국제 인도법이 적용된다. 민간인은 보호되어야 하며, 예방 원칙과 비례 원칙이 지켜져야 한다. 그러나 거의 한 달 동안, 가자지구에서는 이 원칙을 위반한 이스라엘의 공습으로 수천 명의 민간인, 특히 많은 아이들이 목숨을 잃었다. 가자지구에는 인간적 비극과 엄청난 고통을 동반한 인도주의적 재앙이 벌어지고 있다. 수십만 명이 북부에서 남부로 피난했다. 극심한 식수 부족과 전력의 거의 완전한 단전이 이어지고 있다. 의료 시스템은 마비됐고, 의약품과 의료 장비가 부족하다. 지금까지 가자에 허용된 인도적 구호 행렬은 턱없이 부족하다.

왔지만, 이스라엘의 인간 방패 사용은 잘 문서화되어 있다. Yaniv Kubovich and Michael Hauser Tov, "Haaretz Investigation: Israeli Army Uses Palestinian Civilians to Inspect Potentially Booby-Trapped Tunnels in Gaza," *Haaretz*, August 13, 2024, https://tinyurl.com/syyf5k56; "'Human Shielding in Action': Israeli Forces Strap Palestinian Man to Jeep," *Al Jazeera*, June 23, 2024, https://tinyurl.com/4yynxb54; "Israeli Soldiers Use a Palestinian Man, 'Abd a-Rahim Gheith, as Human Shield During Clashes in Jericho,'" B'Tselem, April 9, 2018, https://tinyurl.com/bde8h5pm 을 참조하라.

이스라엘은 비난받지 않는다. 전쟁범죄도 지적되지 않는다. 이스라엘의 행위가 무차별적이고, 잔혹하며, 무자비하다고 묘사되지 않는다. 폭탄에 의해 수천 명의 아이들 시신이 훼손된 사실에 대한 언급도 없다. 이런 집단학살적 행위는 '인도적 비극'이라며 동정의 대상이 될 뿐, 이스라엘의 정당한 자기방어 행위로 여전히 간주된다.

성명은 이어 '호소' 부분으로 넘어가는데, 여기서조차 휴전을 요구하지 않고 단지 '인도적 일시 중단'만을 촉구한다. 그 내용은 다음과 같다.

○ 모든 분쟁 당사자는 전쟁 시 국제 인도법을 준수해야 한다.
○ 하마스는 즉시 모든 인질을 석방해야 한다.
○ 하마스는 이스라엘 민간인에 대한 로켓 공격을 중단해야 한다.
○ 이스라엘의 군사 대응은 민간인 안전을 고려해야 한다.
○ 가자 민간인에게 물, 식량, 의약품 등 필수품이 전달될 수 있도록 인도적 일시 중단과 안전 통로가 마련되어야 한다.
○ 전쟁 이후, 세계 각국은 이스라엘과 팔레스타인에 지속 가능하고 정의로운 평화가 정착되도록 노력해야 한다.[36]

이 호소문은 하마스에게 모든 인질의 석방을 요구하지만, 재판도 없이 구금된 수백 명의 아이들을 포함한 수천 명의 팔레스타인 수감자에 대해서는 아무 언급이 없다. 팔레스타인 수감자들을 테러리스트로 간주하여, 석방할 가치가 없는 존재로 보는 듯하다. 하마스는 이스

---

36 "Bishops of the Church of Sweden."

라엘 민간인에 대한 로켓 공격을 멈추어야 하지만, 이스라엘은 가자에 미사일을 계속 쏠 수 있다. 이스라엘에는 단지 민간인 안전을 '고려하라'는 요청만 있을 뿐이다. 실제로 이스라엘이 민간인 안전을 고려한 적은 한 번도 없었다.

성명은 이스라엘이 전체 동네를 파괴하거나 교회-모스크-병원을 공격한 사실을 언급하지 않는다. 성명의 침묵을 보면, 이스라엘은 이런 공격을 계속해도 괜찮다는 뜻처럼 보인다. 주교단은 휴전이 아니라 인도적 일시 중단만을 촉구했다! 즉, 이스라엘은 팔레스타인 사람들을 집단학살 하기 전에 그들에게 식량을 공급하라는 식이다.

2024년 2월 28일, 북유럽 5개국 루터교회는 요르단과 성지의 복음주의 루터교회(ELCJHL, 나의 교회)에 연대의 편지를 보냈다.37 이 편지는 전쟁이 시작된 지 거의 5개월, 우리가 5개월간 호소한 뒤에야 보내졌다. 그때까지 이스라엘은 3만 명의 팔레스타인 사람을 살해했고, 그중 1만 3천 명은 어린이였다. 거의 2백만 명이 난민이 되었다. 편지는 이 사실을 인정하지만, 이스라엘에 대한 도덕적 판단도, 이스라엘의 행위를 전쟁범죄로 규정하는 내용도 없다. 편지 작성자들은 가자에서 벌어지는 참상과 이를 무거운 마음으로 지켜본다고만 썼다. 말로 표현할 수 없는 고통, 아픈 소식들을 언급한다. 식량, 물, 의약품 부족을 언급하지만, 이는 전쟁 범죄인 '강제 아사'가 아니라 단순한 '부족'일 뿐이다. 요컨대 누구도 책임을 지지 않는다.

이 '연대'의 편지는 휴전을 촉구하거나 기도조차 하지 않았다! 편

---

37 The letter can be viewed at the Facebook Page of the ELCJHL, March 1, 2024, https://tinyurl.com/2v28xjhk.

지는 가자의 아이들, 남성, 여성 그리고 기독교 공동체를 위해 기도한다고 했지만, 전쟁 중단에 대해서는 아무 말도 없었다. 그러나 하마스가 붙잡고 있는 인질의 즉각적 석방을 위해 기도한다고는 분명히 밝혔다! 편지 마지막에는 폭력이 끝나고 성지에 평화가 오기를 기도한다는 일반적인 언급만 있다.

이 편지는 연대의 편지여야 했다. 그러나 팔레스타인 사람에 대한 집단학살 중단을 촉구하지 않고, 이스라엘 인질에 대해서만 구체적 행동을 요구함으로써 팔레스타인 사람을 비인간화한 연대의 편지였다. 전쟁 5개월이 지나도록 이 5개 교회가 휴전을 촉구하지 않았다는 사실이 아직도 믿기지 않는다! 집단학살이라는 명칭은 고사하고, 명백한 전쟁범죄를 지적하지도 않았다. 아사(餓死)라는 방법을 비난하지도 않았다. 즉각적 구호물자 진입을 촉구하지도 않았다. 아무것도 없었다. 그저 걱정만 했고, 마음이 무겁다고만 했다. 편지를 받은 며칠 뒤, 이 5개 교회 중 한 교회 지도자들과 통화하며 내 심경을 전했다. 나는 이 편지가 우리에 대한 모욕이라고 말했다.

전쟁이 계속되고, 사망자와 파괴, 아사가 늘어날수록 팔레스타인 기독교인들의 세계 교회에 대한 좌절감은 더욱 커졌다. 한편으로 우리는 휴전을 애원하고, 심지어 간청했다(단순한 인도적 일시 중단이 아니라 진짜 휴전을). 일부 교회는 실제로 휴전을 촉구했지만, 그 목소리에는 상황이 요구하는 긴박함과 힘이 부족했다. 공허한 평화 수사처럼 들렸고, 어떤 경우엔 너무 늦었다. 우리는 이런 교회들이 자기 책임을 인정하지 않는 점에도 실망했다. 이스라엘의 행위를 정당한 자위권이라 부른다면, 당신은 (간접적으로라도) 이 집단학살에 공범이 되는 것이다.

몇 주, 몇 달이 흘렀고, 이미 벌어지고 있던 일—교과서적 집단학살—의 증거는 모두가 볼 수 있게 드러났다.[38] 책임 인정은커녕, 이스라엘에 대한 규탄조차 거의 없었다. 전 세계는 첫날부터 하마스와 팔레스타인 사람을 신속히 규탄했고, 모든 팔레스타인 사람에게도 이를 요구했다. 그러나 이스라엘의 범죄에 대해 우리가 들은 것은 희석된 '평화 촉구'뿐이었다. 수년간 인권과 국제법을 설교해 온 바로 그 교회들이, 남아프리카공화국 판사들이 전 세계에 집단학살 사례를 제시할 때는 침묵했다.

휴전 촉구하기

기독교인은 평화의 중재자가 되라는 부름을 받는다. 예수께서는 "화평하게 하는 자는 복이 있나니, 그들이 하나님의 자녀라 일컬음을 받을 것이라"는 유명한 말씀을 하셨다. 평화 만들기는 중요하다. 그러나 단순히 평화를 촉구하는 것과는 다르다. 교회는 평화를 촉구하는 데서는 매우 능숙할 수 있다. 이번 전쟁에서 많은 교회 성명과 입장이 평화를 촉구했다. 나는 이런 촉구들이 진실했고 선한 의도를 담고 있었다는 점에 의심을 제기할 생각이 없다. 그러나 나는 이런 성명들이 집단학살을 겪는 이들에게 어떤 의미와 효과가 있는지, 특히 행동이 수반되지 않을 때 무엇을 이루어낼 수 있을지에 관해서는 회의적이다.

---

38 Raz Segal, "A Textbook Case of Genocide," *Jewish Currents*, October 13, 2023, https://tinyurl.com/32pum2n5; "Public Statement: Scholars Warn of Potential Genocide in Gaza," Third World Approaches to International Law Review, October 17, 2023, https://tinyurl.com/2s4xejck.

이번 전쟁 내내, 예루살렘 교회 수장들을 비롯한 교회와 지도자들로부터 진정성 있는 휴전 촉구가 있었다. 그들은 폭력과 전쟁이 상황을 악화시키고, 무고한 민간인이 고통받을 것임을 경고하는 여러 성명을 발표했다. 문제의 근본 원인을 다룰 것과 모든 민간인 살해를 규탄할 것을 촉구했다. 가자에 구호가 들어가야 한다는 요구도 지속적으로 제기했다. 특히 교회가 공격받았을 때는 더 강한 어조가 사용됐다.[39] 안타깝게도 이런 외침은 아무도 귀 기울이지 않았다.

세계교회협의회 WCC는 휴전을 촉구한 최초의 교회 단체 중 하나였다. 전쟁 초기, WCC는 "세계교회협의회는 이 치명적 폭력의 즉각적 중단을 긴급히 호소하며, 하마스가 공격을 멈추고 양측 모두 긴장을 완화할 것을 촉구한다"고 성명을 냈다.[40] 노르웨이 교회 지도자들은 "인류는 실패하는가?"라는 호소문을 내고, 가자에 구호가 들어가야 하며 전쟁이 멈춰야 한다고 주장했다. "즉각적인 휴전이 필수적이다"라고 밝혔다.[41] 루터교 세계연맹과 영국 성공회도 휴전을 요구했다.[42]

---

39 예루살렘 라틴 총대주교청(Latin Patriarchate of Jerusalem) 웹사이트(https://tinyurl.com/25497ufs)에서 다수의 성명을 확인할 수 있다. 예를 들어, 10월 13일 자 "Statement on the Escalating Humanitarian Crisis in Gaza"와 10월 17일 자 "Mourning Civilian Victims of the Massacre in Gaza and Extending Solidarity to the Episcopal Diocese of Jerusalem" 성명을 참고하라.

40 "WCC Urgently Appeals for Immediate Ceasefire in Israel and Palestine," World Council of Churches, October 7, 2023, https://tinyurl.com/3f8tr9yw.

41 Olav Fykse Tveit and Einar Tjelle, "Is Humanity Failing?" The Church of Norway, December 8, 2023, https://tinyurl.com/mseu3uhd.

42 "LWF Calls for Ceasefire and Humanitarian Access to All Those in Need," Lutheran World Federation, November 6, 2023, https://tinyurl.com/3u4j4pbp.

앞서 언급했듯, 웰비 대주교는 전쟁이 진행되면서 가자에 대해 말하는 어조가 달라졌다. 전쟁이 지속될수록 그는 전쟁은 멈춰야 한다고 강조하며, 가자에서 민간인 생명이 대규모로 희생되는 데에는 도덕적 정당성이 없다고 단언했다.[43] 우리가 만난 이후, 그는 트워터 X에 "나는 팔레스타인 민간인 살해, 주택과 마을의 파괴, 사람들을 아사 직전까지 내모는 행위를 규탄한다. 이런 일에는 어떤 도덕적 정당성도 없다"고 올렸다.[44] 이런 강력하고 예언자적인 언어가 전쟁 초기에 그리고 다른 주요 교회 지도자들에 의해 사용됐다면 어떤 변화가 있었을지 궁금하다. 적어도 신자들의 정의로운 분노를 이끌어내는 데 영향을 미쳤을 수 있다.

프란치스코 교황은 전쟁 중단을 촉구하는 여러 열정적 호소로 주목을 받았다. 11월, 이스라엘 사람과 팔레스타인 사람을 만난 뒤 그는 "양측 모두가 고통받는다는 이야기를 들었다. 이것이 전쟁이 하는 일이다. 그러나 팔레스타인에서는 전쟁을 넘어섰다…. 이것은 테러다. 제발, 평화로 나아가자. 평화를 위해 기도하자"고 말했다.[45] 이후 성명에서 그는 전쟁의 '테러' 중단을 촉구했고, 가자 가톨릭 성가정 교구에 대한 이스라엘군의 공격을 규탄했다.[46] 11월 말 이스라엘 대통령과의 통화에서 그는 "테러에 테러로 대응하는 것은 금지된다"고 말했다.[47]

---

[43] Sherwood, "Archbishop of Canterbury Makes 'Moral Cry' for Israel-Hamas Ceasefire."
[44] Archbishop of Canterbury, X, March 7, 2024, https://tinyurl.com/ yn4pyw36.
[45] Steve Hendrix et al., "After Israel-Hamas Deal, the Agonizing Wait for the Release of Captives," *Washington Post*, November 22, 2023, https:// tinyurl.com/24trnzkp.
[46] Devin Watkins, "Pope Condemns Attacks on Civilians in Gaza: 'It Is War; It Is Terrorism,'" *Vatican News*, December 17, 2023, https://tinyurl. com/5n6n2m3n.
[47] Anthony Faiola, Stefano Pitrelli, and Louisa Loveluck, "In Undisclosed Call, Pope

전쟁 내내 그는 세계 지도자들의 양심에 호소했다. "이제 그만하라! 멈춰라! 제발, 무기 충돌을 끝내고 아이들, 모든 아이를 당신 자녀처럼 생각하라. 그들에게 필요한 것은 집, 공원, 학교이지, 무덤과 집단 매장지가 아니다."[48]

이러한 전쟁 중단 촉구는 열정적이고 진정성이 있었으며, 언어를 넘어 구호 활동과 지원을 독려했다. 이런 교회들의 행동은 연민과 자비라는 하나님의 마음을 구현하려는 열망을 보여준다. 그들은 평화와 전쟁 종식을 위해 기도하도록 사람들을 동원하려 했다. 그러나 나는 실제 현장에서 실질적 조치에 더 많은 노력이 기울여질 수 있었는지는 궁금하다. 예수는 이 세상에 영원한 변화를 일으킨 운동을 창조했다. 그는 동원가였다. 그는 행동하는 분이었다. 그는 희생과 헌신을 요구했고, 직접 본을 보이셨다. 집단학살이 전 세계가 지켜보는 가운데 수개월 간 이어질 때, 우리에게 기도와 성명만으로는 부족하다.

더 열정적인 성명조차 전쟁범죄에 대응하는 데 필요한 명확성과 집요함에서는 부족했다. 미적지근하게 느껴졌다. 남아프리카 친구가 내게 '이빨 빠진 기독교'라고 표현한 것도 바로 이런 모습을 두고 한 말이다. 특히 교회가 권력에 진실을 말하기를 주저하고, 사태를 정확히 명명하기를 꺼릴 때 더욱 그렇다. 이런 '평화 촉구'에서 가장 부족했던 것은 이스라엘에 책임을 묻고, 전쟁범죄를 조사하며, 무기 수출 중단이나 보이콧 같은 조치를 요구하는 목소리였다. 많은 이들이 이

Francis Warned Israel Against Committing 'Terror,'" Washington Post, November 30, 2023, https://tinyurl.com/42kvjp3h.

48 "Gaza: Stop War, I Suffer Greatly-Pope," Vanguard, April 12, 2024, https://tinyurl.com/5f69y6wa.

런 성명을 읽고, 실제로 무엇을 할 수 있을지 공허함만 느끼게 된다. 기도는 중요하다. 정말 필요하고, 실제로 변화를 일으킬 수 있다. 그러나 기도는 행동과 결합될 때 더욱 큰 힘을 발휘한다. 기도는 우리가 반드시 해야 할 행동 목록, 즉 우리의 실천적 의제를 세워야 한다. 기도는 사람들을 행동으로, 변화를 일으키는 실천으로 동원해야 한다.

"예루살렘의 평화를 위해 기도하라!"는 구절은 폭력이 발생할 때마다 기독교인들이 우리 땅을 위해 흔히 사용하는 표현이다. 그러나 집단학살이 벌어지는 상황에서 이런 기도 촉구만으로는 충분하지 않다. 나는 기도의 힘을 믿으며, 이번 집단학살 기간 내내 가자를 위한 여러 기도회를 이끌었다. 이런 기도 시간에 드러나는 선의와 진정성을 진심으로 소중히 여기고 감사한다.

그러나 선의만으로는 충분치 않다. 예수께서는 산상수훈에서 "평화를 위해 기도하는 자가 복이 있다"고 말씀하지 않으셨다. "화평하게 하는 자가 복이 있다"(마 5:9)고 하셨다. 모든 신앙의 평화 중재자들은 기도한다. 그리고 그 기도 속에서 진정 무슨 일이 벌어지고 있는지 분별하며, 그 분별은 사태를 정확히 명명하고 권력에 진실을 말하도록 이끈다.[49] 진실을 말하는 행위는 거의 항상 행동으로 이어진다. 나는 성명서 작성에 참여하면서 전 세계 교회에 휴전을 촉구하는 서한에서는 신자들이 목소리를 내고, 시위에 동참하며, 공동체 내에서 조직하고, 정치 지도자들에게 전화와 서한으로 압박을 가하며, 비폭력 직접 행동 캠페인과 연좌시위를 조직할 것을 권했다. "정부와 결정권

---

49 Munther Isaac, "An Open Letter to U.S. Christians from a Palestinian Pastor," Sojourners, May 20, 2021, https://tinyurl.com/mvcr3pdb.

자들이 행동에 나서도록 만들기 위해 무엇이든 하라"는 것이 집단학살 시대에 우리에게 요구되는 일이다.50

국가신학, 교회신학 그리고 기독교 시온주의

남아프리카공화국 아파르트헤이트 시대, 남아공 "카이로스 문서"는 세계 교회에 '국가신학'과 '교회신학'이라는 개념을 소개했다. 이 문서는 반아파르트헤이트 운동의 풀뿌리 교회 활동가들과 지도자들이 작성하고 보급했다. 남아공 교회와 전 세계 교회가 남아공 아파르트헤이트 체제를 종식시키는 데 중요한 역할을 했다. 이 문서는 국가신학을 다음과 같이 정의했다.

> 국가신학은 현 체제의 인종차별, 자본주의, 전체주의를 신학적으로 정당화하는 것이다. 불의를 축복하고, 권력자의 뜻을 성경처럼 떠받들며, 가난한 자들을 수동성과 복종, 무관심으로 전락시킨다… 이를 위해 신학적 개념과 성경 본문을 자기 정치적 목적에 맞게 오용한다.51

이런 국가신학의 정의는 기독교 시온주의의 정의와도 구분이 어려울 정도다! 1985년 남아공 상황에서 쓰였지만, 이 말은 오늘날 팔레스타인 현실에도 매우 적합하다. 기독교 시온주의는 이스라엘의 아파

---

50 "Palestinian Christian Appeal: Immediate Ceasefire in Gaza," Change, November 11, 2023, https://tinyurl.com/2bsa4dux.

51 "The South Africa Kairos Document 1985," Kairos Southern Africa, accessed November 27, 2024, https://tinyurl.com/4nj9uw2t.

르트헤이트와 가자 집단학살을 지지하고 정당화하는 국가신학이다. 이스라엘 국가는 자기 정착민 식민 프로젝트를 정당화하고 유지하기 위해 신학적 개념과 성경 본문을 무기화한다. 남아공 "카이로스 문서"는 '교회신학'도 다룬다. 교회신학은 화해, 정의, 비폭력을 말하는 신학이다. 문서에 따르면,

> '교회신학'은 '화해'를 문제 해결의 핵심으로 삼는다…. '교회신학'은 기독교적 입장을 다음과 같이 묘사하곤 한다. "우리는 공정해야 한다. 양쪽 이야기를 모두 들어야 한다. 양측이 만나 대화하고 협상만 한다면, 오해와 차이가 해소되고 갈등이 해결될 것이다." 언뜻 보기엔 매우 기독교적으로 들린다.

문서 작성자들은 이런 화해 개념에 도전한다. 겉으로는 매우 기독교적으로 보이지만, 실제로는 정의가 빠진 화해 개념을 비판한다. 문서는 다음과 같이 밝힌다.

> 오늘날 남아공 현실에서, 현재의 불의가 제거되기 전에 화해와 평화를 호소하는 것은 전적으로 비기독교적이다. 그런 호소는 억압자에게 유리하게 작용하며, 억압받는 우리에게 억압을 받아들이고 우리에게 자행되는 참혹한 범죄에 화해하도록 설득하려는 것이다. 그것은 기독교적 화해가 아니라 죄악이다. 우리에게 자기 억압에 공모하고, 악의 하수인이 되라고 요구하는 것이다. **정의 없는 남아공에 화해란 있을 수 없다.**

이 남아공 교회 지도자들은 마치 팔레스타인 이야기를 하는 것처럼 들린다. 그들은 정의에 대한 호소 없이 팔레스타인 사람들에게 평

화와 화해를 설교하는 수많은 교회를 묘사하는 것 같다. 그들은 역사적 맥락, 책임, 행동에 대한 언급 없이 가자 전쟁의 종식을 위해 기도만 하는 셀 수 없이 많은 교회를 그리고 있는 듯하다.

이 문서는 교회 내에서 흔히 볼 수 있는, 억압자에게 권력이 있다고 전제하는 '상향식'(top-down) 정의 접근법에도 도전한다. 저자들은 다음과 같이 질문한다.

> 그렇다면 왜 '교회신학'은 고통받는 이들이 아니라 권력자에게 호소하는가? 왜 이 신학은 억압받는 자들이 자기 권리를 위해 일어서서 억압자와 싸워야 한다고 요구하지 않는가? 왜 그들에게 정의를 위해 노력하고 불의한 구조를 바꿔야 할 의무가 있다고 말하지 않는가? 아마 이 질문에 대한 답은 교회 내 '상층부'에서 나오는 호소가 사회의 '상층부'에 있는 이들에게로 쉽게 향하기 때문일 것이다. 불의한 체제를 유지하는 이들의 양심에 호소해야 한다. 그러나 진정한 변화와 정의는 아래, 즉 대다수가 기독교인인 민중으로부터만 나온다.

마지막으로, 이 문서는 교회신학이 폭력 문제를 다루는 방식에서 중립성 개념에도 도전한다. 문서는 다음과 같이 주장한다.

> 실제로 '폭력'이라고 부를 것과 '자위'라고 부를 것이 어느 편에 서느냐에 따라 달라지는 것 같다. 모든 물리적 힘을 '폭력'이라 부르는 것은 중립을 지키려는 시도이며, 누가 옳고 그른지에 대한 판단을 거부하는 것이다. 이런 갈등에서 중립을 유지하려는 시도는 헛된 일이다. 중립은 억압(따라서 폭력)의 현상 유지를 가능하게 한다. 이는 억압자에게 암묵적 지지를 보내는 방식이다.[52]

이 성명의 내용은 현장의 현실에 대해 세계 교회가 보이는 중립성을 바라보는 우리의 시각과 깊이 공명한다. 집단학살이 벌어지는데도 중립을 취한다면, 우리의 신학에 근본적으로 문제가 있는 것이다.

제노사이드 신학

남아공 문서가 국가신학과 교회신학이라고 부르는 것은, 팔레스타인 신학자 미트리 라헵이 4장에서 논의한 '제국의 소프트웨어'라고 부르는 것과 같다.[53] 가자에서는 국가신학과 교회신학이 제노사이드 신학으로 변질되었다. 그러나 이 장의 제목이 암시하듯이 정말 제노사이드 신학이라는 것이 존재할 수 있는가? 성경은 어떤 상황에서든 하나님이 제노사이드를 지지하거나 용인하거나 심지어 후원하는 분으로 그리고 있는가? 가자 출신 신학자 유세프 알쿠리는 단호히 "아니다"라고 말한다.

> 제노사이드는 신학적으로 정당화될 수 없다. 여러 기독교 전통에 따르면 신학이란, 하나님이 그리스도를 통해 자신을 계시하신 분임을 연구하는 것이다. 제노사이드와 식민주의를 정당화하는 '신학'(logy)에는 '신'(Theo)이 없다. 그것은 하나님을 영화롭게 하지 않고, 하나님의 형상대로 지음받은 이들의 인간성도 인정하지 않는 이데올로기일 뿐이다.[54]

---

52 "The South Africa Kairos Document 1985."
53 Mitri Raheb, *Decolonizing Palestine: The Land, the People, the Bible* (Orbis Books, 2023), 125.
54 Yousef AlKhouri, "Theologizing and [de] Un-theologizing Genocide," unpublished

이론적으로 알쿠리는 옳다. 마치 성경이 노예제, 식민주의, 아파르트헤이트를 지지하는 데 사용될 수 없다고 말하는 것이 옳은 것과 같다. 그러나 실제로 성경은 반대로 사용되고 있다. 이번 전쟁에서도 성경은 제노사이드를 정당화하는 데까지 활용되었다. 이런 성경의 오용은 애통과 눈물 그리고 근본적 전환을 요구한다. 회개가 필요하다. 우리는 성경이 무기화되는 현실에 분노해야 한다. 예수의 가르침과 너무나 동떨어진 이 폭력적 기독교에 부끄러움을 느껴야 한다.

약 2년 전, 나는 "기독교 시온주의의 성경적 근거는 얼마나 강한가?"라는 제목의 웨비나(온라인 세미나)에 참여했다.[55] 그 자리에서 나는 성서학자이자 팔레스타인 기독교인으로서 이 운동을 비판적으로 분석했다. 나는 오늘날 시온주의가 배타적이고 억압적이며 점령과 아파르트헤이트에 관여하는 이데올로기임을 전제로, 기독교 시온주의의 성경적 근거는 불의와 아파르트헤이트의 성경적 근거만큼 약하다고 결론지었다. 10월 7일 이후 벌어진 끔찍한 사태를 지켜보며, 나는 이제 기독교 시온주의의 성경적 근거가 제노사이드를 정당화하고 옹호하고 지지하는 성경적 근거만큼이나 약하다고 덧붙일 수 있다.

---

paper, Christ at the Checkpoint conference, Bethlehem, May 2024, Christ at the Checkpoint YouTube Channel, https://tinyurl.com/3bb3t6nk.

55 "How Strong Is the Biblical Basis for Christian Zionism?" Churches for Middle East YouTube Channel, https://tinyurl.com/3dfs6a7f. 나는 나의 발언을 2022년 7월 13일 part 4(https://tinyurl.com/t4bmhk2t)에서 21분부터 제시했다.

6장

회개를 향한 촉구

가자지구 전쟁이 시작된 후 거의 일주일 동안, 베들레헴성서대학에서 나와 가장 가까운 친구이자 동료인 유세프 알쿠리, 안톤 데이크, 다니엘 바누라와 함께 우리는 함께 기도하며 가자에서 벌어지는 일에 어떻게 대응할지 고민하기 시작했다. 이 중 한 명인 유세프에게는 이 일이 매우 개인적인 문제였다. 그는 가자 출신으로, 그의 부모님과 누이의 가족이 그곳에 살고 있었다. 당시 그는 네덜란드에서 박사학위 과정을 밟고 있었고, 그의 가족은 가자에 있는 정교회에서 피난처를 찾고 있었다. 그는 가족의 안전을 매우 염려하였으며, 그의 가족이 피신해 있던 바로 그 교회가 공격을 받아 열여덟 명의 무고한 팔레스타인 기독교인이 목숨을 잃는 일을 간신히 피하였다. 엄청난 트라우마를 겪으면서도, 그는 많은 팔레스타인 기독교인들처럼 '그리스도 안에서 형제'라고 부르는 이들이 자신의 가족을 죽이라고 외치는 소리를 듣고 마음이 심란하고 괴로울 수밖에 없었다. 안톤과 다니엘 역시 박사학위 과정을 위해 팔레스타인 밖에 있었으나, 안톤의 경우는 강제 이주로 인한 것이었다. 안톤의 아내는 라틴 아메리카 출신인데, 이스라엘이 그녀의 베들레헴 입국 비자를 거부하여 가족이 함께 있기 위해 어쩔 수 없이 팔레스타인 밖으로 이주해야 했다. 이것이 바로 아파르트헤이트의 잔혹한 법 가운데 하나였다. 우리 네 명은 전쟁 초기 며칠 동안 많은 대화와 기도를 나누었다.

나의 친구들은 팔레스타인 기독교인으로서 우리는 반드시 목소리를 내야 한다고 뜻을 모았다. 단지 우리 땅에서 벌어지는 일뿐만 아니라 서방과 전 세계 교회들의 반응에 대해서도 말이다. 그리스도의 제자로서 우리는 침묵할 수 없었다. 팔레스타인 기독교인인 우리에게, 서방 교회의 가자 전쟁에 대한 반응을 보며 느낀 좌절과 분노를 억누르기란 쉽지 않았다. 전쟁 발발 첫 몇 주는 특히 힘들었는데, 수많은 성명과 기사가 이 전쟁을 옹호하고 정당화하려는 내용으로 쏟아졌기 때문이다. 우리는 이런 반응이 한쪽에 치우쳐 있고, 이해와 연민, 자비가 빠져 있다는 점에 마음이 무거웠다. 팔레스타인 사람으로서 우리는 우리 민족이 악마화되는 것이 문화와 종교 전통 전반에 걸쳐 너무나도 당연하게 받아들여지는 현실을 똑똑히 보았다. 기독교인으로서 우리는 이런 교회 지도자들과 교회들의 반응을 보며 복음의 신뢰성이 심각하게 훼손될까 깊이 염려하였다.

많은 기도와 숙고 끝에, 우리는 이 전쟁을 지지하는 서방의 교회 지도자들과 신학자들에게 호소문을 내기로 결정하였다. 내 친구들이 초안을 만들었고, 이후 우리가 함께 수정하며 신속하게 팔레스타인 기독교 주요 단체와 운동 12곳의 지지를 끌어냈다. 이 단체들은 초안에 의견과 수정을 더했고, 우리는 2023년 10월 20일에 이 호소문을 공동으로 발표하였다.[1]

---

[1] 이 요청을 공동으로 발표한 단체들은 다음과 같다: Kairos Palestine; Christ at the Checkpoint; Bethlehem Bible College; Sabeel Ecumenical Center for Liberation Theology; Dar al-Kalima University; Al-Liqa Center for Religious, Heritage, and Cultural

이 편지는 회개를 촉구하는 호소문이었다. 나는 우리끼리 제목과 호소문의 성격을 두고 나누었던 대화를 또렷이 기억한다. 전쟁 초기 이스라엘의 가자 폭격이 워낙 격렬했고, 서방의 많은 이들이 이에 동조하고 있었기에, 외교적 언사를 쓸 때가 아니라고 판단하였다. 우리는 '대화'나 '화해'를 요청하지 않았다. 세상의 눈앞에서 집단학살이 시작되고 있었고, 많은 교회 지도자가 이를 옹호하고 정당화하는 태도를 보였다. 우리는 그들이 공범이라고 느꼈고, 그들에게 회개를 촉구하였다.

이제 나는 그 호소문의 주요 부분을 나누고자 한다. 이 호소문은 오늘날 전쟁의 참혹함이 더 커진 지금, 더욱 강하게 울려 퍼진다. 비극적으로도, 우리는 이 호소문을 발표할 때 앞으로 어떤 일이 닥칠지 예견할 수 있었다. 이 호소문은 10월 7일 이후 불과 2주도 채 되지 않아 발표된 것이기에, 그 안에 언급된 수치와 사건들은 그 시점까지 벌어진 일에 근거한 것이다. 전 세계의 많은 기독교인들이 이 호소문을 지지했지만, 더 많은 이들이 귀 기울이고 응답하길 바라는 마음이다.

회개를 촉구하는 호소

: 팔레스타인 기독교인들이 서방 교회 지도자들과 신학자들에게 보내는 공개서한

"선행을 배우며 정의를 구하며 학대받는 자를 도와주며 고아를 위하여 신원

Studies in the Holy Land; the East Jerusalem YMCA; the YWCA of Palestine; Arab Orthodox Society, Jerusalem; Arab Orthodox Club, Jerusalem; The Department of Service to Palestinian Refugees of the Middle East Council of Churches; and Arab Education Institute Pax Christi, Bethlehem.

하며 과부를 위하여 변호하라 하셨느니라"(이사야 1:17).

아래에 서명한 우리 팔레스타인 기독교 기관들과 풀뿌리 운동들은 우리 땅에서 반복되는 폭력의 악순환을 깊이 슬퍼하며 애도합니다. 우리는 이 공개서한을 발표하려던 바로 그때, 2023년 10월 19일, 가자지구의 성 포르피리우스 그리스 정교회에 피신해 있던 무고한 민간인들(기독교인을 포함하여)이 이스라엘의 참혹한 폭격으로 목숨을 잃는 일을 겪었고, 우리 중 일부는 소중한 친구와 가족을 잃었습니다. 이 땅에서 계속되는 전쟁을 바라보며 느끼는 충격과 공포는 말로 다 표현할 수 없습니다. 우리는 모든 이의 죽음과 고통을 깊이 애도합니다. 왜냐하면 모든 인간이 하나님의 형상대로 창조되었다는 것이 우리의 확고한 신념이기 때문입니다. 또한 하나님의 이름이 폭력과 종교적 민족주의 이데올로기를 조장하는 데 동원되는 현실에 깊은 우려를 느낍니다. 더 나아가, 우리는 많은 서방 기독교인이 팔레스타인 민중을 상대로 한 이스라엘의 전쟁을 맹목적으로 지지하는 모습을 공포스럽게 지켜보고 있습니다. 물론 우리 땅에서 진실과 정의를 위해 목소리를 내온 많은 이들이 있다는 점을 잘 알고 있습니다. 그러나 우리는 이스라엘에 대한 무비판적인 지지를 표명한 서방 신학자들과 교회 지도자들에게 도전장을 내밀고, 그들이 회개하고 변화할 것을 촉구하고자 이 글을 쓰는 바입니다. 유감스럽게도 일부 기독교 지도자들의 행위와 이중잣대는 그들의 기독교적 증언에 심각한 상처를 입혔고, 우리 땅의 상황에 대한 도덕적 판단을 심각하게 왜곡했습니다.

우리는 동료 기독교인들과 함께 민간인, 특히 무방비 가족과 아이들을 향한 모든 공격을 규탄합니다. 그러나 팔레스타인 민간인이 희생될 때 수많은 교회 지도자와 신학자들이 침묵하는 현실에 깊은 충격을 받습니다. 또한 일부 서방 기독교인들이 이스라엘의 팔레스타인 점령에 대해 규탄하기를 거부하거나 심지어 그 점령을 정당화하고 지지하는 모습에 경악합니다. 더 나아가, 일부 기독교인들이 가자지구에 대한 이스라엘의 무차별 공격을 정당화하는 모습을 보고 분노를 금할 수 없습니다. 이 공격으로 지금까지 3,700명 이상의 팔레스타인 사람이 목숨을 잃었고, 그 대다수는 여성과 아이들입니다. 그로 인해 전체 동네가 파괴되고, 백만 명이 넘는 팔레스타인 사람이 강제 이주를 당했습니다. 이스라엘군은 백린탄 사용, 물-연료-전기의 차단, 학교-병원-예배당(알-아흘리 성공회 병원과 성 포르피리우스 그리스 정교회 포함) 폭격 등 민간인을 겨냥한 전술을 사용하였습니다. 그로 인해 팔레스타인 기독교인 가족 전체가 사라지는 참극도 벌어졌습니다.

우리는 이 전쟁의 더 넓은 구조적 맥락과 근본 원인을 외면하는 근시안적이고 왜곡된 기독교적 반응을 단호히 거부합니다. 이스라엘이 나크바 이후 75년간 팔레스타인 사람들에게 가해온 체계적인 억압, 계속되는 인종청소 그리고 범죄에 해당하는 억압적이고 인종차별적인 군사 점령이 바로 이 전쟁의 근본적 맥락입니다. 많은 서방 기독교 신학자들과 지도자들은 이러한 억압의 참혹한 현실을 지속적으로 외면해 왔고, 더 나아가 다양한 시온주의 신학과 해석을 동원해 이를 정당화하기까지 하였습니다. 또한 지난 17년간 이스라엘이 가자지구를 잔혹하게 봉쇄함으로써, 2백만 명이 넘는 팔레스타인 사람(이 중 70퍼센트는 나크바 당시 쫓겨난 가족의 후손들)이 기본적 인권조차 박탈당한 채 365제곱킬로미터의 땅에 갇혀 살아가고 있습니다. 이스라엘의 강압적 지배 아래 가자지구의 참혹하고 절망적인 생활 조건은 일부 팔레스타인 단체의 극단적 목소리가 억압과 절망에 맞서 무장 투쟁과 폭력에 의존하도록 부추기는 결과를 낳았습니다. 그러나 우리가 전적으로 헌신하는 비폭력 저항은 번번이 거부당하고 있으며, 일부 서방 기독교 지도자들은 심지어 휴먼라이츠워치, 국제앰네스티, 베첼렘 등에서 보고하고 팔레스타인과 남아공 양측이 오래 전부터 주장해 온 이스라엘의 아파르트헤이트 문제 논의조차 금지하고 있습니다.

우리는 서방의 팔레스타인-이스라엘에 대한 태도가 이스라엘 유대인은 인간적으로 대하면서 팔레스타인 사람은 비인간화하고 그 고통을 외면하는 명백한 이중 잣대에 사로잡혀 있음을 거듭 상기하게 됩니다. 이는 최근 가자지구에 대한 이스라엘의 공격으로 수천 명의 팔레스타인 사람이 목숨을 잃었을 때의 일반적 태도, 2022년 팔레스타인계 미국인 기독교 언론인 시린 아부 아클레가 살해당했을 때의 무관심 그리고 이번 사태가 격화되기 전에도 이미 서안지구에서 38명의 아이를 포함해 300명 이상의 팔레스타인 사람이 살해된 사실에 대한 무관심에서 분명히 드러납니다.

이중 잣대는 아메리카, 오세아니아 등지에서 토착민의 인종청소, 아프리카인 노예화와 대서양 노예무역 그리고 남아프리카공화국의 수십 년에 걸친 아파르트헤이트를 정당화하기 위해 성경을 무기화해 온 뿌리 깊은 식민주의적 담론을 반영한다고 우리는 봅니다. 식민주의 신학은 결코 지나간 것이 아닙니다. 그것은 팔레스타인에서의 인종청소와 체계적인 정착민 식민지 아파르트헤이트 체제 아래 살아가는 팔레스타인 사람(기독교인을 포함한)에 대한 악마화와 비인간화를 정당화하는 다양한 시온주의 신학과 해석 속에 여전히 살아 있습니다.

우리는 또한 서방 기독교가 정의로운 전쟁론(Just War Theory)을 유산으로 남겨, 제2차 세계대전 당시 일본의 무고한 민간인들에게 원자폭탄을 투하하는 것을 정당화하고, 최근 미국의 이라크 전쟁에서 이라크의 파괴와 그리스도인 공동체의 몰락을 정당화하며, 도덕적 우월성과 '자위권'이라는 이름으로 팔레스타인에 맞선 이스라엘에 대한 무비판적이고 확고한 지지를 제공해 온 사실을 알고 있습니다.

유감스럽게도, 서방의 많은 기독교인들은 교단과 신학적 스펙트럼을 막론하고 전쟁을 정당화하는 시온주의 신학과 해석을 받아들임으로써 이스라엘의 폭력과 억압에 공범이 되고 있습니다. 일부는 오늘날 여러 서방 국가와 언론에서 목격되는 반팔레스타인 증오 발언의 확산에도 일조하고 있습니다.

서방의 많은 기독교인들은 전쟁의 신학적 정당화에 별다른 문제의식을 느끼지 않지만, 대다수 팔레스타인 기독교인은 힘없는 자와 점령당한 자의 폭력조차도 용납하지 않습니다. 대신 팔레스타인 기독교인들은 예수의 길, 즉 "사랑의 논리로 평화를 이루기 위해 모든 에너지를 동원하는" 창의적 비폭력 저항(카이로스 팔레스타인, §4.2.3, §4.2.5)에 전적으로 헌신하고 있습니다.

무엇보다 우리는 강자의 전쟁을 정당화하는 모든 신학과 해석을 단호히 거부합니다. 우리는 서방 기독교인들이 이 길에 함께하기를 강력히 촉구합니다. 또한 우리 자신과 모든 기독교인에게 하나님은 억눌린 자와 소외된 자의 하나님이시며, 예수께서도 권력자를 꾸짖고 약자를 높이셨음을 상기시킵니다. 이것이야말로 하나님의 정의의 핵심입니다. 그러므로 우리는 일부 서방 기독교 지도자들과 신학자들이 모세(신 10:18; 16:18-20; 32:4)와 예언자들(사 1:17; 61:8; 미 2:1-3; 6:8; 암 5:10-24)이 처음 선포하고, 그리스도(마 25:34-46; 눅 1:51-53; 4:16-21)께서 몸소 보여주신 성경의 정의와 자비의 전통을 인정하지 않는 데 깊은 우려를 느낍니다.

마지막으로, 우리는 무거운 마음으로, 이스라엘의 전쟁을 지지하는 서방 교회 지도자들과 신학자들이 지난 75년간 팔레스타인에 저질러진 이스라엘의 범죄에 신학적-정치적으로 공범이 되었음을 분명히 지적합니다. 우리는 그들이 자기 입장을 다시 성찰하고 방향을 바꿀 것을 촉구합니다. 하나님께서 "공의로 세상을 심판하실 것"임을 기억하시기 바랍니다(행 17:31).[2]

이 호소문이 발표된 후, 우리가 얼마나 많은 웨비나와 토론에 참여하며 이 호소의 시급성을 되새기고 강조했는지 하나님만이 아신다. 나는 동료들과 함께 분노와 슬픔을 옹호 활동과 인식 제고로 승화시켰다. 우리는 지상에서 지옥을 경험하는 가자 주민들을 대신해 반드시 목소리를 내야 한다는 사명을 느꼈다. 또한 우리는 전 세계적으로 대면과 온라인 모두에서 수많은 기도회를 이끌었다.

이 호소는 분명한 영향을 남겼다. 우리는 일부가 이 호소에 귀 기울이고 응답한 데 대해 감사한다. 2만 2천 명이 넘는 이들이 우리의 청원 웹사이트에 서명하였다. 미국종교학회 연례회의에서는 우리의 목소리를 조명하는 특별 세션이 열렸고, 유대인 및 기독교 학자들의 긍정적 반응도 있었다. 팔레스타인 베들레헴성서대학에서 주최하는 국제 복음주의 기독교인 컨퍼런스 "검문소의 그리스도"에서는 이 성명에 관한 웨비나가 개최되어, 셰인 클레이본과 남아공의 프랭크 치케인 등이 응답하였고 수백 명이 참석하였다. 라틴아메리카 최대 신학자 네트워크인 라틴아메리카 신학 프라테르니티도 이 호소에 관한 세미나를 열었다. 저명한 복음주의 지도자들의 강력한 반응도 있었는데, 이는 책의 뒷부분에서 자세히 다룰 것이다.

그러나 전쟁이 계속되는 한, 이 모든 노력은 충분하지 않았다. 나는 이 호소문이 전쟁 발발 후 불과 2주도 안 되어 작성되었다는 사실을 곱씹으며, 계속해서 이 호소로 되돌아오게 된다. 우리는 팔레스타인 사람으로서 처음부터 사태의 심각성과 중대성을 인식했다. 우리는

---

2 "A Call for Repentance: An Open Letter from Palestinian Christians to Western Church Leaders and Theologians," Kairos Palestine, October 20, 2023, https://tinyurl.com/2ryv57r2.

이 문제의 시급함을 절실히 느꼈다. 시간이 흐르며, 우리는 전쟁의 장기화와 수많은 기독교인들이 같은 논리를 반복하는 현실에 마음이 산산이 부서지고 트라우마에 시달리게 되었다.

정치인들과 세계를 향한 외침

전쟁이 계속되면서, 나는 베들레헴의 목회자로서 내 플랫폼을 활용해야 한다는 강한 책임감을 느꼈고, 크리스마스가 다가오면서 휴전을 촉구하기 위해 목소리를 내야겠다고 결심했다. 그래서 2023년 11월, 우리가 대림절을 맞이하려던 시점에 나는 미국으로 건너가 정치인들에게 휴전을 촉구해 달라고 요청하였다. 나는 평화와 휴전을 호소하는 베들레헴 성직자들의 서한을 들고 있었다. 우리는 워싱턴 D.C.에서 여러 차례 회의를 가졌고, 백악관과 국무부에서도 만남을 가졌다. 나는 백악관 연설에서 다음과 같은 말을 전하며 평화를 간절히 호소했다.

우리는 베들레헴에서 여기까지 왔습니다. 베들레헴의 주요 전통 교회들이 서명하고 바이든 대통령 앞으로 보낸 편지를 들고 왔습니다. 대림절을 시작하며 우리가 드리는 단 하나의 요청이 있습니다. 그것은 바로 '지속적이고 전면적인 휴전'입니다. 이 전쟁은 너무나도 참혹합니다. 수천 명이 희생되었고, 그 대다수는 아이들과 여성입니다. 우리는 지금 끔찍한 이야기들을 듣고, 직접 보고 있습니다. 가자는 지상에서의 지옥이 되었습니다. 이 전쟁이 계속된다면, 이 지역 전체가 혼란에 빠질 위험이 있습니다. 극단주의와 폭력 지지 세력이 이미 증가하고 있습니다. 젊은이들은 절망에 내몰리고 있습니다. 반드시 다른 길이 있어야 합니다.

지금 벌어지는 일들은 10월 7일의 참사에 대한 대응을 한참 넘어섰습니다. 우리는 편지에서 이렇게 말합니다. 우리는 모든 이의 죽음을 애도합니다. 팔레스타인 사람과 이스라엘인 모두를 위해 자유를 기도합니다. 우리는 모든 인간이 하나님의 형상대로 창조되었으며, 존엄한 삶을 누릴 자격이 있다고 믿습니다. 하지만 오늘 저는 묻고 싶습니다. 170만 명을 쫓아내는 것이 10월 7일에 대한 응답입니까? 5천 명이 넘는 아이들을 죽이는 것이 10월 7일에 대한 응답입니까? 우리가 가자에서 벌어지는 일을 '제노사이드'라고 부를 때, 우리는 이 전쟁에 대한 이스라엘 정치인의 공개적 발언을 되풀이하고, 우리가 직접 목격하는 현실을 묘사하는 것뿐입니다.

이 모든 비극은 피할 수 있었던 일입니다. 유감스럽게도, 우리는 이런 사태가 닥칠 것을 예견하고 있었습니다. 평화 프로세스가 없고, 극단주의자들이 권력을 잡아 통제받지 않는 극단적 정책을 펼친 결과가 바로 지금입니다. 편지에서 우리는 이렇게 말합니다. "정의와 평등 없이는 평화와 안전도 없습니다. 모두에게 동등한 권리가 보장되지 않는 한, 평화와 안전은 불가능합니다. 봉쇄와 폭력, 전쟁은 결코 평화와 안전을 가져올 수 없습니다. 포괄적이고 정의로운 평화만이 팔레스타인 사람과 이스라엘 사람 모두의 유일한 희망입니다."

팔레스타인에 대한 정의는 너무 오래 미뤄져 왔습니다. 팔레스타인의 자유와 자기결정권 역시 너무 오래 미뤄져 왔습니다. 그러니 우리의 간절한 요청을 편지에서 직접 읽어드리고 싶습니다. "우리는 이 전쟁을 멈춰달라고 간청하는 마음으로 이 편지를 씁니다. 우리가 이번 크리스마스에 바라는 것은 오직 하나, 지속적이고 전면적인 휴전입니다. 더 이상의 죽음은 안 됩니다. 더 이상의 파괴도 안 됩니다. 이것은 도덕적 의무입니다. 반드시 다른 길이 있습니다.

이것이 우리가 이번 크리스마스에 드리는 호소이자 기도입니다." 우리는 바이든 대통령이 베들레헴의 주요 전통 교회들이 서명한 이 편지를 받아주길 바라고, 이 편지의 요청―즉, 즉각적이고 지속적인 휴전―을 진지하게 고려해 주길 간절히 기도합니다.

이것은 무수히 많은 호소 중 단 하나였을 뿐이지만, 아무런 반응도 얻지 못했다. 미국에서 돌아온 뒤에도 나는 계속해서 호소 활동을 이어갔다. 우리 교회, 즉 베들레헴의 복음주의루터교 크리스마스교회에서는 잔해로 만든 특별한 구유 장식을 마련했다. 우리는 아기 예수를 잔해 한가운데에 놓았는데, 이는 매일같이 잔해 속에서 아이들이 구조되는 장면을 떠올리게 했다. 이 구유 장면은 목회적 의미를 담고 있었지만, 우리가 이를 소셜 미디어에 공유하자 전 세계적으로 큰 주목을 받으며 화제가 되었다. 이 장면은 상징적인 이미지가 되었다! 각종 언론사에서 인터뷰 요청이 쇄도했다. 이 구유 장면은 전 세계 주요 언론사 보도에 등장했다. 내 얼굴은 수많은 기사와 TV 인터뷰에 등장했다. 대림절 기간 주일마다, 예배 후 구유 장면을 촬영하고 나와 교인들에게 인터뷰하려는 TV 촬영팀들로 교회가 붐벼서 어색하기도 했다. 나는 이 미디어의 관심을 가자지구의 참혹한 현실을 알리는 데 활용했다. 어느 주일 설교 중 TV 카메라를 바라보며 이렇게 외쳤던 것이 기억난다. "왜 여러분은 여기에 있습니까? 진짜 뉴스는 여기 있는 게 아니라 가자에 있습니다!" 이 기간 내내, 구유 장면을 촬영하러 몰려든 기자들에게 우리는 이 구유가 가자에서 벌어지는 집단학살을 알리기 위한 것임을 거듭 강조했다. 나는 반복해서 말했다. "올해 팔레스타인에서의 크리스마스는 이렇습니다. 집이 파괴되고, 가족이 흩어지고, 아이들이 죽어갑니다." 그러나 전쟁은 계속되었다. 우리의 모든 노력은 허사처럼 느껴졌다.

교회를 향한 외침

2023년 크리스마스이브가 되었을 때, 나는 가자를 위한 크리스마스 철야 예배의 하나로 특별한 설교를 전했다. 이 설교는 팔레스타인과 국제 기독교 단체들이 공동으로 주관한 행사였으며, 이들은 많은 시청자들이 참여하길 바라며 소셜미디어로 예배를 생중계했다. 나는 설교를 맡아 가자지구 전쟁에 대해 서방 교회를 향해 메시지를 전해 달라는 요청을 받았다. 이것이 바로 "잔해 속의 그리스도"(Christ in the Rubble) 설교의 시작이었다.

나는 이 설교에 온 마음을 쏟았다. 진정한 분노와 상처에서 우러나온 목소리로 말했다. 외교적 언사는 모두 내려놓았다. 우리는 극심한 고통과 절망에 처해 있었고, 나는 교회와 세상을 향해 반드시 외쳐야만 했다. 나는 평화나 화해를 요청하지 않았다. 오히려 교회의 공모를 지적하며, 청중들에게 성찰과 회개 그리고 행동을 촉구했다. 그 결과, 이 설교는 전 세계적으로 큰 반향을 일으켰다. 수천만 명이 시청하고 공유했다. 이 설교는 세상을 움직였고, 나는 많은 이들의 마음에 도전을 주었다고 믿는다. 설교에서 나는 이렇게 말했다.[3]

---

3 설교의 전문을 보려면, "Christ in the Rubble: A Liturgy of Lament," Red Letter Christians, December 23, 2023, https://tinyurl.com/ yxb74nch.을 참조하라.

우리는 분노하고 있습니다…. 우리는 상처받았습니다…. 이 시기는 본래 기쁨의 시간이었어야 했지만, 우리는 애도하고 있습니다. 우리는 두렵습니다. 2만 명이 넘는 이들이 목숨을 잃었습니다. 수천 명이 여전히 잔해 속에 갇혀 있습니다. 9천 명에 가까운 아이들이 하루하루 가장 잔혹한 방식으로 희생되었습니다. 약 190만 명이 터전을 잃고 떠돌고 있습니다. 수십만 채의 집이 파괴되었습니다. 우리가 알던 가자는 이제 존재하지 않습니다. 이것은 말살입니다. 이것은 집단학살, 즉 제노사이드입니다.

세상은 지켜보고 있습니다. 교회들도 지켜보고 있습니다. 가자 주민들은 자신들의 처형 장면을 생중계로 보내고 있습니다. 어쩌면 세상은 신경을 쓸지도 모릅니다. 그러나 이 모든 일은 계속되고 있습니다…. 우리는 묻습니다. 이것이 베들레헴, 라말라, 제닌에서 우리의 운명이 될 수도 있는 것입니까? 이것이 우리에게도 닥칠 운명입니까?

우리는 세상의 침묵에 괴로워하고 있습니다. 이른바 '자유 세계'의 지도자들은 한 명씩 나서서 포로가 된 민중에 대한 이 집단학살에 파란불을 켜주었습니다. 그들은 정치적 보호막을 제공했습니다. 단지 비용을 미리 지불해 준 것만이 아니라 진실과 구조적 맥락을 가리고, 정치적 엄호를 제공했습니다. 그리고 여기에 또 하나의 층위가 더해졌습니다. 바로 신학적 보호막, 서방 교회가 그 중심에 선 것입니다.

남아프리카의 소중한 친구들은 우리에게 '국가신학'(state theology)이라는 개념을 가르쳐주었습니다. 이는 '현 체제의 인종차별, 자본주의, 전체주의를 신학적으로 정당화하는 것'입니다. 신학적 개념과 성경 본문을 정치적 목적에 맞게 왜곡하는 방식입니다.

여기 팔레스타인에서는, 성경이 우리를 겨냥한 무기가 되고 있습니다. 바로 우리의 거룩한 경전이 말입니다. 팔레스타인에서는 제국신학(theology of empire)이라는 용어를 씁니다. 이는 우월감, 특권, '선민의식'과 권리의식을 감추는 위장입니다. 때로는 선교, 복음화, 예언 성취, 자유와 해방이라는 말로 그럴듯하게 포장됩니다. 제국신학은 신적 권위를 내세워 억압을 정당화하는 강력한 도구가 됩니다. 사람들을 '우리'와 '그들'로 나누고, 비인간화와 악마화를 조장합니다. 이 땅에 사람이 없다는 식으로 말하지만, 이 땅에는 분명 사람들이 살고 있습니다. 그리고 그들은 결코 '아무것도 아닌' 사람이 아닙니다. 이 신학은 가자를 비우라고 요구합니다. 1948년의 인종청소를 '하나님의 기적'이라 부르던 것처럼 말입니다. 우리 팔레스타인 사람들에게 이집트로, 요르단으로, 아니면 바다로 가라고 요구합니다.

나는 예수께서 사마리아로 들어가시려 할 때 제자들이 했던 말을 떠올립니다. "주님, 우리가 하늘에서 불이 내려와 저들을 태워버리게 할까요?" 제국의 신학이란 바로 이런 것입니다. 오늘날 우리에게도 똑같은 언어들이 쏟아지고 있습니다.

이 전쟁은 세상이 우리를 동등한 인간으로 보지 않는다는 사실을 확인시켜 주었습니다. 어쩌면 우리의 피부색 때문일지도 모릅니다. 어쩌면 우리가 정치적 방정식에서 '잘못된' 편에 있기 때문일지도 모릅니다. 심지어 그리스도 안에서의 형제애도 우리를 지켜주지 못했습니다. 그래서 그들은 말합니다. "하마스 전투원 한 명을 잡으려면 팔레스타인 사람 백 명을 죽여도 괜찮다!" 그들의 눈에 우리는 인간이 아닙니다. 그러나 하나님의 눈에는…. 그 누구도 우리를 인간이 아니라고 말할 수 없습니다!

서방 세계의 위선과 인종차별은 너무나도 뻔하고 소름 끼칩니다! 그들은 항상 팔레스타인 사람의 말을 의심하고 조건을 답니다. 우리는 결코 동등하게 대우받지 못합니다. 반면, 명백한 허위와 거짓의 전력이 있음에도 불구하고, 이스라엘 사람의 말은 거의 언제나 절대적으로 신뢰받습니다! 유럽의 친구들에게 말합니다. 나는 다시는 여러분이 인권이나 국제법에 대해 우리에게 설교하는 것을 듣고 싶지 않습니다. 진심으로 하는 말입니다. 우리는 백인이 아니니, 여러분 논리대로라면 우리에게는 그런 기준이 적용되지 않는 것 아닙니까? 이번 전쟁에서, 서방의 많은 기독교인들은 제국이 필요로 하는 신학적 명분을 제공했습니다. "이것은 자위권이다!"라고 그들은 말했습니다. 나는 계속 묻습니다. 9천 명의 아이들을 죽이는 것이 어떻게 자위권입니까? 190만 팔레스타인 사람을 쫓아내는 것이 어떻게 자위권일 수 있습니까? 제국의 그늘에서, 그들은 식민자를 피해자로, 피식민자를 가해자로 뒤바꿨습니다. 우리는 이 국가가 바로 그 가자 주민들의 마을과 도시 폐허 위에 세워졌다는 사실을 잊고 있지는 않습니까?

우리는 교회의 공모에 분노합니다. 분명히 합시다. 침묵은 곧 공모입니다. 휴전과 점령 종식 없는 공허한 평화 구호, 직접 행동 없는 피상적 공감의 말들 역시 모두 공모의 또 다른 이름입니다. 나의 메시지는 이것입니다. 오늘의 가자는 세계의 도덕적 나침반이 되었습니다. 10월 7일 이전에도 가자는 이미 지상에서의 지옥이었고, 세계는 침묵했습니다. 지금 침묵하는 것이 놀랄 일입니까?

가자에서 벌어지는 일에 충격을 받지 않는다면, 마음 깊이 혼들리지 않는다면, 그 인간성에 분명 문제가 있습니다. 우리가 그리스도인으로서 이 집단학살 그리고 이를 정당화하기 위해 성경을 무기화하는 일에 분노하지 않는다면, 우리의 신앙 증언에 문제가 있는 것이며 복음의 신뢰성을 스스로 훼손하는 것입니다! 이것을 집단학살, 즉 제노사이드라 부르지 않는다면, 그 책임은 온전히 당신에게 있습니다. 그것은 당신이 스스로 받아들이는 죄요, 어둠입니다. 휴전을 촉구하지 않은 이들이 있습니다. 나는 교회들을 말하는 것입니다.

나는 당신들이 안타깝습니다. 우리는 괜찮을 것입니다. 우리는 엄청난 타격을 입었지만, 우리는 회복할 것입니다. 우리는 다시 일어설 것입니다. 우리는 언제나 그랬듯, 폐허 속에서도 다시 일어설 것입니다. 비록 이번이 오랜 세월 중 가장 큰 타격이지만, 우리는 괜찮을 것입니다. 그러나 다시 한번, 공모한 이들에게는 안타까움을 느낍니다. 당신들은 이 일에서 회복할 수 있겠습니까?

집단학살 이후에 쏟아질 당신들의 자선과 충격의 언어들은 아무런 의미가 없습니다. 이런 충격의 말들이 쏟아질 것을 나는 압니다. 사람들이 자선도 많이 할 것입니다. 그러나 당신들의 말은 아무런 변화를 만들지 못합니다. 후회의 말로는 충분하지 않습니다. 분명히 말합니다. 우리는 집단학살 이후의 당신들의 사과를 받아들이지 않을 것입니다. 이미 벌어진 일은 돌이킬 수 없습니다. 나는 당신들이 거울을 보며 스스로에게 묻기를 바랍니다. "가자가 집단학살을 겪을 때, 나는 어디에 있었는가?"

이 설교는 말 그대로 전 세계에 울려 퍼진 설교였다. 단기간에 전례 없는 파급력을 보였고, 2주 만에 수천만 건의 조회수를 기록했다. 소셜미디어 활동가들에 의해 즉시 여러 언어로 번역되었다. 세계 각국의 지도자, 정치인, 외교관은 물론 무슬림, 유대인, 기독교인, 불교인들이 공유했고, 수많은 언론에 보도되었다. 요르단의 라니아 왕비는 이 설교를 '감동적'이라며 많은 이들이 듣기를 권했다.[4] 유엔 점령 팔레스타인 지역 특별보고관 프란체스카 알바네제는 이 설교를 자신이 들어본 '가장 깊이 있는 예전 중 하나'라고 평했다.[5] 복음주의 목회

---

4 Rania Al Abdullah @Queen Rania, X, December 25, 2023, https://tinyurl.com/ mr3m7fa8.

자 밥 로버츠 주니어는 '지난 20년간 가장 많이 들을 크리스마스 설교가 될 것'이라며, "이 설교는 반드시 들어야 한다. 이는 단지 가자뿐 아니라 세계 교회가 서방 교회를 어떻게 보는지를 보여준다. 우리는 그들의 다양한 현실에 대해 너무 무지하고 무관심하며 귀를 닫고 있으면서 목소리만 크다는 점에 그들은 분노한다"고 덧붙였다.[6] 이 설교는 심지어 남아프리카공화국 변호인단이 국제사법재판소(ICJ)에서 이스라엘을 상대로 한 소송에서 인용하기도 했다.

이 설교는 수천 건의 소셜미디어 반응에서 알 수 있듯 많은 이들의 마음을 움직였다. 나는 이 설교가 가자를 세계의 도덕적 나침반으로 세웠다고 믿는다. 또한 진행 중인 집단학살 한가운데서도 우리의 예언자적 증언이 얼마나 강력한지 그리고 교회가 용기와 확신을 갖고 목소리를 내야 할 필요성을 보여주었다. 침묵할 때가 아니었다. 나는 가자를 위해 말했고, 그 과정에서 인류 전체를 대변했다.

교회를 향한 사순절의 부르심

2024년 2월, 나는 휴전을 촉구하기 위해 영국을 방문하였다. 영국 의회와 언론과의 만남이 있었고, 사순절이 시작되는 시기에 가자를 위한 철야 예배를 인도하였다. 이 예배는 런던의 유명한 블룸즈버리 센트럴 침례교회에서 열렸는데, 이곳은 마틴 루터 킹이 영국에서 첫

---

5 Francesca Albanese, UN Special Rapporteur oPt, @FranceskAlbs, X, December 25, 2023, https://tinyurl.com/4tafj3fh.
6 Bob Roberts Jr. @bobrobertsjr, X, December 26, 2023, https://tinyurl.com/3rdt5284.

설교를 했던 곳이기도 하다. 교회는 가득 찼고, 나는 다시 한번 교회에 회개를 촉구하는 설교를 전했다. 나는 이사야 선지자의 금식에 관한 말씀을 설교의 기초로 삼았다.

"내가 기뻐하는 금식은 흉악의 결박을 풀어 주며, 멍에의 줄을 끌러 주며, 압제당하는 자를 자유하게 하며, 모든 멍에를 꺾는 것이 아니냐"(이사야 58:6).

이 설교는 교회에 대한 도전이었고, 가자에서 벌어지는 집단학살에 대한 전 세계(특히 서방) 교회의 반응에 팔레스타인 기독교인들이 느끼는 좌절의 표현이었다. 나는 설교에서 이렇게 말했다.

세계 지도자들의 양심은 어디로 갔습니까? 나는 세계 지도자들 그리고 전쟁의 주도자들에게 묻습니다. 왜냐하면 거리의 목소리는 분명하고 크게 외치고 있기 때문입니다. "이 집단학살을 멈추라!" 그러나 전쟁의 주도자들이 그 목소리를 들을 것 같습니까? 국제사법재판소(ICJ)는 지금 벌어지는 일에 대해 분명하게 진단했고, 이스라엘과 그 공범들을 꾸짖었습니다. 그럼에도 불구하고, ICJ의 판결조차 이 집단학살을 멈추기에는 충분하지 않았습니다. 그리고 이제 우리는 이스라엘이 라파를 공격할까 두려워하고 있습니다. 상황이 더 악화될 수 있을까요?

가자 주민들은 자신들의 집단학살 장면을 우리에게 생중계하고 있습니다. 전쟁 지도자들은 가자를 지우고 다시 식민지로 만들겠다는 의도를 우리와 전 세계에 공공연히 선언했습니다. 그런데도 세계는 지금 벌어지는 일이 집단학살인지 아닌지 여전히 논쟁하고 있습니다.

이스라엘 군인들은 한 문명의 파괴를 조롱하는 영상을 올리고 있는데, 세계는 여전히 논쟁만 하고 있습니다! 여러분, 진실은 모두에게 분명합니다. 더 이상 논쟁할 필요가 없습니다. 아파르트헤이트는 명백합니다. 집단학살도 명백합니다. 우리는 더 이상 설명할 필요가 없습니다. 진실은 모두가 볼 수 있습니다. 세계 지도자들도 진실을 알고 있습니다. 그들은 이를 부인하고 있을 뿐입니다. 사실 그들은 76년 동안 이를 부인해 왔습니다. 우리는 얼마나 많은 대표단을 맞이했습니까? 얼마나 많은 강연을 했습니까? 얼마나 자주 설명했습니까? 한편, 이스라엘은 유엔 팔레스타인 난민구호기구 UNRWA 직원 일부가 10월 7일 공격에 연루되었다고 주장했고, 그 즉시 전 세계 여러 나라가 UNRWA 지원을 중단했습니다. 이 위선의 정도는 이해할 수 없을 만큼 큽니다. 그 안에 깔린 인종차별의 수준은 소름 끼칠 정도입니다. 나는 도저히 이 현실을 받아들일 수 없습니다!

일부 세계 지도자들과 교회 지도자들이 이제야 태도를 바꾸기 시작하고 있습니다. 이미 너무 늦었습니다! 당신들은 예루살렘에 와서 연대를 표했고, 신학적-정치적 보호막을 제공했으며, 이를 자위권이라 칭하며 파란불을 켰습니다. 심지어 비용까지 지불해 놓고, 이제 와서 우려를 표명합니까? 유감이지만, 이미 벌어진 일을 되돌릴 수 없습니다. 역사는 바뀌지 않습니다. 당신들은 손에 묻은 피를 씻을 수 없습니다.

실로, 세계의 양심은 죽었습니다. 그들은 무감각해졌습니다. 세계 지도자들은 자신의 권좌에 집착하고 있습니다. 권력에 취해 있습니다. 그들은 미사일에 사인을 하며, 전쟁을 사랑합니다. 피해자들에게는 관심이 없습니다. 오히려 피해자들을 이미 테러리스트, 동물, 악마라고 낙인찍었습니다. 이것을 인종차별이 아니라고 말하지 마십시오! 이 집단학살에 공모한 이들은 우리를 동등한 인간으로 보지 않습니다. 인간 생명에 대한 이토록 극심한 무감각, 아이들이 잔해 속에서 죽어가고, 병원에서 부패한 채 발견되는 아기들에 대한 무관심을 어떻게 설명할 수 있겠습니까?

우리는 이런 이야기들을 전하는 데 지쳤습니다. 우리 민족이 죽어가는 이야기를 나누는 데 지쳤습니다. 우리는 130일이 넘도록, 아니 76년 동안이나 "주여, 자비를 베푸소서!"라고 간구해 왔습니다. 팔레스타인 사람인 우리는 신앙에서 위로를 찾습니다. 하나님의 말씀에서 희망을 얻습니다. 오늘은 사순절의 첫 번째 주일입니다. 우리가 십자가를 향해 나아가는 이 시기에, 이 절기의 의미를 함께 묵상하기를 바랍니다.

첫째, 이 시기는 회개의 시간입니다. 둘째, 이 시기는 금식의 시간이며, 참된 경건의 의미를 성찰하는 시간입니다. 셋째, 이 시기는 고난의 신비와 영광의 길이 십자가를 통해 이뤄짐을 묵상하는 시간입니다. 이 세 가지 모두는 오늘 가자에서 벌어지는 일과 깊은 관련이 있습니다.

회개해야 합니다. 오늘날 우리 세계가 얼마나 회개가 필요한지 모릅니다. 무관심, 고통에 대한 무감각, 집단학살을 정상화하고 정당화하는 죄에서 돌이켜야 합니다. 세계 지도자들이 텔레비전과 소셜미디어를 통해 집단학살과 인종청소가 생중계되는 것을 보면서도, 이를 변명하거나 무마하려 하고, 오직 무고한 민간인 사망에만 우려를 표한다면, 우리의 집단적 인간성은 위기에 처해 있는 것입니다. 교회가 집단학살을 정당화하거나 멀리서 침묵하며 균형 잡힌 성명만 내놓는다면, 복음의 신뢰성이 위태로워집니다. 우리는 우리 안의 인종차별, 우월의식, 편견을 회개해야 합니다. 이번 전쟁은 세상이 우리를 동등하게 보지 않는다는 사실을 다시금 확인시켜 주었습니다. 그들은 집단학살을 '실수'나 '과도한 대응' 정도로 묘사합니다. 우리는 아파르트헤이트의 죄, 즉 어떤 이들이 더 많은 권리를 누릴 자격이 있다고 여기는 생각에서 돌이켜야 합니다.

이 사순절 기간, 우리는 또한 우리의 종교적 실천을 성찰하라는 부름을 받았습니다. 하나님께서 금식을 통해 우리에게 주시는 메시지는 이렇습니다. 연민과 자비를 낳지 않는 경건은 거짓 경건입니다! 정의에 대한 갈망으로 이어지지 않는 경건 역시 거짓 경건입니다. "내가 기뻐하는 금식은 흉악의 결박을 풀어 주며, 멍에의 줄을 끌러 주며, 압제당하는 자를 자유하게 하며, 모든 멍에를 꺾는 것이 아니냐?" 우리 세상은 거짓 경건으로 가득합니다. 자비와 정의, 진리가 빠진 경건입니다. 오늘 읽은 이사야의 말씀은 마치 오늘을 두고 하는 말 같습니다.

여러분, 이사야의 이 말씀은 '자선'의 차원을 넘어섭니다. 이는 정의와 해방을 위한 입장 표명과 적극적 참여에 관한 것입니다(단순한 성명 발표가 아닙니다!). 예수께서는 "내가 굶주렸을 때 너희가 나를 위해 기도하고 성명을 냈다"고 하지 않으셨습니다. "내가 옥에 갇혔을 때 너희가 나를 찾아왔다"고 하셨습니다! 이것은 단순히 "평화를 위해 기도합니다", "우려를 표합니다", "지원을 보냅니다"가 아닙니다. 이사야가 말하는 경건은, 흉악의 결박을 풀고, 멍에의 줄을 끊고, 압제 받는 자를 자유케 하며, 모든 멍에를 꺾는 데 적극적으로 참여하는 것입니다. 이것이 진정한 연대이며, 행동하는 신앙입니다.

나는 묻습니다. 오늘날 교회가 이 일을 하고 있습니까? 우리 스스로에게 정직하게 답해야 합니다! 왜 내가 "교회는 어디에 있는가?"라고 외쳐왔는지 이제 아시겠습니까? 불의와 고통 앞에서 우리가 던져야 할 질문은 항상 "하나님은 어디 계신가?"만이 아닙니다. 많은 경우, "교회는 어디에 있는가?"가 되어야 합니다. 우리는 종교적 관습과 신학적 논의에 사로잡혀 있습니다. 더 나아가, 오늘날 우리가 가장 결핍한 것은 바로 용기라고 느낍니다. 우리는 진실을 알고 있습니다. 하지만 말하지 않습니다. 우리는 결과가 두렵습니다. 우리는 역풍이 두렵습니다!

교회는 논란을 피하고 싶어 합니다. 예수께서 이 땅에 계실 때 논란을 피하려

하셨다고 상상해 보십시오! 만약 예수께서 질문을 받으셨을 때, 바리새인과 사두개인, 제자들, 로마인들(그리고 가능하다면 하늘의 아버지까지!) 모두를 만족시키려는 균형 잡힌 성명을 준비했다면 어땠을까요? 교회가 '휴전' 문제나 (혹은 감히) 이스라엘을 비판하는 문제를 피해 가는 방식은 정말 놀랍습니다. 그들은 긴 성명을 내놓지만, 결국 하마스를 단호히 규탄한다는 것 외에는 아무런 내용을 담지 않습니다!

솔직히, 우리는 더 이상 놀라지도 않습니다. 팔레스타인 기독교인으로서, 우리는 교회로부터 얼마나 자주 거절당했는지 모릅니다. 세계적 무대에서 발언해 달라는 초청이 얼마나 자주 취소되었는지 모릅니다. 논란이 두려워서 그렇습니다. 외부인들에게 왜 팔레스타인 기독교인과 만나는지 설명해야 하는 번거로움을 피하려고, 우리를 희생양 삼는 교회 지도자들도 있습니다! 그들은 편안함을 위해 우리를 희생시킵니다. 예수께서 죄인들과 함께 앉으셨듯이, 나를 죄인이라 여기고 나와 함께 앉으십시오. 정말 참담한 현실입니다. 그들은 편안함을 위해 우리를 희생시킵니다. 마치 자신들의 땅에서 저지른 인종차별과 반인종차별의 죄를 우리 땅에서 회개하며, 우리를 속죄 제물로 바치는 것과 같습니다!

이 모든 일은 우리가 십자가에 못 박힌 구주를 따른다고 고백하는 와중에 벌어지고 있습니다. 그분은 사랑하는 이들을 위해 모든 것을 희생하시고, 고통과 거절을 견디셨습니다! 교회가 자신의 안락함을 잃고 싶어 하지 않을 때, 우리의 기독교적 증언에는 심각한 문제가 있습니다. 교회가 순응과 논란 회피를 위해 진실을 희생할 때, 우리의 기독교적 증언에는 심각한 문제가 있습니다. 그러므로 세 번째로, 이 시기는 그리스도의 고난의 신비를 묵상하며, 십자가 안에서 그리고 십자가에 못 박혔다가 부활하신 구주를 따르는 자로서 우리의 정체성을 성찰하는 시기입니다. 우리는 값비싼 연대의 의미를 생각해야 합니다. 예수께서 말씀하셨습니다. "누구든지 나를 따라오려거든 자기를 부인하고 자기 십자가를 지고 나를 따를 것이니라. 누구든지 자기 목숨을 구원하고자 하면 잃을 것이요, 나와 복음을 위하여 자기 목숨을 잃는 자는 구원하리라. 사람이 온 세상을 얻고도 자기 목숨을 잃으면 무슨 유익이 있겠느냐? 사람이 무엇을 주고 자기 목숨과 바꾸겠느냐?"

예수께서는 그리스도인이 된다는 것이 무엇인지 말씀하십니다. 곧 십자가에 못 박힌 구주를 따르는 자라는 뜻입니다. 예수께서는 그리스도인이란 자기 자신을 부인하고, 자기 십자가를 지며, 그리스도와 복음을 위해 자신을 내어주는 자라고 하십니다! 그는 온 세상을 얻어도 자기 자신을 구하지 못하면 아무 소용이 없다는 것을 아는 자입니다. 희생 없는 기독교는 기독교가 아닙니다. 우리가 가장 먼저 그리고 가장 중요하게 희생해야 할 것은 바로 '자기 자신', '자아', 곧 '나'입니다. 이것이 예수의 논리이며, 예수께서 사신 방식입니다. 그분은 우리를 위해 자신을 부인하셨고, 우리 인간을 위해 십자가에 달리셨습니다. 예수는 제자들에게도 같은 것을 원하십니다.

예수의 논리는 타인을 위한 희생, 곧 자신을 부인하고 다른 이를 위한 사랑의 논리입니다. 자신을 위해서가 아니라 오히려 다른 이를 위해 존재하는 사랑입니다. "타인이 먼저이고, 나는 그를 위해 여기 있다"는 사랑입니다. 여기서 우리는 예수의 유명한 말씀에 이르게 됩니다. "사람이 온 세상을 얻고도 자기 영혼을 잃으면 무슨 유익이 있겠느냐?" 오 하나님, 이 한마디에 얼마나 많은 지혜가 담겨 있는지 생각할 때마다 놀라울 따름입니다! 얼마나 많은 사람들이 영광과 권력, 때로는 안락함을 좇다가 자신을 잃고, 자신의 가치를 팔아버렸는지 모릅니다. 저는 단지 정치 지도자들만을 말하는 것이 아닙니다.

얼마나 많은 나라들이 식민주의, 집단학살, 착취의 길, 곧 힘과 폭정의 길을 택하면서 그들의 영혼과 가치를 잃어버렸습니까? 얼마나 많은 지도자들과 국가들이 세상을 얻기 위해, 집단학살 앞에서 침묵을 선택했습니까? 세상을 얻으려 했지만, 실제로는 영혼을 잃은 것입니다. 오늘날 이 세상에 필요한 것은 진실을 말할 희생과 용기입니다! 우리는 정치 지도자와 종교 지도자들 중 돈에 매수되어 진실을 말할 용기가 없는 이들을 너무나 많이 알고 있습니다. 이것이 과연 그리스도를 따르는 길입니까? 그들은 세상을 얻었지만, 자신을 잃었습니다. 정치적 권력을 얻자마자 완전히 태도를 바꾼 영향력 있는 교회 지도자들을 저는 알고 있습니다.

저는, 문을 닫고 비밀리에 우리를 100퍼센트 지지한다고 말하면서도, 공개적으로는 할 수 있는 말이 제한적이라고 말하는 교회 지도자들에게 진저리가 납니다! 이런 말을 교회 지도자와 외교관들에게서 늘 듣습니다! 얼마나 답답한지 아십니까? 편안한 자리의 지도자들은 진실을 말할 용기가 없지만, 가자의 고귀한 사람들은 자유와 존엄을 위해 모든 것을 걸고 있습니다. 그들은 정치인이나 신앙 지도자들보다 더 큰 명예와 존엄을 지니고 있습니다.

여러분, 예수의 제자들은 권력자에게 진실을 말하기 위해 모든 것을 걸었습니다. 팔레스타인에서는 우리는 단순히 연대를 말하지 않습니다. 우리는 값비싼 연대를 말합니다. 이번 전쟁은 우리의 인간성, 심지어 하나님에 대한 신앙까지 흔들어 놓았습니다. 우리는 계속해서 하나님을 찾고 있습니다.

친애하는 여러분, 가자는 오늘날 진정으로 세계의 도덕적 나침반입니다. 저는 이 전쟁이 세상을 분명히 갈라놓았다고 믿습니다. 어쩌면 이것이 좋은 일일지도 모릅니다. 가자는 세계의 도덕적 나침반입니다. 여러분은 권력과 무자비함, 전쟁의 주도자, 아이들 살해를 정당화하는 이들의 편에 설 것입니까? 아니면 억압과 불의의 희생자, 제국과 식민주의 세력에 의해 포위되고 비인간화된 이들의 편에 설 것입니까? 선택은 정말 간단합니다. 집단학살을 지지하거나 외면하거나 정당화할 것인지, 아니면 "아니오! 우리의 이름으로는 안 된다"고 외칠 것인지입니다.

저는 영국의 교회들에 호소합니다. 정의와 의를 추구하는 교회라면, 그리스도의 명령에 순종하여, 용기를 내어 진실을 말하고 사태를 정확히 지적해야 합니다! 이것은 단순한 분쟁이 아닙니다. 이스라엘이 자위권을 행사하는 것도 아닙니다. 이스라엘은 식민자이며, 정착민 식민 국가입니다. 우리는 아파르트헤이트 체제 아래 살고 있습니다. 가자에서 벌어지는 일은 집단학살이자 인종청소입니다. 제국의 논리를 반복하는 것은 가해자에게 힘을 실어줄 뿐입니다.

이러한 맥락에서, 우리는 더 이상 교회에서 '평화'나 '분쟁 해결'을 말할 것이 아니라 '폭정과 불의의 종식'을 말해야 합니다. 언어는 중요합니다. 우리는 동등한 세력 간의 투쟁을 말하는 것이 아닙니다. 단순히 휴전만을 말하는 것이 아니라 76년에 걸친 인종청소의 종식 그리고 오늘날 가자에서의 집단학살 종식을 말해야 합니다.

지금은 행동할 때입니다. 흉악의 결박을 풀고, 멍에의 줄을 끊고, 압제 받는 자를 자유케 하며, 모든 멍에를 꺾을 때입니다…. 이제 교회가 진정한 교회가 되어야 할 때입니다! 세계 교회가 우리 땅의 불의에 어떻게 대응하느냐가 그 교회에 대해 많은 것을 말해줄 것입니다. 우리는 교회의 신뢰성, 곧 우리의 기독교적 증언이 위기에 처해 있다고 말하는 것이 결코 과장이 아닙니다.[7]

---

7 For full text and video, see "Christ Under the Rubble: A Vigil for Gaza with The Revd Dr Munther Isaac," Bloomsbury Central Baptist Church, February 18, 2024, https://tinyurl.com/2s3bue63.

외면받는 예언자들

2024년 2월, 영국에서의 짧은 방문은 잊지 못할 순간들로 가득했다. 런던 거리에서 약 25만 명 앞에서 연설한 시위가 있었고, 블룸즈버리에서 열린 가자를 위한 철야기도회는 팔레스타인과의 풀뿌리 연대의 의미를 내게 깊이 새겨준 특별한 경험이었다. 런던에 있는 팔레스타인 디아스포라 지도자들과 만날 기회도 있었다. 그러나 아마도 내게 가장 강하게 남은 순간은 영국 크리스천 에이드(Christian Aid UK)가 주최한 소규모 가자 기도회에서였다. 나는 영국 주재 팔레스타인 대사가 주관한 영국 의회 미팅을 마치고 그 기도회에 참석했다. 그 자리에는 스무 명 남짓의 사람들이 있었고, 대부분은 전쟁 내내 휴전을 위해 힘써온 다양한 교단의 성직자들이었다. 우리는 런던의 야외 공간, 의사당 건물 밖이자 웨스트민스터 사원 맞은편에서 만났다. 어둠이 내리고, 약간 쌀쌀해지는 가운데 우리는 모두 촛불을 밝히고, 가자를 위한 기도문을 읽고, 침묵 속에서 기도했다.

침묵기도를 드리며, 나는 그 장소의 상징성에 깊이 사로잡혔다. 사원과 의사당 밖에 서 있으니, 우리는 마치 제국과 그 종교 제도를 향해 도전하는 '외면받는 예언자들' 같은 느낌이었다. 이는 캔터베리 대주교와의 면담이 취소된 직후이기도 했다. 그리고 우리는, 그리스도께 대한 급진적 순종으로 평화를 위해 일하는 기독교인들이, 가자를 위해 촛불을 밝히고, 휴전을 위해 침묵 속에 기도하며, 바깥, 곧 변두리에서 모여 있었다. 우리를 둘러싼 건물들은 실패한 체제의 상징이었다. 한 건물은 이 집단학살에 사용된 무기를 이스라엘에 공급하는 역할을 했고, 다른 건물은 당시 집단학살을 막기엔 충분치 않았던 종교 외교의 중심이었다. 우리가 상심한 채 기도할 때, 내 휴대전화에 긴급 뉴스가 떴다. 가자에서 또 한 번 미사일로 많은 이들이 목숨을 잃었다는 소식이었다. 우리는 계속 기도했다.

이후 나는 모임에서 발언을 요청받아, 지금 이 순간의 긴박함과 휴전을 위한 우리의 헌신을 재확인했다. 그때는 우리의 모든 노력이 허사인 것만 같았다. 나는 함께한 이들에게 예수의 불의한 재판관 비유에서 끈질기게 정의를 구한 과부를 상기시켰다. 이 비유는 기도의 끈기를 말한다. 나는 그 과부 안에서 가자 주민들의 끈질김을 보았다. 내가 전한 메시지는 단순했다. 우리는 포기하거나 멈추거나 절망에 굴복할 수 없다는 것이다. 우리는 가자 사람들에게 빚을 지고 있다. 그들의 영웅적 희생에, 가자의 의사와 간호사, 응급구조대 그리고 목숨을 걸고 가자의 이야기를 전한 언론인들에게 빚을 지고 있다. 우리는 계속 나아가야 한다. 포기는 선택지가 아니다. 포기는 우리가 믿는 모든 것에 심각한 의문을 던진다. 만약 악과 폭정, 불의, 전쟁이 결국 승리한다면, 우리의 기독교 메시지에 심각한 문제가 있는 것이다. 그럴 바엔 우리는 살아갈 이유도, 선을 행할 이유도 없다. 불의가 이긴다면 아무 의미가 없기 때문이다. 그러나 우리는 결코 그리고 절대로 이를 받아들일 수 없다. 우리가 포기하면, 불의가 결국 이긴다는 신호를 세상에 주는 것이다.

나는 이 신실하고 끈질긴 이들에게, 우리가 가자에 대해 시위하고 목소리를 내는 일을 멈춘다면, 그것은 우리가 고통과 죽음 그리고 궁극적으로 집단학살에 무감각해졌다는 뜻임을 상기시켰다. 우리는 채널만 돌리고 더는 보지 못한 척, 모르는 척해서는 안 된다. 우리가 기도와 끈질긴 행동을 멈춘다면, 불의의 고통을 정상화하는 것이고, 결국 집단학살까지도 정상화하는 셈이다.

  나는 이 모임에, 우리는 이 폭력의 정상화를 거부하며, 하나님의 형상을 지닌 인간을 이렇게 짓밟는 행위를 그리스도인으로서 단호히 거부할 것을 선언해야 한다고 강조했다. 우리는 기도하고, 호소하고, 행동해야 한다. 그래서 두 달 뒤 부활절 설교에서도, 전쟁이 계속되는 가운데 나는 제노사이드가 일상화되어 버린 현실을 탄식했다.

> 친구들이여, 제노사이드가 일상화되었습니다. 우리가 십자가에 못 박힌 구주를 따른다고 진정 고백한다면, 결코 이런 현실에 안주할 수 없습니다. 집단학살의 일상화를 결코 받아들여선 안 됩니다. 우리는 기아 때문이 아니라 인재로, 곧 폭정으로 인해 굶주림에 죽어가는 아이들의 현실을 결코 받아들여선 안 됩니다. 집단학살은 팔레스타인에서의 아파르트헤이트가, 남아공에서의 아파르트헤이트가 그리고 노예제와 카스트제도가 일상화된 것처럼, 지금 이 땅에서 일상화되었습니다. 오늘날 세계 초강대국들의 지도자들과 이 현대 식민주의로 이익을 얻는 이들은 우리를 동등하게 보지 않는다는 것이 분명해졌습니다. 그들은 집단학살을 일상화하는 서사를 만들었고, 이를 정당화하는 신학까지 만들어 냈습니다. 제노사이드가 일상화되었습니다. 이것은 최악의 형태의 인종차별입니다.[8]

---

8 For full text and video, see "Easter Vigil for Gaza, Bethlehem, March 30th, 2024, Rev. Dr. Munther Isaac," Red Letter Christians, April 2, 2024, https://tinyurl.com/ mn53jvmh.

바로 이때를 위하여

전쟁 내내, 나와 많은 팔레스타인 기독교인들은 세계 교회에 너무 가혹하다는 평가를 받아 왔다. 내 메시지가 지나치게 공개적으로 교회를 비판하는 방식이라 오히려 교회에 도움이 되지 않는다는 우려를 제기한 이들도 있었다. 어떤 이들은 사적으로 내게, 내가 교회를 망신시키고 있으니 이건 잘못된 일이고 멈춰야 한다고 말하기도 했다.

솔직히, 나는 이런 비판을 진지하게 고민했다. 쉽게 무시하지 않았다. 내가 세계 교회를 비판하는 태도가 너무 지나친 건 아닌지, 스스로 여러 번 자문했다. 내 말이 다른 종교 전통의 사람들이 교회를 공격하고 점수를 따는 데 이용된다는 사실도 알고 있다. 더구나 아랍과 무슬림 지도자 중에도 침묵한 이들이 많았는데 왜 교회만 따로 지적하느냐는 질문도 있다.

그렇다면 나는 이런 방식으로 교회를 비판하는 것이 잘못된 것일까? 수만 명이 희생된 집단학살이 '필요악'으로 일상화되고 받아들여지는 현실에서, 나는 결코 지나치게 가혹했다고 생각하지 않는다. 집단학살이 전 세계적으로 사실상 용인되고 있다면, 우리는 신앙인으로서 사랑과 정의를 세상에 실현하는 데 실패한 것이다. 우리는 실패한 것이다. 많은 기도와 분별의 시간을 거치며, 나는 내가 결코 너무 가혹하지 않았음을, 오히려 내 증언이 충분히 정직하고 날카롭지 못했을 수도 있음을 깨달았다.

이 전쟁 속에서 내가 경험한 몇 안 되는 희망의 순간 중 하나는 가자를 위한 전 세계적 연대 운동이었다. 나는 가자에 대한 열정이 나만큼, 아니 어쩌면 나보다 더 뜨거운 소중한 새 친구들을 많이 만났다.

영국에 머무는 동안, 나는 우간다의 신학자이자 활동가인 잭 니린기예 주교를 만났는데, 그는 내게 큰 위로와 격려가 되었고 많은 지혜를 나누어 주었다. 옥스퍼드의 한 펍에서 아침을 먹으며, 나는 교회를 망신시키고 있는 것은 아닌지에 대한 내 의문을 그에게 털어놓았다. 잭 주교는 히브리 예언자 예레미야의 소명을 예로 들어 답해주었다. 하나님께서 예레미야에게 이렇게 말씀하셨다.

> 보라, 내가 내 말을 네 입에 두었노라.
> 보라, 내가 오늘 너를 여러 민족과 나라 위에 세워
> 뽑고, 파괴하며, 멸하고, 넘어뜨리며, 세우고, 심게 하였노라
> (예레미야 1:9-10).

잭 주교의 증언의 역할에 대한 이해는 단순하다. 세우고 심기 전에, 뽑고 파괴하며, 멸하고 넘어뜨리고, 해체해야 할 때가 있다는 것이다. 성경은 해체를 네 단어로, 세움은 두 단어로 묘사한다.

집단학살이 일상화되는 시대에, 우리는 뽑고 파괴하며, 멸하고 넘어뜨릴 소명을 받은 것이다. 권력, 우월주의, 인종차별의 식민주의 신학을 해체하고 도전해야 할 때이다. 기독교 세계의 무관심과 무감각을 직시하고 고발해야 할 때이다. 지금이 아니라면 언제 하겠는가?

동시에, 교회가 자기 소명의 본질, 곧 하나님과 이웃에 대한 급진적 사랑으로 특징지어지는 공동체임을 다시 발견하도록 도전해야 할 때이기도 하다. 남아프리카공화국을 방문해 케이프타운 대성당(고투투 대주교의 자리)에서 설교할 때, 나는 아파르트헤이트와 시온주의 신학의 반대편에는 사랑이 있다고 말했다.

인종차별이란 본질적으로 하나님께서 우리에게 명하신 방식대로 이웃을 사랑하지 못하는 것입니다. 타인을 하나님의 형상과 모양대로 창조된 존재로 보지 못하는 것이 인종차별입니다. 기독교 시온주의와 아파르트헤이트 신학은 모두 성경을 도구로 삼는 인종차별적, 식민주의적 이데올로기입니다. 이들은 모두 가장 중요한 소명, 곧 사랑에 실패합니다. 기독교 시온주의와 아파르트헤이트의 반대는 사랑입니다.9

나는 교회를 사랑한다. 나는 목회자다. 평생을 하나님과 교회를 섬기는 데 바쳤다. 교회는 그리스도의 신부이며, 나는 교회가 흠 없는 모습으로 서기를 바란다. 교회가 진정한 교회, 곧 사랑과 자비, 정의와 의에 온전히 헌신하고 식민주의와 인종차별의 죄에서 치유 받은 공동체가 되길 원한다. 집단학살이 일상화된 이 시대에, 우리는 진실의 순간, 카이로스의 순간이 필요하다. 집단학살이 일상화된 지금이야말로 교회에 회개를 촉구해야 할 때이다.

---

9 설교 전문은 "Munther Isaac at St. George Cathedral in Cape Town-May 2024," Munther Isaac YouTube Channel, May 5, 2024, https://tinyurl.com/3ms7extu.에서 볼 수 있다.

7장

잔해 속의 그리스도

가슴이 미어지는 광경이었다. 아홉 명의 어린이를 포함한 열여덟 구의 시신이 하얀 주머니에 싸인 채 가자에 있는 성포르피리우스교회 문 앞에 놓여 있었다.[1] 정교회 사제가 높은 계단에서 장례 기도를 인도하고 있었다. 사람들은 이 임시 장례식을 둘러싸고 모여 슬픔에 잠겼다.

10월 20일 성포르피리우스교회가 공격당하기 전 2주 동안, 나는 베들레헴 공동체와 함께 이스라엘이 가자지구에 전례 없는 폭격을 퍼붓는 모습을 공포 속에서 지켜봐야 했다. 수천 명이 죽거나 다쳤고, 우리는 어린이와 온 가족이 잔해 속에서 끌려 나오는 모습을 고통스럽게 바라보았다. 하지만 이 사건은 베들레헴의 우리에게 더욱 깊은 충격을 주었다. 이번 일은 가족과 친구들의 일이었기 때문이다. 웨스트뱅크교회에서 목회자로 살아오며, 나는 항상 아파르트헤이트 체제 아래 살아가는 공동체를 이끌어왔다. 하지만 집단학살의 한가운데에서 목회한다는 것은 말로 표현할 수 없는 고통이었다.

---

[1] See Emma Graham-Harrison, "Destruction Chased Them': Funeral Held for Those Killed in Gaza Church Airstrike," *Guardian*, October 20, 2023, https://tinyurl.com/saeapwjc.

전쟁이 시작되자 많은 이들이 가자 북부와 중부에서 남쪽으로 피난했다. 가자 기독교 공동체의 대다수는 가자시티 중부에 살고 있었다. 이들은 남쪽으로 가지 않고, 가자에 있는 두 주요 교회(가톨릭과 정교회)로 피신하기로 집단적으로 결정했다. 그곳에 있던 한 친구는 전화로 "라파나 이집트 사막에서 난민이 되느니, 차라리 하나님의 집인 교회에서 죽겠다"고 말했다. 이 말은 가자 기독교인들 그리고 대부분의 가자 주민들이 1948년 나크바 때 난민이 되었던 아픈 기억을 다시 떠올리게 했다. 그들은 이런 상황을 이미 겪어본 적이 있다. 직접 겪은 고통이다. 그들은 언젠가 집으로 돌아갈 수 있으리라는 희망으로 교회에 남기로 했다. 그러나 이 전쟁이 가자 전체 그리고 그들의 집까지 거의 파괴할 줄은 몰랐다. 더 비극적인 것은 교회조차 안전한 피난처가 아니라는 사실이었다.

가자에 있는 정교회와 가톨릭교회 부지는 서로 매우 가까울 뿐 아니라 예루살렘 성공회 관구가 운영하는 알-아흘리침례교병원과도 인접해 있다. 약 900명이 필수품을 챙겨 두 교회로 피신했다. 모두 짧은 피난이 될 것이라 생각했다. 성소와 교회 홀, 학교 교실에 매트리스를 깔고 잠을 청했다. 가자의 주요 병원과 가까운 교회 부지라면 안전할 거라 믿었지만, 그 믿음은 비극으로 돌아왔다.

공격이 있던 10월 20일, 나는 베들레헴에서 열린 에큐메니컬 기도회에 참석해 전쟁이 끝나기를, 사랑하는 이들과 이 전쟁으로 고통받는 모든 무고한 이들이 보호받기를 간절히 기도했다. 그러나 하나님은 우리의 기도를 듣지 않으신 듯했다. 우리가 간절히 바랐던 방식으로 사랑하는 이들을 지켜주시지 않았다.

그날 밤, 미사일이 정교회 교회 홀 바로 옆 건물을 강타해 홀이 무너졌다.[2] 이곳은 교회에 피신한 이들이 어린 자녀가 있는 가족들을 위해 마련한 공간이었다. 결과는 참담했다. 아홉 명의 어린이를 포함해 열여덟 명이 목숨을 잃었다. 우리는 충격에 빠졌다. 가자 기독교인들은 베들레헴과 웨스트 뱅크 곳곳에 친척이 있었고, 이들은 공격 소식에 공포에 휩싸였다. 전쟁 초기에 이스라엘이 가자의 전기 공급을 끊었기 때문에, 암흑 속에서 구조 작업은 극도로 어려웠다. 현장에 도착한 이들은 생존자와 시신을 구분하는 것조차 힘들었다.

우리 모두는 성포르피리우스교회에 피신한 이들을 알고 있었다. 하지만 내 베이트 사후르교회 신자 중 일부를 포함해, 어떤 이들은 교회에 직계 가족이 피신해 있었다. 누하 타라지-아와드는 원래 가자 출신이지만, 오랜 세월 베이트 사후르에서 남편과 함께 살아왔다. 그녀와 가족은 나에게도 소중한 오랜 친구들이다. 누하에게는 아직 가자에 두 자매와 두 형제가 있었고, 그 외에도 많은 친척들이 남아 있었다. 누하는 늘 형제자매와 어린 시절을 보낸 고향 도시를 다시 찾고 싶어 했다. 하지만 이번 전쟁 훨씬 전부터 이스라엘의 봉쇄로 인해 그 바람은 이루어질 수 없었다. 그녀는 수년간 눈물을 흘리며 고향에 갈 수 없는 슬픔을 내게 토로하곤 했다. 실제로 전쟁이 발발하기 며칠 전, 누하의 한 자매가 세상을 떠났고, 누하는 이스라엘 군 당국에 단 하루만이라도 가자에 들어가 장례식에 참석하게 해달라고 요청했다. 그러나 거절당했다. 평화로운 노년의 여성이 단지 자매의 장례식에 참석하고 싶다는 이유만으로 이스라엘에 위협이 된다는 말인가? 누하의 이야

---

[2] Ylenia Gostoli and Abdelhakim Abu Riash, "'We Were Baptised Here and We Will Die Here': Gaza's Oldest Church Bombed," *Al Jazeera*, October 20, 2023, https://tinyurl.com/5a35x223.

기 같은 사연들이 쌓여가고, 그 고통도 함께 쌓여간다. 우리는 이 축적된 고통 속에서 살아간다. 이것이 아파르트헤이트와 분리가 남긴, 너무나 개인적인 불의다.

우리는 누하의 형제자매들을 알고 있었다. 이들은 이스라엘군 당국의 허가를 받아 가끔 크리스마스나 부활절 기간에 가자를 떠나 베들레헴과 예루살렘을 며칠간 방문할 수 있었다. 이런 때가 되면, 웨스트 뱅크에 사는 많은 가자 출신 기독교인들처럼 누하도 가족이 허가를 받아 웨스트 뱅크에 와서 다시 만날 수 있기를 간절히 기다리곤 했다. 그러나 이 허가는 절대 보장되지 않는다. 대개 기독교 그리고 드물게는 무슬림 명절에 며칠 동안만 발급된다. 이스라엘은 이런 허가를 내주는 것이 팔레스타인 기독교인들에게 베푸는 호의라고 주장하지만, 우리의 문제는 허가가 나오느냐 마느냐가 아니다. 문제는 애초에 이런 제도가 존재한다는 점이다. 팔레스타인 사람들이 자기 땅 안에서 한 도시에서 다른 도시로 이동하는 데 허가가 필요해서는 안 된다. 내가 베들레헴에서 예루살렘으로 가는 데 허가가 필요하지 않아야 하고, 가자 주민도 베들레헴이나 라말라, 헤브론으로 가는 데 허가가 필요하지 않아야 한다. 이런 이동의 체계적 제한은 점령의 전형적인 사례다. 이것이 바로 아파르트헤이트다.

공격 소식을 듣고 우리는 친구들에게 연락해 안부를 확인했다. 나는 누하의 딸이자 내 성서대학 동료인 시린에게 전화를 걸었다. "가족들은 괜찮니? 무사하신 거야?" 그녀는 이모(누하의 자매) 한 분이 다쳤지만 괜찮다고 답했다. 그러나 아침이 되어 상황이 드러나자, 그 말이 사실이 아님을 알게 되었다. 엘렌 이모가 이번 공격으로 목숨을 잃은 희생자 중 한 명이었다. 나는 이 비통한 소식을 시린에게 전해야 했다.

또 누하의 다른 자매도 공격으로 다쳐 마취 없이 고관절 수술을 받아야 했다. 그 고통을 상상해 보라! 그날 오후, 우리는 교회 신도들과 주교님과 함께 누하의 집을 찾아가 위로했다. 하지만 위로라는 것이 불가능한 일이었다. 우리는 할 말을 잃었다.

이번 공격은 가자 기독교 공동체에 큰 충격을 안겼다. 생존자 중 한 명인 이브라힘은 이렇게 말했다. "폭격당한 건물이 교회 바로 옆입니다. 우리는 그저 하나님께 이 전쟁이 끝나기를 기도할 뿐입니다…. 우리는 교회가 우리를 지켜줄 거라 생각했지만, 안타깝게도 잔혹한 이스라엘 점령군은 구분하지 않습니다…. 그들은 교회, 모스크, 병원까지 표적으로 삼았습니다. 안전한 곳은 없습니다."

그럼에도 불구하고 이브라힘은 신앙 안에서 굴하지 않았다. "우리는 이곳에서 세례를 받았고, 이곳에서 죽을 것입니다."[3]

예루살렘의 교회 지도자들은 분노하며 보호를 촉구했다. 정교회 총대주교는 이를 전쟁범죄로 규정하며 이렇게 말했다. "교회와 그 기관들 그리고 지난 13일간 이스라엘의 주거지역 공습으로 집을 잃은 무고한 시민, 특히 어린이와 여성을 보호하기 위해 마련된 피난처를 표적으로 삼는 것은 결코 묵과할 수 없는 전쟁범죄입니다."[4] 한편, 세계는 이 장면을 지켜보면서도 대체로 이스라엘의 '자위권'을 정당화하고 있었다.

---

3 Gostoli and Abu Riash, "We Were Baptised Here and We Will Die Here."

4 "The Patriarchate of Jerusalem Condemns Israeli Airstrikes Targeting Humanitarian Institutions in Gaza," The Patriarchate of Jerusalem, October 20, 2023, https://tinyurl.com/yu274yt9.

우리의 가족이 무너진 잔해 속에 있다

이번 공격은 참혹했다. 나 역시 수많은 팔레스타인 사람들처럼 분노했다. 무자비한 살육에 분노했고, 이 불의에 분노했다. 며칠 전만 해도 가족과 함께할 수 있기를 소망했던 누하의 마음에 깃든 고통을 보며 분노했다. 전쟁 초반 집이 파괴된 뒤 이번 공격으로 아내와 두 자녀를 모두 잃은 한 젊은이의 사연을 듣고도 분노했다. 누구라도 이런 생각을 하지 않을 수 없다. "만약 그게 나였다면?"

하지만 나는 하나님께도 분노했다. 왜 하나님은 이 무고한 사람들을 구하거나 지켜주지 않으셨는가? 왜 하나님은 성경에서 자주 약속하신 대로 구원해 주시지 않는가? 하나님은 어디에 계신가?

공격 이틀 뒤, 나는 내가 목회하는 교회들에서 주일 설교를 해야 했다. 도대체 무슨 말을 할 수 있을지 고민했다. 어떻게든 사람들을 위로해야 할 텐데, 위로할 수 있다면 어떻게 해야 할지 고민스러웠다. 이런 질문들에 어떻게 답해야 할지 깊이 생각했다. 그 예배는 슬픔과 분노로 가득했다. 우리 교인들은 진심으로 애통했고, 많은 이들이 슬픔에 잠겼다. 나는 주일 예배에 우리 기도서의 장례 예식 일부를 포함했다. 이번 공격의 모든 희생자의 이름을 반드시 읽었다. 이 전쟁의 희생자 한 명 한 명에게는 이름이 있고, 사연이 있고, 꺾인 꿈이 있다. 그들은 단순한 숫자가 아니다. 그들은 하나님께 소중한 사람들이다. 그래서 나는 그들의 이름을 읽었고, 여기서도 그 이름을 나누고 싶다. 야라, 비올라, 압딜누르, 타렉, 리사, 수헤일, 마즈드, 가다, 엘렌, 마르완, 술라이만, 사마, 알리아, 이사, 줄리, 조지….

나는 분노 속에서 설교했다. 목회자로서 답을 찾으려 애썼다. 그리고 이렇게 설교했다.

우리는 그들의 보호를 위해 기도했지만, 하나님은 우리에게 응답하지 않으셨습니다. '하나님의 집'인 교회 건물조차 그들을 지켜주지 못했습니다. 우리의 아이들은 세상의 침묵과 하나님의 침묵 앞에서 죽어가고 있습니다. 하나님의 침묵은 얼마나 고통스럽습니까!

이 고통 속에서, 나는 우리가 느끼는 감정을 탄식의 시편에 담긴 언어로 표현해야 했다. 그리고 나는 이렇게 외쳤다.

나의 하나님, 나의 하나님, 어찌하여 가자를 버리셨나이까? 언제까지 가자를 완전히 잊으시렵니까? 어찌하여 얼굴을 가자에게서 숨기시나이까? 낮에도 주께 부르짖으나 응답이 없고, 밤에도 우리는 안식을 찾지 못합니다.

가자 사람들에게서 떠나지 마소서. 고통이 가까우나 도와줄 이가 없습니다. 구원의 하나님이여, 우리는 밤낮으로 주께 부르짖었습니다…. 우리의 기도가 주께 이르게 하소서…. 우리의 부르짖음에 귀를 기울이소서…. 분명히 주께서는 고난으로 만족하셨나이다. 우리의 영혼과 생명은 심연에 다가갑니다…. 우리의 눈은 수치로 녹아내립니다. 우리는 날마다 주께 부르짖습니다. 우리는 주께 손을 내밉니다. 주여, 어찌하여 우리의 영혼을 버리시나이까? 어찌하여 우리에게서 얼굴을 숨기시나이까?(시편 13, 22, 88편에서 각색)

우리는 이 땅에서 하나님을 찾는다. 신학적으로, 철학적으로 우리는 묻는다. 우리가 고통받을 때 하나님은 어디에 계신가? 하나님의 침묵을 어떻게 설명할 것인가? 하지만…. 이 땅에서는 하나님조차도 억압과 죽음, 전쟁 기계, 식민주의의 희생자가 되신다. 우리는 이 땅에서 하나님의 아들이 십자가 위에서 똑같은 질문을 외치는 것을 본다. 나의 하나님, 나의 하나님, 어찌하여 나를 버리셨나이까? 어찌하여 나를 고문당하게 하십니까? 십자가에 못 박히게 하십니까?

하나님은 이 땅의 사람들과 함께 고통받으시며, 우리와 같은 운명을 나누신다. 팔레스타인 신학자이자 목회자인 미트리 라헵이 내가 편집한 아랍어 책에 쓴 글, "팔레스타인 상황에서의 신학"에서 이렇게 말했다.

> 이 땅의 하나님은 다른 모든 신들과 같지 않습니다. 그의 땅은 쇠로 갈아엎어집니다…. 그의 성전은 불에 타 무너집니다…. 그의 백성은 짓밟히고, 그는 미동도 하지 않습니다. 이 땅의 하나님은 눈에 보이지 않습니다. 그의 흔적을 찾아도 보이지 않습니다. 그가 하늘을 가르고 내려와 보시기를, 들으시기를, 긍휼히 여기시기를, 구원하시기를 갈망합니다.
> 이 땅의 하나님은 잔혹한 군대를 몰아내지 않습니다. 오히려 자기 백성과 한 운명을 나누십니다. 그의 집은 무너지고, 그의 아들은 십자가에 못 박힙니다. 그러나 그의 신비는 사라지지 않습니다. 오히려 그는 재에서 일어나고, 난민들과 함께 그를 볼 수 있습니다. 그는 걷고, 밤의 어둠 속에서 희망의 샘을 일으키십니다. 이 하나님이 없다면, 팔레스타인은 여전히 불타버린 땅, 파괴의 들판으로 남을 것입니다. 그러나 하나님께서 그 기초를 밟으신다면, 이 땅은 오직 거룩한 땅이 될 것입니다. 그 언덕에서 평화의 복음이 울려 퍼질 것입니다.

힘든 시기마다 우리는 고통 속에서도, 심지어 죽음 속에서도 하나님의 임재로 스스로를 위로합니다. 예수께서는 고통, 체포, 고문, 죽음에 낯선 분이 아니시기에, 우리의 아픔 속에서 우리와 함께 걸으십니다.

하나님은 가자의 잔해 속에 계십니다. 두려움에 떠는 이들과 난민들과 함께하십니다. 수술실에도 계십니다. 이것이 우리의 위로입니다. 하나님은 죽음의 그늘진 골짜기를 우리와 함께 걸으십니다. 우리는 기도할 때, 고통받는 이들이 이 치유와 위로의 임재를 느끼게 해달라고 기도해야 합니다.

우리에겐 또 다른 위로, 곧 부활이 있습니다. 우리의 상처와 고통, 죽음 속에서 우리는 부활의 복음을 되뇌입니다. "그리스도께서 살아나셨다." 그분은 잠든 자들의 첫 열매가 되셨습니다. 교회 앞에 놓인 하얀 주머니 속 성도들의 시신을 보며, 장례식 중에 나는 그리스도의 부르심을 떠올렸습니다. "내 아버지께 복 받은 자들아, 와서 창세로부터 너희를 위하여 준비된 나라를 상속받으라"(마 25:34).

죽음의 이미지와 아이들의 죽음 사진 앞에서, 나는 그리스도의 불멸의 부르심이 떠올랐습니다. "어린아이들이 내게 오는 것을 막지 말라. 하나님의 나라는 이런 사람들의 것이다"(막 10:14). 만약 이 잔혹하고 억압적인 세상에 팔레스타인과 가자의 아이들을 위한 자리가 없다면, 그들은 하나님의 품에 자리가 있습니다. 그들에게 하나님의 나라가 있습니다. 폭격과 추방, 죽음 앞에서 예수께서는 그들을 부르십니다. "내 아버지께 복 받은 자들아, 내게 오라. 어린아이들이 내게 오게 하라. 그들의 것이 곧 나라다." 이것이 우리의 신앙이고 믿음입니다. 이것이 고통 속에서 우리가 붙잡아야 할 위로입니다.[5]

---

[5] 설교는 영어로 번역되어 Munther Isaac, "God Is Under the Rubble in Gaza," *Sojourners*,

이 설교는 "가자의 잔해 속에 계신 하나님"이라는 개념의 출발점이 되었다. 이 주제는 그 시절 우리가 느낀 고통을 설교와 대화에서 표현하기 위해 사용한 목회적 메시지였다. 청중을 위로하기 위한 시도였고, 상처 입은 인류에게 하나님을 더 가까이 이끌기 위한 시도였다. 이러한 하나님에 대한 이해는 우리 민족뿐 아니라 세계에도 울림을 주었다. 하나님이 제국의 폭력의 희생자이심을 보여주었고, 고통받는 인류와 함께하시는 하나님의 연대를 드러냈다. "우리가 고통받을 때 하나님은 어디에 계신가?"라는 질문에 대한 답은, 하나님께서 인류와 함께 고통받으시며 그 아픔과 슬픔을 나누신다는 것이다. 이것이 십자가의 신비다. 철학적으로는 만족스러운 답이 아닐 수 있지만, 실제 경험적으로는 진실이 될 수 있다. 고통받는 이들은 고난의 때에 우리 가까이에 오시는 하나님의 임재를 체험할 수 있다.

집단학살 속에 맞는 크리스마스

6장에서는 대림절과 크리스마스 시즌에 베들레헴에 있는 우리 교회가 국제적인 주목을 받았던 일을 설명했다. 나는 그 갑작스러운 주목을 이용해, 교회들과 세계에 집단학살을 멈추라고 외쳤다. 그러나 그 모든 와중에도 우리는 여전히 교회 공동체였고, 나는 그들의 목사였다. 크리스마스가 다가오고 있었지만, 아무도 '축하'할 기분이 아니었다. 오히려 모든 팔레스타인 기독교인에게는 애도와 상실, 두려움

2023년 10월 30일, https://tinyurl.com/5fc33hvm에 게재되었다. Mitri Raheb의 내부 인용문은 Munther Isaac, *An Introduction to Palestinian Theology* (아랍어) (Diyar, 2017), 83쪽(직접 번역함)에 있다.

의 시기였다. 예루살렘의 교회 총대주교들과 지도자들은 크리스마스 축하를 오직 기도로만 제한하기로 함께 결정했다.

이 시기는 평범한 때가 아닙니다. 전쟁이 시작된 이래로 슬픔과 고통의 분위기가 이어지고 있습니다. 수천 명의 무고한 민간인, 여성과 어린이를 포함한 이들이 사망하거나 중상을 입었습니다. 더 많은 이들이 집을 잃고, 사랑하는 이들을 잃거나, 소중한 이들의 운명을 알지 못한 채 슬퍼하고 있습니다…. 우리는 인도적 휴전과 폭력의 완화를 거듭 촉구해 왔지만, 전쟁은 계속되고 있습니다. 그러므로 우리 예루살렘 교회 총대주교들과 지도자들은 올해는 불필요하게 축제적인 모든 활동을 삼가며 고통받는 이들과 굳게 연대할 것을 교우들에게 요청합니다.[6]

장식도 없다. 크리스마스트리도, 트리 점등식도 없다. 거리의 조명도, 스카우트 단체의 음악 행진도 없다. 오직 기도만 있을 뿐이다. 예루살렘의 교회 지도자들은 사람들이 애도의 상태에 있음을 감지하고 분별할 수 있었다. 아무도 축하할 기분이 아니었다. 이것은 목회적 호소였고, 동시에 세계를 향한 메시지이기도 했다.

"베들레헴에서 크리스마스가 취소됐다"는 제목이 2023년 11월 내가 이끈 팔레스타인 기독교인 대표단과의 만남 이후 「워싱턴 포스트」에 실렸다.[7] 그러나 실제로 취소된 것은 크리스마스가 아니라 축

---

6 "Statement on the Celebration of Advent and Christmas in the Midst of War on Gaza," The Patriarchate of Jerusalem, November 11, 2023, https:// tinyurl.com/4zyjwkw4.
7 Ishaan Tharoor, "Why Christmas Is Canceled in Bethlehem," Washington Post, November 29, 2023, https://tinyurl.com/24rdtzhj.

하 행사였다. 그럼에도 불구하고 이 헤드라인은 세계, 특히 서방 언론의 관심과 상상력을 사로잡았다. 모든 것이 시작된 그곳에서 크리스마스가 취소될 수 있다는 말인가? 나는 이에 대해 베들레헴에서 크리스마스가 취소된 것이 뉴스가 아니라 가자에서 집단학살이 일어나고 있다는 것이 진짜 뉴스임을 강조했다.

베들레헴의 교회 지도자들에게 이번 일은 크리스마스의 진정한 의미를 다시 발견할 기회였다. 방해받을 만한 것이 아무것도 없었다. 베들레헴 가톨릭교회의 친구 라미 아사크리아 신부는 그 어둠의 시기에 기도만이 유일한 희망의 순간이었다고 내게 말했다. 억압받는 이들과 함께하시는 하나님의 연대야말로 크리스마스 의미의 가장 중요한 요소 중 하나임을 확인하는 시간이었다.

매년 우리는 대림절 첫 주에 루터교회 전통의 구유 장면을 교회에 설치한다. "하나님이 잔해 속에 계신다"는 주제로 설교한 뒤, 나는 베들레헴 크리스마스 루터교회의 젊은 가족들에게, 매일 가자에서 보는 그 파괴된 집들의 이미지를 닮은 잔해로 만든 특별한 구유를 함께 만들자고 제안했다. 이것이 바로 크리스마스의 의미 중 하나라고 설명했다. 예수님은 점령과 억압 속에서 태어나셨고, 이는 연대의 표지라는 것이다. 우리는 이 아이디어를 논의했고, 가족들은 동의했다. 대림절 첫 주일 전 토요일, 네 가족이 교회에 모여 아이들과 함께 이 특별한 구유를 만들었다. 우리는 그것을 "잔해 속에 계신 그리스도"라 불렀다. 이 시간은 특별한 유대와 성찰의 시간이었다. 동시에 크리스마스 시즌에 우리 아이들이 자기 자신을 넘어 세상을 생각할 수 있도록 가르치는 계기가 되었다.

우리의 작업 결과는 오래 기억될 만한, 상징적인 구유 장면이었다.

잔해 속에 계신 그리스도라는 이미지는 전 세계의 상상력을 자극했다. 하지만 그보다 먼저, 우리의 상상력을 사로잡았다. 우리는 자리에 앉아 그 구유를 바라보았다. 함께 있던 한 젊은 여성이 곧바로 아랍어로 잘 알려진 후렴구 "야 라발 살람"(Ya Rabbal Salam)을 부르기 시작했다. 이는 **"평화의 주님, 우리에게 평화를 내려주소서. 평화의 주님, 이 땅을 평화로 채워주소서"**라는 뜻이다. 우리 모두의 눈에는 눈물이 맺혔다. 우리는 마음을 다해 가자를 위해 기도했다.

다음 날 교회에서, 나머지 교인들은 우리가 만든 것을 보고 놀라고 충격을 받았다. 모두 큰 감동을 받았다. 어떤 이들은 눈물을 흘렸고, 어떤 이들은 크리스마스 시즌에 보기에는 너무 가혹하다고 느꼈다. 나는 설교에서, 모두가 놀랐으리라는 것과 이것이 쉽지 않은 이미지임을 알고 있다고 말했다. 어쩌면 이 구유가 크리스마스의 기쁨을 앗아갈 수도 있다. 하지만 나는 이것이야말로 크리스마스의 본질이라고 주장했다. 설교에서 "이 구유는 우리에게 크리스마스의 의미와 중요성을 여러 방식으로 가르쳐준다. 죽음과 파괴, 잔해가 우리의 현실을 규정하는 이때, 우리는 이런 방식으로 예수님을 우리가 사는 세계로 맞이한다. 만약 예수님이 오늘날 이 땅에 태어나셨다면, 과연 다른 방식으로 오셨을까?"라고 성찰했다. 그리고 이렇게 덧붙였다.

> 지금은 크리스마스의 진정한 의미를 다시 발견해야 할 때입니다. 이천 년 전 팔레스타인의 상황은 오늘날 팔레스타인과 크게 다르지 않았습니다. 당시 팔레스타인은 로마의 점령하에 있었고, 혁명과 아이들의 학살까지 있었습니다. 예수님은 로마가 아닌, 점령당한 이들과 함께 베들레헴에서 태어나셨습니다. 안락이나 사치와는 거리가 먼, 매우 힘겨운 환경에서

태어나셨습니다. 이야기는 아우구스투스 황제가 명령한 인구조사로 시작됩니다. 이는 오늘날 이스라엘이 팔레스타인 사람들을 통제할 때 사용하는 자기장 카드와 색깔 신분증처럼, 위치를 파악하고 통제하기 위한 전형적인 식민 통치 방식입니다.8 예수님의 가정이 베들레헴 출신이었기에, 출신 도시에서 인구조사를 받기 위해 나사렛에서 베들레헴까지 이동해야 했습니다. 이는 오늘날 팔레스타인 사람들이 군사 기지에서 각자 등록된 지역에 맞춰 자기장 카드를 신청하는 경험과 비슷합니다. 마리아가 예수를 임신한 채로, 그저 먼 나라의 불의한 통치자가 내린 명령 때문에 예수님의 가족은 베들레헴으로 이동해야 했습니다. 예수님이 태어났을 때, 또 다른 통치자 헤롯은 권력에 집착해 미쳐버려 베들레헴의 아이들을 학살하라고 명령했습니다. "라마에서 통곡과 슬픔의 소리가 들리니, 라헬이 자녀들을 잃고 위로받기를 거부함이라. 그들이 더 이상 존재하지 않기 때문이다"(마 2:18). 예수의 가족은 (하필이면) 이집트로 피신해 기적적으로 학살을 피했습니다. 그들은 난민이 되었습니다. 오늘날 가자에서 이집트로 탈출할 수 있었던 운 좋은 팔레스타인 사람들과 비슷합니다. 크리스마스 이야기는 매우 팔레스타인적인 이야기입니다! 그 어휘는 인구조사, 통제, 제국, 점령, 황제, 헤롯, 군대, 난민, 고통, 탈진, 학살당한 아이들(트리, 점등, 산타가 아닙니다)입니다.

크리스마스는 바로 우리 고통 한복판에서 예수께서 우리와 함께 태어나

---

8 이스라엘이 수십 년에 걸쳐 팔레스타인 사람들을 자기장 카드(마그네틱 카드)와 색깔로 구분된 신분증을 통해 어떻게 분할해 왔는지에 대해 더 알고 싶다면, Linah Alsaafin, "The Colour-Coded Israeli ID System for Palestinians," *Al Jazeera*, 2017년 11월 18일, https://tinyurl.com/yuusv37d; Helga Tawil-Souri, "Colored Identity: The Politics and Materiality of ID Cards in Palestine/Israel," Social Text 29, no. 2 (2011): 67-97을 참고하라.

시는 사건입니다. "고난받고, 당황하고, 핍박받고, 짓밟힌"(고후 4:8-9) 이들과 함께 태어나시는 것입니다. 하나님께서 낮은 자와 함께하시어 그들을 높이고, 굶주린 자를 배불리시는 것입니다(눅 1:52-53). 예수님은 "가난한 자에게 복음을 전하고, 포로에게 자유를, 눈먼 자에게 다시 보게 함을, 억눌린 자에게 해방을 선포"하시기 위해 오셨습니다(눅 4:18). 이것이 크리스마스의 진짜 의미입니다. 우리는 그 의미를 빼앗아서는 안 됩니다. "잔해 속의 예수"는 이 메시지를 특별하고 생생하게 전해줍니다. 전쟁, 파괴, 잔혹함, 불의의 시기에는 하나님이 약자와 억눌린 이들과 함께하신다는 사실을 기억해야 합니다. 크리스마스는 억압받고, 고통받고, 불의에 시달리는 이들과 함께하시는 하나님의 연대입니다. 크리스마스는 하나님이 소외된 이들과 함께하신다는 사실을 기억하는 시간입니다. "잔해 속의 예수"는 고통받는 이들과 함께 계신 예수님의 임재입니다. 억눌린 이들과 함께하시는 하나님의 연대입니다. "잔해 속의 예수"는 고통과 아픔의 한가운데서 비치는 빛과 희망의 한 줄기입니다. 파괴와 죽음의 한복판에서 뿜어져 나오는 생명의 빛입니다.

가자에서 하나님은 잔해 속에 계십니다. 만약 그리스도께서 오늘 태어나신다면, 그는 잔해 속에서 태어나실 것입니다. "잔해 속의 예수"는 잔해 속에서 죽임당하고 끌려 나오는 모든 아이, 파괴된 병원에서 죽음과 싸우는 모든 아이, 인큐베이터 속 모든 아이 속에서 예수의 얼굴을 보라는 초대입니다.

크리스마스 축하 행사는 취소되었지만, 이 구유를 통해 우리는 크리스마스 자체는 취소된 적도, 앞으로도 취소되지 않을 것임을 전했습니다. 크리스마스 안에는 희망이 있고, 희망은 결코 취소될 수 없습니다. 예수님은 임마누엘, 곧 하나님이 우리와 함께하신다는 뜻입니다. 그리고 바로 그 하나님이 오늘 고통받는 이들과 함께하십니다.

"잔해 속의 예수"는 희망의 메시지입니다. 우리는 이 이미지를 묵상하며, 전쟁과 잔해, 파괴와 죽음 한가운데서 예수님이 세상의 빛이심을 다시금 깨달았습니다. 그리고 바로 이 예수님께서 아기 때 학살을 피해 살아남으셨고, 성장하여 제국에 맞서고, 권력자들과 당당히 대면하며, 궁극의 적인 죽음 자체를 도전하고 이기셨습니다.

"잔해 속에 계신 그리스도"라는 메시지는 전 세계 수백만 명에게 전달되었지만, 동시에 우리 민족의 마음에도 깊이 울림을 주었다. 우리는 가자 어린이들을 인간적으로 바라봐야 했다. 세계가 그들의 죽음을 합리화하고 정당화하는 상황에서, 우리는 그들에게 하나님이 주신 존엄과 명예를 되찾아주어야 했다.

이것이 바로 예수님의 가르침의 핵심이다. 마태복음 25장 35-40절에서 예수님은 "너희가 내 형제 중 지극히 작은 자 하나에게 한 것이 곧 내게 한 것"이라고 말씀하셨다. 예수님은 여기서 자신이 굶주린 자, 목마른 자, 낯선 이방인, 헐벗은 자, 병든 자, 감옥에 갇힌 자임을 상기시킨다. 예수님은 억압받고 기회를 박탈당한 이들이며, 불의한 구조의 희생자들이다. 예수님은 난민들이며, 쫓겨난 이들이다. 예수님은 외롭고 슬픈 이들이다.

이 말씀 속에서 예수님은 세상을 향해 외치신다. 그리고 우리도 그와 함께 외친다. 세상이 가자의 아이들, 전쟁의 모든 희생자, 잔해 속에 갇힌 이들, 난민과 병든 이들 속에서 예수님을 보라고 촉구한다. 이 전쟁은 세계 지도자들이 우리를 동등한 가치와 존엄을 지닌 존재로 여기지 않는다는 사실을 드러냈다. 그러나 예수님은 정반대의 메시지를 주신다.

'너희가 내게 한 것'이라는 단순한 구절은 우리 안에 계신 그리스도의 형상과 우리와 함께하시는 그분의 임재를 일깨워준다. 이것이야말로 세상이 우리를 모욕하고 수치스럽게 대할 때 우리가 가진 영광이다. 아무도 이 영광을 우리에게서 빼앗을 수 없다.

말할 수 없는 자들을 위한 목소리

대림절 첫 주일이 지나고, 나는 "잔해 속에 계신 그리스도"에 대해 설교한 뒤, 우리 교회의 특별한 크리스마스 구유 사진을 소셜 미디어에 올렸다. 그 반응이 폭발적이었다는 말로는 부족하다! 잔해 속에 누워 있는 아기 예수의 이미지는 상징적인 장면이 되었고, 전 세계로 퍼져나갔다. 며칠 만에 이 이미지는 CNN, 「타임스」(런던), 스카이 뉴스, 알자지라, CBS, MSNBC, ABC, TRT 월드, 「로스앤젤레스 타임스」, 「워싱턴 포스트」, 「뉴욕 타임스」, 「타임」 등 수많은 언론에 보도되었다. 내가 며칠 동안 인터뷰한 횟수는 셀 수 없을 정도였다. 백 번이 넘었다. 덴마크, 브라질, 일본, 인도네시아, 네덜란드, 노르웨이, 프랑스, 독일, 사우디아라비아, 레바논, 이집트 등 여러 나라의 기자들이 우리 교회 앞에 찾아오거나 연락을 해왔다. 모든 인터뷰에서 나는 두 가지 점을 강조했다. 첫째, 이 구유는 억압받는 이들과 함께하시는 하나님의 연대임을 밝혔다. 나는 예수께서 오늘 태어나신다면 가자지구의 잔해 속에서 태어나실 것임을 반복해서 말했다. 둘째, 이 구유는 오늘날 팔레스타인에서의 크리스마스의 현실임을 보여준다. 집이 파괴되고, 가족이 흩어지며, 아이들이 잔해 속에서 끌려 나오는 현실이다. 우리는 크리스마스에 바라는 것은 휴전뿐이라고 간절히 호소했다. "예수께서 오늘 태어나신다면 잔해 속에서 태어나실 것"이라는 주제가 전 세계 수많은 뉴스 헤드라인에 실렸다.9

언론의 관심은 압도적이었고, 지치게도 했다. 동시에 놀라움도 있었다. 이 이미지의 무엇이 세계인의 상상력을 사로잡았던 걸까? 왜 전 세계는 실제로 가자지구의 잔해 속에서 끌려 나오는 아이들보다, 잔해 속 구유에 누운 아기 예수라는 기독교적 상징에 더 관심을 갖는가? 나 자신도 약간의 죄책감을 느꼈다. 내가 너무 많은 관심을 끌어서 오히려 가자지구에서 시선을 빼앗고 있는 건 아닐까? 내가 원했던 것은 오직 가자지구를 가리키는 것이었다. 크리스마스 어느 주일 아침, 다섯 곳이 넘는 언론사가 내 설교를 촬영하고 녹음하고 있을 때, 나는 카메라를 향해 이렇게 말했다. "왜 여기 계십니까? 진짜 헤드라인은 가자에 있습니다. 가자로 가십시오. 크리스마스 취소가 헤드라인이 아

---

9 See, for example, Mallory Moench, "Bethlehem Reverend Delivers 'Christ in the Rubble' Christmas Sermon amid Gaza Conflict," Time, December 24, 2023, https://tinyurl.com/ycy3ssed; Yara Bayoumy and Samar Hazboun, "God Is Under the Rubble in Gaza': Bethlehem's Subdued Christmas," *New York Times*, updated December 27, 2023, https://tinyurl.com/ umjruj8m; Bethan McKernan and Sufian Taha, "If Jesus Was Born Today, He'd Be Born Under the Rubble': Bethlehem Set for Forlorn Christmas," *Guardian*, December 24, 2023, https://tinyurl.com/54r4m4f2; Monjed Jadou, "If Christ Were Born Today, He Would Be Born Under Rubble, Israeli Bombing," *Al Jazeera*, December 7, 2023, https://tinyurl.com/cbbvf63b; "Lutheran Pastor: If Jesus Were Born Today He Would Be Born in Gaza Under Rubble," *CNN*, December 22, 2023, https://tinyurl.com/2sbps88f; Jay Gray, Kayla McCormick, and Yuliya Talmazan, "Deserted Streets and Shuttered Stores as Israel-Hamas War Looms over Bethlehem at Christmas," *NBC News*, December 25, 2023, https://tinyurl.com/57v4prwe.

니라 가자에서 벌어지는 집단학살이 진짜 헤드라인입니다. 가자로 가십시오!" 물론 나는 전쟁 내내 국제 언론인들이 가자지구에 들어갈 수 없다는 사실을 알고 있었다. 나는 단지 이 구유가 현실의 가혹한 진실을 가리키고 있으며, 우리의 관심과 공감, 행동을 요구한다는 점을 강조하고 싶었다. 내 메시지가 카메라 뒤에서 지켜보는 이들에게 전해지길 바랐다.

"잔해 속에 계신 그리스도" 이미지를 보고 감동하지 않은 이들도 있었고, 예수께 케피예(아랍 전통 스카프)를 두른 것에 항의하는 이들도 있었다. 예수께서 오늘 태어나신다면 가자지구의 잔해 속에서 태어나실 것이라는 내 도발적인 발언에 불편해하는 이들도 있었다. 내 성서 지식을 문제 삼으며, 예수는 가자가 아니라 베들레헴에서 태어났다고 훈계하는 이들도 있었다(마치 내가 베들레헴 출신의 목사이자 성서학자라는 사실을 모르는 것처럼). 많은 기자들이 우리 교회를 방문해 '팔레스타인 예수' 혹은 '케피예 예수'에 대해 직접 질문했다. 아이러니하게도, 우리가 "잔해 속의 그리스도"를 만든 바로 그 교회는 120년 전 독일 선교사들이 독일 제국의 후원으로 세운 곳이고, 스테인드글라스에는 금발에 파란 눈을 한 독일인 예수가 그려져 있다! 독일인 예수는 괜찮고, 팔레스타인 예수는 안 된다는 것인가!

두 가지 질문이 반복적으로 나왔다. 내가 예수를 정치적으로 이용하는가? 왜 예수께 이스라엘 국기를 두르지 않았는가, 즉 유대인 아이들의 죽음에도 하나님의 연대가 있음을 상징하지 않았는가?

나는 팔레스타인에서는 신앙 지도자들이 정치적 논의를 피할 수 없다는 점을 분명히 하려 했다. 하지만 나는 예수를 정치화하려는 것이 아니라 예수와 팔레스타인 사람들을 인간적으로 바라보게 하려는 것이었다. 나는 억압받는 이들과 함께하시는 하나님의 연대라는 인간적인 메시지를 전하고자 했다. 이스라엘 국기를 예수께 두르지 않은 이유에 대해서는, 크리스마스 예배에 참석한 독일 외교관이 직접 물었을 때 이렇게 답했다. 모든 생명은 똑같이 소중하며, 10월 7일 이스라엘 아이들의 죽음을 진심으로 애도한다고 말했다. 또한 이스라엘 부모들이 자신들의 상실과 아픔 속에서 하나님이 함께하신다고 느낀다면, 그것은 그들의 권리일 뿐 아니라 좋은 일이라고 생각한다고 밝혔다. 예수는 어느 한 민족의 전유물이 아니다!

그럼에도 10월 7일에 살해당한 이스라엘 어린이는 36명이었다. 전 세계가 멈췄고, 보복 전쟁이 벌어졌다. 독일은 연대의 의미로 베를린 장벽에 이스라엘 국기를 비추었다. 한편, 크리스마스가 되었을 때 가자지구에서 살해된 팔레스타인 어린이는 만 명이 넘었다. 나는 그 외교관에게 베를린 장벽이나 유럽의 어떤 기념물에도 팔레스타인 국기가 비춰진 것을 본 적이 없다고 말했다. 우리 아이들은 덜 소중한가? 덜 인간적인가? 세계가 여전히 우리 아이들의 죽음을 정당화하고 합리화하는 이때, 신앙인으로서 나는 그 아이들을 위해 목소리를 내고, 그들의 소중함을 알릴 의무가 있다고 말했다. 그들은 하나님께 소중한 존재다. 우리는 잔해 속에서 끌려 나오는 한 명 한 명의 아이 안에서 예수를 본다. 그래서 우리는 케피예를 두른 예수를 잔해 속에 두었다. "잔해 속에 계신 그리스도" 이미지를 통해 우리는 목소리 없는 이들, 특히 가자지구의 아이들을 대변하려 했다.

2024년 3월호 「크리스천 투데이」(Christianity Today)는 매거진 미디어 총괄인 마이크 코스퍼가 쓴 커버스토리를 실었다. 그 기사에서 코스퍼는 "잔해 속에 계신 그리스도"를 반유대주의의 한 형태로 규정하며, 팔레스타인과 팔레스타인 사람의 국가적 상징인 케피예를 테러와 이데올로기적 폭력의 상징이라고 주장했다.

> 그러나 예수께 케피예를 두른 것은 단순한 연대의 표현을 넘어, 편 가르기나 민족주의를 넘어, 유대인의 생명 파괴를 역사의 열쇠로 보는 폭력의 상징을 받아들이는 것이다. 이는 폭탄을 몸에 두르고 스쿨버스를 폭파하는 이들을 순교자로 미화하는 운동의 상징이다. 이것은 깊은 동일시나 연대의 표현이 아니라 외설에 가깝다.[10]

코스퍼는 팔레스타인 사람의 고통을 완전히 무시했다. 그는 우리의 동기를 안다고 주장하며, 심지어 우리가 기만적이라고까지 말했다. 이렇게 노골적이고도 아무렇지 않게 팔레스타인 사람을 비하하는 인종차별적 글이 미국 복음주의를 대표하는 잡지에 실렸다는 사실은 나를 분노하게도 하고 슬프게도 했다. 분노하는 이유는, 이것이 케피예와 팔레스타인 사람의 의미를 터무니없이 왜곡하기 때문이다. 벤 노퀴스트의 표현을 빌리자면, 코스퍼는 자신에게 없는 전문성을 확신하는 태도로 케피예에 대해 썼다. 그는 우리나 세상에 케피예가 무엇을 상징하는지 말할 자격이 없다. 오히려 팔레스타인 사람인 우리가 그와 세상에 케피예의 의미를 말할 수 있다. 이것은 오만과 인종차별이 결합한 태도다. 더 나아가, 코스퍼의 이런 태도는 공감의 결여, 심지어 무감각과 무관심을 드러낸다. 「크리스천 투데이」와 그 독자들

---

10 Mike Cosper, "The Evil Ideas Behind October 7," *Christianity Today*, March 2024, https://tinyurl.com/2znexw2a.

이 팔레스타인 사람, 심지어 팔레스타인 기독교인에게조차 공감하지 못하고, 오히려 우리 공동체 전체를 악마화한다는 사실이 슬프다. 분명 코스퍼는 10월 7일 희생자들에게는 공감했다. 그러나 노퀴스트가 코스퍼에 대한 반론에서 지적했듯이,

> 팔레스타인 사람의 슬픔에 대해 코스퍼는 예수께서 고난받으신 것에 빗대어 공감하려는 시도조차 하지 않는다. 그는 예수의 몸이 입은 폭력과 가자에서 사라진 3만 명 넘는 팔레스타인 사람들에게 가해진 폭력 사이에 어떠한 연결점도 만들지 않는다. 남겨진 이들과 함께 애도하자고 독자들에게 권하지도 않는다. 몇 번 손짓은 하지만, 항상 비판을 위한 수단일 뿐이다. 오히려 그는 팔레스타인 사람들이 예수께 가까이 다가가려 하고, 그 마음과 생각으로 이 참상을 씨름하려는 시도까지 비판한다.[11]

슬프게도, 코스퍼는 커버스토리에서 '10월 7일의 사악한 사상'을 폭로하려 했고, 반유대주의를 강하게 비판했다. 하지만 나는 그가 이 글 속에 담긴 반팔레스타인적 증오와 편견을 스스로 인식하고 있는지 의문이다. 교회 내 학대와 반유대주의를 폭로하는 데 그토록 열정적인 사람이, 어떻게 한쪽의 증오와 편견은 비판하면서 다른 한쪽의 증오와 편견은 퍼뜨릴 수 있는지 이해할 수가 없다.

명확히 하자면, 예수께 케피예를 두르거나 그를 팔레스타인 사람이라고 말하는 것이 결코 예수의 유대인 됨을 부정하는 것은 아니다.

---

[11] Ben Norquist, "Jesus' Comfort Is for All Who Suffer: A Response to Mike Cosper and Christianity Today," Religion News Service, March 18, 2024, https://tinyurl.com/33fzmvmz.

그러나 예루살렘, 베들레헴, 나사렛이 오늘날 팔레스타인 도시임을 기억해야 한다. 더 나아가, 이스라엘 점령 아래 살아가는 우리는 예수께서 로마의 점령하에 태어나셨다는 사실에서 영감을 얻는다. 이 사실은 그리스도의 경험을 오늘날 점령하에 살아가는 팔레스타인 사람의 경험과 더욱 가깝게 만든다. 하나님은 불의 속에서 고통받는 이들과 함께하신다. 우리가 "그리스도께서 잔해 속에 계신다"고 말할 때, 그것은 하나님이 억압받는 모든 이들과 함께하신다는 메시지다!

결국, 그리스도는 성육신하신 하나님이며, 어느 한 민족만의 전유물이 아니다. 어떤 민족도 그리스도를 독점할 수 없다. 그리스도는 모두의 그리스도이시며, "그는 만민의 주시다"(사도행전 10:36). 그리고 고난의 문제에 있어서, 예수는 고통받는 모든 이들의 피난처이자 위로가 되신다.

베들레헴의 "잔해 속의 그리스도", 세계에 알리다

"잔해 속의 그리스도"는 이 집단학살 한가운데서 우리가 베들레헴에서 세계로 전하는 메시지가 되었다. 나는 이미 크리스마스 전날에 했던 설교를 언급한 바 있다. 그 설교에서 나는 이 전쟁에 공모한 세계와 교회를 공개적으로 비판했다. 그 설교에서 나는 우리 앞에 놓인 이 장면, 즉 "잔해 속의 그리스도"가 지닌 의미를 더 깊이 풀어냈다. 이것이 우리가 세계에 전하는 메시지였다.[12]

---

12 For the full text of the sermon, visit "Christ in the Rubble: A Liturgy of Lament," Red Letter Christians, December 23, 2023, https://tinyurl.com/ yxb74nch.

오늘 가자지구에서, 하나님은 잔해 속에 계십니다. 그리고 이 크리스마스 시즌, 우리가 예수를 찾으려 할 때, 그는 로마의 편이 아니라 우리 쪽, 이 벽의 이편에 계십니다. 동굴에서, 소박한 가족과 함께. 연약하고, 간신히 그리고 기적적으로 학살을 살아남은 모습으로. 난민 가족과 함께. 바로 그곳에서 예수를 만날 수 있습니다. 예수께서 오늘 태어나신다면, 그는 가자지구의 잔해 속에서 태어나실 것입니다. 우리가 교만과 부를 찬양할 때, 예수는 잔해 속에 계십니다. 우리가 힘과 권력, 무기에 의존할 때, 예수는 잔해 속에 계십니다. 우리가 아이들에 대한 폭격을 정당화하고, 합리화하고, 신학적으로 포장할 때, 예수는 잔해 속에 계십니다. 예수는 잔해 속에 계십니다. 잔해가 그의 구유입니다. 그는 소외되고, 고통받고, 억압당하고, 쫓겨난 이들과 함께하십니다. 이것이 그의 구유입니다.

나는 이 상징적인 이미지를 계속 바라보며 묵상해 왔습니다. 바로 이런 방식으로 하나님이 우리와 함께하십니다. 이것이 성육신입니다. 혼란스럽고, 피투성이며, 가난합니다. 이것이 성육신입니다. 이 아기는 우리의 희망이자 영감입니다. 우리는 잔해 속에서 죽고 끌려 나오는 모든 아이 안에서 그를 봅니다. 세상이 계속해서 가자지구의 아이들을 외면할 때, 예수는 말씀하십니다. "너희가 이 작은 형제자매 하나에게 한 것이 곧 내게 한 것이다." "내게 한 것이다." 예수는 단지 그들을 자신의 사람이라 부르실 뿐 아니라 곧 그들 자신이십니다!

우리는 예수님의 가족을 바라보며, 절망 속에서 집을 잃고 떠도는 모든 가족 안에서 그들을 봅니다. 세상이 가자지구 사람들의 운명을 마치 창고 구석의 쓸모없는 상자처럼 취급하며 논의할 때, 크리스마스 이야기 속의 하나님은 그들의 운명에 동참하십니다. 그들과 함께 걸으며 그들을 자신의 사람이라 부르십니다.

이 구유는 끈질김, 즉 수무드(Sumud)를 상징합니다. 예수의 끈질김은 그의 온유함, 약함, 연약함 속에 있습니다. 성육신의 위대함은 소외된 이들과의 연대에 있습니다. 끈질김이란 바로 이 아기가 고통과 파괴, 어둠과 죽음 한가운데서 일어나 제국에 맞서고, 권력에 진실을 말하며, 죽음과 어둠을 영원히 이기는 승리를 이루었다는 데 있습니다.

크리스마스를 통해 우리는 성육신의 의미를 새롭고 깊이 있게 묵상할 수 있었다. 성육신은 하나님의 임재, 즉 임마누엘이 점령당한 이들과 고통받고 슬퍼하는 이들 가운데 실현된 것임을 보여준다. 임마누엘, 하나님이 우리와 함께하신다. 하나님은 우리 세상에 오셨고, 바로 우리의 아픔과 약함, 두려움 속에 찾아오셨다. 크리스마스의 메시지는 "두려워하지 말라, 내가 너와 함께 있다!"는 것이다.

크리스마스의 또 다른 메시지는 예수께서 하나님의 말씀이라는 점이다. 이 집단학살, 특히 그 초기에 우리가 도저히 이해할 수 없었던 것은, 아이들이 대량으로 죽임을 당하는데도 세상이 침묵한다는 사실이었다. 성육신은 하나님께서 침묵하지 않으신다는 것을 선포할 수 있게 해주었다. 우리가 고난 속에서 "주님, 왜 침묵하십니까?"라고 외쳤을 때, 우리는 예수께서 하나님의 말씀임을 잊고 있었던 건 아닐까? 예수는 우리의 기도와 부르짖음에 대한 하나님의 응답이시다. 하나님은 자신의 말씀을 주셨고, 그 말씀이 곧 예수다. 그것은 희망과 연민, 정의의 말씀이다. 그것은 구원의 말씀이다. 예수, 곧 말씀은 세상의 침묵에 도전한다. 그리고 그분의 말씀은 생명이다. 그분의 말씀은 희망이다.

십자가와 하나님의 연대

"잔해 속의 그리스도"라는 메시지와 이미지는 전쟁 내내 그리고 크리스마스가 지난 뒤에도 우리 곁을 지켰다. 실제로 우리는 교회에 구유를 그대로 두었고, 전쟁이 끝날 때까지 치우지 않기로 결정했다. 전쟁이 길어질수록, 우리는 세계가 팔레스타인 사람들의 지속적인 학살을 묵인하고 심지어 받아들이는 듯한 모습에 더욱 충격을 받았다. 이 전쟁을 끝내기 위한 모든 노력이 허사로 돌아갔다는 사실을 받아들이기 힘들었다. 잔해 속에서 아이들이 끌려 나오는 장면을 계속해서 목격하는 것은 큰 트라우마였다. 가끔 가자지구의 친구들과 연락이 닿아 위로의 말을 전하려 해도, 더 이상 할 말을 찾지 못했다.

부활절이 되었을 때, 6장에서 언급했듯이, 집단학살은 일상처럼 받아들여지고 있었다. 가자지구에서 한 번의 공습으로 백 명이 죽어도 더 이상 '긴급 뉴스'가 아니었다. 굶주림으로 사람이 죽어 나가는 현실조차 그저 또 하나의 헤드라인일 뿐이었다. 이런 상황에서 우리는 부활절을 '기념'했다. 대림절과 크리스마스가 구유의 이미지를 우리에게 준다면, 고난주간과 부활절은 억압받는 이들과 함께하시는 하나님이라는 또 다른 이미지를 보여준다. 우리는 십자가로 시선을 돌렸다. 부활절 전날인 성토요일, 나는 우리 교회에서 전 세계를 향해 이렇게 설교했다.[13]

---

13 설교 전문을 보려면, "Easter Vigil for Gaza, Bethlehem, March 30th, 2024, Rev. Dr. Munther Isaac," Red Letter Christians, April 2, 2024, https://tinyurl.com/mn53jvmh. 을 참고하라.

지금은 정말 어둡고, 암울한 시기입니다. 이런 때에 우리는 팔레스타인 사람으로서 십자가를 바라보고, 십자가에 우리 자신을 맞추며, 예수께서 우리와 자신을 동일시하심을 봅니다. 부활절에 우리는 예수께서 제국의 손에 그리고 종교 이데올로기의 공모 속에 체포되고 고문당하고 처형당하신 사건을 다시 살아냅니다. 부활절 이야기에서 우리는 예수께서 우리와 자신을 동일시하신다는 사실에서 위로와 힘을 얻습니다.

우리가 크리스마스 때부터 이 잔해를 교회에 두고 있는 이유는, 가자지구가 여전히 잔해 속에 있고, 우리 민족과 가자지구의 아이들이 여전히 그 잔해 속에서 끌려 나오고 있기 때문입니다. 어제 저는 한 아이가 잔해 속에서 끌려 나오는 잔혹한 장면을 고통스럽게 지켜보았습니다. 그 아이는 기적적으로 폭격에서 살아남았고, 구조되면서 "물은 어디 있어요? 목말라요"라고 말했습니다.

이 장면은 십자가 위에서 예수께서 "목마르다"고 외치신 순간을 떠올리게 했습니다. 예수께서는 기아와 포위, 폭격으로 학살당하는 이들과 연대하며 "목마르다"고 외치셨습니다. 예수는 이 세상의 불의하고 폭력적인 체제에 의해 전쟁과 인위적 기근의 희생자가 된 모든 이들과 함께하십니다. 이것은 인류의 불의와 침묵 그리고 폭정과 불의에 종지부를 찍지 못하는 무력함에 짓눌린 모든 이들의 절규입니다.

예수께서 "목마르다"고 외치셨을 때, 사람들은 그에게 식초를 건넸습니다. 그의 고통에 고통을, 그의 절망에 절망을 더했습니다. 오늘날 가자가 "목마르다"고 외칠 때, 사람들은 하늘에서 구호품을 떨어뜨리지만, 그것마저도 무고한 이들의 피로 얼룩져 있습니다. 어떤 이들은 바다에 떨어진 구호품을 건지려다 익사하기도 했습니다. 얼마나 잔인한 일입니까? 가자는 목마르지만, 그들에게 돌아오는 것은 식초뿐입니다.

우리는 이 전쟁 속에서 하나님을 찾았습니다. 그분께 부르짖었지만, 아무 응답이 없는 것만 같았습니다. 그러다 마침내 우리는 십자가에 달리신 하나님의 아들을 만납니다. 그분이 "나의 하나님, 나의 하나님, 어찌하여 나를 버리셨나이까?"라고 외치십니다. 왜 나를 십자가에 내버려두셨습니까? 왜 홀로 두셨습니까? 아무 죄도 없는 나를 왜요?

이것은 버림받음의 절규입니다. 저는 오늘날 가자지구 사람들이 바로 이런 심정일 것이라 확신합니다. 세계 지도자들에게 버림받았다는 느낌입니다. 서구뿐 아니라 아랍과 이슬람 지도자들까지 우리를 버렸습니다. 교회 안의 많은 이들도 예수께서 체포되실 때 멀리서 바라보던 베드로처럼, 멀찍이 지켜보기만 했습니다. 베드로는 안전을 원했고, 용기가 부족했습니다. 오늘날 많은 교회 지도자들도 마찬가지로, 문 닫힌 곳에서 한 진실의 말을 공개적인 자리에서는 다르게 말합니다. 그러나 바로 이 절규, "나의 하나님, 나의 하나님, 어찌하여 나를 버리셨나이까?"에서 우리는 하나님을 경험합니다. 바로 이 절규 속에서 하나님이 우리 곁에 오시고, 그분의 품과 온기를 느낍니다. 이것이 부활절의 신비입니다.

이 땅에서는 하나님마저도 억압, 죽음, 전쟁 기계, 식민주의의 희생자가 됩니다. 하나님은 이 땅의 백성과 함께 고통당하시며, 그들과 같은 운명을 나누십니다. "나의 하나님, 나의 하나님, 어찌하여 나를 버리셨나이까?" 이 절규는 오랫동안 이 땅에 울려 퍼져 왔습니다. 천천히 죽어가는 상태에 매달린 모든 억압받는 이들의 절규입니다. 예수께서도 고통과 고문, 십자가에서 우리와 이 절규를 나누셨습니다. 오늘 우리는 잔해 위에 십자가를 세우며, 예수께서 우리와 같은 운명을 나누셨음을 기억합니다. 그는 식민 지배자들의 희생자로 십자가에서 죽으셨습니다.

그리고 어둠이 내렸습니다. 진리의 부재에 우주가 슬픔에 잠겨 어두워졌습니다. 정의의 부재에 우주가 애도하며 어두워졌습니다. 십자가는 궁극적인 불의입니다. 오늘날 우주는 결정권자들의 침묵과 그들의 인종차별 그리고 많은 이들이 진실을 말하지 못하고, 중립과 침묵의 신학, 평화와 화해라는 이름 아래 두려움에 입을 닫는 현실에 슬퍼합니다. 여전히 공개적으로 휴전을 요구하지 않는 이들이 있습니다. 우리는 유럽의 대형 교회들로부터 '연대'의 편지를 받았지만, 그 편지에는 휴전 요구조차 없었습니다. 저는 그것을 완전한 모욕이라고 말했습니다.

우리는 무거운 십자가를 짊어지고 있습니다. 우리의 금요일은 너무나 오래 지속되고 있습니다. 그러나 우리는 예수의 경험을 통해 이 고난이 고난 자체를 위한 것이 아님을 압니다. 우리는 고난이 언제나 영광과 생명으로 가는 길임을 압니다. 부활로 가는 여정의 한 정거장일 뿐입니다. 우리는 예수와 함께 골고다의 길을 걷습니다. 예수께서 우리와 연대하시기에 힘을 얻습니다. 우리는 주의 날, 즉 부활의 날을 기다립니다.

빈 무덤과 하나님의 승리

나는 설교를 이어가며, 초점을 십자가에서 빈 무덤으로 옮겼다. 이것은 쉽지 않은 메시지였다. 너무나 비현실적으로 느껴졌기 때문이다. 마치 희망 사항처럼 들렸다. 십자가의 메시지는 우리에게 너무나 현실적이었다. 우리는 그 고통을 느꼈고, 실제로 겪었다. 하지만 우리는 고통과 아픔 한가운데서 과연 우리의 고난의 '성금요일'을 넘어 생각할 수 있을까? 우리는 과연 주일, 즉 부활절을 상상할 용기가 있을까? 부활절을 기다리는 이 시기야말로 우리의 믿음이 진짜 시험을 받는 순간이다. 이때 복음서의 이야기들이 우리를 정면으로 마주한다.

믿음을 가지라고, 믿음의 도전을 하라고 우리를 초대한다. 나는 주일이 반드시 올 것이라고 믿는 용기를 냈다. 그리고 베들레헴과 전 세계에서 이 설교를 듣는 이들에게도, 결국 주일이 오고, 마지막 말씀은 하나님께 있다는 사실을 믿으라고 도전했다.

예수께 이 힘을 준 것은 무엇입니까? 그토록 큰 회복력과 용기, 심지어 자신을 억압하는 이들을 용서할 수 있었던 힘은 어디서 왔습니까? "아버지의 뜻이 이루어지기를"이라며 자발적으로 십자가를 지실 수 있었던 이유는 무엇입니까? 저는 그분의 결의와 단호함, 곧 회복력은 아버지의 뜻을 신뢰하는 데서 그리고 아버지께서 자신을 죽음에서 일으키실 수 있음을 그리고 반드시 그렇게 하실 것임을 아셨기 때문임을 믿습니다. 하나님께서 예수를 일으키실 것입니다. 그분의 믿음이 예수를 지탱하고 힘을 주었습니다. 예수는 제국 앞에서 당당했고, 십자가와 죽음 앞에서도 담대하고 굳건했습니다.

솔직히 말해, 오늘날 믿음을 붙드는 것, 희망을 잃지 않는 것은 매우 어렵습니다. 우리는 주일을 볼 수 없습니다. 불가능해 보입니다. 우리는 무덤의 어둠에 삼켜진 듯합니다. 지금 부활을 말하는 것은 너무나 어렵습니다. 우리는 애도하고 있습니다. 가자지구의 형제자매들은 실제로 굶주림으로 죽어가고 있습니다. 그러나 우리는 하나님에 대한 믿음을 잃을 수 없습니다. 이것이 우리의 마지막 보루입니다. 그렇기에 우리는 이 믿음을 지키기 위해 싸워야 합니다. 우리는 믿음을 잃을 수 없습니다. 우리는 빈 무덤을 바라봐야 합니다. 우리는 빈 무덤을 기억해야 합니다.

오늘 저는 시편 기자와 함께 제 자신에게 설교합니다. "내 영혼아, 어찌하여 네가 낙심하며, 어찌하여 내 속에서 불안해하는가? 하나님을 바라라.

나는 그분을 다시 찬양할 것이다. 그분은 나의 구원이시며 나의 하나님이시다." 부활은 우리에게 희망을 줍니다. 기독교는 희망을 품는 신앙입니다. 희망은 현실을 부정하는 것이 아닙니다. 우리는 현실을 외면하지 않습니다. 오히려 팔레스타인 사람으로서 우리는 세상의 부패와 악을 누구보다 잘 압니다. 그러나 우리는 이것이 마지막 말이 되도록 내버려둘 수 없습니다.

그리스도는 부활하신 분이십니다. 이것이 마지막 말씀입니다. 그리스도께서 부활하셨고, 이것이 모든 것을 바꿉니다. 빈 무덤이 우리의 희망입니다. 분리장벽 뒤 그리고 특히 성묘교회 안에는 빈 무덤이 있습니다. 그 무덤은 마지막 말이 죽음이 아니라 생명임을, 어둠이 아니라 빛임을 우리에게 상기시킵니다. 빈 무덤은 악과 불의, 폭정이 마지막 말을 할 수 없음을 일깨워줍니다. 만약 그리스도께서 무덤에 머무르셨다면, 가이사와 빌라도가 승리했을 것입니다. 로마가 이겼을 것입니다. 억압자들이 승리했을 것입니다. 그러나 그리스도는 부활하셨습니다. 제국은 패배했고, 더 나아가 죽음 자체가 패배했습니다.

절망과 두려움은 우리의 최종 언어가 아닙니다. 우리는 부활의 하나님, 정의의 하나님, 사랑의 하나님을 믿기에 정의와 진리, 의로움이 바다를 덮는 물처럼 온 땅을 덮을 것임을 믿습니다. 우리에겐 믿음이 있기에 절망 속에 살지 않습니다. 믿음이 있기에 어둠이 세상을 지배하도록 내버려두지 않고, 선으로 악에 맞섭니다. 믿음만은 아무도 우리에게서 **빼앗을** 수 없습니다.

우리가 부활절에 "알 마시흐 깜"(그리스도께서 부활하셨다)을 선언할 때, 우리는 마지막 말씀이 하나님께 있음을 선포하는 것입니다. 우리는 정의가 실현되었음을, 진리가 드러났음을, 제국과 그 동맹들이 패배했음을 선포합니다. 오늘, 2천 년이 지난 지금도, 우리가 십자가를 짊어질 때 우리는 제국과 그 신학을 패배시키고 조롱합니다. 우리는 로마 권력의 상징, 타인을 모욕하던 도구를 우리의 힘과 승리, 죽음 앞에서도 굳건함의 상징으로 바꾸었습니다. 이것이 가능한 이유는 "알 마시흐 깜", 그리스도께서 부활하셨기 때문입니다.

부활은 우리에게 일어나 행동하라고 촉구합니다! 마지막 말씀이 하나님께 있음을 알기에 우리는 일어나 행동합니다. 우리는 세웁니다. 우리는 생명을 선포합니다. 왜냐하면 생명이 승리하기 때문입니다. 우리는 사랑을 선포합니다. 왜냐하면 사랑이 승리하기 때문입니다. 우리는 평화를 선포합니다. 왜냐하면 평화가 승리하기 때문입니다. 우리는 생명을 선포합니다. 왜냐하면 죽음이 패배했기 때문입니다. 예수께서는 죽음을 정면으로 바라보고 그것을 이기셨습니다. 그러므로 우리도 일어나 행동해야 합니다.

그러니 오늘, 십자가의 길이 우리의 길이 되게 합시다. 희생적 사랑의 길이 우리의 길이 되게 합시다. 자신이 사랑한 이들을 위해 생명을 내어주신 십자가에 달리신 예수께서 우리를 값비싼 연대, 사랑의 연대로 부르십니다. 이것은 행동의 부름입니다. 이것은 교회가 교회 되라는, 십자가를 지신 구세주의 발자취를 따르라는 부름입니다.

십자가는 고통과 아픔 속에 있는 인류와 함께하시는 하나님의 연대입니다. 그리고 그 하나님의 연대는 우리의 연대가 되어야 합니다. 예수의 제자들은 모든 것을 걸고 권력에 진실을 말해야 합니다. 이것은 단순히 태도 표명을 하는 것이 아닙니다. 예수께서는 "내가 굶주릴 때 너희가 나를 위해 기도하고 성명을 냈다"고 말씀하지 않으셨습니다! 오히려 예수께서는 "내가 갇혔을 때, 너희가 나를 찾아왔다"고 하셨습니다! 우리는 변화를 만들어 낼 방법을 찾아야 합니다. 우리는 행동하고, 압박하고, 로비하고, 권력자와 지도자들에게 책임을 묻고, 조직해야 합니다. 우리는 부활의 사람으로 살아야 합니다. 오늘, 부활의 땅이 여러분을 희망과 사랑으로 행동하라고 부릅니다. 우리는 함께 이 집단학살을 끝내기로 결의합니다. 우리는 함께 진리와 정의를 위해 일하기로 결의합니다. 우리는 우리가 반드시 승리할 것을 압니다. "알 마시흐 깜." 그리스도께서 부활하셨습니다. 아멘.

고통 한가운데 계신 하나님

이 장은 극심한 고통과 아픔의 시기에 제기되는 질문들에 목회적으로 답하려는 시도다. 전능하시고 우리를 지키시는 하나님을 믿으면서도 왜 하나님은 우리를 지키시지 않으실까 의심하는 우리의 신앙은 어떻게 이해해야 할까?

세상의 모든 고통의 원인을 하나님 탓으로 돌릴 수 없고, 그래서는 안 된다. 많은 경우, 아니 거의 대부분의 경우, 그것은 인류 전체의 잘못이다. 집단학살이 벌어지고, 아이들이 죽거나 납치되는 이때, 우리는 우리 자신을 돌아봐야 한다. 우리는 증오, 복수, 우월의 문화를 만들고 키웠다. 우리는 불의 앞에서 침묵하기로 선택했다. 우리는 중립을 택했다. 우리는 권력과 교만을 우상화했다. 우리는 무기 산업이 정부와 경제 전체를 좌지우지하게 내버려두었다. 우리는 현대의 식민주의를 가능하게 했다. 우리는 로비 단체들이 정치인을 매수하도록 허락했다. 우리는 권력과 영향력을 얻기 위해 우리 자신을 팔았다. "너희 중에 다툼과 싸움이 어디서 나는가? 너희 지체 중에서 싸우는 욕심에서 나는 것이 아니냐? 너희는 욕심을 내어도 얻지 못하므로 살인하며, 탐내어도 얻을 수 없으므로 다투고 싸우는도다"(야고보서 4:1-2).

그럼에도 하나님은 이 모든 것을 막으실 수 있었지만, 막지 않으셨다. 이것이 우리의 위기였다. 이것이 바로 오래된 질문, "하나님은 어디 계셨는가?"이다. 고통을 겪으면서도 신앙을 붙드는 이들에게는, 이 문제가 철학적 논의에서 경험의 영역으로 옮겨간다. 그들은 고통 한가운데서 하나님을 경험한다. 그래서 시편 기자가 이렇게 기도한 것이다.

> 내가 사망의 음침한 골짜기를 다닐지라도 해를 두려워하지 않을 것은 주께서 나와 함께 하심이라. 주의 지팡이와 막대기가 나를 안위하시나이다(시편 23:4).

시편 기자는 "내가 사망의 음침한 골짜기를 다닐지라도, 주께서 나를 구해주신다"고 말하지 않았다. 때로는 하나님이 구해주신다. 하지만 대부분의 경우 그렇지 않다. 그러나 항상 하나님은 함께하신다. 이것이 약속이다. 약속은 구원이 아니라 임재다. 이것이 바로 믿음이 필요한 이유다. "홀로코스트 때 하나님은 어디 계셨는가?"라는 질문에 대해, 랍비 조너선 색스는 생존자들에게서 들은 여러 답변 중 하나를 소개했다.

> 홀로코스트 생존자 중 많은 이들이, 하나님이 자신과 함께 계시며, 살아남을 힘과 용기를 주셨음을 느꼈다고 말했습니다. 아우슈비츠에서 신앙을 잃은 사람들도 있었고, 신앙을 지킨 사람들도 있었으며, 그곳에서 신앙을 찾은 이

들도 있었습니다.

이것은 한 집단학살을 다른 집단학살과 비교하려는 것이 아니다. 홀로코스트는 인류 역사상 가장 끔찍한 악 가운데 하나다. 그 아우슈비츠의 참혹한 악 속에서도 하나님을 경험했다고 증언하는 이들이 있다는 사실은 정말 놀라운 일이다. 랍비 색스는 이렇게 덧붙인다.

> 하나님은 바로 그곳에 계셨습니다. 명령 속에, 잔인하게 짓밟힌 생명의 신성함 속에 그리고 하나님을 발견한 일부 생존자들의 마음속에 계시며, 그들에게 힘을 주셨습니다.[14]

고통 한가운데 계신 하나님의 임재는 믿음의 선언이다. 이것이 내가 설교와 호소, 글쓰기를 통해 전하려 했던 선언이다. 나는 가자지구나 10월 7일을 겪은 이들의 경험에 감히 비할 수 있다고 주장하지 않는다. 나는 집단학살 한가운데 사는 것이 어떤 것인지 안다고 말할 수 없다. 아우슈비츠, 나미비아, 아르메니아, 시리아와 이라크, 르완다의 희생자들 입장이 되는 것은 상상조차 할 수 없다. 나는 나사렛 예수 안에서 사람이 되신 하나님, 십자가에 달리시고 고통과 아픔을 겪으신 하나님에 대한 신앙과 이해에서 결론을 내릴 뿐이다. 스리랑카 신학자 비노스 라마찬드라는 이렇게 쓴다.

---

14 Jonathan Sacks, "Where Was God During the Holocaust?" Jonathan Sacks, April 2020, https://tinyurl.com/pavs3y8j.

창조주 하나님이 십자가에 달리신 그리스도 안에 특별히 임재하셨음을 믿는다는 것은, 하나님께서 스스로를 인간의 시신 안에 계신 하나님으로 규정하셨다는 것을 믿는다는 의미다. 하나님은 자신의 신성을 약함 속에 정의하기로 선택하셨다. 하나님은 고통을 주거나 피하는 분이 아니라 친히 자신이 고통을 겪으시는 분으로 드러나신다.15

나는 또한 집단학살의 전쟁을 견디고 살아남은 이들의 경험에서 결론을 얻는다. 그들이야말로 하나님의 임재를 경험했다고 우리에게 말해준 이들이다. 이번 전쟁에서 가자지구의 사람들은 놀라운 신앙을 보여주었다. 그들은 실제로 잔해에서 나오면서 하나님께 감사하고, 그분의 뜻을 받아들였다. 그들은 종종 아랍어로 "하스비 알라 와 니으말 와킬"이라고 외쳤다. 이는 "하나님은 우리에게 충분하신 분! 그분은 우리가 신뢰할 가장 훌륭한 분!"이라는 뜻이다. 크리스마스에, 나는 정교회 교회에서 피난 중인 한 분의 페이스북 글에서 영감을 얻었다. 그는 이렇게 썼다.

> 수많은 날들이 말로 표현할 수 없이 흘러가고, 우리는 두려움과 불안, 불안정함을 느낍니다. 인간이 감당할 수 없는 초자연적인 상황 속에서, 온 세상은 크리스마스를 축하하며 크리스마스트리를 밝히지만, 우리는 크리스마스를 기념하되, 매우 힘들고 무서운 분위기 속에서 기념합니다. 그럼에도 **우리 마음에는 크리스마스의 기쁨이 있습니다.** 오 예수님, 당신의 탄생이 다가오고 있습

---

15 Vinoth Ramachandra, *Sarah's Laughter: Doubt, Tears, and Christian Hope* (Langham Global Library, 2020), 60.

니다. 기쁨과 사랑, 구원의 날이지만, 우리는 슬픔과 고통 속에 살고 있습니다. 우리는 당신의 크리스마스가 평화의 크리스마스, 우리나라와 우리 민족을 위한 기쁨의 크리스마스가 되기를 기도합니다. 우리는 이 힘든 광경, 공포와 두려움 속에서도 크리스마스를 기념할 것입니다. 이는 마치 천사가 목자들에게 가장 아름다운 소식을 전하러 나타났을 때, 그들이 느꼈던 공포와 두려움을 떠올리게 합니다. 아기 예수의 탄생, 크리스마스의 기쁜 소식입니다. 우리에게 빛을 비추시고, 사랑과 평화로 우리나라를 밝혀 주시며, 고통받는 이들을 위로해 주소서. 평화여, 크리스마스의 아기여, 평화를 잃은 우리 민족에게 평화를 주소서.

나는 그의 글에 다음과 같은 댓글을 달았다.

이것이야말로 진정한 신앙입니다. 이것은 흔들림 없는 믿음입니다. 이것이 그 참혹한 광경 속에서도 기쁨을 포기하지 않는 회복력과 집념입니다. 이 말들은 자신이 이 전쟁에서 살아남을 수 있을지조차 모르는 이의 입에서 나온 것입니다. 그러나 전쟁의 모든 추악함에도 불구하고, 그의 믿음은 빼앗기지 않았습니다. 그의 그리스도 안에서의 기쁨 또한 빼앗기지 않았습니다. 이것이야말로, 세상의 모든 군대가 결코 꺾을 수 없는 신앙입니다. 왜냐하면 이 아이는 그리고 앞으로도, 세상의 모든 군대에 의해 패배하지 않을 것이기 때문입니다.

나의 신앙은 국적이나 인종, 종교를 초월하는 하나님을 믿는 데 있다. 이 하나님은 억압받는 자들의 편에 서시며, 가장 고통스러운 순간에 고난받는 이들과 함께 계신다. 하나님은 모든 억압받는 자들과 불의의 희생자들과 연대하시며, 그들에게 가까이 다가가신다. 이것은 사실상 민족이나 국가, 종교에 따라 특정 집단을 편애하는 부족적이고 인종차별적인 신 개념과는 정반대다. 출애굽기에서 하나님은 모세에게 "내가 애굽에 있는 내 백성의 고통을 분명히 보았고, 그들의 감독자들로 인한 부르짖음을 들었으며, 그들의 고통을 안다"(출애굽기 3:7)고 말씀하신다. 이 말씀은 고통 속에서 하나님께 아픔과 절망을 호소하는 모든 이들에게 해당한다. 예수님의 복음 선포는 모든 가난한 자들에게 기쁜 소식을 전하고, 억압과 불의에 갇힌 모든 포로에게 해방을 선포하며, 어디에 있든 억눌린 자들을 자유롭게 하는 데 있다(누가복음 4:18).

그리고 하나님께서 인간의 고통과 아픔에 동참하실 때, 그와 같은 인간성은 다시 회복되고 기념되며, 이는 제국과 불의의 잔혹한 힘에 짓밟혔던 바로 그 인간성이다. 라마찬드라는 우리에게 다음과 같이 상기시킨다.

> 그러나 교회에 부활 이후는 역사의 전환점입니다. 로마 역사학자 누구의 기록에도 남지 않은, 무명의 한 추방자의 수치스러운 죽음이야말로, 하나님께서 이 세상에서 악의 권세를 꺾으시고 모두를 위한 자유의 길을 여신 순간입니다. 수많은 잊힌 희생자 중 또 하나로 남은 것이 아니라 예수는 기억되었고, 그의 이야기는 수 세기에 걸쳐 반복되어 전해졌습니다. 그가 공포와 고문 그리고 자신들이 중요하다고 생각하는 자들의 안전과 안락을 위해 버려진, 모든 잊힌 희생자들과 연대하셨기 때문에, **그들 역시 기억될 수 있게 되었습니다.**[16]

---

16 Ramachandra, Sarah's Laughter, 58 (emphasis added).

"잔해 속의 그리스도"는 팔레스타인 사람들에게 어떤 본질적인 의로움이 있음을 주장하는 것이 아니며, 하나님께서 팔레스타인 사람이라는 이유로 그들의 편에 서신다는 의미도 아니다. "잔해 속의 그리스도"는 고통의 한가운데서 터져 나온 팔레스타인 사람들의 외침이며, 가자지구의 잔해 아래에 있는 이들과 하나님께서 함께하신다는 신앙고백이다. 이것은 고통의 한가운데서, 잔해 속에서 구조되는 이들에게서 하나님의 형상을 본다는 선언이다. 이것은 참을 수 없는 고통 속에서 하나님께 도움과 위로를 간절히 구했던 가자지구의 이들에게 불의로 고통받는 이들과 함께하시는 하나님의 개념을 적용한 것이다.

팔레스타인

8장

세계의 도덕적 나침반

다음 인용문은 2024년 1월 11일, 가자지구에서의 집단살해범죄 방지 및 처벌에 관한 협약 적용 사건과 관련하여 국제사법재판소(ICJ) 공개 심리에서 남아프리카공화국이 전 세계를 향해 던진 결론이었다.

팔레스타인 목사 문터 아이작은 크리스마스 당일, 베들레헴의 교회에서 자신의 교인들과 전 세계를 향해 이렇게 말했습니다. 이날은 이스라엘이 마가지 난민캠프에 대한 단 한 번의 공습으로 한 가족이 다수 포함된 최소 86명을 포함해, 팔레스타인 사람 250명을 살해한 날이었습니다. 그는 이렇게 전했습니다: "이제 우리가 알던 가자는 사라졌습니다. 완전히 파괴된 것입니다. 이것은 집단학살, 즉 제노사이드입니다. 하지만 우리는 다시 일어설 것입니다. 우리는 이 엄청난 파괴 속에서도, 팔레스타인 사람으로서 늘 그래왔듯이, 다시 일어설 것입니다. 비록 이번이 우리가 겪은 가장 큰 시련일지라도 말입니다." 그러나 그는 이렇게도 말했습니다. "집단학살 이후에는 어떤 사과도 받아들일 수 없습니다. 이미 벌어진 일은 되돌릴 수 없습니다. 나는 여러분이 거울을 보며 스스로에게 물어보길 바랍니다. 가자가 집단학살을 겪을 때 나는 어디에 있었는가?"[1]

이 사건은 포괄적이고 결정적이었다. 국제법에 호소했고, 이스라엘의 전쟁 행위와 그 의도가 집단학살과 유사함을 보여주는 상세한 증거를 포함했으며, 인류의 양심에 호소하는 이 호소로 마무리되었다.

내 설교가 국제사법재판소에서 인용되었다는 사실을 알게 되었을 때, 나는 복합적인 감정에 휩싸였다. 처음에는 두려움이 밀려왔다. 이스라엘 당국이 나에게 보복하지는 않을까? 그러나 두려움은 곧 감사로 바뀌었다. 내 목소리가 집단학살을 끝내는 데 조금이나마 도움이 될 수 있다는 생각 때문이었다. 나는 친구들과 가족들로부터 수많은 메시지와 전화를 받았다. 이 기간 동안 내 증언에 대해 고마워했다. 특히 소수의 팔레스타인 기독교 공동체는 우리의 목소리가 누군가에게 들리고, 우리의 삶에 영향을 미칠 국제적 결정에 영향력을 행사할 수 있다는 데 힘을 얻었다. 그다음 주일 예배에서 나는 국제사법재판소에서 인용된 것은 나만이 아니라 우리 교회와 더 넓은 공동체의 목소리임을 분명히 밝혔다. 내 목소리는 곧 그들의 목소리다.

이후, 그 순간과 "잔해 속의 그리스도" 설교가 얼마나 널리 퍼졌는지 곱씹으면서, 나는 강단의 힘과 영향력을 다시금 깨달았다. 특히 설교자가 겸손과 확신, 용기를 가지고 설교할 때 더욱 그렇다. 그 인용문은 공적 담론에서 도덕성, 윤리, 인간성의 중요성을 인정하는 것이었다. "가자가 집단학살을 겪을 때 나는 어디에 있었는가?"라는 질문은

---

1 "Public Sitting Held on Thursday 11 January 2024, at 10 a.m., at the Peace Palace, President Donoghue Presiding, in the Case Concerning Application of the Convention on the Prevention and Punishment of the Crime of Genocide in the Gaza Strip (South Africa)," International Court of Justice, January 11, 2024, https://tinyurl.com/mpwfy3jk.

우리 세계와 인류에게 던지는 예언자적 도전이다. 이는 팔레스타인뿐 아니라 세상 어디에서든 잔혹함과 불의가 만연할 때마다 역사적으로 제기되어 온 도전이다. 도덕적 목소리가 필요한 순간 침묵하는 것에 대한 외침이었다. 특히 가자에서 전 세계가 지켜보는 가운데 집단학살이 벌어지고 있었기에 더욱 그러했다. 전쟁과 대량 학살의 상황을 연민과 공감 없이 대하는 태도, 특히 어린이들이 대량으로 희생되는 상황에서 우리의 인간성은 위태로워진다. 이처럼 거대한 재앙의 도덕적-인간적 측면은 반드시 정치와 공적 담론의 중심에 있어야 한다. 이것이 내가 설교를 통해 초대하고자 했던 것이다. 인류가 인간성을 되찾기를, 하나님이 인간이 된 그 마을에서, 우리에게 진정한 인간다움이 무엇인지 보여주기 위해 오신 예수의 삶처럼 말이다. 베들레헴의 예수는 사랑과 연민의 구현이었다. "잔해 속의 그리스도"의 외침은 바로 이것이었다. 이른바 인류가 사랑과 연민을 진정한 인간다움의 본질로 받아들이라는 것이다.

"잔해 속의 그리스도"의 구유와 설교 그리고 가자 전쟁과 지난 수십 년간 팔레스타인 기독교 지도자들의 행동은 교회가 연민으로 행동하고 억압받는 자를 옹호하라는 소명이다. 교회는 하나님의 형상이 훼손될 때, 특히 우월주의 신학과 이데올로기가 하나님의 이름을 앞세워 행해질 때, 그 훼손에 맞서 싸움의 최전선에 서야 한다. 이처럼 대규모의 잔혹함 앞에서 신앙인으로서 침묵하는 것은 우리의 답이 될 수 없다. 우리는 반드시 목소리를 내야 한다. 억압받고 비인간화된 이들을 다시 인간답게 바라봐야 한다. 전쟁과 폭력의 희생자들, 소비주의와 무관심이 지배하는 세상에서 단지 뉴스 속 숫자로 전락한 이들에게서 하나님의 형상을 다시 찾아야 한다. 우리의 인간성이 위태롭다. 그리고 우리 그리스도인들에게는 우리의 신앙적 증언의 신뢰성도 위태롭다. 우리는, 특히 하나님의 이름으로 이런 잔혹함이 자행될 때, 그리스도인으로서 침묵할 수 없다.

세계의 도덕적 양심

그 설교에서 나는 가자가 세계의 도덕적 나침반이 되었다고 선언했다. 이는 곧 가자가 전 세계의 도덕성을 시험하는 기준이 되었다는 뜻이다. 이런 방식으로 가자는 우리 세계를 갈라놓았다. 나는 이것이 오히려 긍정적이라고 생각한다. 왜냐하면 수만 명의 아이들이 죽어가는 상황에서 사람들이 어떤 관점에 서 있는지 분명히 알 필요가 있기 때문이다. 가자가 우리 세계를 종교, 민족, 정치가 아니라 도덕적 기준에 따라 나누어 버렸다.

가자만이 전쟁과 폭력에 시달리는 곳은 아니다. 지난 세기 동안, 우리 세계는 훨씬 더 많은 사람이 죽고 쫓겨난 더 참혹한 전쟁들을 경험했다. 하지만 이런 현실이 이런 끔찍한 일들을 정당화해서는 안 된다. 마치 고통의 크기를 경쟁하듯이 비교해서도 안 된다. 내가 가자가 전 세계의 도덕적 시험대라고 강조한 이유는, 이 집단학살이 전 세계에 생중계되었다는 특별한 사실 때문이다. 과거처럼 시간이 한참 지난 뒤에야 참상이 드러난 것이 아니라 전 세계가 매일매일 가자에서 아이들이 죽는 참혹한 장면을 보면서도 무감각해져 버렸다. 가자 주민들의 생명과 인간성이 공개적으로, 적나라하게 폄하되고 무시당했다.

우리는 어떤 형태의 폭력이나 전쟁터에서 아이들이 죽는 일에 익숙해져서는 안 된다. 이런 일이 마치 인생의 불가피한 일부인 것처럼 받아들여서도 안 된다. 여기에는 우리 모두의 인간성이 달려 있다. 우리는 슬퍼하고, 항의하고, 폭력을 멈추기 위해 행동하는 일을 결코 멈춰서는 안 된다. 만약 우리가 그것을 멈춘다면, 우리 인간성에 심각한 문제가 생긴 것이다. 결정을 내리는 자리에 있는 자들은 폭력을 멈추기 위해 도덕적으로 행동해야 한다. 안타깝게도 여전히 무기 산업이 세상을 지배하고 있다. 힘이 곧 정의라는 문화가 세상을 지배하고 있다. 인종차별과 우월주의 이데올로기가 세상을 지배하고 있다. 우리는 아무것도 배우지 못했다. 그래서 전 세계 거리와 예배당, 대학 캠퍼스에서 사람들이 모여 목소리를 내는 일이 여전히 중요하다. 이런 풀뿌리 운동이 폭력에 무감각해지고 아이들의 죽음을 당연하게 여기는 듯한 세상에서 새로운 희망의 원천이 되고 있다.

2024년 5월, 나는 하버드대학교 캠퍼스 사역자로 일하는 오랜 친구의 초청을 받아 '연대 졸업식'(Peoples' Graduation, 공식적인 학교 졸업식에 참석하지 못한 학생들을 위해 공동체가 자발적으로 마련한 졸업식-역자주)에서 연설하는 영광을 얻었다. 그 친구의 교회는 2024년 가자 연대 시위에 참여했다는 이유로 MIT, 에머슨, 하버드 졸업식에 참석하지 못한 학생들을 위해 이 특별한 졸업식을 열었다. 일부 학생들이 나를 초대해 달라고 요청했다고 들었다. 나는 그 행사에 참석한 270명 이상의 학생과 교수들에게 이렇게 말했다.

> 수많은 종교 지도자를 비롯해 세계의 지도자들이 침묵하고 있을지라도, 전 세계의 거리는 절대 침묵하지 않습니다. 거리에서 그리고 오늘은 대학생들도 목소리를 냈습니다. 그 목소리는 바로 정의와 인간성에 대한 외침

입니다. 팔레스타인 문제와 관련해, 지금 미국 대학들과 전 세계 곳곳에서 벌어지는 일은 정말로 강력하고 전례 없는 일입니다. 역사를 떠올려 보십시오. 대학은 언제나 변화를 위해 움직였습니다. 그리고 과거에도 대학생들은 늘 역사의 올바른 편에 서 있었습니다. 그들은 항상 저항을 받았습니다. 그래서 지금 정치인들이 여러분의 운동을 두려워하는 것입니다. 자유로운 자기표현을 노래하는 세상이, 바로 그 세상이 지금 떨고 있습니다. 시위 진압을 위해 경찰을 보내기도 합니다. 이것이야말로 위선이고, 두려움이며, 이것이 변화의 시작임을 깨달았기 때문입니다.

여러분이 하고 있는 일은 정말 중요합니다! 여러분은 역사의 올바른 편에 서 있습니다. 이 점을 꼭 기억하십시오! 오늘 여러분이야말로 이 나라의 양심입니다. 진실을 계속 말하십시오. 창의적이고, 비폭력적이며, 강인하십시오. 정의와 해방이라는 우리의 대의를 마음에 새기고 잊지 마십시오. 가자 사람들을 항상 기억하고 품어주십시오.

오늘날, 특히 서구 세계는 여러분의 안내가 필요합니다. 여러분의 가치가 필요합니다. 여러분의 용기가 필요합니다. 지금 이 세계는 도덕적 신뢰와 용기가 부족합니다. 아이들의 죽음으로 이익을 얻는 전쟁 상인들이 세상을 지배하고 있습니다. 서구 정치에는 도덕적 파산이 만연합니다. 하지만 여러분은 과거 수많은 경험에서 그랬던 것처럼 여러분의 민족과 정치인들에게 희망이 될 수 있습니다.

우리 증언의 신뢰성

"다시는 이런 일이 반복되어서는 안 된다!"라는 말은 집단학살이나 대량 파괴의 전쟁 앞에서 인류가 어떻게 행동해야 하는지에 대해

자주 인용되는 구호다. 홀로코스트, 아르메니아인 집단학살, 나미비아의 헤레로와 나마족 집단학살 등이 이런 반응을 불러일으키는 대표적인 예다. 나는 직접 아우슈비츠를 방문한 적이 있는데, 유대인들에게 자행된 나치의 끔찍한 만행이 벌어진 소각로 안에 들어갔을 때 온몸이 떨릴 정도로 충격을 받았다. 그곳에서 내 마음 깊은 곳에서 울려 나온 대답은 "다시는 이런 일이 반복되어서는 안 된다!"였다.

하지만 팔레스타인 사람으로서 나는 "다시는 이런 일이 반복되어서는 안 된다!"라는 말이 정치인들이 진심 없이 반복하는 구호에 불과하다는 사실을 깨닫게 되었다. 오늘날의 제국들, 즉 초강대국들이 특정 집단을 희생시켜도 된다고 여기고, 그들의 말살이 제국의 이익에 부합한다고 판단한다면, '다시는'이라는 외침은 결국 '또다시!'라는 현실로 변질된다.

우리가 과거의 비극을 두고 '다시는!'이라고 외치면서도 수단, 중국, 가자에서 수백만 명이 쫓겨나는 것을 방치한다면, 우리의 말은 공허할 뿐이다. '다시는!'이라는 말은, 그 어떤 집단에 대해서도 대량 파괴, 강제 이주, 집단학살을 절대 용납하지 않겠다는 다짐이어야 한다. 여전히 수많은 사람들이 희생되어도 된다고 여겨지는 세상이라면, 우리는 아직 이 교훈을 전혀 배우지 못한 것이다. 팔레스타인 문제와 홀로코스트의 참상을 바로잡겠다는 명분으로 이스라엘이 건국된 역사를 생각해 보면, 유대인들에게 '다시는!'이라는 다짐이 팔레스타인 사람에게 또 다른 참상을 가하는 방식으로 이루어질 수는 없다. 하나의 악을 또 다른 악으로 보상할 수는 없는 일이다!

가자는 단순히 우리 세계를 갈라놓은 것에 그치지 않고, 팔레스타인 기독교인 학자 다니엘 바누라가 말한 것처럼 교회에 '신학적 위기'

를 야기했다.[2] 사실 내가 이 책을 쓰는 가장 큰 이유 중 하나는 교회의 모습에 깊은 고민과 문제의식을 느꼈기 때문이다. 교회가 집단학살 앞에서 침묵하거나 더 나아가 동조할 때, 우리의 그리스도인으로서의 증언이 신뢰를 잃는다는 것은 과장이 아니다. 특히 서구의 많은 교회들이 그렇다. 수년간 팔레스타인 사람들에게 인권과 국제법, 반유대주의, 비폭력, 유대-기독교 전통과 가치에 대해 설교하던 바로 그 사람들이 집단학살 앞에서는 외면했다.

말할 것도 없이, 나는 가자 전쟁에 대한 아랍 국가들의 반응에도 실망을 느꼈다. 그들은 더 많은 일을 할 수 있었고, 부유한 아랍 국가들은 전쟁을 멈추기 위해 자신들의 영향력을 훨씬 더 적극적으로 사용할 수 있었다. 이슬람 종교 지도자들도 더 많은 목소리를 냈어야 했고, 실제로 많은 무슬림들이 내게 그들도 내 설교처럼 지도자들이 나서주길 바란다고 털어놓았다. 내가 세계 교회를 비판한다고 해서 교회만을 겨냥하는 것은 아니다. 하지만 내 소명은 신앙의 형제자매들에게 말하고 도전하는 데 있다. 왜냐하면 나는 가자가 교회에 있어 도덕적 문제이며, 바로 우리의 그리스도인 증언의 신뢰성이 위기에 처해 있다고 확신하기 때문이다.

'다시는!'이라는 외침은, 성경이 제국의 도구로 특정 집단의 지배와 억압을 가르치고 정당화하는 수단으로 악용되는 일에도 '다시는!'이 포함되어야 한다. 성경은 부끄럽게도 과거 노예제와 인종차별, 아파르트헤이트 등 다양한 억압을 정당화하는 데 이용되었다. 식민주의

---

[2] Daniel Bannoura, "CATC2024 Day 2: A Call for Repentance-Daniel Bannoura," Christ at the Checkpoint YouTube Channel, June 3, 2024, https://tinyurl.com/2p8nhrce.

를 정당화하는 데도 쓰였고, 오늘날 팔레스타인에서도 여전히 그런 역할을 하고 있다. 미트리 라헤브는 이렇게 지적했다.

> 기독교 신학은 북미, 남아프리카, 호주 등 거의 모든 정착민 식민 프로젝트에서 역할을 해왔다…. 하지만 팔레스타인만은 예외다. 오늘날 호주나 북미에서 정착민 식민주의를 성경으로 정당화하는 사람은 없지만, 팔레스타인에서는 기독교인과 유대인 모두가 거의 200년 동안 그리고 지금 이 순간에도 그렇게 하고 있다.[3]

이렇게 '다시는!'이라는 외침은 '또다시!'라는 현실로 돌아왔다. 기독교와 폭력은 적어도 이론적으로는 결코 함께할 수 없다. 예수님의 가르침은 매우 분명하다. 바울과 사도들의 가르침도 분명하다. 예수를 따르는 이들에게 폭력은 있을 수 없다. 하지만 지난 150년만 돌이켜봐도, 스스로 그리스도인이라고 주장한 이들이 세계에서 가장 끔찍한 만행을 저질렀다는 사실을 쉽게 알 수 있다. 콩고에서의 벨기에인, 나미비아에서의 독일인, 알제리에서의 프랑스인, 보스니아-헤르체고비나에서의 보스니아계 세르비아인, 르완다에서의 투치족 집단학살, 과테말라의 마야 원주민 집단학살 그리고 물론 유럽에서 유대인들에게 자행된 홀로코스트까지 말이다. 내가 4장에서 자세히 다루었듯이, 가자에서 벌어진 집단학살 전쟁에도 성경과 신학이 중요한 역할을 했다. 부끄럽게도 서구의 그리스도인들은 이슬람이나 무슬림을

---

[3] Mitri Raheb, *Decolonizing Palestine: The Land, the People, the Bible* (Orbis Books, 2023), 22-23.

폭력적으로 묘사하는 데 거리낌이 없다! 우리는 예수님의 말씀을 들어야 한다. "네 눈 속의 들보는 보지 못하면서 어찌 남의 눈 속의 티를 빼내겠다고 하느냐? 위선자여, 먼저 네 눈에서 들보를 빼내라. 그래야 남의 눈에 있는 티를 뚜렷이 볼 수 있을 것이다"(마태복음 7:4-5).

분명히 말하자면, 나는 성경이 집단학살을 정당화하거나 우월주의 이데올로기를 퍼뜨리는 데 쓰일 때, 그것은 예수님의 가르침이나 기독교 신앙의 본질과 아무런 관련이 없다고 믿는다. 그럼에도 불구하고 부끄럽게도 교회는 오랜 세월 권력과 제국에 편승해 왔다. 교회는 권력과 영향력의 길을 선택해 왔다. 그리스도인이라면 이런 교훈을 이미 배웠어야 한다고 기대하지만, 우리는 그러지 못했다. 가자 전쟁은 여전히 많은 기독교 교회와 전통에 '신학적 위기'가 존재한다는 또 하나의 증거다.

"곧 내게 한 것이니라"

2016년 1월, 요르단 및 성지 복음주의 루터교회에서 목사 안수를 받기 며칠 전, 오랜 친구가 내게 한 기도를 보내주었다. 그 기도가 내 목회에 영감을 주고 방향을 잡아주길 바란다고 했다. 이 기도는 흔히 '프란치스코 축복기도'로 알려진 것이다. 그때부터 이 기도는 내 삶과 목회를 도전하고 이끌어주는 말이 되었다. 그 내용은 다음과 같다.

> 하나님께서 여러분에게 불의와 억압, 사람들의 착취에 분노할 줄 아는 마음을 주시길 빕니다. 그래야 여러분이 정의와 자유, 평화를 위해 일할 수 있기 때문입니다. 하나님께서 여러분에게 고통받는 이들, 거절당하고 굶주리고 전쟁에

시달리는 이들을 위해 흘릴 눈물을 주시길 빕니다. 그래야 여러분이 그들에게 손을 내밀어 위로하고, 그들의 고통을 기쁨으로 바꿔줄 수 있기 때문입니다. 그리고 하나님께서 여러분에게 세상을 변화시킬 수 있다고 믿을 만큼의 '어리석음'을 주시길 빕니다. 그래야 남들은 불가능하다고 하는 일, 모든 아이와 가난한 이들에게 정의와 친절을 가져다주는 일을 여러분이 해낼 수 있기 때문입니다.[4]

분노도 축복이 될 수 있다. 눈물도 축복이 될 수 있다. 어리석음조차도 마찬가지다. 이 기도는 오늘날 우리 사회와 교회에 만연한 무기력과 체념, 곧 악 앞에서 아무것도 할 수 없다는 생각과 불의에 순응하는 태도에 맞서는 기도다. 겨자씨만 한 믿음만 있어도 산을 옮길 수 있다고 가르치신 하나님을 향한 우리의 믿음 없음에 대한 도전이기도 하다. 세상에는 너무나 많은 불의가 넘쳐나고, 때로는 우리 바로 곁에 있다. 우리는 그것을 외면하거나 침묵하거나 견해를 밝히지 않을 수 있다(사실 침묵과 무관심도 하나의 견해이다). 혹은 우리는 성령의 힘을 받아 하나님 나라의 가치관에 이끌리고, 정의롭고 선하신 하나님을 믿는 믿음에 따라 울고, 거룩한 분노를 일으키며, 우리가 세상을 바꿀 수 있다고 믿을 만큼 '어리석게' 행동할 수도 있다. 가자는 지난 17년, 특히 지난 1년 동안 정의와 연민을 외치며 세계에 도움을 요청해 왔다. 누

---

[4] 'Franciscan Blessing'으로 자주 불리는 이 기도문은 1985년 Ruth Marlene Fox 수녀(OSB)가 쓴 것이다. 그녀는 이 기도문을 노스다코타주의 Dickinson State College(현재의 Dickinson State University) 졸업 아침 식사를 위해 지었으며, '비전통적인 축복'(A Non-Traditional Blessing)이라 불렸다. 자세한 내용은 Dan Miller, 'A Non-Traditional Blessing,' The Almond Tree, 2016년 7월 22일, https://tinyurl.com/3th7s6kp를 참고.

군가는 응답했고, 누군가는 희생했고, 누군가는 연대했다. 하지만 많은 이들은 침묵했고, 무관심했고, 무감각했다.

수년 동안 그리고 특히 지난 1년 동안 마태복음 25장 31-46절 말씀은 그리스도의 가르침이 무엇인지, 예수를 따르고 그리스도인으로 산다는 것이 무엇인지 내게 큰 기준이 되어왔다. 이 구절에서 예수님은 심판의 날에 대해 말씀하시며, 그날 사람들은 도움이 필요한 이들을 어떻게 대했는지에 따라 심판받는다고 분명히 말씀하신다.

> 내 아버지께 복을 받은 사람들이여, 와서 세상 창조 때부터 너희를 위해 준비된 나라를 상속받아라. 내가 배고플 때 너희가 먹을 것을 주었고, 내가 목마를 때 마실 것을 주었으며, 내가 낯선 이었을 때 너희가 영접해 주었다. 내가 헐벗었을 때 너희가 옷을 입혀주었고, 내가 병들었을 때 돌봐주었으며, 내가 감옥에 있을 때 찾아주었다(마태복음 25:34-36).

나는 여기서 예수님이 묘사하신 사람들이 불의한 사회 구조의 희생자들이라고 주장한다. 완전히 정의로운 사회라면, 배고프거나 목마른 사람, 낯선 이, 헐벗은 이, 돌봄을 받지 못하는 병자, 감옥에 갇힌 이가 없을 것이다. 한 사회가 주변부에 있는 이들을 어떻게 대하는지에 따라 그 사회의 정의로움이 평가되기 때문이다. 예수님의 이 말씀은 히브리 성경의 예언자 전통과도 정확히 일치한다. 예언자들은 공동체의 정의는 과부, 고아, 가난한 이, 낯선 이를 어떻게 대하는지로 측정된다고 가르쳤다(신명기 24:17-22; 스가랴 7:10).[5] 이어서 예수님은

---

5 See Munther Isaac, *From Land to Lands, from Eden to the Renewed Earth: A Christ-*

자비와 정의의 행동을 하지 않은 이들은 버림받게 될 것이라고 단호하게 말씀하신다.

> 그때 그는 왼편에 있는 자들에게 이렇게 말할 것이다. "저주받은 자들아, 나를 떠나 마귀와 그 졸개들을 위해 준비된 영원한 불 속으로 들어가라. 내가 배고플 때 너희는 먹을 것을 주지 않았고, 내가 목마를 때 마실 것을 주지 않았다. 내가 낯선 이었을 때 영접하지 않았고, 헐벗었을 때 옷을 입혀주지 않았다. 내가 병들고 감옥에 있을 때 돌봐주지 않았다"(마태복음 25:41-43).

예수님은 이보다 더 분명하고 직접적으로 말씀하실 수 없었을 것이다. 우리가 이 구절을 지나치게 영적으로 해석하면, 예수님의 급진적인 메시지를 놓치게 된다. 그동안 많은 그리스도인들은 이 말씀을 자기 입맛에 맞게 바꿔왔고, 특정 교리나 신념을 기준으로 누가 '좋은' 그리스도인지 판단해 왔다. 그 결과 예수님의 가르침, 즉 진정한 제자의 표지는 사랑과 타인을 위한 자기희생, 연민이라는 점을 흐리고, 대신 교리의 정통성, 교회의 규모, 축적한 부 같은 것을 더 중요하게 여겼다. 그러나 이 구절에 따르면, 예수님의 길을 나타내는 진정한 표지는 사랑과 연민 그리고 타인을 섬기는 삶이다.

예수님은 여기서 멈추지 않으신다. 오히려 가장 충격적이고 도전적인 방식으로, 예수님은 자신을 '가장 작은 이들'과 동일시하시며, 우리가 불의한 사회의 희생자들에게 어떻게 행동했는지를 곧 우리 자신

Centered Biblical Theology of the Promised Land (Langham Monographs, 2015), 93-96.

이 예수님께 한 일로 간주하신다.

> 내가 진실로 너희에게 말한다. 너희가 여기 내 형제자매 중에 지극히 작은 자 하나에게 한 것이 곧 내게 한 것이다…. 내가 진실로 너희에게 말한다. 너희가 이 작은 자 하나에게 하지 않은 것이 곧 내게 하지 않은 것이다(마태복음 25:40, 45).

너희가 내게 한 것이다! 예수님의 또 다른 비유인 누가복음 16장의 부자와 나사로 이야기에서도 이와 비슷한 강력한 경고가 반복된다. 이 비유는 부자가 영원한 형벌을 받는 장면을 생생하게 묘사한 것으로 유명하다. 예수님은 이 이야기의 등장인물을 이렇게 소개하신다.

> 어떤 부자가 있었는데, 그는 자주색 옷과 고운 아마포를 입고 날마다 호화롭게 잔치를 벌였다. 그 집 대문 앞에는 나사로라는 가난한 사람이 헌데투성이로 누워 있었고, 그는 부자의 식탁에서 떨어지는 부스러기로 배를 채우고 싶어했다. 개들조차 와서 그의 헌데를 핥았다(누가복음 16:19-21).

예수님은 나사로가 부자의 대문 바로 앞에 있었다는 점을 강조하신다. 즉, 나사로는 부자의 시야 안에 있었던 것이다. 부자는 매일같이 나사로를 보았을 것이다. 예수님의 말씀에 따르면, 부자가 영원한 형벌을 받게 된 죄는 그가 부유했기 때문이 아니라 세상의 가난한 이들을 대표하는 나사로에게 무관심했던 태도 때문이다. 예수님은 이보다 더 분명하게 말씀하실 수 없었다. 가난한 이들에 대한 무관심과 외면이 심판을 불러온다!

예수를 따른다고 고백하는 그리스도인이라면 이 경고를 진지하게 받아들여야 한다. 교회는 적극적인 사랑과 연민을 실천하는 공동체가 되어야 한다. 교회는 세상의 문제를 외면하지 말고, 오히려 불의가 사라지도록 힘써야 한다. 그리스도께서는 자신을 따르는 이들에게 소외된 이들과 연대하며 행동하라고 부르셨다. 마치 굶주리고, 목마르고, 헐벗고, 감옥에 갇힌 이가 바로 그리스도 자신인 것처럼 말이다. 안타깝게도 교회는 이런 소명을 자주 외면할 뿐 아니라 때로는 문제의 일부가 되기도 한다. 가자에서 벌어진 참상이 우리 모두의 눈앞, TV와 휴대전화 화면에 생생하게 펼쳐졌을 때, 많은 이들이 무관심으로 일관했다. 무관심을 넘어서, 일부 그리스도인들은 가자에서의 집단학살을 정당화하거나 심지어 지지하기까지 했다. 이것이 바로 신학적 위기이다.

교회는 어디에 있었는가

나는 이 책 전반에 걸쳐, 권력 앞에서 진실을 외치는 용기의 목소리, 즉 교회의 예언자적 목소리가 이번 전쟁에서 들리지 않았다는 점을 한탄했다. 교회는 예언자적 역할을 놓친 것뿐만 아니라 목회적 역할도 제대로 하지 못했다. 사람들은 깊은 상처를 입었고, 답을 찾고 있었으며, 길잡이가 되어 줄 목소리를 원했다. 그들은 하나님의 위로와 임재를 경험하길 바랐다. 그러나 많은 경우, 교회가 보여준 것은 무관심, 침묵, 혹은 자기방어와 이슬람 혐오라는 문제적 논리로 포장된 전쟁의 정당화뿐이었다.

집단학살이 시작된 첫해, 많은 사람들이 가자 문제로 인해 교회에 나가지 않게 되었다고 내게 털어놓았다. 해외에 사는 팔레스타인 사람과 비(非)팔레스타인 사람 모두, 목사나 신부와의 힘든 대화, 설교에서 들은 상처 주는 말 그리고 트라우마적 경험을 이야기했다. 목사로서 이런 고통스러운 경험을 듣는 것은 참으로 가슴 아픈 일이었다. 교회가 슬픔을 나누고 위로받는 곳이 되어야 할 때, 오히려 교회가 사람들에게 더 큰 상처를 준 현실에 분노했다.

동시에 팔레스타인과 전 세계에서 "잔해 속의 그리스도" 구유와 설교에 대한 긍정적 반응이 이어지는 것을 보며 계속 놀라고 있다. "잔해 속의 그리스도"는 가자에서 벌어진 집단학살에 대한 목회적 응답으로 시작된 것이다. 상상할 수 없는 재앙 속에서 내 민족을 위로하기 위한 시도였다. 하나님이 가까이 계시며, 예수님이 가자의 아이들과 너무나 가까워서, 실제로 그들 중 한 명이 되셨다는 점을 강조하고 싶었다. 전 세계가 가자 아이들의 죽음을 합리화하고 정당화할 때, 내 교인들에게 가자 아이들의 인간성을 되찾아주고 싶었다. 우리 공동체는 하나님께서 주신 존엄과 명예를 되찾고, 잔해 속에서 꺼내지는 아이 한 명 한 명에게서 예수님의 모습을 발견해야 했다.

나는 전 세계에서 수천 통의 메시지를 받았다. 그 내용은 가자를 옹호해 줘서가 아니라 가자 사람들의 인간성과 고통을 직접적으로 대변해 줘서 고맙다는 것이었다. 나는 하나님께서 "잔해 속의 그리스도"를 통해 굳어진 마음을 깨뜨리고, 상처받은 영혼들에게 위로와 평화를 주셨다고 믿는다. 이런 이야기는 직접 만나서도, SNS를 통해서도, 다양한 배경과 신앙을 가진 사람들에게서 들었다. 무신론자도, 무슬림과 유대인도, 아랍인, 영국인, 미국인, 남아프리카인도 있었다. 고통은 국경을 넘었고, "잔해 속의 그리스도"의 위로의 메시지도 마찬가지였다. 너무나 많은 고통과 상처 그리고 연약함이 있었다. 실제로, 집단학살이 벌어진 그해 동안 내가 '온라인 목사'가 되어 주었고, 내 설교가 그들의 신앙을 지탱해 주었다고 말한 사람이 생각보다 훨씬 많아 놀랐다.

절대 잊지 못할 경험이 있다. 런던의 블룸즈버리침례교회에서 설교를 마친 뒤, 오랫동안 줄을 서서 나를 기다린 팔레스타인 무슬림 부부를 만났다. 남편은 나사렛 출신, 아내는 가자 출신이었다. 남편이 자신을 소개하는 동안, 아내는 뒤에서 감정을 주체하지 못하고 있었다. 그녀는 눈에 띄게 떨고 있었고, 흐느끼며 "이 위기 동안 당신의 말이 아니었다면 우리가 어떻게 버텼을지 모르겠어요. 정말 감사합니다"라고 말했다. 나 역시 눈물을 흘렸다. 그녀의 상처가 내 마음을 무너뜨렸다. 하지만 내 말이 이 가족에게 작은 위로라도 줄 수 있었다는 사실에 감사했다.

목회적으로, 사람들은 하나님이 정의의 하나님이시며, 억압받고 소외된 이들과 연대하시는 분임을 그리고 하나님은 폭력과 억압을 반대하신다는 사실을 듣고 싶어 했다! 이번 전쟁에서 권력을 가진 이들이 종교를 무기로 삼는 모습을 보며, 전 세계 수많은 이들이 신앙에서 멀어졌다. 나는 늘 "우리가 고통받을 때 하나님은 어디 계신가?"라는 질문에 대한 답은 "교회는 어디에 있었는가?"라는 또 다른 질문에서 찾을 수 있다고 주장해 왔다. 내가 처음 이 질문에 사로잡힌 것은 예루살렘의 홀로코스트 박물관을 유대인 친구와 함께 방문했을 때였다. 나는 깊은 충격을 받았고, 기독교적 배경을 가진 나는 계속해서 "교회는 어디에 있었는가?"라는 질문을 던졌다. 나중에 알게 된 것은, 독일과 유럽의 교회는 단순히 부재한 것이 아니라 홀로코스트에 동조하기까지 했다는 사실이었다. 그리고 디트리히 본회퍼에게 약한 자를 대신해 서는 것은 단순히 교회의 사명 중 일부가 아니라 기독교의 존립 자체를 결정짓는 기준이었다.

> 기독교는 폭력, 자의적 권력, 오만에 맞서 혁명적으로 저항하고, 약한 자들을 변호하는 데서 그 존립이 결정된다. 나는 기독교가 이 점을 강조하기는커녕, 오히려 너무 소극적이라고 느낀다. 기독교는 권력 숭배에 너무 쉽게 적응해 버렸다. 세상을 더 놀라게 하고, 더 충격을 줘야 한다. 기독교는 강자의 잠재적 도덕적 권리보다 약자의 편에 훨씬 더 분명히 서야 한다.6

불의가 있는 곳에서는 교회가 반드시 목소리를 내야 한다. 억압이 있는 곳에서는 교회가 억압받는 이들의 편에 서야 한다. 소외된 이들이 있는 곳에서는 교회가 그들의 인간성을 회복시켜야 한다. 고통이 있는 곳에서는 교회가 위로를 전해야 한다. 필요가 있는 곳에서는 교회가 관대함과 연민을 보여야 한다. 교회는 이 땅에서 예수님의 목소리이자 손과 발이다. 우리는 예수님의 사역을 이 땅에서 계속하라는 소명을 받았다. 교회는 불의를 겪는 이들과 연대하는 모습을 분명하게 보여야 한다.

> 선을 행하는 법을 배우라. 정의를 추구하고, 억눌린 자를 구원하며, 고아를 변호하고, 과부를 위해 호소하라(이사야 1:17).

---

6 *The Collected Sermons of Dietrich Bonhoeffer*, edited and introduced by Isabel Best (Fortress, 2012), 183.

말 못하는 자와 모든 가난한 자의 권리를 위하여 입을 열라. 입을 열어 공의롭게 재판하며, 가난한 자와 궁핍한 자의 권리를 변호하라(잠언 31:8-9).

2023년과 2024년의 가자 그리고 지난 17년간의 가자는 우리 세계의 수많은 시험 가운데 하나였다. 이제는 전 세계적으로 가장 중요한 도덕적 시험대가 되었다. 나는 많은 이들의 침묵을 한탄했지만, 동시에 가자에 대한 교회의 예언자적 증언도 반드시 인정해야 한다. 실제로 많은 경우, 교회는 있어야 할 곳, 곧 거리에서 제 역할을 했다.

전 세계 수천 명이 모여 휴전과 평화를 위해 기도하고 시위했다. 많은 단체와 운동이 촛불집회와 시위를 조직했다. '가자의 휴전을 위한 순례'는 특히 감동적이었다. 뉴질랜드의 한 기독교인이 시작한 이 운동은 전 세계 40여 곳에서 이어졌고, 수천 명이 사순절 기간 동안 가자지구의 길이를 따라 걷는 방식으로 평화와 연대를 표현했다.[7] '중동 평화를 위한 교회들'은 워싱턴 DC에서 여러 번 촛불집회를 열었고, 네타냐후 방문 전에도 집회를 가졌다.[8] 세계 곳곳에서 가자를 위한 촛불집회가 열렸다. 어떤 이들은 무기 공장 앞에서 시위하다 체포되기도 했고,[9] 미국 의회에서 연좌시위를 하다 체포된 이들도 있었다.[10] 수

---

[7] 이 이니셔티브에 대해 더 알아보려면 https://tinyurl.com/2wr22xvt 를 방문하라.

[8] "Prayer for Justice and Peace at Netanyahu Address," Churches for Middle East, July 24, 2024, https://tinyurl.com/4kkpkh6v. 집회에 앞서, 전 세계 200명 이상의 주교와 기독교 지도자들이 세계 지도자들에게 가자지구의 영구적 휴전을 시행하고, 이스라엘에 대한 무기 판매를 중단하며, 더 광범위한 지역 전쟁을 방지할 것을 촉구하는 성명을 발표했다; https://tinyurl.com/we4r9pm3을 참조하라.

[9] Shane Claiborne, "Good Trouble on Good Friday, Part 2," Red Letter Christians, April 7, 2024, https://tinyurl.com/mtazj2hr.

[10] John Nichols, "Christian Peacemakers Are Ramping Up Their Faith-Based Call for a

천 명이 비폭력적으로 시위하고, 정책 결정자에게 편지를 쓰고, 캠페인과 정치인 압박에 나섰다.

어떤 이들은 가장 힘든 시기에 우리를 직접 찾아 팔레스타인을 방문하기로 했다. 나를 포함한 많은 팔레스타인 기독교인들은 크리스마스에 20명의 세계 기독교 지도자들이 연대 방문을 온 일을 결코 잊지 못할 것이다. 그중 13명은 남아프리카공화국 출신이었고, 남아공 반아파르트헤이트 운동의 베테랑이자 내가 개인적으로 존경하는 멘토 프랭크 치케인 목사가 이끌었다.[11] 이 방문은 카이로스 팔레스타인의 초청에 응한 것으로, 원래 목표는 전쟁이 너무 심각해지기 전에 가자 국경을 방문하는 것이었으나, 결국 취소되고 우리와 함께 베들레헴에서 크리스마스를 보내는 것으로 바뀌었다. 이들은 예루살렘과 베들레헴 곳곳을 방문했고, 내가 "잔해 속의 그리스도" 설교를 할 때도 함께 있었다. 나는 설교 중에 그들에게 이렇게 말했다.

> 여기 함께해 주신 친구 여러분, 가족과 교회를 떠나 우리 곁에 있으러 와주셨습니다. 여러분은 '동행'이라는 단어를 몸소 보여주셨습니다. 값비싼 연대입니다. "우리가 감옥에 있을 때 찾아주었다"는 말씀과 같습니다. 침묵하고 동조하는 이들과는 너무나 대조적입니다. 여러분의 이곳 방문 자체가 연대의 의미입니다. 여러분의 방문은 우리에게 영원히 남을 인상을 남겼습니다. 여러분을 통해 하나님께서 "우리가 버림받지 않았다"고 말씀하셨습니다. 오늘 아침 가톨릭 라미 신부님도 말씀하셨듯, 여러분은 베들레헴에 오셨고, 동방박사처

Cease-Fire," *Nation*, April 15, 2024, https://tinyurl.com/2m5m29jt.

11 Frank Chikane's autobiography played an important role in my life: Frank Chikane, *No Life of My Own: An Autobiography*, rev. ed. (Picador Africa, 2012).

럼 선물을 가져오셨지만, 금, 유향, 몰약보다 더 귀한 선물, 사랑과 연대의 선물을 주셨습니다.12

우리 공동체는 미국 내 수십만 교인을 대표하는 천 명의 아프리카계 미국인 목회자들이 백악관에 휴전을 촉구하는 도덕적 호소의 편지를 보낸 일에 깊은 감동을 받았다. 이 편지는 아프리카계 미국인과 팔레스타인 사이에 연대가 커지고 있음을 보여준다. 아프리카계 미국인들은 자신들이 겪는 억압적 이데올로기와 팔레스타인 사람들이 겪는 억압의 유사성을 점점 더 인식하고 있다. 이 성명에 대해 약 1,500만 흑인 교인을 대표하는 '전국 아프리카계 미국인 성직자 네트워크'의 공동대표 바바라 윌리엄스-스키너는 "흑인 성직자들은 전쟁, 군국주의, 빈곤, 인종차별이 모두 연결되어 있음을 보아왔다"고 말했다. 조지아의 '희망의 빛 기독교회' 창립자이자 담임목사인 신시아 헤일 목사는 "우리는 팔레스타인 사람들을 우리 일부로 봅니다. 그들은 억압받는 사람들입니다. 우리도 억압받는 사람들입니다"라고 말했다.13

이런 여러 사례는 교회 안에도 침묵하지 않은 이들이 많았다는 사실을 다시금 일깨워주었다! 내 경험은, 모두가 자신을 버렸다고 한탄하던 엘리야 선지자에게 하나님이 오히려 꾸짖으며 바알에게 무릎 꿇지 않은 이들이 남아 있음을 보여주셨던 이야기와 닮아있다. 지금 이 순간에도, 모두가 전쟁과 우월주의의 논리에 굴복한 것은 아니며, 수

---

12 Munther Isaac, "Christ in the Rubble: A Liturgy of Lament," Red Letter Christians, December 23, 2023, https://tinyurl.com/yxb74nch.
13 Maya King, "Black Pastors Pressure Biden to Call for a Cease-Fire in Gaza," New York Times, January 28, 2024, https://tinyurl.com/4nw69ve7.

많은 이들이 팔레스타인 사람들이 겪는 비극에 대해 목소리를 내고 있다. 그들은 종종 큰 대가를 치르면서도 진실을 권력에 말하는 예언자적 전통을 이어가고 있다.

팔레스타인에 대한 국제적 연대가 주변부나 식민지 경험이 있는 공동체에서 많이 나온다는 사실은 시사하는 바가 크다. 억압받는 이들은 고통을 알아본다. 그들 역시 우월주의와 지배의 이데올로기, 신학의 희생자였기 때문이다. 남아프리카공화국이 국제사법재판소에서 이스라엘을 상대로 사건을 주도한 것도 놀라운 일이 아니다. 그들은 아파르트헤이트를 이해하고, 정착민 식민주의를 이해하며, 연대의 의미를 안다. 남아프리카의 지지는 우리 팔레스타인 사람들에게 큰 의미였다. 나는 2024년 남아프리카 방문 때 이 점을 꼭 직접 전했다. 케이프타운 대성당에서, 데스몬드 투투 대주교가 아파르트헤이트에 맞서 자주 설교하던 그곳에서, 예배당을 가득 메운 신자들 앞에 팔레스타인 깃발과 케피예를 두르고 이렇게 말했다.

> 여기에 온 이유는 감사 인사를 전하기 위해서입니다. 남아프리카의 지지와 용기에 감사합니다. 국제사법재판소에서 보여준 정치적 지지에 감사합니다… 그 대가가 컸다는 것도 압니다. 거리로 나선 모든 분께 감사합니다. 여러분의 목소리가 들립니다. 교회에도 감사합니다… 식민지와 아파르트헤이트를 경험한 이들은 공감의 능력을 지니고 있습니다. 남아프리카의 기도와 행동은 이 집단학살의 고통 속에서 우리에게 주어진 몇 안 되는 희망의 신호였습니다. 이것이야말로 진정한 도덕적 무결성의 표지입니다.[14]

---

14 "Munther Isaac at St. George Cathedral in Cape Town-May 2024," YouTube,

같은 방문 기간 중, 나는 국제사법재판소 제소에 핵심적 역할을 한 남아프리카공화국 외교 장관 날레디 판도르를 만나는 영광을 누렸다. 팔레스타인 연대 반아파르트헤이트 회의에서 수백 명의 활동가들 앞에서, 나는 내 케피예를 판도르 장관의 어깨에 직접 걸어주며 감사를 표했다. 이 상징적 행동은 현장에 모인 이들의 눈물을 자아냈고, 큰 박수갈채를 받았다. 나는 이렇게 말했다.

이 상징적인 선물을 사랑과 연대 그리고 하나됨의 표시로 받아주시길 바랍니다. 케피예입니다. 남아프리카에는 모두가 케피예를 두른 것 같지만, 오늘 내가 하려는 행동에는 특별한 의미가 있습니다. 팔레스타인 사람의 어깨에서 남아프리카 지도자의 어깨로 케피예를 옮긴다는 것은, 오늘 여러분이 우리와 함께 십자가를 짊어지고 있다는 뜻입니다.

이것이 바로 연대의 힘이다. 전 세계적으로 팔레스타인 문제를 지지하는 유대인들이 점점 늘고 있다는 사실도 더 이상 놀랍지 않다. 특히 미국에서 그 현상이 두드러진다. 한 예로, 워싱턴 DC에서 가자 전쟁에 반대하며 의사당에서 연좌시위를 벌인 수백 명의 유대인 활동가들이 체포된 일이 있었다. 이 시위는 이스라엘 총리 네타냐후가 미 의회에서 연설하기 하루 전에 벌어졌다.[15] 시위는 '유대인의 평화를 위한 목소리'(JVP)라는 단체가 주도했으며, 이들의 행동은 유대교의 윤리와 예언자적 전통 그리고 역사 속에서 유대인들이 겪은 배제, 박해,

---

https://tinyurl.com/2x9m29tv.

15 Ayana Archie, "About 200 People Protesting Gaza War Arrested in Congressional Building, Police Say," *NPR News*, July 24, 2024, https://tinyurl.com/3jhrpusy.

학살의 경험에서 비롯된 것이다. 시위와 체포에 대해 JVP는 라비 애비 스타인(이스라엘계 미국인 활동가, JVP 랍비 위원회 소속)의 말을 인용했다.

유대교에서 가장 중요한 계명은 '피쿠아흐 네페쉬', 즉 생명을 구하는 일입니다. 우리 유대 전통은 우리가 목소리를 내고, 지도자들에게 지금 당장 가자에서 팔레스타인 사람들의 생명을 구하라고 요구하도록 우리를 이끕니다.

연좌시위 현장에서는 "그 누구에게도 다시는 이런 일이 없어야 한다"라는 문구가 새겨진 손수 만든 기도 숄을 두른 10여 명의 랍비들이 평화와 정의를 위한 기도와 노래를 이끌었다. 수백 명의 유대인과 소수의 기독교인 시위자들은 "유대인들이 이스라엘 무기 지원 중단을 요구한다", "우리의 이름으로 하지 말라"는 문구가 적힌 빨간 셔츠를 입고, 집단학살 중단을 촉구하는 현수막을 들었다.16 이들의 공개적 행동은 '다시는!'이라는 외침이 '누구에게도 다시는!'이 되어야만 진정한 의미가 있음을 보여주는 깊은 예언자적 실천이었다. 그리고 이 메시지는 유대인들이 겪은 고통의 역사에 뿌리를 두고 있다.

권력에 맞서 진실을 말하는 자, 복이 있도다

2024년 6월, 나는 필라델피아를 방문했고, 평화를 위한 나의 활동을 인정해 준 시의회와 오로크 의원의 제안에 깊이 감사했다.17 시의

---

16 "400 American Jews Mark Netanyahu's Arrival with Congress Sit-In, Calling on Biden and Congress to Stop Arming the Israeli Military as It Wages Genocide in Gaza," *Jewish Voice for Peace*, July 23, 2024, https://tinyurl.com/3h95hchf.

회에서 발언할 기회가 있었고, 이 영예에 대해 감사를 전했다. 그런데 그날, 시의회가 연방 세금 2,400만 달러를 이스라엘에 지원했다는 사실을 알게 되었다. 나는 당황스러웠고, 필라델피아의 거리 곳곳에서 빈곤과 노숙 문제를 직접 목격하면서 그 감정은 더 커졌다. 나는 침묵할 수 없었다. 나에 대한 표창은 아무 의미가 없었다. 그래서 시의회에 감사를 전할 때, 다음과 같이 솔직하게 말했다.

솔직한 말씀을 드리겠습니다. 이 시의회가 연방 세금 2,400만 달러를 이스라엘에 지원한 사실을 알고 있습니다. 이 돈은 전쟁과 복수에 쓰이고 있습니다. 분명히 합시다. 이 전쟁은 자기방어가 아니라 복수입니다. 우리는 모두, 우리에게 주어진 재능과 자원을 어디에 쓰고 투자했는지 하나님 앞에서 책임을 져야 합니다. 존경하는 시의원 여러분, 분리정책이 아니라 평화에 투자하십시오. 전쟁과 차별이 아니라 사람, 교육, 변화에 투자하십시오 이것이야말로 여러분이 진정 평화와 정의에 이바지하는 길입니다.

내 발언이 끝난 뒤, 시의회 안은 숨소리 하나 들리지 않을 정도로 조용해졌다. 정의를 추구한다는 것은 결국 권력 앞에서 진실을 말하는 것을 포함한다. 오늘날 이 원칙이 가장 절실하게 적용되는 곳이 바로 팔레스타인일 것이다. 내가 이 책 전반에 걸쳐 강조한 점 중 하나는 너무 오랫동안 시온주의자들과 그 서구 동맹국들이 팔레스타인 현실을 '분쟁', 더 나아가 '종교 분쟁'으로 규정해 왔다는 것이다. 이런 프레

---

17 Jack Tomczuk, "Council Member Apologizes Following Outburst over Gaza Testimony," Metro Philadelphia, June 13, 2024, https://tinyurl. com/3bdfrnde.

임은 마치 두 집단이 비슷한 힘을 가진 채 다투는 것처럼 보이게 만들었다. 그리고 오랜 세월, 서구 세계는 팔레스타인 사람들에게 평화, 관용, 화해에 대해 훈계해 왔다.

우리는 점령자를 받아들이라고, 상대의 입장도 담으라고, 이스라엘의 존재를 인정하지 않으면 극단주의자라고 지적받아 왔다. 하지만 사실 이스라엘 건국 자체가 팔레스타인 사람의 존재를 인정하지 않고, 우리를 땅에서 쫓아낸 전례였다. 이런 논리에서는 식민주의가 일상화되고, 인종청소가 전쟁의 불가피한 결과로 여겨진다. 분리정책(아파르트헤이트)은 단순한 분쟁으로, 집단학살은 자기방어로 포장된다. 수십 년간의 군사 점령 내내, 식민자의 '타협'을 받아들이지 않은 책임이 늘 팔레스타인 사람에게 전가되었다.

우리는 분쟁을 해결하려 애써왔지만, 사실 팔레스타인에는 분쟁이 없다. 종교 분쟁도 결코 없다.

우리는 분쟁이 아니라 억압을 겪고 있다. 우리는 분리정책(아파르트헤이트)을 겪고 있다. 우리는 '강에서 바다까지' 유대인 우월주의라는 이데올로기와 현실을 겪고 있다.[18] 우리는 분쟁이 아니라 시온주의 정착민 식민주의에 맞서고 있다. 가자에서 일어난 일은 집단학살이다. 사물을 있는 그대로 불러야 한다.

이 사실을 인정하지 않고는 앞으로 나아갈 수 없다. 오히려 이를 부정하는 것은 곧 우월주의, 지배, 제거라는 제국의 논리를 선택하는 것이다. 마찬가지로 권력 앞에서 진실을 말한다는 것은 모든 형태의

---

[18] "A Regime of Jewish Supremacy from the Jordan River to the Mediterranean Sea: This Is Apartheid," B'Tselem, January 12, 2021, https://tinyurl.com/4msybce7.

시온주의를 그 본질대로 인정하고 이름 붙여야 한다는 뜻이다. 팔레스타인 신학자 토니 데이크는, 그리스도인들이 기독교 시온주의에 대해 분명한 도덕적-신학적 입장을 가져야 한다고 강하게 주장했다.

> 그리스도인이 세상에 말과 행동으로 선포해야 할 핵심은, 예수 그리스도 안에서 드러난 하나님의 선하심, 정의, 사랑입니다. 그런데 이 단순하면서도 강력한 선포는 기독교 시온주의와는 완전히 양립할 수 없습니다. 여기서 나는 단지 세대주의적 기독교 시온주의만을 말하는 것이 아닙니다. 시온주의 정착민 식민 프로젝트를 정당화하는 온갖 신학, 즉 세대주의부터 자유주의, 탈홀로코스트, 탈대체신학의 다양한 해석까지 모두 포함합니다. 이런 신학들은 하나님의 선하심이나 사랑, 정의와 의로움을 선포하지 않습니다. 오히려 하나님을 인종차별주의자로 만듭니다. 이건 강한 비판일 수 있지만, 허수아비 논증이 아닙니다. 오히려 시온주의 신학자들이 반박할 책임이 있습니다. 예수 그리스도 이후에도 하나님이 특정 민족이나 인종과만 특별한 관계를 맺고(특히 다른 사람이 살고 있는 땅을 주는 방식으로), 동시에 공정하고 정의로운 하나님일 수 있다는 근거가 무엇인지 설명해야 합니다. 예수 그리스도 이후, 하나님이 한 민족을 다른 민족보다 더 사랑한다는 근거가 무엇입니까?[19]

시온주의는 유대인 국가를 타인의 땅에 세우기 위해 정착민 식민주의를 실행한 이데올로기이자 운동이며, 팔레스타인 민족에 대한 조직적이고 의도적인 인종청소를 자행했다. 시온주의는 강압적인 군사

---

19 Tony Deik, "CATC2024 Day 4: Missiology After Gaza; Christian Zionism, God's Image, and the Gospel," Christ at the Checkpoint YouTube Channel, June 3, 2024, https://tinyurl.com/syj23t5s.

점령을 통해 아파르트헤이트 체제를 구축했다. 가자에서는 시온주의적 이스라엘 정부가 집단학살을 저질렀다. 이런 행위를 정당화하는 것이 바로 정치적 이데올로기로서 시온주의의 핵심이다. 그리고 나는 기독교인 독자들에게 묻고 싶다. 과연 이런 모든 것 앞에 '기독교'라는 수식어를 붙일 수 있는가? 식민주의, 인종청소, 아파르트헤이트, 집단학살이 기독교 윤리와 예수님의 가르침과 양립할 수 있는가? 이런 방식이 유대교의 정신과 가치에 어긋난다고 수많은 유대인이 항의한다. 나는 더 많은 기독교인들이 이 단순하면서도 깊은 진실을 고백하기를 바란다. 바로 이것이 우리가 시온주의의 본질을 정확히 지적하고, 정의와 평등의 총체적 비전을 바탕으로 시온주의 신학에 맞서는 일을 종교 간 공동 과제로 삼아야 하는 이유다.

카이로스의 순간

2024년 8월, 나는 미국을 방문해 주로 교회와 활동가들을 대상으로 강연했다. 따뜻한 환대에 감동했고, 지난 1년간 내 말이 미친 영향을 직접 확인하며 겸손해졌다. 특히 내가 방문한 거의 모든 교회에서 유대인과 무슬림의 존재가 두드러졌다는 점이 인상적이었다. 미국 교회에서 강연할 때 이런 청중은 흔치 않은데, 새로운 연대가 형성되고 있음이 분명했다. 가자는 정의를 갈망하는 마음으로 종교의 경계를 넘어 사람들을 하나로 만들고 있었다.

이번 방문에서 나는 뉴욕의 유명한 리버사이드교회에서 강연했다. 이곳은 마틴 루터 킹 주니어가 정기적으로 연설했고, "베트남을 넘어서"라는 유명한 연설을 했던 곳이다. 교회는 가득 찼고, 청중 속에서 분노와 아픔 그리고 정의에 대한 열망이 뚜렷하게 느껴졌다. 나는 이 시대가 교회에 있어 '카이로스의 순간'임을 강조했다.

신학계에서는 '카이로스의 순간'이라는 말을 자주 쓴다. 카이로스는 하나님의 목적을 위한 정해진 때, 혹은 결정적 기회의 때를 의미할 수 있다. 이는 신실한 이들이 역사의 전개 속에서 분별력을 가지고, 예언자적으로 행동해야 할 시기라는 뜻이다. 성경에서 가장 깊은 예언자적 카이로스의 순간 중 하나는 사무엘하 12장에 나온다. 나단 선지자가 다윗 왕의 탐욕, 간음, 살인, 약자 착취, 남의 것을 빼앗은 죄를 지적해야 했던 때다. 나단은 분명한 메시지가 담긴 이야기를 들려주고, 강력한 결론을 내렸다.

> 여호와께서 나단을 다윗에게 보내시니, 그가 다윗에게 가서 말하였다. '어느 성에 두 사람이 있었는데, 한 사람은 부자요, 한 사람은 가난하였습니다. 부자는 양과 소가 매우 많으나, 가난한 사람은 자기가 산 작은 암양 새끼 한 마리밖에 없었습니다. 그는 그 양을 키우며 자녀들과 함께 먹이고, 그 양은 그의 음식과 잔에서 먹고, 그의 품에서 잠을 자며 딸처럼 아꼈습니다. 그런데 부자에게 손님이 오자, 그는 자기 양이나 소를 잡지 않고, 가난한 사람의 양을 빼앗아 손님을 위해 요리하였습니다'(사무엘하 12:1-4).

성경은 다윗이 이 이야기를 듣고 크게 분노했다고 기록한다. 다윗은 나단에게 "여호와의 살아 계심을 두고 맹세하노니, 이런 일을 한 사람은 죽어 마땅하다. 그는 양을 네 배로 갚아야 한다. 그가 이런 짓을 했고, 불쌍히 여기지 않았기 때문이다"라고 말했다. 나단의 대답은 매우 깊고, 용기 있으며, 예언자적이다. 오늘날 우리에게도 꼭 필요한 태도다. 나단은 다윗에게 이렇게 말했다. "그 사람이 바로 당신입니다!"

"그 사람이 바로 당신입니다!" 이것이 나단이 그 시대의 권력에 던진 도전이었다. 큰 용기가 필요했지만, 그는 권력 앞에서 진실을 말해야 했다. 약자 착취의 실상을 드러내야 했고, 그것이 자신의 왕을 향한 도전이라 해도 멈출 수 없었다. 이것이 나단의 '카이로스의 순간'이었다. 오늘날 가자와 팔레스타인에서 벌어지는 일도 같은 예언자적 용기를 요구하는 '카이로스의 순간'이다. 지금은 바로 "그 사람이 당신입니다!"라고 외쳐야 할 때다.[20]

이제 사물을 있는 그대로 불러야 할 때다. 이스라엘은 전쟁범죄, 나아가 집단학살을 저질렀다. 팔레스타인에 대한 군사 점령은 아파르트헤이트다. 시온주의는 인종차별이다. 이스라엘은 정착민 식민 국가다. 우리는 사물을 정확히 불러야 하며, 이런 폭력에 고통받는 이들과 함께해야 한다. 지금은 중립을 취할 때가 아니다. 남아공의 반아파르트헤이트 운동가 프랭크 치케인 목사가 1980년대 남아공 교회에 던진 도전이 오늘날 팔레스타인에도 그대로 적용된다.

> 오늘날 교회가 진정한 교회가 되려면, 강자의 지배 이데올로기를 거부하고 십자가의 길을 택해야 한다. 이는 곧 세상의 약자, 가난한 자, 힘없는 자의 편에 서야 함을 뜻한다.[21]

---

20 To listen to the talk: "Silence Is Complicity: Rev. Dr. Munther Isaac Calls upon U.S. Churches-August 14, 2024," The Riverside Church You-Tube Channel, August 16, 2024, https://tinyurl.com/5xaesst3.

21 Chikane, *No Life of My Own*, 74.

교회가 진정한 교회가 되려면, 억압받고 소외된 이들의 편에 서야 한다. 교회가 중립을 지켜서는 안 될 때가 있다. 중립이 오히려 억압자를 돕는 결과가 될 때가 있다. 그리스도인들이 평화와 화해라는 구호 뒤에 숨으며 입장을 피하면, 결국 가해자의 목적에 힘을 실어주는 셈이다. 편을 드는 일은 대가가 따를 때가 많다. 연대는 본질적으로 희생을 요구한다. 예수님은 결코 안락함이나 순응을 추구하지 않으셨다. 그분의 길은 언제나 논란과 희생의 길이었고, 나는 오늘날 그리스도인들과 교회 지도자들이 바로 이 두 가지, 즉 논란과 희생을 피하려 애쓴다는 사실에 놀란다.

리버사이드교회에서의 내 강연은 분명 감정적이었고, 고양된 분위기였다. 마틴 루터 킹이 "베트남을 넘어서"라는 연설에서 미국의 전쟁 논리와 군사화를 비판했던 바로 그 자리에서 내가 연설한다는 사실에 경외감을 느끼지 않을 수 없었다. 하지만 동시에 슬펐다. 그 역사적 연설이 있은 지 57년이 지났지만, 나는 여전히 미국의 군국주의에 맞서 싸워야 하는 현실에 있었다. 브라운대학교 왓슨연구소의 보고서에 따르면, 미국은 2023년 10월 7일부터 2024년 9월 30일까지 이스라엘에 179억 달러(약 24조 원)의 군사 지원을 제공했다.[22] 이 숫자를 곱씹어보라. 마틴 루터 킹의 삶과 유산을 기념하는 날이 있는 나라가, 동시에 그가 예언자적으로 반대한 전쟁과 폭력의 논리를 계속 따른다는 건 얼마나 아이러니한 일인가? 이 점은 노벨평화상 수상자 데스몬드 투투 대주교를 교회들이 기릴 때도 마찬가지다. 그가 팔레스타인

---

22 Muhammet Tarhan and İbrahim Hamdi Hacıcaferoğlu, "US Provided $17.9B in Military Aid to Israel Since October 2023," Anadolu Agency, October 30, 2024, https://tinyurl.com/4954zxr4

문제와 이스라엘의 아파르트헤이트를 비판할 때만큼은 예외로 삼는다.23 179억 달러라는 숫자조차 지금 우리가 얼마나 중대한 '카이로스의 순간'에 살고 있는지 신앙의 지도자들이 깨닫지 못한다면, 무엇이 더 필요하겠는가? 이 돈으로 미국과 세계에 얼마나 많은 선한 일을 할 수 있었겠는가! 그래서 나는 리버사이드교회 강연에서 미국의 신앙 지도자들을 공개적으로 지적했다. 이 집단학살 전쟁을 가능하게 한 것은 바로 미국의 세금이기 때문이다.

> 나는 지금 미국에 있습니다. 이곳은 상황이 다릅니다. 왜냐하면 모두가 알고 있듯이, 이 집단학살 전쟁은 미국의 재정적·군사적 지원 그리고 정치적 비호 없이는 불가능했기 때문입니다. 여러분, 이건 여러분의 돈이고, 여러분이 뽑은 정치인들입니다. 그런 결정에 침묵한다는 것은 곧 의회와 대통령이 여러분의 돈을 어떻게 쓰는지, 그 돈이 아파르트헤이트와 집단학살에 쓰여도 괜찮다는 뜻을 우리에게 전하는 것과 같습니다.24

회개의 요청

6장에서 나는 전쟁이 시작될 무렵 팔레스타인 기독교인들이 발표한 '회개의 요청'에 대해 이야기했다. 몇 달 뒤, 영향력 있는 진보적 복음주의자들이 우리의 요청에 응답했다. 그들은 솔직하게 답했고, 회

---

23 Chris McGreal, "When Desmond Tutu Stood Up for the Rights of Palestinians, He Could Not Be Ignored," *Guardian*, December 30, 2021, https://tinyurl.com/ mxwj65jj.
24 "Silence Is Complicity: Rev. Dr. Munther Isaac Calls upon U.S. Churches," The Riverside Church YouTube Channel, August 14, 2024, https://tinyurl.com/ y4m8uhwm.

개를 선언했다. 그 내용은 다음과 같다.

우리는 백인 우월주의 논리에 따라 행동해 온 방식을 제대로 인식하지 못했음을 고백합니다. 팔레스타인과 아랍 사람들이 본질적으로 우리의 적이라는 거짓된 이야기를 받아들였습니다. 우리는 팔레스타인과 아랍인의 생명을 다른 이들보다 덜 소중하게 여겼음을 고백합니다. 우리는 이스라엘 국가를 구약성경의 이스라엘과 동일시해 왔음을 고백합니다. 우리는 두려워했습니다. 우리가 목소리를 내면 다른 사람들이 뭐라고 할지, 어떤 결과가 닥칠지 두려워했고, 여러분이 치른 대가에 대해 깊이 생각하지 못했습니다. 우리는 이스라엘/팔레스타인의 힘에 압도당하고, 미국 내 세대주의 종말론의 영향력, 미국 군국주의라는 거대한 현실 앞에서 용기보다는 침묵을 택해왔음을 고백합니다. 우리는 팔레스타인 사람들이 집과 조상 대대로 살아온 땅에서 강제로 쫓겨나는 현실을 아무 생각 없이 받아들였음을 고백합니다. 모두가 평화와 안전 속에 살 수 있는 정의로운 해결책을 위해 목소리를 내지 못했음을 고백합니다. 하나님의 형상대로 지음받은 이들에게 가해지는 이스라엘 점령과 폭력을 지지하는 주류 신학에 맞서 거의 아무런 행동도 하지 못했음을 고백합니다. 특정 신학적 관점이 이스라엘 국가와 그 행동에 맹목적으로 지지하게 만들었음을 자주 경험했습니다. 우리는 이스라엘의 국가로서의 존재를 인정합니다. 그러나 신학적으로 현대 이스라엘이 성경 속 고대 이스라엘과 같다고 믿지 않으며, 현대 이스라엘이 그리스도의 재림을 예고한다고도 생각하지 않습니다. 우리는 기독교 시온주의를 옹호하거나, 이스라엘의 팔레스타인 억압 정책과 실천을 정당화하는 모든 신학적 관점을 거부합니다.

우리는 회개합니다. 회개는 과정입니다. 우리 중 일부는 수십 년 전부터 이 회개의 여정을 시작했고, 어떤 이들은 6개월 전부터 시작했습니다. 여정의 시작이 언제였든, 오늘 우리는 함께 앉아 서로 배우고, 대화하고, 토론하며, 성경적-신학적-정치적 문제를 깊이 성찰하기로 다짐합니다. 우리는 우리의 선입견과 편견이 드러나길 바라며, 배움과 깊은 사랑을 통해 더 신실한 확신에서 행동하길 원합니다. 우리는 배우고 듣고 싶습니다. 여러분이 우리를 침묵, 무기력, 인식하지 못한 편견에서 해방시켜 주길 바랍니다. 우리가 각기 다른 땅과 다른 상황에서 일하지만, 우리 모두는 예수 그리스도 안에서 지금도 항상 함께하시는 하나님의 사랑, 자비, 정의의 현실을 공유합니다.

우리는 이 전쟁 그리고 팔레스타인 억압의 근본적 현실에 대해 소극적 옹호, 무지, 침묵을 회개합니다. 이는 우리를 하나님의 자비에 겸손히 의존하게 만듭니다. 고통받고 부활하신 주님, 곧 죽음과 복수, 적대, 억압의 모든 권세를 이기고 다시 살아나 우리 모두가 하나님과 서로 화해하며 살 수 있게 하신 그분을 바라보며, 우리는 그리스도의 이름으로 억압, 적대, 복수, 지움, 죽음을 정당화하는 모든 신학과 실천을 회개합니다.

우리는 사랑하는 이들의 죽음, 매일 반복되는 폭력과 잔혹한 불의, 희망을 지우는 억압에 시달리는 모든 이들과 연대하고, 그들을 향한 연민을 품습니다. 우리 중 많은 이들은 '변혁적 선교를 위한 국제연대인' INFEMIT(International Fellowship for Mission as Transformation), '남아프리카 대교구', '중동 평화를 위한 교회들' 그리고 '전 세계 가자 휴전 순례'와 함께 성명으로 연대를 표명했지만, 여기서 우리는 더욱 깊은 연대를 선언합니다.

우리는 즉각적이고 지속적인 휴전, 가자 집단학살의 무조건적 종식, 서안지구의 인종청소와 이스라엘 점령의 종식을 촉구합니다. 우리는 모든 팔레스타인 사람의 정치적-사회적 권리 회복, 자치권, 자기결정권을 보장하는 해결책을 지지합니다.

마지막으로, 형제자매 여러분, 여러분은 나크바 이후 그리고 2023년 10월 이후 더욱 치열해진 가자와 서안지구의 오랜 고통 속에서 신실하고 용기 있게 예수를 따르는 이들로 서 왔고, 지금도 서 있습니다. 우리가 여러분과 충분히 연대하지 못했지만, 이제 우리는 팔레스타인과 이스라엘 그리고 온 세상 모든 이들의 번영과 창조세계의 복지를 위해 하나님께서 우리의 이야기를 새롭게 하시길 바라는 믿음과 희망으로 여러분과 함께합니다. 여러분과 함께 간절히 기도합니다. "주여, 우리를 불쌍히 여기소서!"25

나는 이 단체와 같은 마음과 생각, 영혼의 변화가 더 많아지길 기도하고 소망한다. 이는 단지 팔레스타인만을 위한 것이 아니라 우리의 기독교 증언의 신뢰성을 위해서이기도 하다. 나는 이러한 회개가 반드시 행동, 적극적 연대, 평화 만들기와 함께하길 기도한다. 이제야말로 그리스도인들이 팔레스타인의 정의와 의를 위해 하나로 뭉쳐야 할 때다.

이 전쟁은 너무 오래 계속되고 있다

크리스마스 메시지 이후, 내 친구들이 다가와 사순절 기간에 휴전

---

25 "Response to: A Call for Repentance; An Open Letter from Palestinian Christians to Western Church Leaders and Theologians," INFEMIT, April 22, 2024, https://tinyurl.com/y2yn8u7r.

을 촉구하는 캠페인에 함께하고 지지해 줄 수 있겠냐고 물었다. 당시 내 생각에는, 분명히 이 전쟁이 사순절이 시작되기 전에는 끝날 거라고 믿었다. 부활절까지 전쟁이 계속될 거라고는 상상도 못 했다. 그런데 지금, 이 원고를 마무리하는 이 순간에도 우리는 전쟁 1주년을 넘기며 여전히 휴전을 외치고 있다. 여러모로 우리는 그저 세상이 팔레스타인 사람들의 인간성을 회복해 주길 바라는 호소만 반복하고 있는 것처럼 느껴진다.

이 전쟁은 이미 너무 오래 지속되었다. 다른 방법을 썼더라면 전혀 다른 결과를 낳을 수도 있었다. 전쟁 초반, 억류된 팔레스타인 사람과 이스라엘 사람들의 맞교환이 이루어졌을 때처럼 협상과 외교가 실제로 성과를 낸 적도 있었다. 하지만 그 첫 합의 이후로 수많은 휴전 시도가 있었음에도 실질적인 진전은 없었다. 전쟁이 길어질수록 더 많은 사람들이 목숨을 잃었고, 이스라엘 인질들까지 희생되었다. 서방은 계속해서 하마스가 휴전 조건을 받아들이지 않는다고 비난했지만, 이스라엘 내에서는 네타냐후와 그의 복수에 집착하는 전쟁 지도자들이 자신의 정치적 이익을 위해 전쟁을 일부러 끌고 있다는 점에 의심의 여지가 거의 없었다.[26] 실제로 바이든 대통령도 전쟁 7개월째 "네타냐후가 자신의 정치적 생존을 위해 가자 전쟁을 연장하고 있다고 결론 내릴 만한 모든 이유가 있다"고 말했다.[27] 내 생각에 이 끔찍한 참사에

---

26 Orly Halpern, "Scenes from Israel, Where Protesters Blame Netanyahu for the Deaths of Hostages," *Time*, September 2, 2024, https://tiny url.com/cyznm7fk.

27 Julian Borger and Andrew Roth, "Biden: 'Every Reason' to Believe Netanyahu Is Prolonging Gaza War for Political Gain," *Guardian*, June 4, 2024, https://tinyurl.com/4pd84ce7.

대해 이스라엘, 팔레스타인, 미국, 카타르, 이집트, 이란 그리고 그 밖의 모든 이해당사자 모두를 비난해야 한다. 이들은 모두 정치적 이익을 인간의 생명보다 우선시한 책임이 있다. 소수 권력자들의 이익 때문에 너무나 많은 이들이 고통을 겪었다.

"하마스가 인질을 풀어주면 전쟁이 끝난다"는 말을 시온주의자들로부터 소셜미디어에서 자주 들었다. 물론 나 역시 이스라엘과 팔레스타인 인질들이 모두 풀려나길 바란다. 하지만 하마스가 이스라엘 인질을 모두 풀어준다고 해서 정말 전쟁이 끝날까? 서안지구에는 이스라엘 인질이 없지만, 지난 70년 넘게 팔레스타인 사람들에 대한 일상적인 살해, 토지 몰수, 식민지화는 멈춘 적이 없다. 이 전쟁은 10월 7일에 시작된 것이 아니며, 10월 7일 이전 상태로 돌아간다고 해서 해결되는 것도 아니다. 국제법에 따라 정의와 공정에 기초한 포괄적 해결책이 반드시 필요하다. 팔레스타인과 이스라엘의 미래는 하나라는 결론에 이르러야 한다. "카이로스 팔레스타인" 문서가 말하듯, "우리의 미래는 서로를 파괴하는 폭력의 악순환이 될 수도, 모두에게 유익한 평화가 될 수도 있다."[28] 한쪽만의 번영과 안전은 있을 수 없다. 아파르트헤이트도, 우월주의도, '힘이 곧 정의'라는 논리도 없는 세상에 도달해야 한다. 이스라엘 인질의 석방을 바란다면, 모든 팔레스타인 인질의 석방도 함께 바라야 한다.

더불어 우리는 휴전을 요구할 때 반드시 전쟁범죄를 저지른 자들에게 책임을 묻는 일도 함께 주장해야 한다. 그렇지 않으면, 힘 있는

---

28 "Kairos Document: A Moment of Truth; A Word of Faith, Hope and Love from the Heart of Palestinian Suffering" [Bethlehem, 2009], https://tinyurl.com/2d8864jr, section 4.3, 8.

자가 '할 수 있으니까' 죽이고 쫓아내도 아무런 처벌 없이 넘어가는 세상을 우리 아이들에게 물려주게 된다.

그리고 우리는 반드시 유대인들이 안전하다고 느끼는 세상에 도달해야 한다. 반유대주의는 악이다. 인종적 증오 이데올로기가 설 자리는 이 세상에서 없어져야 한다. 나 역시 팔레스타인 사람과 친팔레스타인 단체, 개인들 사이에 일부 반유대주의가 존재함을 인정한다. 하지만 반유대주의는 팔레스타인보다는 서구의 문제다. 또한 반유대주의에 대한 대응이 배제와 우월주의, 아파르트헤이트와 식민주의를 지지하는 것이어서는 안 된다. 안전은 집단학살로 이뤄지지 않는다. 전쟁은 증오와 원한만 심어줄 뿐이다. 이스라엘이 다른 이들을 괴롭히고 학살하는 위치에 계속 있도록 허용하는 것은, 유대인들의 진정한 친구임을 자처하는 이들에 대한 고발이다. 그들은 이 지역 모든 이들의 미래를 위태롭게 하고 있다. 이것이 유대인들에게 진정한 우정의 증표일 수 없다.

사실 나는 이스라엘을 지지하는 이들 사이에서도 반유대주의적 담론이 만연한 것에 충격을 받는다. 트럼프는 유대인이 자신을 지지하지 않으면 "이스라엘과 자기 종교를 미워한다"고 주장했고,[29] 선거에서 자신이 지지받지 못하면 유대인들의 책임이라는 식으로 말했다.[30] 바이든은 유대인은 오직 이스라엘에서만 안전할 수 있다며, "이

---

29 Jill Colvin, "Trump Says Jews Who Vote for Democrats 'Hate Israel' and Their Religion," *AP News*, updated March 19, 2024, https://tinyurl.com/ c4wn4p8v.
30 Gregory Krieg and Kit Maher, "Trump Says at Antisemitism Event That Jewish Voters Would Bear Some Blame If He Loses in November," *CNN*, September 20, 2024, https://tinyurl.com/3v9pwdam.

스라엘이 없다면 세상에 안전한 유대인은 없을 것"이라고 여러 차례 말했다.31 이런 주장들이 반유대주의라는 사실을 굳이 내가 설득할 필요는 없길 바란다. 트럼프는 또다시 '유대인 탓'을 하고 있다! 바이든이 정말로 유대인들이 미국이나 유럽에 남아 있으면 멸망할 것이고, 그래서 이스라엘로 이주해야만 안전하다고 믿는 것인가? 이것은 우리가 처한 비극의 근본 원인으로 꼽히는 구호, "땅 없는 사람들을 위한 사람 없는 땅"에 내재한 인종차별과 똑같다. 이 구호는 여러 차원에서 인종차별적이다. 이 말은 토착 팔레스타인 주민을 땅이 비어 있는 것처럼 비인간화했을 뿐 아니라 유대인들도 오랫동안 살아온 땅의 일원으로 인정하지 않았다. 독일, 영국, 러시아 유대인들은 '땅 없는 사람들'로 간주됐다. 이것이야말로 반유대주의가 아닌가?

앞으로 나아갈 길

이 전쟁은 여러 차원에서 참혹한 재앙을 낳았다. 그중 하나는 끔찍하게 많은 팔레스타인 사람들이 살해된 일이다.32 죽임을 당한 한 사람 한 사람마다 함께 사라진 꿈이 있고, 이 죽음이 남긴 상처와 흉터는 몇 세대에 걸쳐 아물지 않을 것이다. 파괴의 규모가 너무나 커서 가자지구를 재건하는 데 수십 년이 걸릴 것이다. 현재 거의 2백만 명에 달하는 팔레스타인 사람들이 집을 잃고, 그들의 집은 부분적으로 혹은

---

31 Sophie Hurwitz, "Why Does Biden Keep Making the Same Dangerous Comment About Jews?" *Nation*, March 6, 2024, https://tinyurl.com/ yh6vzaa3.

32 Joseph Krauss and Sarah El Deeb, "Gaza Is in Ruins After Israel's Yearlong Offensive. Rebuilding May Take Decades," *AP News*, October 9, 2024, https://tinyurl.com/ 3s8m4aad.

완전히 파괴된 상태다. 만약 그들이 이 집단학살에서 살아남는다고 해도, 그들을 평생 따라다닐 질문은 이것이다. 앞으로 어떻게 살아야 할까? 어디서 살아야 할까? 이 땅에 사는 두 민족 사이의 적대감, 증오, 원한은 이제 치유와 회복이 과연 가능한지 의문이 들 만큼 극에 달했다.

2024년 7월, 이스라엘 크네세트(국회)는 팔레스타인 국가 수립에 반대한다는 입장을 공식적으로 표명하는 결의안을 통과시켰다. 결의안에는 "이스라엘 땅 한가운데 팔레스타인 국가가 세워지는 것은 이스라엘과 그 국민에게 실존적 위협이 되며, 이스라엘-팔레스타인 분쟁을 영속화하고 지역을 불안정하게 할 것"이라고 명시되어 있다.[33] 즉, 이스라엘은 그동안 암묵적으로 해왔던 입장을 공식적으로 선언한 셈이다. 두 국가 해법을 추구할 의사가 없음을 공개적으로 밝힌 것이다. 이스라엘이 수년간 추진해 온 것은 바로 단일 민족국가 건설이었다. 특히 정착촌 확장을 통한 서안지구의 은밀한 합병을 통해 이 목표를 추구해 왔다. 이스라엘은 국제사회와 미국이 유일하게 지지해 온 해법, 즉 두 국가 해법이 더 이상 논의 대상이 아니라고 공식적으로 선언했다. 말할 것도 없이 미국이나 국제사회는 이에 대해 단호하게 대응하지 않았다. 일부 국가들은 '성명'을 냈고, 또 다른 국가들은 '우려'를 표명하는 데 그쳤다. 이스라엘 크네세트의 이번 결정은 이스라엘 문제에 있어 국제사회가 얼마나 무기력한지를 보여준다.

그렇다면 앞으로 나아갈 길은 무엇인가? 우선 정치적 선택지들을

---

33 Noa Shpigel, "With Gantz's Backing, Israel's Parliament Passes Resolution Opposing Palestinian Statehood," *Haaretz*, July 18, 2024, https:// tinyurl.com/musmv59j.

살펴볼 필요가 있다. 이 시점에서 이 상황을 '분쟁'이 아니라 '정착민 식민주의'로 이해하는 것이 매우 중요하다.

우리가 미래를 논의하기 시작하려면, 지금까지 이 사태를 단순한 분쟁으로 여겨온 것이 잘못이었음을 인정해야 한다. 미래의 해법을 논의하려면, 먼저 아파르트헤이트의 현실을 직시해야 한다. 전쟁범죄가 자행되었음을 인정하고, 이 범죄를 저지른 이들이 반드시 책임을 져야 한다는 점을 외면한 채 미래의 해법을 상상할 수는 없다. 팔레스타인 국가의 미래를 논하려면, 시온주의가 팔레스타인을 지배하려는 인종차별적 이데올로기임을 인정해야 한다. 시온주의는 팔레스타인 사람과 더불어 살아가려는 것이 아니라 그들을 억압하려는 사상임을 직시해야 한다.

라시드 칼리디(Rashid Khalidi)에 따르면, 정착민 식민주의와 토착민 간의 대립은 역사적으로 세 가지 방식으로만 끝이 났다. 첫째, 북미처럼 토착민이 완전히 제거되거나 완전히 예속되는 경우다. 둘째, 알제리처럼 식민 지배자가 패퇴하고 쫓겨나는 경우인데, 이는 극히 드물다. 셋째, 남아프리카공화국, 짐바브웨, 아일랜드처럼 식민주의적 우월성이 포기되고 타협과 화해의 맥락에서 종결되는 경우다.[34]

첫 번째 선택지인, 토착민의 제거 혹은 완전한 예속은 상상만 해도 끔찍하다. 가자지구에서 벌어진 집단학살은 언젠가 이런 일이 현실이 될 수 있다는 두려움을 안겨주었고, 세계가 그런 결과를 허용할지도 모른다는 공포를 낳았다. 그럼에도 불구하고, 팔레스타인 사람들은

---

34 Rashid Khalidi, *The Hundred Years' War on Palestine: A History of Settler Colonialism and Resistance, 1917-2017* (Holt, 2020), 239.

본능적으로 생존해 왔고, 지금도 그 땅에 남아 있다. 오늘날 그 땅에 사는 팔레스타인 사람과 이스라엘인의 수는 거의 비슷하지만, 권력과 권리, 부의 격차는 엄청나다. 이런 현상 유지(status quo)는 지속 가능하지 않다. 수년간 팔레스타인 사람들과 국제 정치 전문가들은 언젠가 상황이 폭발할 것이라고 경고해 왔고, 결국 현실이 되었다. 이제 우리는 이 같은 사태가 서안지구나 동예루살렘에서도 벌어질까 두려워하고 있는데, 그 경우 훨씬 더 참혹한 결과가 될 수 있다. 우리는 이런 가능성을 막기 위해 희망하고, 기도하며, 쉬지 않고 노력하고 있다.

두 번째 선택지인 식민 지배자의 패퇴와 추방은, 세계 강대국들이 이스라엘을 무조건적으로 지지하는 현실을 고려할 때 매우 가능성이 낮다. 어떤 경우에도 한 민족을 땅에서 몰아내는 것은 앞으로 나아갈 길이 될 수 없다. 팔레스타인에 대한 회복적 정의(restorative justice)는 이스라엘인을 땅에서 내쫓는 것을 의미하지 않는다. 정의란 복수가 아니라 회복이다. 궁극적인 목표는 정의와 평등이며, 이상적인 미래는 서로 이웃으로서, 억압 없이, 동등한 권리를 누리며 함께 땅을 나누는 것이다. 이스라엘인을 땅에서 내쫓아야 한다고 주장하는 팔레스타인 사람은 극히 드물다. 그래서 세 번째 선택지, 즉 타협과 화해의 맥락에서 식민주의적 우월성을 포기하는 길이 실질적으로나 신앙적으로 가장 타당하다.

식민주의적 우월성과 아파르트헤이트는 반드시 끝나야 한다. 분리장벽도 반드시 철거되어야 한다. 무언가를 새로 세우기 전에, 먼저 해체해야 한다. 이것이야말로 휴전 이후 그리고 가자지구 재건이 시작되면 가장 먼저 실천해야 할 일이다. 팔레스타인에서 아파르트헤이트가 완전히 해체되지 않는 한, 평화와 화해에 대한 국제적 논의는 재개될 수 없다. 나는 구체적 해법의 세부 논의에 시간을 쏟기 전에 우선 아파르트헤이트나 어떤 형태의 우월주의 이데올로기가 반드시 종식되어야 한다는 원칙이 확립되어야 하며, 우리는 그 목표를 향해 나아가야 한다고 주장한다.

한 국가 해법이든 두 국가 해법이든, 이에 대한 논의는 이미 충분히 이루어졌다. 결국 선택은 이스라엘이 해야 한다고 나는 생각한다. 이스라엘은 현 상태가 지속 불가능한 비극적 딜레마를 스스로 만들었다. 팔레스타인 국가를 거부함으로써, 이스라엘은 더 많은 폭력과 유혈 사태로 이어질 수밖에 없는 현 상태를 고수하기로 결정한 것이다. 자신의 고향 땅에서 수백만 명을 질식시키고 억압하면서도 아무런 저항이 없을 것이라 기대하는 것은 불가능하다. 이스라엘은 이제 서안지구에도 새로운 '가자지구'를 만들어 내고 있다. 팔레스타인 사람들은 이스라엘군이 주요 도시의 출입구와 주변 땅, 도로를 모두 통제하는 고립된 벽 안의 공동체에 갇혀 숨 막히는 삶을 살고 있다. 이스라엘은 팔레스타인 사람들이 자기 땅에서 존엄과 자결권을 갖고 살아갈 가능성을 근본적으로 차단하고 있다. 하지만 팔레스타인 국가라는 국제사회의 합의된 해법을 부정함으로써, 이스라엘은 결국 평등한 권리를 가진 단일 국가가 자신들이 펼치는 정책의 필연적 귀결임을 깨닫게 될 것이다. 팔레스타인 사람들은 해외 이민 자격을 부여받는 것 말고는 갈 곳이 없다. 남아 있는 이들은 이 땅에서 굳건히 버티고 있다. 수천 명이 살해당했고 수백만 명이 쫓겨났지만, 우리는 여전히 이 땅에 남아 있다. 쫓겨난 이들 중 많은 이들도 여전히 자신의 땅과 집으로 돌아갈 권리를 포기하지 않았다.

지금 우리가 살아가는 이 순간은 국제사회에 진정한 시험대가 되고 있다. 국제법이 지켜져야 하는가? 인권이 중요한가? 그렇다면 우리는 반드시 그것을 준수해야 한다. 그렇지 않다면, 정책 결정자들은 이스라엘과 그 동맹국들처럼 법 위에 군림하는 이들이 있음을 분명히 밝혀야 한다. 이 경우, 교회는 반드시 목소리를 내야 한다. 국제사법재판소의 이스라엘에 대한 점령 불법성 판결 이후 캔터베리 대주교 저스틴 웰비의 호소는 주목할 만하다.

> 오늘날 세계 곳곳에서 국제법 위반이 증가하고, 규칙 기반 질서에 대한 신뢰가 흔들리는 이때, 전 세계 정부들은 모든 상황에서 국제사법재판소의 결정을 확고히 존중해야 한다는 견해를 재확인해야 합니다. 국제법은 우리의 공동 인류애를 지키고, 인간의 존엄과 번영을 보장합니다. 고문, 인질, 무차별적 폭력 같은 행위가 만연한 세상을 거부하려면, 우리는 모든 상황에서 두려움이나 편애 없이 법을 적용해야 합니다. 그러나 너무 오랫동안, 법은 선택적으로 적용되어 왔고, 이는 우리의 평화와 안보를 위협합니다. 이제 이 심각한 흐름을 바로잡아야 합니다…. 점령을 끝내는 것은 법적-도덕적 필연임이 분명합니다. 나는 모든 유엔 회원국들이 이번 권고적 의견에 긍정적으로 응답하여, 각자의 행동이 이에 부합하도록 하여 팔레스타인 민족의 자결권 실현을 위한 길을 열기를 기도합니다.[35]

나 역시 다른 팔레스타인 기독교 지도자들처럼 때로는 웰비 대주교를 비판해 온 적이 있다. 그러나 이번 전쟁 내내 그가 보여준 휴전

---

35 "Archbishop of Canterbury Statement on the ICJ's Advisory Opinion on Israel and the Occupied Palestinian Territories," Archbishop of Canterbury, August 2, 2024, https://tinyurl.com/kda9a3wy.

호소는, 그가 기독교적 원칙과 연민에 따라 움직이는 지도자임을 분명히 보여준다. 나는 이 성명과 그 논리에 전적으로 동의한다. 즉, 우리는 법치주의가 합의되고 실현되는 세상에서 살아야 한다는 것이다. 현재 국제사법재판소가 그 공통의 틀을 제공하고 있다. 그 대안은 단순한 혼란이 아니라 힘이 곧 정의라는 제국의 논리가 지배하는 세상이다. 예수의 윤리에 따라 사는 그리스도인이라면, 우리는 제국의 논리에 가장 먼저 도전해야 한다. 또한 특권과 우월의 위치에서 종교적 텍스트를 자기 정당화에 이용하며 법 위에 군림하려는 이들도 반드시 비판해야 한다. 그리고 결정권자들이 이스라엘을 국제법에서 면제시키는 데 만족하는 이 시대에, 우리는 반드시 목소리를 내고, 조직하며, 정의를 요구해야 한다.

한 국가 해법이든 두 국가 해법이든 논의하기에 앞서, 우리는 이스라엘에 대한 전 세계적 보이콧, 투자 철회, 제재(BDS) 운동에 힘써야 한다. 이런 행동은 차별이 아니라 점령 국가인 이스라엘이 국제법을 준수하도록 압박하는 수단이다. BDS 운동에는 풀뿌리 대중의 동참이 필요하다. 정치인 대부분이 앞장서지 않을 것이 분명한 만큼, 시민들이 주도해야 하며, 전 세계 대학생들이 이 운동에서 중요한 역할을 할 수 있다. 팔레스타인에서 정의를 실현하려면, 세계 시민들의 진정한 연대와 희생이 반드시 필요하다. 우리의 공동 인류애는 식민주의와 아파르트헤이트 종식을 위한 연대의 실천을 요구한다.

내가 꿈꾸는 비전은, 신앙인들이 이 목표를 향해 종교 간 연대 운동을 이끌어가는 것이다. 이런 노력이야말로 진정한 종교 간 예언자적 연대와 실천의 표본이 될 것이다. 이것은 과거 시민권 운동에서 인종차별과 분리정책에 맞서 싸울 때 그리고 남아프리카공화국의 아파르트헤이트에 맞선 투쟁에서 우리가 목격했던 바로 그 종교 간 연대의 모습이다. 그리고 지금 우리는 전 세계적으로 자유로운 팔레스타인을 위한 이런 투쟁이 형성되어가는 모습을 목격하기 시작하고 있다. 런던의 블룸스버리침례교회와 뉴욕의 리버사이드교회에서 정의와 공의를 갈망하며 가자 주민들과 연대하기 위해 모인 기독교인, 유대인, 무슬림들을 보았을 때, 나는 마치 하나님의 나라를 미리 맛보는 듯한 감동을 느꼈다.

기독교인에게 '값비싼 연대'는 말이나 자선 행위 그 이상을 의미한다. 연대란 본질적으로 희생을 수반한다. 안락한 자리에서 벗어나야 하며, 사랑을 위해 자기 부인을 요구하신 예수님의 급진적 부름을 받아들이는 것이다. 이렇게 할 때 우리는 하나님께서 의도하신 참된 인간다움이 무엇인지를 세상에 보여줄 수 있다. 이런 연대는 비난과 허위 고소, 중상모략, 심지어 체포까지도 감수해야 하는 일일 수 있다. 모두 의로움을 위한 일이기 때문이다. 예수께서 이렇게 말씀하지 않으셨는가?

> 의를 위하여 박해를 받는 자는 복이 있나니 천국이 그들의 것임이라(마태복음 5:10).

가자지구가 이 시대 최고의 도덕적 시험대가 되었다고 내가 선언한 것처럼 팔레스타인에 대한 정의, 아파르트헤이트의 종식, 이 땅의 진정한 평화 역시 의로운 과제라 할 수 있다. 수년간의 잔혹함과 비인간화를 견뎌낸 팔레스타인 사람들에게 정의와 치유를 실현하는 것은 의를 향한 부르심이다.

에 필 로 그

희망과 생존 그리고 수무드

우리가 감히 희망을 품을 수 있을까? 우리는 집단학살 한가운데서 '희망'을 설교해야 하는가? 가자지구에서 1만 7천 명이 넘는 아이들을 잃은 상황에서 어떻게 희망을 말할 수 있는가? 수백만 명이 집을 잃은 현실에서 어떻게 희망을 이야기할 수 있는가? 정착민들의 공격이 늘어나는 상황에서 어떻게 희망을 이야기할 수 있는가? 가자지구 집단학살을 주도했고, 아파르트헤이트 현실의 설계자 중 한 명이 의회에서 영웅으로 환영받는 모습을 보며 어떻게 희망을 말할 수 있는가? 아랍 지도자들이 학살을 지켜보기만 하고 아무것도 하지 않을 때, 우리는 어떻게 희망을 품을 수 있는가?

우월주의와 배제의 이념이 세상을 지배할 때, 우리는 어떻게 희망을 품을 수 있는가? 많은 교회가 제국의 편에 서서 그들의 말을 되풀이하고, 그들의 입맛에 맞는 노래를 부르면서도 평화의 편이라고 주장할 때, 우리는 어떻게 희망을 품을 수 있는가? 성경이 여전히 팔레스타인 사람들을 공격하는 무기로 사용될 때, 우리는 어떻게 희망을 품을 수 있는가?

76년 동안 계속된 나크바 이후, 우리는 어떻게 희망을 품을 수 있는가? 지난 1년 동안, 나는 스스로에게 그리고 희망을 설교하는 것이 과연 정당한지 의심하기 시작했다. 나는 이 전쟁 동안 누구보다도 희망에 대해 많이 말하고 써왔지만, 이제는 이런 의문이 든다. 존재 자체가 위협받는 사람들에게 희망을 가지라고 요구하는 것이 과연 공정한가? 그래서 나는 종종 '희망' 대신 '생존'에 대해 이야기하는 쪽을 택했다. 목표는 하루하루 살아남는 것이다. 생존이 더 현실적이고, 더 절실하다. 집단학살의 전쟁 속에서, 76년간의 정착 식민주의와 계속되는 나크바의 맥락에서, 생존은 비록 가능성이 희박할지라도 우리가 추구해야 할 목표처럼 보인다. 우리는 나크바에서 살아남기를 바란다. 가자지구 사람들은 집단학살에서 살아남기를 바란다. 많은 팔레스타인 사람에게는 이 이상을 말하는 것조차 매우 어렵다.

그래도 희망할 수 있을까?

2024년 5월, 집단학살이 한창이던 때 베들레헴에서 열린 "검문소의 그리스도" 컨퍼런스에서 젊은 팔레스타인 신학자 람마 만수르는 청중에게 "그래도 희망하라"고 도전했다. 그 연설은 우리에게 모든 역경에도 불구하고 계속해서 희망을 품고, 세상이 다른 현실을 상상할 수 있도록 도와야 한다고 촉구하는 감동적인 이야기였다.

> 우리는 이 세상의 권력과 권세가 우리가 가능한 것을 규정하도록 내버려둘 수 없습니다. 상상력의 과업을 억압자들에게 맡길 수 없습니다. 우리가 하나님 안에서 가진 이 살아 있는 희망은 우리로 하여금 다른 현실을 상상하게 하고, 배제와 우월주의의 상상력에 도전하게 합니다.[1]

---

[1] Lamma Mansour, "CATC2024 Day 4: A Christ-Centered Response in Times of War-Dr.

우리가 희망을 멈출 때, 우리는 폭정과 억압에 굴복했다고 선언하는 것이다. 우리는 제국의 억압자들이 우리의 현실을 규정하도록 내버려두는 것이다. 우리가 희망을 멈출 때, 우리는 불의가 당연하다고 받아들이는 것이다. 이런 의미에서 희망은 투쟁이다. 희망은 고통스럽다. 희망은 비논리적이다. 때로는 잘못된 것처럼 느껴지기도 한다. 그러나 우리는 그 대안에 굴복할 수 없다.

'수무드'는 아랍어로 '끈질긴 인내' 혹은 '굳건함'을 뜻한다. 이 단어는 시온주의 공격 앞에서 팔레스타인 사람들이 보여준 끈질긴 저항을 가리키는 데 자주 사용된다. 수무드의 본질은 팔레스타인 사람의 회복력에 있다. 수무드는 과거를 잊지 않는 것이다. 뿌리가 흔들릴 수는 있지만 절대 뽑히지 않는, 땅에 깊이 뿌리내린 존재감을 의미한다. 수무드는 팔레스타인 난민들이 귀환권을 포기하지 않는 것이기도 하지만, 그 이상이다. 예를 들어, 1948년 나크바의 후손이 그 마을의 전통 의상(투브)을 입고, 부모나 조부모의 고향 마을 이름을 자신의 출신지로 계속 부르는 것, 그것도 수무드이다. 그러나 앞으로의 길은 더 많은 고통과 아픔으로 가득할 것처럼 보인다. 그때까지 우리는 계속해서 우리의 존재와 생존을 위해 싸울 것이고, 우리의 아이들이 이 땅에서 살아가기를 그리고 살아가기를 선택하기를, 희망을 품고 또 기도할 것이다.

나크바 이후 수십 년이 지난 지금 그리고 가자지구 집단학살 이후에도, 우리는 이 땅에서 존엄하게 살고자 하는 희망과 열망을 결코 포

Lamma Mansour," Christ at the Checkpoint YouTube Channel, June 5, 2024, https://tinyurl.com/54ksywf3.

기하지 않을 것이다. 희망과 수무드는 함께 간다. "카이로스 팔레스타인" 문서는 이렇게 말한다:

> 희망의 가장 중요한 표지 중 하나는 세대의 끈질긴 인내, 그들의 정의로운 대의에 대한 믿음 그리고 '나크바'(대재앙)와 그 의미를 결코 잊지 않는 기억의 지속성이다.[2]

예언자 하박국은 이 수무드를 닮았으며, 그 자체를 구현한 인물이다. 그는 고통과 괴로움 속에서도 절망에 굴복하지 않았다. 하박국서의 결론 부분에서 그는 하나님께 탄식하고 심지어 의문을 제기하는 가운데에도 도전적으로 이렇게 선언했다.

> 무화과나무가 꽃을 피우지 않고,
> 포도나무에 열매가 없으며, 올리브의 소출이 없고 밭에 먹을 것이 없으며,
> 우리의 양 떼가 끊기고 외양간에 소가 없을지라도,
> 나는 여호와로 인해 기뻐할 것이다.
> 나는 내 구원의 하나님으로 인해 즐거워할 것이다.
> 주 여호와는 나의 힘이시니, 그분은 내 발을 암사슴의 발처럼 하시며,
> 나를 높은 곳에 오르게 하신다(하박국 3:17-19).

---

2 "Kairos Document: A Moment of Truth; A Word of Faith, Hope and Love from the Heart of Palestinian Suffering" [Bethlehem, 2009], https:// tinyurl.com/2d8864jr, section 3.3.3, 6.

이것이 바로 수무드의 선언이다. 절망의 때에 이런 고백을 내뱉는 데 얼마나 큰 고통이 따랐을지 상상할 수 있다. 그는 자신의 감정과 현실 인식에 반하여 이런 확신의 말을 선택했다. 이것은 사실상 하나님만이 유일한 희망의 근원임을 추구하겠다는 결단의 선언이다. 예수님도 정의를 구할 때 포기하지 말라고 격려하며 비슷한 말씀을 하셨다. 예수님은 기도에 관한 비유에서, 한 과부가 부당한 재판관에게 끈질기게 정의를 호소하는 이야기를 들려주셨다. 예수님의 말씀에 따르면, 이 재판관은 "하나님을 두려워하지 않고 사람을 무시하는" 자였지만, 과부가 계속 귀찮게 하자 결국 정의를 들어주었다. 예수님은 여기서 우리가 이 과부처럼 하나님을 끈질기게 "귀찮게 하라"고 초대하신다. 예수님이 하나님을 부당한 통치자에 비유하신 것은, 제자들에게 포기하지 말고 정의를 위해 기도하라고 동기를 부여하기 위함이다. 그래서 이 비유는 이렇게 마무리된다.

> 하나님께서 밤낮으로 부르짖는 택하신 자들의 원한을 풀어주지 아니하시겠느냐? 그들에게 오래 참으시겠느냐? 내가 너희에게 이르노니, 속히 그 원한을 풀어주시리라. 그러나 인자가 올 때에 세상에서 믿음을 보겠느냐?(누가복음 18:7-8)

이런 상황에서의 기도는 수무드의 행위다. 정의를 고집하는 것도 수무드다. 이런 의미에서 기도는 저항이다. 고통과 불의가 당연시되는 현실에 굴복하지 않는 저항이다. 우리는 팔레스타인 사람으로서 오랜 세월의 불의로 인한 세대 간 상처와 아픔을 안고 살아간다. 그러나 우리의 수무드는 조상들의 땅에 뿌리내린 존재감, 우리의 정의로운 대의에 대한 믿음 그리고 정의로우신 하나님에 대한 신앙에 뿌리를 두고 있다. 우리는 예수님의 비유에 나오는 과부처럼, 반드시 정의가 실현될 것임을 믿으며 신앙을 지켜야 한다. 예수님의 말씀은 우리로 하여금 정의가 이루어질 때까지 쉬지 않고 기도하라고 촉구한다. 예수님은 여기서, "인애와 정의와 공의를 땅에 행하시는"(예레미야 9:24) 하나님께 우리가 계속해서 간구하라고 도전하신다. 우리는 하나님이 어떤 분이신지 알기에, 계속해서 기도하고 간청할 것이다. 전 세계 그리스도인들에게 회개를 촉구하며, 우리 열두 개의 팔레스타인 기독교 단체는 다음과 같은 결론을 내렸다.

> 우리는 우리 자신과 팔레스타인 민중에게도, 우리의 수무드('끈질긴 인내')가 정의로운 대의와 이 땅에 대한 역사적 뿌리에서 비롯된 것임을 다시 상기시킵니다. 팔레스타인 그리스도인으로서, 우리는 또한 마음이 상하고 겸손한 자와 함께하시는 하나님(이사야 57:15) 안에서 용기와 위로를 계속해서 발견합니다. 우리는 십자가에 달리신 그리스도와의 연대에서 용기를 얻고, 빈 무덤에서 희망을 찾습니다. 우리는 또한 전 세계 수많은 교회와 풀뿌리 신앙운동이 보여주는 값비싼 연대와 지지에 힘을 얻으며, 권력과 우월주의의 이념을 거스르는 도전에 힘을 얻습니다. 형제자매가 우리를 버릴지라도 우리는 굴복하지 않습니다. 우리는 희망 안에서 굳건하고, 증언에 있어 회복력이 있으며, 폭정과 어둠 앞에서도 믿음과 희망, 사랑의 복음에 계속 헌신합니다. 모든 희망이 사라진 곳에서, 우리는 희망의 외침을 외칩니다. 우리는 선하시고 정의로우신 하나님을 믿습니다. 우리는 하나님의 선하심이 이 땅에 여전히 남아 있는 증오와 죽음의 악을 마침내 이길 것임을 믿습니다. 우리는 이곳에서 '새로운 땅'과 '새로운 인간'을 보게 될 것입니다. 그들은 영혼으로 일어나 각각

의 형제자매를 사랑할 수 있는 존재가 될 것입니다.

우리는 반드시 회복할 것이다

리파트 알아리르는 그가 살해당했을 때 나와 같은 나이였다. 그는 팔레스타인 시인이자, 가자 이슬람대학교에서 세계문학과 창작 글쓰기를 가르치는 교수였다. 그는 '우리는 숫자가 아니다'(We Are Not Numbers)라는 비영리 단체의 공동 설립자였는데, 이 단체는 가자와 난민캠프에 사는 팔레스타인 청년들의 목소리를 세상에 알리는 것을 목표로 한다. 그는 젊은 작가들이 이스라엘 봉쇄 아래에서 살아가는 삶을 담은 단편소설, 에세이, 사진, 시 등을 엮은 여러 권의 책을 편집했다.3 그는 학생들에게 사랑받는 교수였다.4

2023년 12월 6일, 리파트는 그의 형제, 조카, 누나와 그녀의 세 자녀와 함께 이스라엘군의 공습으로 목숨을 잃었다. 리파트는 아내와 여섯 자녀를 남기고 세상을 떠났다. 그의 장녀 샤이마, 샤이마의 남편 모하메드 시암 그리고 그들의 갓난아기는 가자시티 자택에 대한 이스라엘군 공습으로 사망했다. 리파트가 사망한 후, 그가 영어로 쓴 한 편의 시가 팔레스타인 사람들과 전 세계 사람들의 주목을 받았다. 그는 이렇게 썼다.

---

3 Sana Noor Haq and Abeer Salman, "Prominent Gaza Professor and Writer Killed in Airstrike, Weeks After Telling *CNN* He and His Family Had 'Nowhere Else to Go,'" *CNN*, December 12, 2023, https://tinyurl.com/yd9t57j3.

4 Alia Kassab, "Remembering Refaat Alareer, in the Words of His Student," *Al Jazeera*, January 16, 2014, https://tinyurl.com/ycyw4v7h.

만약 내가 죽어야 한다면,

너는 살아서 내 이야기를 전해야 한다

내 물건을 팔아

천 조각과 실을 사야 한다

(그 천은 하얗고 꼬리가 길게 만들라)

그래서 가자 어딘가에서

하늘을 올려다보며

불길 속에 떠난 아빠를 기다리는

작별 인사조차 못한

자신에게도, 가족에게도 인사하지 못한

그 아이가

네가 만든 내 연,

하늘 높이 나는 그 연을 보며

잠시나마

천사가 거기 있어

사랑을 다시 가져다주는 것이라 생각하게 하라

만약 내가 죽어야 한다면,

그것이 희망을 가져오게 하라

그것이 이야기가 되게 하라[5]

나는 그의 이야기를 그리고 리파트처럼 예술과 이야기, 시의 힘으

---

[5] "A Bilingual Poem from Gaza," World Literature Today, December 14, 2023, https://tinyurl.com/2fj2r2uk. (Alareer wrote his poem in English; D. P. Snyder translated it into Spanish.)

로 사람들에게 용기를 주고, 가자의 아이들이 잔혹한 봉쇄 속에서도 잠시나마 하늘의 천사가 사랑과 희망을 가져다줄 것이라 상상하기를 꿈꿨던 고귀한 가자 사람들의 이야기를 전할 것이다. 리파트의 바람은 자신의 죽음이 희망이 되기를 바라는 것이었다. 나는 그와 이 잔혹한 전쟁에서 목숨을 잃은 수만 명이 살아남았기를 간절히 바란다. 나는 그의 이야기를 전하지 않아도 되었으면 좋겠다. 그가 더 많은 시를 쓰고, 더 많은 이들에게 창작의 힘을 나눠주며 살아 있었으면 좋겠다. 그러나 리파트는 수천 명의 가자 사람들과 함께 목숨을 잃었고, 우리는 그들의 이야기를 멈추지 않고 전해야 한다.

지난 1년 동안 내가 반복해서 말한 것 중 하나는, 우리는 가자에 대해 말하기를 멈추지 말아야 한다는 것이다. 우리는 멈출 수 없다. 그것이 가자 사람들에게 우리가 져야 할 빚이기 때문이다. 그들의 희생에 대한 빚이다. 가장 어려운 상황에서도 쉬지 않고 일하며, 때로는 생명을 바쳐 생명을 구한 의료진에게 진 빚이다. 긴급구조대원들에게 진 빚이다. 아이들을 보호하며 피난처를 찾는 어머니들에게, 어머니에게 줄 음식을 찾아 쉼 없이 헤매는 아이들에게 진 빚이다. 난민캠프에서 아이들을 위로하려고 음악을 연주한 이들에게 진 빚이다. 수차례나 쫓겨난 이들에게 진 빚이다. 그들의 고통과 아픔에 대한 빚이다. 그들의 수무드에 대한 빚이다. 우리는 가자에 대해 말하기를 멈출 수 없다. 내가 런던 거리에서 수천 명의 시위대 앞에 섰을 때, 그것은 매우 감정적인 순간이었다. 그리고 나는 선언했다.

내 인생에서 지난 1년만큼 팔레스타인 사람이라는 사실이 자랑스럽고 영광스러웠던 적은 없습니다. 나는 우리의 수무드가 자랑스럽습니다. 나는 서로를 향한 우리의 연대가 자랑스럽습니다. 나는 우리의 단합이 자랑스럽습니다. 내가 크리스마스 설교에서 "우리는 괜찮을 것이고, 우리는 반드시 회복할 것이다"라고 말한 이유는 내 민족을 알기 때문입니다. 우리는 누구인지 알고 있습니다. 팔레스타인은 우리의 고향입니다. 우리는 그 땅에 깊이 뿌리내리고 있습니다. 전 세계에 흩어진 팔레스타인 사람들에게도, 팔레스타인은 그들 안에 살아 있습니다.

내가 그렇게 말한 또 다른 이유는 나는 하나님이 어떤 분인지 알기 때문이다. 우리는 정의롭고 선하신 하나님에 대한 믿음을 잃을 수 없고, 잃지 않을 것이다. 우리는 부활의 하나님에 대한 믿음을 잃을 수 없고, 잃지 않을 것이다. 우리는 만족하게 될 것이다. 정의가 이루어질 것이다.

수무드는 우리의 헌신이자, 저항이며, 결의이다. 정의를 위해 계속 일하고, 존엄한 삶을 옹호하며, 이 참혹함에서 우리가 회복될 것이라는 희망을 선택하는 것에 대한 헌신이다. 상실은 엄청나다. 파괴는 막대하다. 고통은 깊고, 상처는 너무 깊어 회복이 환상처럼 느껴질 정도이다. 마치 깊고 어두운 구덩이 바닥에 있는 것 같은 느낌이다. 마치 토요일 무덤 속의 예수님처럼 죽음과 어둠, 침묵만이 있다. 그러나 우리는 희망을 선택한다. 살아남기를 선택한다. 존재하기를 선택한다. 하나님이 선하시다고 끝까지 주장하기를 선택한다. 우리는 회복할 것이다. 회복의 뿌리를 인내에 두고, 우리 민족을 위한 정의를 요구할 것이다. 우리는 반드시 회복할 것이다.

부록

폭력 메커니즘 이론으로 본
팔레스타인 제노사이드

팔레스타인 홀로코스트
- 이스라엘의 팔레스타인 학살에 나타난 7단계 폭력 메커니즘

I. 서론

1967년 이스라엘은 시리아, 요르단, 이집트 연합군과 치른 소위 '6일 전쟁'(six day war)에서 승리하고 난 후, 웨스트 뱅크, 가자지구 그리고 동예루살렘을 군사적으로 점령한다. 그해 유엔 안보리는 이스라엘의 점령이 국제법적으로 불법임을 규정하고 철수할 것을 요구하는 결의안 242를 통과시킨다. 그러나 이스라엘은 이를 44년째 수행하지 않고 있다. 오늘날 3백만 명의 팔레스타인 사람들이 이스라엘의 군사적 불법 점령하에서 매일같이 반복되는 폭력과 불안정한 구조 속에서 고

---

* 이 글은 15년 전 본 번역자가 미국에서 공부할 때 영어로 쓴 에세이를 2011년 「한국기독교윤리논총」에 한글로 번역하여 발표한 논문으로, 원문에서는 현재 이스라엘이 팔레스타인 사람들에게 가하는 장기간의 폭력을 자신들이 히틀러의 나치로부터 당한 홀로코스트의 역사를 그대로 팔레스타인에서 재현한다는 의미에서 "복사된 제노사이드"(duplicated genocide)라고 명명했다. 비록 이 글이 2011년 상황에서 한국인이라는 제삼자의 시각에서 쓴 것이지만, 이스라엘의 팔레스타인에 대한 폭력의 역사는 여전히 현재진행형일 뿐만 아니라 더 악화되고 있다는 점 그리고 그때나 지금이나 폭력의 작동 맥락이 유사하다는 점에서 유의미하다고 판단되어 여기에 싣는다. 아울러, 이 글을 통해 팔레스타인 현지에서 고통당하는 피해당사자인 문터 아이작 목사와 팔레스타인 사람들의 외로운 외침에 작은 공감과 연대의 마음을 전하고자 하는 심정으로 감히 부록에 부친다.

통받고 있다.

오늘날 세계의 국제 정치계, 언론계, 심지어 학계에서는 이 장기간의 폭력 사태를 '이스라엘-팔레스타인 충돌'(Israel-Palestine conflict), 혹은 '아랍-이스라엘 충돌'(Arab-Isrel conflict)이라고 표현하고 있다. 소위 '이스라엘과 팔레스타인의 충돌'이라는 언어적 표현은 '이스라엘과 팔레스타인은 동일한 권력을 가진 관계'이며, 그러므로 "양자 사이에서 일어나는 폭력의 질과 양, 나아가 윤리적 평가는 동일하다"라는 의미를 전제한 개념이다.

일반적으로 폭력이란 '비대칭적 혹은 불균형적인 관계구조에서 비롯하는 권력(힘)의 일방적 발현'을 뜻한다. 반면, 평화란 '힘의 균형적 관계 혹은 대칭적 관계'를 전제한 상호성의 개념이다. 소위 44년간 계속되는 이스라엘-팔레스타인 사태는 점령자와 피점령자, 절대적 권력국과 절대적 약소국의 관계라는 불균형적, 일방적 권력 관계 속에서 발생한 것으로, 이는 '절대적 힘의 우위에 있는 이스라엘의 절대적 폭력의 구조'에서 기인한다.

따라서 폭력론의 관점에서 볼 때, 이 사태에 대한 적절한 정의는 '이스라엘-팔레스타인 충돌'이 아니라 '이스라엘의 팔레스타인에 대한 폭력'(Israel's violence to Palestine)으로 수정되어야 한다. 본 연구는 한 걸음 더 나아가 이를 '이스라엘의 팔레스타인에 대한 44년 제노사이드'(genocide in Palestine)라고 재규정한다.[1] 20세기 제노사이드 역사

---

[1] 팔레스타인 폭력 사태를 제노사이드로 규정하는 필자의 주장에 대하여 혹자는 '유엔 제노사이드 협약에 나타난 3가지 조건(파괴의 대상 및 보호 대상, 파괴의 범위 및 정도, 의도성의 여부)을 내세우며 반박할 것이다. 물론 이 사태는 유엔 협약의 조건에 부합할 수 없다. 그러나 1948년 이 협약이 92개국의 이해관계 속에서 철저히 협소해지고 피상화되는

에서 6백만 명이라는 엄청난 대량 학살 희생의 역사2를 가졌던 이스라엘이 지금은 역설적으로 자신들이 가해자가 되어 팔레스타인 지역에서 44년째 대량 학살의 역사를 쓰고 있다.

본 연구에서 이 사태를 '팔레스타인 제노사이드' 혹은 '팔레스타인 홀로코스트'로 정의한 데에는 이스라엘이 팔레스타인에 대하여 행한 폭력의 형태들이 제노사이드에서 일어나고 있는 폭력의 메커니즘을 동일하게 따르고 있기 때문이다. 따라서 본 연구는 이스라엘의 팔레스타인에 대한 폭력 사태가 제노사이드인가 아닌가라는 이론적, 법리적 접근이 아니라 이스라엘이 구사하는 폭력 행태들 속에 나타나는 폭력의 법칙성, 작동 원리 그리고 진행 과정을 통해 이미 드러난 폭력

정치적 과정을 겪었다는 점, 이 세 가지 조건만으로는 20세기 이후 계속 발생하고 있는 대량 학살 사태들을 예방하거나 처벌할 수 없다는 학자들의 비판 그리고 '유엔 협약'이라는 국제법으로 제노사이드 가해자를 처벌하기가 쉽지 않다는 현실적 부정론을 볼 때, 단순히 법리적 판단에 따라 정당성 여부를 논의하는 것은 사태의 본질을 벗어날 위험이 있다.

2 지금까지 이스라엘은 나치에 의한 유대인 대량 학살에 대하여 '홀로코스트'(Holocaust)라는 배타적 표현을 사용함으로써, 자신의 역사를 다른 나라의 제노사이드 혹은 대량 학살과 차별화하는 전략을 구사해 오고 있다. 정통파 유대인 학자인 스티븐 카츠(Steven Katz)는 자신들이 경험한 580만 명의 학살 사건, 이른바 홀로코스트 외에는 어떠한 대량 학살도 제노사이드 범주에 들어갈 수 없다고 주장한다. 이를 필자는 '홀로코스트 예외주의'라 부른다. Steven Katz, *The Holocaust in Historical Perspective*, Vol. 1: The Holocaust and Mass Death Before the Modern Age (New York: Oxford University Press, 1994), 128-129. 이러한 유대계 학자들의 용법에 대하여 팔레스타인 작가인 아디브 콰(Adib S. Kwar)는 '홀로코스트'라는 단어가 사전에서 항상 대문자로 표기되고 있는 것을 지적하면서 이는 근본주의적 시온주의자들이 이를 자신들만의 경험을 독점하고 그 이외의 모든 학살의 경험들에 대해서는 부정하려는 태도라고 비판한다. Adib S. Kwar, "While Zionism is celebrating the European Holocaust... The Palestinian Holocaust," *Jerusalem I Love You* (www.jerusalemiloveyou.net/spip.php/article112), April 22, 2004. 필자는 역사 속에 지속적으로 발생하는 대량 학살 사건에 대한 연구에서 예외주의적 배려는 있을 수 없다고 본다.

메커니즘을 통한 경험적, 실증적 접근이다. 또한 본 연구는 일종의 기독교 고발 담론 윤리[3]의 차원에서 수행되는 폭력에 대한 신학적 숙고를 토대로 한다.

II. 7단계 폭력 메커니즘

폭력 메커니즘 이론은 현실 세계에서 일어나고 있는 다양한 폭력 현상들을 분석하기 위한 도구적 방법론이다. 외형적으로 폭력은 현실에서 다양한 형태로 표출되지만, 그 내면의 과정을 살펴보면 거기에는 일정한 법칙과 작동 원리 그리고 일관된 과정이 있음을 발견할 수 있다. 따라서 이 방법론은 인간의 폭력이 가지고 있는 기원적 특성 및 본질적 형태를 이해하는 데 중요한 관점을 제공할 수 있다.

이스라엘 정부의 팔레스타인에 대한 폭력 현상은 7가지 폭력 메커니즘에 따라 진행되고 있음을 알 수 있다. 이스라엘의 집단의식으로서의 '정치적 시온주의'라는 이데올로기의 폭력(ideology), 이스라엘-미국 간 강력한 군사동맹을 통한 조직화의 폭력(organization), 팔레스

---

[3] 본 연구는 필자의 저서 『제노사이드 속 폭력의 법칙』(도서출판 선인, 2008)과 같은 해 신학사상지에 발표한 "폭력에 대한 전통적 신학의 입장 표명 윤리 비판과 기독교 담론 윤리 구상"(「신학사상」 Vol. 141. 여름호. 2008)에 이은 연속물이다. 앞의 두 연구물에서 필자는 폭력에 대한 기존의 기독교윤리학계의 입장 표명 윤리의 한계와 문제를 비판하고, 폭력 메커니즘 방법론을 통하여 폭력의 작동 원리와 법칙성을 밝힌 다음, 대안적 윤리로써 예방 담론, 고발 담론 그리고 해방 담론이라는 세 가지 기독교 담론 윤리를 제안했다. 본 연구는 팔레스타인 폭력 사태에 대한 기독교 고발 담론 윤리의 범주에서 수행된, 이른바 '사회과학적 윤리학의 작업이며, 따라서 본 연구의 신학적 논거에 대한 것은 이미 밝혔으므로 여기에서는 생략하였다.

타인 사람들을 열등 국민으로 분류하고 비인간적 존재로 규정하는 타자화의 폭력(other making), 미국 내 주류 언론 매체를 광범위하게 점령함으로써 자국의 이미지를 조작하는 미디어 폭력(media manipulation), 거대한 분리장벽의 건설을 통한 통제와 고립화의 폭력(ghettoization), 대대적인 주택 파괴를 통한 팔레스타인 영토, 역사, 인간을 지도상에서 지워버리는 절멸화의 폭력(annihillation) 그리고 자신들의 폭력에 대하여 불가피한 자기 방위적 행위였다고 정당화하고 자기기만적 정치신화를 창조하는 부정과 정당화의 폭력(denial & justification)이 그것이다.

1. 이데올로기 폭력: 집단의식으로서의 '정치적 시온주의'

제노사이드에 있어서 이데올로기는 학살을 수행하기 위한 정신적 요소이자 초기적 메커니즘이다. 이 과정에서 말하는 이데올로기는 가해자 집단으로써 권력을 잡은 정권이 추구하고 제시하는 정치적 이상향 혹은 유토피아를 의미한다.[4] 에릭 마르쿠젠(Eric Markusen)은 이데올로기가 특정 정책을 채택하거나 특별한 관행을 수행하기 위한 심리적, 정치적 합리화의 체계라고 정의한 바 있다.[5] 특히 그는 20세기 세계 역사에서 발생한 대량 학살 프로젝트에서는 풍부한 이데올로기적 동기가 자연스럽게 사용되었다고 말한다.[6] 이데올로기는 대량 학살

---

[4] Eric D. Weitz, *a century of genocide :Utopia of Race and Nation* (Princeton and Oxford: Princeton University Press, 2003), 14-15.

[5] Eric Markusen, "Genocide and Total War," in Isidor Walliman · Michael N. Dobkowski, *Genocide and the Modern Age*, 장원석 · 강경희 · 허호준 · 현신웅 역, 『현대사회와 제노사이드』(서울: 도서출판 각, 2005), 168.

[6] Ibid., 192.

을 정치적으로 동기화(motivation)하고 정당화(justification)하는 데 결정적인 요소이자 작동 기제이다. 이데올로기의 효과는 일단 정부의 표적이 된 대상들이 소수집단의 구성원이든, 적국의 시민이든 관계없이 자신의 집단이나 국가를 지속하기 위해서는 제거되어야 할 존재라는 집단적 의식을 창조해 내는 데 있다.[7]

아돌프 히틀러는 유대인 학살 당시 '위대한 게르만 민족주의'(greater Germany)와 '반유대주의'(anti-semitism) 이데올로기를 사용했다. 스탈린은 구소련의 공산혁명 당시 인간 평등과 분배를 추구하는 '공산주의'(communism)의 이름으로 중산층 계급을 절멸시켰다. 해방 후 이승만 정부는 '반공주의'(anti-communism)의 이름으로 제주도민 3만 명을 학살했다.

오늘날 이스라엘이 팔레스타인 땅에서 벌이고 있는 폭력의 핵심 이데올로기는 '시온주의'(zionism)다. 시온주의는 전통적으로 이스라엘 땅에 대한 유대민족의 오랜 역사적 관계에 기초한 개념이지만, 근대에 들어서면서 이 운동은 세속적 유대인들에 의하여 유럽 전역에 퍼져있던 반유대주의에 대한 하나의 저항적 운동으로 변질되면서 홀로코스트 이후 강력한 이스라엘 정치 운동으로 급성장한다.[8] 특히 우익 혹은 근본주의적 시온주의자들의 주요 목표는 팔레스타인 땅을 점령하여 그 땅의 거주민들을 추방하고, 그들이 스스로 정의한 이른바 '순수 히브리 노동'(pure Hebrew labor) 개념에 근거한 배타적 유대인 경제 시스템을 구축하는 것이었다.[9]

---

7 Ibid., 193.f.
8 http://en.wikipedia.org/wiki/Zionism.
9 Joseph A. Massad, *The Persistence of the Palestinian Question: Essays on Zionism and the Palestinians* (New York: Routledge, 2006), 1-2.

중동의 팔레스타인-노르웨이안 역사학자 살림 나잘(Salim Nazzal)은 가자지구 전쟁 이후 이스라엘 시온주의자들이 시온주의를 자신들의 이데올로기적 무기로 사용하여 실제상황을 어떻게 왜곡하여 기술하였는지를 나치주의와 비교하면서 그 유사점과 차이점을 다음과 같이 지적한다.

수십 년 동안 시온주의자들은 "중동에서 이스라엘만이 유일한 민주국가이다"라는 말을 아랍권 국가들을 악마화하고 그들에 대한 범죄행위를 정당화하는 이데올로기적인 무기로 사용해 오고 있다. 전 세계에 시온주의의 추악한 모습을 여실히 드러낸 가자지구 전쟁 이후, 오늘날 이스라엘 파시즘의 발흥은, 1975년 유엔이 선언했듯이, 시온주의와 민족주의는 쌍둥이 형제라는 것을 증명했다. 최근 이스라엘의 선거 결과는 우리에게 시온주의와 파시즘이 동의어라는 사실을 보여주었다. 그러나 나는 나치와 시온주의 파시스트 사이에 중요한 차이가 있음을 언급해야만 할 것 같다. 이 차이는 양자 모두 그 저변에 깔려 있는 증오의 문화에 기인한 것이 아니다. 오히려 시온주의 파시스트는 나치와 달리 핵무기를 갖추고 있어 인간 파괴의 범위를 전 지구적으로 펼칠 수 있다는 사실에 있다. 이 사실은 자연스럽게도 중동을 비롯한 전 세계의 심각한 관심사로 떠오르고 있다.[10]

이처럼 이스라엘의 정치적 시온주의는 60년 전 독일의 나치주의 파시즘의 확장된 형태의 현대판 이데올로기로써 자신들을 대량 학살

---

10 Salim Nazzal, "Roots of hatred in Zionist ideology," *AL-AHRAM*, No. 936. 26 February-4 March, 2009.

의 희생자로 몰아넣었던 과거의 폭력 이데올로기를 그대로 학습, 반복, 나아가 핵무기라는 신종 군사력을 포함함으로써 전혀 새로운 차원의 폭력 가능성을 재생산하고 있다. 정치적으로 근본주의적 성향을 노골화하고 있는 이스라엘의 시온주의 이데올로기는 팔레스타인에 대한 무차별적인 폭력을 동기화하고, 그들을 인간 이하의 존재로 비인간화하는 사회적 의식을 가능케 하고, 결국 이 땅에서 팔레스타인이라는 국가적 존재의 절멸에 이르도록 추동하는 강력한 집단의식으로 작동하고 있다.

2. 조직화 폭력: 이스라엘-미국 간 강력한 군사동맹 체제

이데올로기 메커니즘을 통하여 학살의 근본적인 명분과 정당성이 확립되고 나면, 학살 주체들은 자신들의 내부 세력을 강화하고 조직화하는 다음 단계로 진행한다. 이는 제노사이드 수행 과정에 따르는 조직적 요소이자 구조적 메커니즘이다. 이 과정에서 정치 지도자들은 국가의 살길을 찾기 위해 학살이 필요함을 선언하고 폭력 행위를 정당화하고 행동할 것을 요청함으로써 대량 학살에 참여할 조직과 사람들을 준비하며, 나아가 이를 위해 학살 대상자들에 대한 부정적인 상징 체계를 사용하여 살해 메커니즘을 합법화하는 동시에 내부적으로는 자신들의 집단 구성원들의 행동을 독려하기 시작한다.[11] 군사력 증강은 이 과정에서 가장 대표적인 현상으로 볼 수 있다.

---

11 Herbert Hirsch, *Genocide and the Politics of Memory : Studying Death to Preserve Life* (Chapel Hill & London: University of North Carolina Press, 1995), 102.

유대인 대량 학살의 프로젝트를 위한 준비 과정으로 히틀러는 가장 먼저 독일의 군사력 증강을 제한하는 베르사이유 조약의 일부분을 거부하기 시작했고, 그 하나로 국제연맹(League of Nations : 오늘날 UN의 전신)의 비무장회담 회원국 탈퇴를 선언했다. 그는 열광적으로 공군력 증강에 집중하면서 가능한 한 빨리 대형 공장들을 전투기 제조 공장으로 전환했다.12 이와 함께 나치는 차세대 군사력의 핵심 역할을 감당할 어린이들을 교육하고 훈련하는 히틀러 청년단(Hitler Youth)을 창설하고, 독일의 많은 젊은이들로 하여금 이 운동에 참여시켜 히틀러에 대한 충성과 유대인에 대한 증오 이데올로기를 주입했다.13

오늘날 이스라엘의 군사력은 전 세계적으로 최고의 수준으로 평가받고 있다. 특히 팔레스타인 점령을 지속하기 위하여 이스라엘에 있어 군사력은 매우 핵심적인 부분이다. 대부분의 대량 학살 가해자들이 그러하듯이, 이스라엘 또한 자신들의 군사력을 다른 국가와의 깊은 동맹관계를 통해 확대 및 강화하고 있다. 이스라엘과 미국의 군사동맹은 지나칠 정도로 밀접하여 이스라엘은 미국으로부터 막강한 군사적 원조를 받을 뿐만 아니라 불안정한 중동 지역에서 서로의 안보 관계를 공유하고, 미국 내에서 강력한 이스라엘 선호적인 로비를 통해 유리한 입지를 선점하고 있다.14 이스라엘은 1949년부터 2000년까지 총 1천억 불(매년 6억 불)의 군사적 원조를 미국으로부터 받아왔다.15 미국은 1987년 이후 해외 군수 판매 사업(foreign military sales:

---

12 Reg Grant, *World War II* (New York: Dorling Kindersley, 2008), 14.
13 Ibid., 15.
14 Wikipedia, "Israel-United States military relations," http://en.wikipedia.org/wiki/Israel-United_States_military_relations.

FMS), 해외 군사 자금 원조(foreign military financing: FMF) 그리고 연구 및 개발 지원 기금이라는 형태로 해마다 이스라엘에 평균 1.8억 불을 제공해 오고 있다.16 2007년 현재 미국은 이스라엘에 대한 군사적 원조를 25퍼센트 증가함으로써 앞으로 오는 10년 동안 매년 평균 3억 불을 지원하기로 했다(2008년 2.550억 불을 시작으로 매년 1억 5천만 불씩 증가한다는 계획이다).17 이처럼 미국과의 강력한 군사적 동맹을 통한 이스라엘의 군사 조직화는 그것 자체가 팔레스타인 국민에게 엄청난 폭력으로 작용하고 있다.

이스라엘의 군사력 팽창 전략은 중동의 적대적 주변국들로부터 자신들의 패권을 과시하고 자국의 생존을 위한 불가피한 선택으로 시작된 것이지만, 이는 동시에 팔레스타인에 대한 대대적인 폭력을 가능케 하는 물리적 예비 단계로 볼 수 있다. 극단적인 비대칭적 군사력 우위의 관계는 필연적으로 희생자 집단에 대한 군사적 행동을 촉발할 잠재적 가능성을 갖고 있기 때문이다. 따라서 이스라엘의 군사 조직화는 팔레스타인에 있어서 그것 자체가 이미 정신적 폭력의 효과를 가짐과 동시에 물리적 폭력을 위한 현실적 능력으로 나타난다.

3. 타자화 폭력: 비인간적 존재로 분류하고 규정하기

조직화 과정이 권력 집단이 어떻게 학살할 것인가를 설정하는 내부적 요인이라면, 타자화는 그들이 희생자 집단을 어떻게 규정하고

---

15 *Peace, Propaganda and the Promised Land:U.S. Media & the Israeli-Palestinian Conflict* by The Media Education Foundation, 2004, DVD.
16 Wikipedia, "Israel-United States military relations."
17 Ibid.

범주화할 것인가를 특징짓는 외부적 요인이라고 할 수 있다. 많은 학자들은 타자화 과정과 관련하여 경계짓기, 구별짓기, 차별하기, 낙인찍기, 분류화, 범주화, 상징화, 비인간화, 양극화, 외부 집단 규정짓기 등의 다양한 용어로 설명하고 있다.[18] 필자는 이 용어들을 하나로 묶을 수 있는 포괄적 개념으로 '타자화'라는 용어를 사용한다. 타자화 메커니즘은 위의 여러 관련 용어를 모두 포함하는 말이지만 크게 세분해 보면 '분류화 메커니즘'(경계짓기, 차별하기, 낙인찍기, 상징화, 범주화)과 '비인간화 메커니즘'(양극화, 외부 집단 규정하기)으로 대별할 수 있다.

경계짓기와 구별짓기는 차별하기(discrimination)로 발전하는데, 이데올로기와 같은 가치의 폭력, 외부 집단에 대한 부정적인 태도가 심화되면서 앞으로 이루어질 폭력을 위한 토대가 된다. 외부 집단에 대한 이러한 태도는 현실 사회에서는 낙인찍기(stigmatization)로 전개되는데, 이는 외부 집단으로 구별된 타자에 대하여 구체적인 사회적 표지를 통해 차별화하는 단계를 말한다. 타자화된 집단은 학살 가해자 집단으로부터 비인간화(dehmanization)의 대상으로 전락한다. 어떤 집단에 대한 비인간화는 광범위하고 무차별적인 폭력을 자행하기 위한 의지에 대해 도덕적으로 공감할 수 있는 어떠한 제약도 제거할 수

---

[18] 경계짓기와 구별짓기, 차별하기와 낙인찍기는 린다 울프와 마이클 헐시저가, 분류화와 상징화, 양극화는 그레고리 스탠튼이, 범주화는 에릭 와이츠가 외부 집단 규정짓기는 허버트 허쉬가 만든 용어이고, 비인간화는 대부분의 학자들이 사용하고 있다. Linda M. Wolf & Michael R. Hulsizer, "Psychosocial roots of genocide: risk, prevention, and intervention," *Journal of Genocide Research* (2005), 7(1), March, 108-113. Gregory H. Stanton, "Could the Rwandan genocide have been prevented?," *Journal of Genocide Research* (2004), 6(2), June, 213-217. Herbert Hirsch, *Genocide and the Politics of Memory : Studying Death to Preserve Life* (Chapel Hill & London: The University of North Carolina Press, 1995), 100.

있는 기제다.[19]

　비인간화 과정은 외부 집단에 대한 부정적 이미지와 고정관념을 증진하면서 시작하는데, 이는 개개인이나 다른 인간에 대하여 부정적으로 행동할 때 발생할 수 있는 인지적 불일치를 감소시켜 줄 필요한 수단이 된다.[20] 비인간화는 구체적으로 희생자를 기생충, 쥐, 암 덩어리, 전염병 등과 같은 짐승이나 질병으로 비유하는 형태로 나타난다.[21] 이 같은 비인간화 과정이 필요한 이유는 학살자들에게 이데올로기적 정당성을 부여하여 자신들의 폭력이 사회를 정화하는 것으로 주장하고, 희생자 집단을 인간이 아닌 존재로 규정함으로써 자신들의 살해가 불법적 폭력이 아닌 것으로 합리화할 수 있기 때문이다. 따라서 비인간화 메커니즘은 가해자에게 있어 매우 중요한 집단적 자의식이라 할 수 있다.

　분류화는 홀로코스트가 발생하기 전 유럽 전역에 퍼져있던 반유대주의 이데올로기 속에 잘 드러나 있다. 유대인 학살 당시 나치는 세계의 인종을 크게 두 종류, 아리안족과 비아리안족으로 나누고 후자 집단에 유대인과 집시를 포함시켰다. 그리고 이들은 히틀러에 의해 제노사이드의 희생자로 분류되었다. 분류된 이들을 향해 히틀러는 위대한 민족으로서의 아리안족을 강조하고 동시에 유대인들을 제거되어야 할 열등한 종족으로 비인간화시키는 전략을 구사했다.

　그러나 오늘날 보수적인 이스라엘 사람들은 세상의 모든 것이 하

---

19 Eric Markusen, "제노사이드와 총력전," 196-197.
20 Linda M. Wolf & Michael R. Hulsizer, "Psychosocial roots of genocide," 113.
21 Gregory H. Stanton, op.cit., 213-217.

나님의 선택받지 못한 아랍인을 다스리는, 유대민족에게 속해 있다고 생각한다.22 히틀러 치하의 독일 국민처럼 오늘날 이스라엘인들 또한 자신들이 '열등한' 아랍인을 통제하도록 하나님께서 택하여 세운 뛰어난 민족이라고 믿고 있다.23 역설적이게도 그들은 홀로코스트 박물관 벽에 "유대인을 죽여라!"라는 나치의 슬로건을 도용하여 "아랍인을 죽여라!"로 쓰고 있다. 이는 희생자였던 그들이 자신들의 가해자로부터 배운 타자화 메커니즘을 오늘날 가해자가 되어 자신들의 피해자에게 그대로 이어가는, 이른바 '복사된 폭력'(duplicated violence)이다.

1967년 6월 11일, 6일 전쟁 이후 당시 이스라엘의 국방장관이던 모세 다이안(Moshe Dayan)이 미국의 시사 프로그램 "페이스 더 네이션"(Face the Nation)에 출연한 자리에서 밝힌 그의 대답 속에 오늘날 이스라엘인들이 갖고 있는 타자화의 폭력을 엿볼 수 있다.24

질문자인 「뉴욕타임스」의 시드니 그뤼슨(Sydney Gruson)이 물었다. "이스라엘이 거대한 수의 아랍인들을 흡수할 수 있는 가능한 방법이 있는가?" 이에 그는 "경제적으로는 가능하다. 그러나 그것은 장기적으로 우리의 목표에 맞지 않다. 그렇게 되면 이스라엘은 아랍-유대로 이루어진 이중국가 혹은 다중국가가 될 것이다. 우리는 하나의 유대 국가를 원한다." 그뤼슨이 다시 물었다. "당신의 생각대로라면 그 하나의 유대 국가라는 것은 필연적으로 '하나의 순수 유대 국가'인

---

22 Arthur G. Gish, *Hebron Journal : Stories of Nonviolent Peacemaking* (Ontario: Herald Press, 2001), 52.
23 Ibid., 54.
24 James P. Warburg, *Crosscurrents in the Middle East* (New York: McClelland and Stewart Ltd, 1968), 230-231.

가?" 그는 다시 "절대적으로 그렇다. 프랑스가 하나의 프랑스 국가이듯이 우리 또한 오직 하나의 유대 국가를 원한다"고 대답했다.

그의 표현 속에서 오늘날 이스라엘 사람들은 아랍인들이 팔레스타인 땅에서 결코 수적으로 우세한 집단(majority) 혹은 강력한 힘을 가진 소수집단(minority)이 되어서는 안 되며, 절대적 주도 집단은 오직 유대인이기를 원하고 있다.[25] '하나의 순수 유대 국가'라는 그의 말은 이스라엘의 적대 집단으로서의 팔레스타인 국민을 분류화하고 범주화하기 위한 메커니즘의 상징적 언어로 볼 수 있다.

소위 '하나의 순수 유대 국가'의 이념 뒤에는 팔레스타인 사람들에 대한 비인간화된 집단의식 과정이 숨어 있다. 오늘날 이스라엘 정부 혹은 보수적 유대인들은 티그리스와 유프라테스강에 이르는 모든 땅이 자신들의 것이며, 모든 무슬림과 크리스천들은 이 땅에서 떠나야 하며, 나아가 아랍인들은 하나님이 아주 싫어하는 짐승 같은 열등한 존재라고 주장한다.[26] 이러한 그들의 주장 이면에는 피해의식, 피포위의식(siege mentality), 맹목적 애국주의, 호전성, 독선주의, 팔레스타인 사람들에 대한 비인간화 그리고 그들의 고통에 대한 무감각으로 가득 차 있다고 정치심리학자 다니엘 바-탈(Daniel Bar-Tal)은 분석하고 있다.[27]

이데올로기 메커니즘이 국가적 폭력을 위한 정권 차원의 초기적인 집단적 동기화라면, 타자화 메커니즘은 자국민들 개개인들 속에

---

[25] Ibid., 233-234.
[26] Arthur G. Gish, *Hebron Journal*, 74.
[27] Salim Nazzal, "Roots of hatred in Zionist ideology," double quotation from *Haaretz*, 30th January, 2009.

광범위하게 통용되고 있는 사회적 동기화이다. 따라서 이 단계에서 이스라엘 사람들은 타자로서의 팔레스타인 사람들에 대한 살해를 특별한 윤리적 의식 내지 종교적 죄책 없이 자연스럽게 받아들일 수 있고, 나아가 폭력이 일상화되는 과정을 거치면서 타자화 메커니즘은 그 사회의 문화로 자리 잡는다.

4. 내러티브 폭력: 언론 매체의 광범위한 이미지 조작

일반적으로 학살의 가해자들은 희생자 집단에 대한 비인간화 전략을 미디어를 통하여 수행한다. 그들에 대한 사회적 증오감을 확산시키기 위해 가해자들은 자신들의 목적에 맞게 희생자 집단의 현실을 왜곡하고 과장하여 이를 미디어를 통하여 선전한다. 특히 정치 지도자들은 사회심리학적 환경을 자신들이 선호하는 아젠다로 맞추어 놓고 이를 국민에게 유포한다. 그들은 자신들의 '타자'를 TV, 라디오, 신문, 저널 같은 미디어 매체를 통해 그들이 제거되어야 할 악한 원수로 묘사함으로써 자신들이 죽여야 할 존재로 정당화한다. 정부는 이러한 미디어 관련 회사들에 재정적 지원 및 정치적 혜택을 줌으로써 지원한다.

오늘날 이스라엘 정부는 국제사회에 대한 자국의 국가적 이미지 조작을 위한 선전의 도구로 미디어를 전략적으로 사용하고 있다. 특히 세계적으로 가장 영향력 있는 방송매체라 할 CNN, ABC, NBC, CBN 그리고 FOX와 같은 미국의 주류 방송사들을 자신의 편으로 만듦으로써 이스라엘의 정치 지도자들은 팔레스타인 땅에서 자신들의 불법 점령에 대한 기초적 진실을 은폐하고, 가해자이자 공격자로서의 자신들의 국제적 이미지를 피해자이자 방어자로 왜곡하고 있다.

미국의 미디어교육재단(Media Education Foundation, 2004)이 제작한 "평화, 선전 그리고 약속의 땅: 미국의 미디어와 이스라엘-팔레스타인 갈등"이라는 제목의 영상물에 따르면, 이스라엘은 이미 미국의 미디어를 이데올로기적으로 점령한 상태라고 주장한다. 주지하듯이, 이스라엘과 미국은 정치·경제·군사적으로 전 세계에서 보기 드문 강력한 동맹관계를 유지하고 있다. 동시에 그들은 서로 깊은 미디어 동맹관계로 얽혀 있다. MEF는 미국의 뉴스 방송은 이스라엘과의 복잡한 조직적 관계 구조 속에 이미 강력한 영향을 받고 있음을 지적한다. MEF에 따르면, "이러한 영향들은 뉴스가 앵커의 목소리로 방송되기 전에 이미 일련의 여과 시스템을 통하여 걸러짐을 의미한다. 미국의 뉴스 방송이 중동의 충돌 사태를 어떻게 다루는지 이해하기 위해서는 이러한 조직적인 여과 시스템들이 어떻게 작동하는지 이해할 필요가 있다."[28] 이 여과 시스템을 일컬어 '이스라엘의 PR 전략'이라 하며, 그들은 자신들의 이미지 조작을 위해 다음 네 가지 시스템을 작동시키고 있다.

첫 번째 여과 시스템은 미국을 넘어 중동에 이르는 대부분의 매스미디어 관련 회사들의 운영권을 장악하는 것으로써 가장 중요한 부분이다. 그리고 미디어 회사의 소유를 통한 경제적 이익은 곧 미국의 정치 엘리트들-정치인과 정책 입안자들-에 의하여 공유된다. 따라서 정치 엘리트들은 두 번째 여과 시스템을 형성한다. 중동 문제에 대한 이

---

28 *Peace, Propaganda and the Promised Land:U.S. Media & the Israeli-Palestinian Conflict* by The Media Education Foundation, 2004, DVD.

두 그룹―미디어 소유권자들과 정치 엘리트들―의 공통된 생각들은 팔레스타인 폭력 사태에 대한 방송편성에 이미 반영되고 있다. 셋째, 이스라엘 정부는 몇몇 미국의 가장 큰 공공 관련 회사들을 자신들의 정치적, 미디어적 캠페인을 위하여 이미지 컨설턴트 역할을 하도록 고용하고 있다. 이른바 미국 PR 회사들(American PR firms),[29] 이스라엘 총영사관들(Israeli consulates)[30] 그리고 미국 사설 기관들(private American organizations)[31]이 그것이다. 끝으로, 이스라엘의 정책에 대한 비판적인 내용의 뉴스가 보도되는 것을 사전에 막기 위하여 미디어 감시 단체들을 운영하고 있는데, 그들은 다양한 미디어 매체들을 수시로 감시하고 압력을 행사하는 활동을 맡고 있다. 이들 가운데 가장 중요한 조직이 미국 주재 중동 관련 방송 교정위원회(Committee for Accuracy in Middle East Reporting in America: CAMERA)이다.[32]

---

29 They are Ruder-Finn, WEILL Associates, NYPR, Leylen Communications, Rubenstein Associates, Morris Carrik & Guma.

30 They are in Atlanta, Boston, Chicago, Houston, Los Angeles, Miami, New York, Philadelphia, San Francisco, Washington, D.C. These nine Israeli Consulates help implement these PR campaigns by developing relationships with journalists and monitoring media outlets.

31 Scores of Private American Organizations, both Christians and Jewish, reiterate the official line and organize grassroots opposition to any coverage deemed unfavorable to Israel. They are as follows: Americans for a Safe Israel, American Friends of Likud, Christian Coalition, Christian Broadcasting Network, American Jewish Congress, Christian Friends of Israel, American Israeli Friendship League, Friends of Israel, Intercessors for Israel, Jewish National Fund, Israel My Beloved, Labor Zionst Alliance, Jews for Jesus, Messianic Jewish Alliance of America, Focus on Jerusalem, Jewish Voice Ministries. AIPAC(American Israel Public Affairs Committee).

32 They are Anti Defamation League, Palestinian Media Watch, Eye on the Post, Facts

이러한 미디어 조작 과정을 통하여 이스라엘 정부는 팔레스타인 사람들의 '공격적'인 돌팔매이질과 이스라엘 군인들의 '방어적'인 발포 장면을 부각함으로써 자신들의 불법 점령이라는 기초적 진실을 은폐한다. 미국의 대다수 미디어는 팔레스타인 사람들이 보여주는 외형적 폭력 행위에만 주목할 뿐, 그들이 왜 돌을 던져야 하는지에 대한 심층적 원인에 대해서는 침묵한다. 특히 이스라엘-팔레스타인 충돌 현장을 보도할 때 그들은 팔레스타인 편에 대해서는 '공격', 이스라엘 편에 대해서는 '방어'라는 단어를 의도적으로 사용한다. 이러한 미국의 주류 방송사들의 뉴스 보도 행태에 대하여 노엄 촘스키(Noam Chomsky)는 다음과 같이 비판한다.

> 이스라엘이 지금 자신들이 점령한 땅에서 자신들을 방어해야만 한다고 주장하는 것은 어떤 군사적 점령자가 자신이 정복해 버린 다른 국민에 대항하여 자기 자신을 방어하겠다는 말이다. 만일 당신이 어떤 다른 사람의 땅을 군사적으로 점령한 상태에서 당신을 방어한다는 말은 어불성설이다. 그것은 방어일 수 없다. 분명히 말하지만, 그것은 방어가 아니다.[33]

이처럼 미디어에 의한 폭력은 이데올로기 메커니즘과 뒤에서 다루게 될 부정화와 정당화 메커니즘과 함께 가해자의 물리적 폭력을 집단의식적으로 동기화하고 정당화하는 정신적 폭력 메커니즘이다.

---

and Logic about the Middle East, Honest Reporting in these groups.
33 Noam Chomsky, *Peace, Propaganda and the Promised Land: U.S. Media & the Israeli-Palestinian Conflict*, by The Media Education Foundation (2004, DVD). Interview.

특히 미디어에 의한 이미지 조작은 제삼자의 입장에 있는 주변국의 희생자 집단에 대한 지원을 차단하고 자신들의 폭력에 대한 국내외의 여론을 호도함으로써 자신들에게 향해질 국제적 비난 수위를 조절하는 전략으로 볼 수 있다.

5. 고립화 폭력: 분리장벽 건설과 팔레스타인 통제

고립화(ghettoization)는 타자화된 대상을 본격적으로 학살하기 직전에 이루어지는 포위 및 압박 전략의 과정이다. 타자화가 희생자 집단에 대한 정신적 분리 전략이라면, 고립화는 타자화된 집단에 대한 물리적 봉쇄 전략이라 할 수 있다. 일반적으로 고립화 기제는 절멸화 단계 이전에 작동되는 학살 메커니즘으로 이해할 수 있지만, 상황에 따라서 고립화 자체가 절멸의 한 방법으로 이용될 수도 있다. 즉, 희생자 집단을 향하여 학살이라는 구체적인 폭력을 행사하지 않고 그 집단을 단지 고립화시킴으로써 스스로 절멸케 하는 것인데, 여기에는 '시간'이라는 변수가 작용한다.

고립화를 의미하는 '게토이제이션'이라는 용어는 원래 나치가 유대인을 다른 종족들과 분리하여 한 곳에 모아놓은 장소인 '게토', 이른바 '유대인 정착촌'을 뜻하는 것으로, 절멸을 용이하게 수행하기 위한 전 단계로 설정된 과정이다. 그러나 오늘날 유대인 정착촌의 의미는 당시와 전혀 다른 의미로 사용되고 있다. 이스라엘 정부는 소위 팔레스타인 테러리스트들의 위협으로부터 '유대인 정착촌'을 보호하기 위한 것이라며 2002년부터 서쪽 요르단강 지역에 높이 5미터, 길이 7백 킬로미터에 이르는 거대한 장벽을 건설하기 시작했다. 이 장벽은 이곳에 오랫동안 살았던 팔레스타인 본토민들에게 돌이킬 수 없는 파괴와 무서운 상처를 안겨주고 있다.

스티브 허치슨[34]은 오늘날 이스라엘에 의해 형성된 가자 지역의 게토(Gaza ghetto) 상황과 나치에 의해 만들어졌던 바르샤바 게토(Warsaw ghetto) 상황을 다음과 같이 의미 있게 비교하고 있다.

나치는 폴란드의 유대인들을 모아서 바르샤바의 작은 지역에 분할 배치해 놓고 탈출하지 못하도록 외곽지역 둘레에 방벽을 건설했다. 마찬가지로 오늘날 이스라엘은 수많은 아랍 거주민을 폭력과 무력으로 집단 거주지로 몰아넣고 있는데, 이곳의 인구 밀도는 바르샤바 게토가 1평방킬로미터당 360명이었던 것의 14배인 4,200명에 달한다. 나치는 게토의 거주민들로부터 음식과 기본적인 생존 물품들을 탈취했다. 오늘날 이스라엘 정부는 가자지구에 사는 140만 거주민들에게 공급되어야 할 물품들을 최소한으로 제한함으로써 생존 물품의 유입을 차단하고 있다. 나치는 게토에 있는 유대인의 하루 섭취량을 241칼로리까지 줄여서 보급했다. 마찬가지로 오늘날의 이스라엘 또한 가자지구의 팔레스타인 사람들의 섭취량을 줄이고 있다. 나치는 물과 전기와 같은 공공 설비들을 제한했다. 오늘날 이스라엘 정부도 그러하다. 나치는 그들에게 적절한 의료 혜택을 제한시켰다. 오늘날 이스라엘 또한 가자지구의 거주민들에 대하여 거주지 밖으로 나가서 받아야 할 치료나 의료 물품들을 제한하는 방식으로 의료 혜택을 제한하고 있다.[35]

---

34 스티브 허치슨(Steve Hutcheson)은 지난 몇 년 동안 코소보, 아프카니스탄 그리고 인도네시아에서 내전에 따른 위기 복구와 관련한 일을 했으며, 지금은 태국에서 그 일을 계속하고 있다.
35 Steve Hutcheson, "Warsaw Ghetto and Gaza: Disturbing Parallels," *Arab News*,

제노사이드 과정에서 고립화는 직접적 혹은 가시적 폭력의 절정인 절멸화에 버금가는 간접적 혹은 비가시적 폭력의 형태로써, 단지 물리적 봉쇄와 통제라는 수단을 통하여 가해자들로 하여금 피해자의 죽음을 자연적인 것으로 정당화하고 자신들의 폭력으로부터 일정한 거리두기를 가능하게 하는 주요한 전략이라 할 수 있다.

6. 절멸화 폭력: 파괴를 통한 팔레스타인 역사 지우기

절멸화는 제노사이드의 최종 과정으로, 여기서 가해자들은 자신들이 규정한 제거 대상들에 대하여 모든 물리적인 폭력을 동원하여 그들의 존재를 '쓸어버린다'. 앞의 여타 과정과 달리 절멸화가 보여주는 독특한 현상은 희생자 집단에 대한 무차별적인 살해와 파괴이다. 스탠튼(Gregory H. Stanton)은 이 단계를 '절멸화'(extermination)라는 용어로 표현하고 있는데, 그에 따르면 가해자들은 희생자 집단에 대하여 인간 이하의 존재 혹은 자신들을 위협하는 적으로 여기기 때문에 자신들의 사회를 정화(purify)하기 위해서는 그들을 '절멸'(exterminate)해야 한다는 것이다.[36] 이처럼 '절멸에 의한 정화' 메커니즘은 대량 학살을 수행하기 위한 가장 근본적인 심리적 동기이자 정치적 이데올로기로 작용한다. 이른바 '인종청소'(ethnic cleansing), '최종 해결'(final solution, Benjamin A. Valentino), '궁극적 숙청'(ultimate purge, Eric D. Weitz), '공격'(aggression, Linda M. Wolf & Michael R. Hulsizer)이라는 말들은 절멸

Sunday 2 March, 2008.
36 Gregory H. Stanton, "Could the Rwandan genocide have been prevented?," 213-217.

화 과정을 설명하는 동의어로 사용되고 있다.

2차 대전 당시 나치가 유대인들을 절멸할 때, 그들이 사용한 단어는 '살해' 혹은 '죽음'이라는 직접적 표현이 아니라 '이동'(removal), '제거'(elimination), '솎아냄'(clearing up), '특별취급'(special treatment), '진공화'(evacuation), 'thinning out', 심지어 '청소'(cleansing) 등의 간접적이고 비유적인 표현들이었다.37 나치는 자신들의 살해 프로그램을 수행하기 위해 아우슈비츠, 베르겐-벨젠, 베우첵, 비르케나우, 부켄발트, 케움노, 다카우, 플로센부르크, 작센하우젠, 나츠바일러-스트루토프와 같은 포로수용소들을 건설했다. 이들 가운데 아우슈비츠는 홀로코스트의 상징적 장소로써 이 안에서 나치는 2백 5십만 내지 4백만 명의 유대인들을 다양한 방법으로 죽였다. 포로수용소를 통한 절멸 과정은 다음과 같이 이루어졌다: 1) 유럽 전역에 흩어져 있는 유대인들을 체포하여 한 곳에 모은다. 2) 정교한 수송 계획에 따라 수용소로 이동시킨다. 3) 유대인들을 두 종류의 사람(건강한 사람과 병약한 사람)으로 분류한다. 4) 건강한 사람은 노동시설로 이동, 병약한 사람은 가스실로 이동하여 태우거나 살해한다.

1967년 전쟁 이후 웨스트 뱅크 지역을 점령한 이스라엘은 곧바로 예루살렘의 경계를 웨스트 뱅크의 주변과 동예루살렘 지역까지 불법적으로 확장했다.38 이스라엘은 팔레스타인 도심지와 마을 주변의 전략적인 위치에 불법적인 정착촌들을 건설하기 시작함과 동시에 동예루살렘 지역에 팔레스타인 인구의 유입을 제한할 목적으로 다양한 정

---

37 Herbert Hirsch, *Genocide and Politics of Memory*, 100-108.
38 Editors, "Israeli Occupying Forces Destroy More Palestinian Homes in Anata," in Applied Research Institute-Jerusalem, 07, December, 2004.

책들을 시행한바, 팔레스타인 주택을 파괴하고, 그들의 땅을 강제 수용한 후 그 자리에 유대인 정착촌과 통행로 그리고 분리장벽을 건설했다.[39] 이러한 파괴행위는 예루살렘의 이스라엘 영토화 정책에 따른 것이다. ARIJ(Applied Research Institute-Jerusalem)에 따르면, 이스라엘의 주택 파괴 정책(home demolition policy)은 1949년 제정된 제네바협약(Geneva Convention)에 대한 중대한 위반이며, 이러한 파괴 행위들은 전쟁범죄로 다루어져야 한다.[40]

따라서 현재 팔레스타인 지역에서 일어나고 있는 이스라엘의 주택 파괴 행위는 제노사이드에서 나타나는 절멸화의 주요한 현상으로 볼 수 있다. 7백 킬로미터에 이르는 분리장벽을 통한 고립화 메커니즘이 절멸화 이전 단계로서의 팔레스타인 사람들에 대한 간접적 공격 행위라면, 주택 파괴를 비롯한 사회적 기반 시설의 붕괴 행위는 팔레스타인 사람들의 정체성과 그들의 선조들로부터 내려온 역사적 혈맥에 대한 직접적 공격 행위다. 따라서 이스라엘의 절멸화의 폭력 속에서 팔레스타인이라는 지역과 이곳에 사는 사람들은 더 이상 과거에서도, 현재에서도, 나아가 미래에서도 존재해서는 안 되는 대상이 되었다. 아디브 카와르(Adib S. Kawar)가 지적했듯이, 이스라엘 권력자들은 팔레스타인의 모든 역사, 그들의 미래 그리고 그들의 땅을 모든 지도와 책, 심지어 기억과 꿈에서조차 완전히 지워버리는 것을 목표로

---

[39] Ibid.
[40] Ibid. 제4차 제네바협약 53조에 따르면, "점령국에 의하여 개인이나 국가, 다른 공공 당국이나 사회적-집단적 기관에 개별적으로 혹은 집단적으로 귀속되어 있는 동산(動産)이나 부동산 등에 대하여 파괴하는 어떠한 행위도 금지한다. 다만 군사작전에 의한 절대적으로 필요불가결할 경우만 예외로 한다."

하고 있다.41 나치는 단지 당시의 유대인들만을 절멸시키기를 원했지만, 오늘날 이스라엘 정부는 팔레스타인 역사 자체를 없애고자 한다. 따라서 지금 진행되고 있는 팔레스타인 홀로코스트는 나치에 의한 홀로코스트보다 그 궁극적 목적과 파괴 범위에 있어서 훨씬 장기적이고 광범위하다고 볼 수 있다.

7. 부정화와 정당화 폭력: 합리화와 자기기만적 신화 창조

물리적 폭력 사태 이후, 가해자 대부분은 자신들의 과거 살해 행위에 대하여 일차적으로는 그 사실 자체를 부정하고 은폐한다. 그러나 그것이 더 이상 가능하지 않을 때, 그들은 자신들의 폭력을 적법한 행위 혹은 불가피한 방어였음을 정당화하고 합법화한다. 여기에서 부정화 메커니즘은 가해 집단이 자신들의 살해 사실을 조작하여 전혀 새로운 정치적 신화를 창조함으로써 집단적 망각, 왜곡, 부정 그리고 정치적 조작을 가능케 하는 일종의 기억의 정치학이다.42 이것은 또한 역사적 진실에 대한 기억을 파괴함으로써 피해자 집단으로 하여금 범죄자라는 의식을 지속적으로 각인시킬 수 있는 정치적 억압 메커니즘이기도 하다. 과거 폭력 사실을 은폐하기 위하여 가해자들은 시신을 묻어 버리거나 희생자의 수를 줄이거나 허위 보고를 통해 기초적 사실을 과장하기도 한다.

---

41 Adib S. Kawar, "While Zionism is celebrating the European Holocaust…. The Palestinian Holocaust."
42 Ibid., 10.

정당화 과정은 부정화 메커니즘과 함께 혹은 이후에 오는 것으로써, 여기서 가해자들은 대량 학살이 자신들이 원래 목적했던 정책이 아니었고, 다만 불법적 폭력 혹은 피해자들의 반항적 행위에 대한 자연스러운 반응으로 일어난 것이라고 주장하면서, 자신들의 폭력을 정당한 살해 행위였음을 역사 교과서에 수록하려고 시도한다. 또한 정당화 메커니즘은 대량 학살 프로젝트의 참여자들로 하여금 자신들이 오로지 국가와 정부를 위한 충성스러운 의무를 다했다고 생각하게 만든다.

2차 세계대전 이후 몇몇 홀로코스트 부정론들이 가해자 집단들 혹은 반유대주의자들 사이에서 등장했다. 첫 번째 그룹은 아우슈비츠에서 발생한 대량 학살은 완전히 조작된 이야기라고 주장한다. 이들은 홀로코스트는 독일 정부로부터 더 많은 보상금을 얻을 목적으로 연합국들과 이스라엘이 창작한 '허구'로 보고 있다. 두 번째 그룹은 대량 학살은 2차 세계대전 기간에 일어나지 않았으며, 6백만 명이라는 숫자는 과장된 것이며, 나아가 조직적으로 의도된 집단적 살해가 아니라 우발적인 사건으로 주장한다. 이들은 희생자 숫자를 기껏해야 3십만 명으로 본다. 세 번째 그룹은 홀로코스트는 전 세계의 유대인들이 은밀하게 진행하고 있는 '유대인의 세계 지배 음모 이론'의 일환으로 일어난 사건으로 주장한다. 그들은 홀로코스트는 1917년 러시아 사회주의 혁명 이후 유대인과 볼셰비키 연합에 따른 위협을 막을 목적으로 수행한 일종의 예방전쟁 차원의 전략이었다고 보고 있다.

유럽에서 일어난 홀로코스트에서 발견되는 부정화와 정당화 메커니즘은 오늘날 팔레스타인 땅에서도 여전히 재생산되고 있다. 인터넷 뉴스 매체인 La Voz De Aztlan은 팔레스타인 사람들에 대한 이스라엘의 부정화와 정당화에 의한 폭력을 나치의 그것과 다음과 같이 비교 분석한다.

나치의 독일이 멸망한 이후, 독일 사람들은 유대인 절멸 캠프에서 일어났던 어떠한 살해 공모에 대해서도 무죄를 주장하면서 "자신들의 손을 씻어냈다." 낮은 계급의 독일 병사들은 자신들은 오직 군대의 명령체계에 따랐을 뿐이라고 말하면서 스스로를 변명했다. 오늘날 팔레스타인 땅에서 시온주의 유대인들은 이스라엘 국민 대다수의 후원을 등에 업고 팔레스타인 사람들을 향해 또 하나의 홀로코스트를 계속하고 있다. 훗날 희생자 수가 낱낱이 기록되고 그들의 잔학행위가 문서화된다면, 유대인들은 과연 자신들이 저지른 인간에 대한 범죄들에 대하여 스스로를 어떻게 변명할까?[43]

팔레스타인 사람들에 대한 이스라엘의 살해 행위에 대한 정당화 메커니즘은 신문과 방송 그리고 각종 인터넷 매체들에서 사용되는 언어들 속에 잘 나타나고 있다. 그들은 이스라엘 군대의 살해 행위를 단지 팔레스타인 테러리스트들의 공격에 대한 자연스런 '보복 행위'(retaliation), 혹은 '자기방어적 행위'(self-defensive action)로 묘사한다. 나아가, 미디어 매체들은 자신들의 폭력을 정당화하고 현재 팔레스타인을 점령한 상황을 지속시키기 위하여 이스라엘 유대인, 이스라엘 군대 그리고 이스라엘식 민주주의에 대한 조작된 신화를 자국민들에게 선전하고 의식화한다. 다니엘 바 탈(Daniel Bar-Tal)은 그의 공개편지에서 이스라엘인들이 갖고 있는 자기기만적 신화와 자신들의 정당화

---

[43] Editors, "Palestinian Holocaust in the Holy Land," *La Voz De Aztlan* (Internet News Service), Los Angeles, Alta California, April 16, 2001.

메커니즘을 다음과 같이 지적한다.

> 대부분의 이스라엘 사람들은 자신들은 매우 인간적이며, 이스라엘 군대는 세계에서 가장 도덕적이며, 이스라엘식 민주주의는 세계에서 가장 강력한 정치체제 중의 하나라고 믿고 있다. 이러한 상황에서 주류 이스라엘 유대인들이 그 상황을 바꾸고자 한다는 것은 기대하기 어려운 일이다. 오히려 그들은 이러한 폭력 현실에 대하여 부정, 방어, 합리화 등의 기제들을 만들어 내고 있다.[44]

이미 발생한 물리적 폭력에 대한 사후 처리적 성격을 가진 부정화와 정당화 메커니즘은 가해자 집단이 계속 존재하는 한 끊임없이 다양한 형태로 이루어진다. 특히 국가가 가해자일 경우 정권 차원에서 언론 매체 장악을 통한 지속적인 편파적 보도, 국가의 미래 교육의 핵심 교본이라 할 교과서의 왜곡, 문학 및 문화 분야에서의 재생산 등으로 나타난다. 따라서 정당화 메커니즘을 통해 가해자 집단은 자신들의 폭력을 지속시킴과 동시에 피해자 집단에 대한 계속적인 윤리적 우월성을 확보하는 효과를 갖는다. 정당화 메커니즘은 일회적인 폭력으로 끝날 수 있는 사태를 장기화함으로써, 계속 이어질 새로운 폭력을 위한 고리를 형성한다.

---

[44] Daniel Bar-Tal, "Open Letter From My Mind and My Heart: The Way I view the Situation," in *Palestine-Israel Journal of Politics, Economics, and Culture.* Vol. 15 No. 4 & Vol. 16 No. 1, 08/09.

III. 결론

아더 기쉬(Arthur G. Gish)는 팔레스타인 지역에서 벌어지고 있는 폭력의 현장을 기록한『헤브론 저널』(Hebron Journal)에서 진정한 기억의 의미에 대하여 다음과 같이 말한다.

> 홀로코스트를 기억한다는 것은 두려움과 증오 그리고 인종주의의 씨앗들이 우리의 내면에 뿌리내려 있지는 않은지 스스로에 대하여 성찰하는 것이 되어야 한다. 기억이란 해방이어야 하기 때문이다. 기억은 우리로 하여금 앞으로 나아가게 해야지 발목을 잡아서는 안 된다. 만일 기억이 우리의 영혼을 무디게 하고 닫아버린다면, 차라리 기억하지 않는 것이 더 나을 것이다.[45]

피해자에게 있어서 폭력에 대한 기억의 방식은 매우 중요하다. 과거의 폭력을 어떻게 기억하느냐에 따라 미래의 방향이 설정될 수 있기 때문이다. 해방과 자유 그리고 치유로 나아가는 기억이 될 것인가, 아니면 분노와 억압 그리고 폭력의 재생산으로 가는 기억이 될 것인가? 가해자와 피해자에게 있어서 기억의 정치학은 폭력 이후의 길을 결정한다. 그런 면에서 오늘날 이스라엘은 홀로코스트에 대한 극단적인 이중적 기억의 방식을 선택했다. 즉, 피해자로서의 기억에 대해서는 철저했지만, 이러한 기억을 통해 그들은 용서와 치유, 평화라는 해방의 길보다는 폭력의 학습과 반복 그리고 재생산을 통한 또 다른 폭

---

45 Arthur G. Gish, *Hebron Hournal: Stories of Nonviolent Peacemaking* (Ontario: Herald Press, 2001), 52.

력의 길을 걷고 있다. 문제는 피해자가 가해자가 되었을 때는 기존의 폭력 현상에서 볼 수 없었던 차원으로 그 강도가 증폭된다는 것이다. 스스로를 약자요 피해자요 희생자로 여겼던 집단이 거대한 권력을 갖게 되었을 때 그 집단은 엄청난 파괴를 일삼을 수 있는데, 그것은 가장 위험하고 심각한 상황이 될 것이라는 어느 랍비의 통찰[46]은 바로 현재 이스라엘을 두고 하는 말이다.

팔레스타인 홀로코스트는 1967년 가자 전쟁 이후 팔레스타인 지역과 사람들에 대하여 이스라엘 정부에 의해 40년 넘게 자행되고 있는 지속적이고도 광범위한 제노사이드이다. 소위 '이스라엘-팔레스타인 충돌'로 불리는 이 폭력 사태를 이스라엘 정부에 의한 '팔레스타인 홀로코스트'라고 재규정한 데에는 60년 전 나치에 의해 저질러진 '유럽 홀로코스트'의 역사적 학습효과를 통한 반복과 재생산의 결과적 현상으로 보이기 때문이다. 나아가, '홀로코스트'라는 용어를 '유대인 홀로코스트'로만 배타적으로 제한하려는 근본주의적 시온주의자들의 예외주의적 용법을 비판하고, 세계 곳곳에서 일어나고 있는 다른 경우에도 적용되어야 함을 강조하고자 함이었다.

본 연구는 이스라엘 정부에 의한 팔레스타인에 대한 폭력 현상은 7가지 폭력 메커니즘에 따라 진행되고 있음을 밝혔다. 이스라엘의 집단의식으로서의 '정치적 시온주의'라는 이데올로기의 폭력, 이스라엘-미국 간 강력한 군사동맹을 통한 조직화의 폭력, 팔레스타인 사람

---

[46] 이스라엘 랍비로서 미국에서 유대인 평화운동 단체인 샬롬센터를 창설하고 이스라엘의 팔레스타인에서의 폭력 사태를 반대하고 두 국가 사이의 평화를 위해 일하고 있는 아더 와스코우(Arthur Waskow)가 미주뉴스앤조이와의 인터뷰에서 한 말이다. 2009. 1. 19일자. www.newsnjoy.us/news/articleView.html?idxno=1141

들을 열등 국민으로 분류하고 비인간적 존재로 규정하는 타자화의 폭력, 미국 내 주류 언론 매체를 광범위하게 점령함으로써 자국의 이미지를 조작하는 미디어 폭력, 거대한 분리장벽의 건설을 통한 통제와 고립화의 폭력, 대대적인 주택 파괴를 통한 팔레스타인 영토, 역사, 인간을 지도상에서 지워버리는 절멸화의 폭력 그리고 자신들의 폭력에 대하여 불가피한 자기 방위적 행위였다고 정당화하고 자기기만적 정치신화를 창조하는 부정과 정당화의 폭력이 그것이다.

결론적으로, 이상의 7가지 현상들은 하나의 거대한 폭력을 만들어 내는 유기적인 세부적 과정이기도 하지만, 광의적 의미의 폭력 개념에서 볼 때 각각의 현상들 자체가 이미 폭력으로 볼 수 있다. 본 연구는 현재 팔레스타인 땅에서 일어나고 있는 사태를 정치적 중립주의에 의한 동일한 두 국가 사이의 갈등 내지 충돌로 접근하려는 국제정치계, 학계, 언론계의 관점을 비판하고, 오히려 이 사태는 일방적인 이스라엘에 의한 '장기간의 대량 학살형 폭력'임을 폭력 메커니즘 이론을 통해 드러냄으로써, 이 문제에 대한 기독교윤리학계의 폭력 논의를 위한 사회학적 사전작업이 될 것이다. 따라서 이 땅에서 일어나고 있는 이스라엘의 폭력으로부터의 진정한 해방과 평화를 위한 로드맵을 완성하기 위해서는 기독교 고발 담론의 윤리가 그 과정으로써 먼저 수행되어야 하리라 본다.

지은이 / 옮긴이 알림

|지은이| 문터 아이작(Munther Isaac)

팔레스타인 기독교 목사이자 신학자이다. 그는 베들레헴의 복음주의 루터교 크리스마스교회와 베이트 사우르의 루터교회의 담임목사이자 베들레헴성경대학의 학장으로 섬기고 있으며, 이사로서 '체크포인트 컨퍼런스'를 조직하고 이끌고 있다.

정교회 가정에서 태어난 그는 10세에 베들레헴 복음주의 장로교회에 처음 출석했다. 뛰어난 지식인이었던 그는 미국 필라델피아에 있는 웨스트민스터장로교신학교에서 공부한 후, 영국의 옥스퍼드선교연구센터(OCMS)에서 공부하여 약속의 땅에 대한 논문으로 박사학위를 받았다. 연구센터의 학장 톰 하비(Tom Harvey)는 "매력적이고 설득력 있는 학자로서, 문터는 마음과 생각을 변화시킨 학자였다"고 평가한다.

문터는 『분리장벽 너머의 다른 세계』, 『한 땅에서 여러 땅으로, 에덴에서 새로워진 땅까지』, 『팔레스타인 신학 입문』(아랍어), 『다니엘서 주석서』(아랍어)의 저자이며, 최근에는 교회 내 여성 안수에 관한 책을 아랍어로 출판했다. 그는 또한 많은 화해와 종교 간 포럼에 참여하고 있으며, '카이로스 팔레스타인' 이사회의 구성원이기도 하다.

2023년 10월 7일에 있었던 하마스의 이스라엘 민간인 공격에 대한 이스라엘의 가자지구에 대한 대학살을 경험했던 그는 그해 크리스마스 설교에서 "오늘날 가자지구에서 그리스도는 잔해 속에 계신다"고 선언한다. 아울러 교회 제단 발치에는 팔레스타인 케피예에 싸인 아기 예수가 돌무더기 잔해 한가운데 누워있는 모습의 장식을 만들어 놓았다. 그의 설교와 아기 예수 장식은 유튜브와 소셜 미디어를 통해 팔레스타인에서 들불처럼 퍼져 나갔고, 고통과 희망의 상징인 이 작품은 아랍 세계 전역에 걸쳐 휴대전화에서 휴대전화로 퍼져 수백만 건의 조회수를 기록했다. 이후 소셜 네트워크에서 44,000명 이상의 구독자를 보유한 그는 가자 전쟁에 반대하는 설교로 세계적인 명성을 얻었다.

이후 그는 지금까지 전 세계를 돌아다니면서 이스라엘의 팔레스타인에 대한 학살의 역사와 실상을 알리고 있으며, 세계의 교회와 정치가들을 향해 이스라엘의 일방적 학살을 멈출 것을 호소하고 있다. 이 책 『왜 세계는 팔레스타인 제노사이드에 침묵하는가 — 잔해 속의 그리스도』(Christ in the Rubble: Faith, the Bible, and the Genocide in Gaza)는 그의 민족이 당하고 있는 오랜 고통과 재앙의 현실을 역사적 맥락과 신학적 성찰을 담아 전 세계 그리스도인과 교회 앞에 내놓은 호소문이자 청구서다.

| 옮긴이 | 김상기

서울신학대학교 신학과를 졸업하고 연세대학교에서 기독교윤리학으로 석사 및 박사학위를 받았다. 이후 미국 샌프란시스코신학대학원에서 영성학을 공부했다. 한국에서 기독교계의 학자로서 처음으로 "제주4.3사건을 제노사이드의 폭력 메커니즘 관점에서 연구"하여 박사학위를 받았다. 학위논문을 풀어낸 책 『제노사이드 속 폭력의 법칙』(2008)을 내고, "여리고 헤렘 제노사이드의 폭력 메커니즘"(2021), "욥기 내러티브에 나타난 폭력 메커니즘"(2023), "모세의 시내산 제노사이드의 폭력 메커니즘"(2024) 등 다수의 논문을 발표했으며, 최근에는 이스라엘 출신의 제노사이드 권위가인 이스라엘 차니 교수의 책 『폭력의 전염: 우리 안의 12가지 제노사이드 심리』(2024)를 번역했다. 현재는 갈릴리겨자나무교회의 담임목사이자 서울신학대학교 글로벌사중복음연구소 연구원으로 있다.